Matthias Hoffmann/Grit Bode-Hoffmann

INFANTIZID

Matthias Hoffmann/Grit Bode-Hoffmann

INFANTIZID

Kriminalroman

KRIMI IM GMEINER-VERLAG

Wir machen's spannend

Bibliografische Information
der Deutschen Bibliothek
Die Deutsche Bibliothek verzeichnet diese Publikation in der Deutschen Nationalbibliografie; detaillierte bibliografische Daten sind im Internet über http://dnb.ddb.de abrufbar.

Besuchen Sie uns im Internet:
www.gmeiner-verlag.de

Im Ehnried 5, 88605 Meßkirch
Telefon 0 75 75/20 95-0
info@gmeiner-verlag.de

1. Auflage 2007

Lektorat: Claudia Senghaas, Kirchardt
Umschlaggestaltung: U.O.R.G. Lutz Eberle, Stuttgart
Unter Verwendung eines Fotos von pixelio.de

Gesetzt aus der 9,9/13,4 Punkt GV Garamond
Druck: Fuldaer Verlagsanstalt, Fulda
Printed in Germany
ISBN 978-3-89977-723-9

Für Maria

ERSTER TEIL

DER ÜBERFALL

Freitag, 24. Oktober 2003, 20.30 Uhr

Der Mörder hielt sich genau an die erlaubte Geschwindigkeitsbegrenzung auf diesem Teilstück der Autobahn. Auf der A 4, zwischen Frankfurt/Main und Dresden, gab es unzählige Baustellen und man kam nur schleppend voran. Wie jeden Freitag fuhren die Pendler nach Hause, die die vergangene Woche in ganz Westeuropa gearbeitet hatten. Aus aller Herren Länder waren sie Richtung Osten unterwegs – Polen, Russen, Tschechen, Ukrainer. Neuerdings hatte die Polizei sogar Radarfallen in den Warnbaken der Baustellen versteckt. Es gab deswegen in der Öffentlichkeit erhebliche Unruhe. Doch die Leute fanden sich, wie üblich, irgendwann damit ab. Der Mörder wusste von diesen Fallen und hielt sich exakt an die Verkehrsregeln. Er war in der Vergangenheit noch nie in polizeilichen Computern erfasst worden und das sollte auch so bleiben.

Der Überfall war wie immer ohne Probleme verlaufen. Die Zeit- und Routenpläne der Sicherheits- und Geldtransportfirma, die er von der Ermittlungsgruppe zugespielt bekommen hatte, stimmten exakt. Die Fahrer wechselten zwar oft die Anfahrtswege, aber die Uhrzeit ihres Eintreffens am Classic-Center im Norden Weimars war stets die gleiche. Er hatte die Abläufe genau studiert und wusste, dass das Fahrzeug immer unmittelbar vor dem Eingang des Centers geparkt wurde. Der Fahrzeugführer blieb so lange allein im Führerhaus des Autos, bis sein Kollege mit den Geldbomben des Einkaufscenters wieder erschien. Dann stieg der Fahrer aus, öffnete die Tür zum Laderaum, kletterte hinein und half dem anderen, die Taschen zu verstauen.

Vor einer Stunde hatte der Mörder sein Fahrzeug genau dort, wo sonst der Sicherheitswagen hält, geparkt. Dadurch waren sie gezwungen, ein Stück weiter zu fahren. Am Ende dieses Stellplatzes befanden sich Büsche. Der Rest war für ihn ein Kinderspiel. In dem Moment, als der Fahrer im Laderaum des Transporters verschwand, sprang er den anderen Sicherheitsmann mit den Taschen von hinten an, riss dessen Kinn zur Seite und brach ihm augenblicklich das Genick. Mit der anderen Hand stach er ihm mit einem einzigen Stoß sein Messer in die Herzgrube, direkt hinter das Schlüsselbein. Insgesamt dauerte es nicht einmal drei Sekunden. Er legte die Leiche lautlos auf den Boden. Als der Fahrer leicht gebückt aus dem Laderaum an die offene Tür kam und auf den ersten Koffer wartete, traf ihn ein gezielter Fingerstich mitten auf den Kehlkopf. In derselben Sekunde starb er. Nachdem der Mörder sich vergewissert hatte, dass er nicht beobachtet wurde, schleppte er die Männer in das Gebüsch. Dann tat er etwas, was eigentlich völlig sinnlos war, denn er war sich sicher, dass beide tot waren. Er fesselte jedem einzeln die Daumen auf dem Rücken mit einem Schnürsenkel zusammen, den er ihnen aus ihrem jeweils rechten Schuh zog. Mit einem Webleinsteg und einem halben Schlag oben drauf, zur Sicherheit. Er hatte es nun mal so gelernt. Wenn er früher im Training Gefangene für einige Zeit allein lassen musste, verbanden sie deren Daumen auch auf diese Art. Es war keinem jemals gelungen, sich zu befreien. Nachdem er die toten Wachleute an einen kleinen Stamm gelehnt hatte, ging er zum Auto zurück, nahm die Taschen, die nach ihrem Gewicht Geldscheine vermuten ließen, zog die Tür des Transporters zu, setzte sich in sein Auto und fuhr davon.

Ein Teil seines Auftrages war erledigt. Er würde in zwei Tagen mit dem erbeuteten Geld die Zielperson besuchen. Bis dahin mussten all die Sachen verschwinden, die er bei sich hatte: Schuhe, Hose, Jacke, Sturmhaube, Messer, sogar die Unterwäsche. Nichts, aber auch gar nichts durfte ihn mit diesem Überfall in Verbindung bringen. Das Auto wurde morgen ›abgeholt‹ und es würde nie wieder auftauchen, dessen war er sich sicher.

Seine Zielperson hatte zwei turbulente Jahre hinter sich. Seine Frau hatte ihn verlassen und er musste das Haus verkaufen. Innerhalb von sechs Monaten war er schon das zweite Mal umgezogen. In der neuen Wohnung lebte er erst seit drei Wochen.

Trotz der Tatsache, dass sich die Zielperson bei den Behörden noch nicht umgemeldet hatte, wurde mir seine derzeitige Adresse schon mitgeteilt, dachte der Mörder. Diese Organisation ist absolut einmalig. Die Person war erstaunlich gut in Form, ausdauernd und zäh. Viele andere wären mit Sicherheit Alkoholiker geworden oder hätten sich anders gehen lassen, nach dem, was passiert war. Dem Dossier zufolge hatte er Anfang des Jahres gesoffen wie ein Loch, und nur Hochprozentiges. Aber irgendwann hatte er, vermutlich in einem nüchternen Moment, nachgedacht und erkannt, dass er nicht alt werden würde, wenn es so weiter ging. Urplötzlich fing er an, wie ein Wilder Sport zu treiben. Ich bin auf seinen Blick gespannt und darauf, was er sagt, wenn er mich sieht. Es ist jetzt über 22 Jahre her, dass wir uns das letzte

Mal begegnet sind. Ich klingle einfach an seiner Tür und sage: ›Grüß dich, Klatt, alter Schwede!‹

Der Mörder fuhr auf der dreispurigen Autobahn ganz links und verfluchte den beharrlich dichter werdenden Verkehr. Er drehte den Knopf seiner Innenraumheizung voll auf. Durch den stärker einsetzenden Nieselregen wurde die Sicht von Minute zu Minute schlechter. Die Frontscheibe seines Autos war von innen beschlagen. In einer abfallenden Kurve, kurz vor Jena, sah er die unzähligen roten Bremslichter viel zu spät. Im Bruchteil einer Sekunde, noch halb in seinen Gedanken versunken, versuchte er eine Vollbremsung, aber es war vergebens. Er schoss mit hoher Geschwindigkeit unter einen großen Laster. Unmittelbar danach krachte ihm von hinten ein Kleintransporter in das Heck. Das Auto des Mörders hatte nach dem Aufprall nur noch ein Drittel seiner ursprünglichen Größe.

Das Wetter wurde von Tag zu Tag schlechter. In immer kürzeren Abständen trieb der Wind schwere, dunkle Wolken vor sich her. Die Temperatur sank stetig, der Herbst ging zu Ende. Bald würde der Regen in Schnee übergehen.

Im Büro von Hauptkommissar Klaus Bräunig war es angenehm warm. Er war Leiter der Mordkommission und hatte den Tag damit verbracht, einige Studien über ungewöhnliche und nicht aufgeklärte Morde der vergangenen zwei Jahre in der gesamten Bundesrepublik zu betreiben. Dazu nutzte er das Intranet der Polizei. Vor einiger Zeit war in Berlin ein 40-jähriger Mann ohne jedes erkennbare Motiv auf eine sehr ungewöhnliche Art umgebracht worden. Die Obduktion ergab, dass er mit einem einzigen gezielten Schlag der Handwurzel von schräg unten an der Nase getroffen wurde. Das Nasenbein schob sich bis in das Hirn, was ihn sofort tötete. Seit über einem Jahr konnten die dortigen Kriminalbeamten keine nennenswerten Ermittlungsergebnisse vorweisen.

Die anderen Mitarbeiter seiner Abteilung hatten sich wie jeden Freitag, wenn es nichts Dringendes zu tun gab, darum gekümmert, Akten und Vorgänge zu ordnen sowie die Diensträume zu reinigen. Aus Kostengründen wurden schon lange keine privaten Reinigungsfirmen mehr damit beauftragt.

Klaus Bräunig war 41 Jahre alt, maß 1,85 Meter Körpergröße und wog 100 Kilo. Man konnte ihn nicht als fett bezeichnen. Im Gegenteil: Seine Größe und Gewicht schienen optimal aufeinander abgestimmt zu sein. Er war kräftig und hatte dunkle, glatte, kurz geschnittene Haare. Seit ein paar Tagen ließ er sich einen Oberlippenbart wachsen. Seine Frau war der Meinung, es stünde ihm gut, es mache ihn etwas verwegener und männlicher. Nun ja. Da er seine Frau abgöttisch liebte, tat er ihr den Gefallen.

Während der Aktenstudien vergaß er wie üblich, auf die Uhr zu schauen. Um kurz nach acht fiel sein Blick auf den aufgeschlagenen Terminkalender, der direkt vor ihm lag. Ganz fett hatte er den Tag markiert, um ihn ja nicht wieder zu vergessen, seinen Hochzeitstag! Er fluchte kurz, packte seine Sachen zusammen und eilte die Treppen hinunter. Er wollte zu Hause retten, was noch zu retten war.

Gegen halb neun öffnete er die Tür seines Dienstwagens, um einzusteigen. Ihn fröstelte. Im selben Moment klingelte sein Handy.

Bitte nicht jetzt, dachte Bräunig, als er die Nummer auf dem Display erkannte. Es war der Diensthabende der Polizeiinspektion. Er teilte ihm mit, dass ein Geldtransporter in unmittelbarer Nähe des Classic-Centers in Weimar unverschlossen aufgefunden worden war. Wie sonst üblich, waren aber keine gefesselten, verletzten oder getöteten Sicherheitsleute im oder am Fahrzeug. Stattdessen fand man beide ein Stück weiter entfernt in einer komischen Situation auf. Tot.

»Was verstehen Sie unter einer komischen Situation?«, fragte Bräunig.

»Keine Ahnung«, antwortete der Diensthabende. »Das waren genau die Worte, die mir der Kollege vor Ort übermittelte. Ich solle sofort die Mordkommission verständigen.«

»Ist gut. Informieren Sie unsere Kriminaltechniker Fischer und Leichenkolbe, den Staatsanwalt, den Gerichtsmediziner und meine Mitarbeiter Hubaczek und Kratzenstein. Die haben alle Bereitschaft. Lassen Sie weiträumig absperren. Kein Fahrzeug und keine Person verlassen den Tatort bis zu meinem Eintreffen.« Damit legte er auf.

Mit dem Beamten, der diese Meldung so weitergegeben hatte, würde er später reden. Bräunig hoffte für ihn, dass er entweder noch sehr jung und unerfahren war oder eben erst von der Polizeischule kam. Er hasste unprofessionelles Verhalten von Polizisten, egal, in welchen Abteilungen sie ihren Dienst taten.

Nachdem er seine Frau angerufen hatte, keimte ein schlechtes Gewissen in ihm auf. Er gab den unerwarteten Einsatz als Grund für sein Nichterscheinen an. Ich muss meiner Frau mehr Aufmerksamkeit schenken, sonst endet meine Ehe wie bei den meisten anderen Polizisten, nahm er sich fest vor.

Also, da wollen wir uns mal diese komische Situation ansehen, dachte Bräunig, als er das Blaulicht auf dem

Dach seines Dienstwagens einschaltete und mit Sondersignal zum Classic-Center durch Weimar raste. Der Wind fegte die ersten feinen Regentropfen über die Stadt.

Kriminalhauptkommissar Bräunig, der diesen Dienstrang schon mit 38 Jahren hatte und der jüngste Leiter einer Mordkommission in Thüringen war, konnte nicht ahnen, dass das der Anfang einer Kette von Ereignissen war, die die Bundesrepublik Deutschland an den Rand einer Katastrophe bringen sollten.

Ungefähr zur selben Zeit freute sich Matti Klatt auf die kommenden Stunden. Er fuhr sein Auto in eine gerade frei werdende Parklücke vor seinem Fitnessstudio, dem ›Planet of Motion‹, kurz ›POM‹. Es war die beste Idee seit Jahren gewesen, in der Freizeit wieder als Trainer zu arbeiten. Man tat etwas für seinen Körper, traf Leute, die das gleiche Hobby hatten, konnte sich richtig abreagieren und den Frust rauslassen. Und dann gab es noch eine weitere angenehme Komponente: Die Hintern von 70 Prozent der weiblichen Besucher in ihren engen Trainingssachen. Selbst beim Sport achteten sie besonders darauf, gut auszusehen. Für einige war der Besuch im Fitnessstudio möglicherweise eine Gelegenheit, ihr Singledasein zu beenden. Matti Klatt war Spinning Master. Spinning bedeutete nichts anderes, als dass man das Radfahren von der Straße in einen geschlossenen Raum verlegte. Zu schneller Musik wird unter Anleitung eines Instruktors in der Gruppe gefahren. Nach einer Stunde fühlt man sich, dank der ausgeschütteten Glückshormone, sehr gut. Matti Klatt gab mehrere Stunden pro Woche, für Anfänger und Leute, die lediglich Fett verbrennen wollten, bis hin zu den Fortgeschrittenen, die eine Stunde lang am oberen Limit der Herzfrequenz fuhren. Und wenn er sowieso schon im Studio war, hängte er immer noch eine Stunde Gerätetraining dran. Seit einiger Zeit bemerkte er nun auch positive Veränderungen an seinem Körper. Die Fettschicht, die sich vor zwei Jahren über seinen Leib gelegt hatte, war so gut wie weg. Die Arm-, Schulter- und Brustmuskulatur zeichnete sich deutlich ab. Er war jetzt 43 und fühlte sich wie 30, als er noch Mitglied der Antiterroreinheit war. Sein Haar war grau, aber voll, er hatte blaue Augen und maß 1,84 Meter. Matti Klatt schloss sein Auto ab, schulterte seine Sporttasche und betrat das ›POM‹.

Der Nieselregen wurde allmählich stärker.

Hauptkommissar Bräunig brauchte nur ein paar Minuten bis zum nahe gelegenen Classic-Center. Er fuhr vom Parkplatz seiner Dienststelle die Carl-von-Ossietzky-Straße entlang, bog links in die Friedrich-Ebert-Straße ein und lenkte seinen Wagen dann geradeaus bis zum Center. Es war eines dieser Gebäudekomplexe, wie sie momentan überall im Land gebaut wurden, unzählige Läden befanden sich unter einem Dach. Als er in die Nähe der großen Parkplätze des Einkaufscenters kam, sah er die Absperrungen. Die kontrollierenden Beamten erkannten Bräunig und winkten ihn durch. Blaulicht und Sondersignal hatte er kurz vor seinem Eintreffen abgeschaltet.

Der Parkplatz war fast leer, nur vereinzelt standen noch ein paar Autos. Vermutlich von den Angestellten des Centers oder von Leuten des umliegenden Wohngebietes, die vor ihren Haustüren keine Parkmöglichkeiten mehr gefunden hatten, überlegte Bräunig, im Schritttempo fahrend.

Die Fläche vor dem Center war in jeweils sieben Ein- und Ausfahrten aufgeteilt. Ganz am Ende, gegenüber dem Eingang, sah er ein Streifenfahrzeug mit eingeschaltetem Blaulicht, direkt daneben stand ein Geldtransporter.

Nachdem Hauptkommissar Bräunig aus seinem Opel ausgestiegen war, kam ein uniformierter Polizist auf ihn zu und salutierte.

Na, bravo, es hat nur noch der Stechschritt auf den letzten Metern gefehlt, dachte Bräunig.

»Polizeimeister Klimm, Herr Hauptkommissar. Ich war als Erster am Tatort und habe den Diensthabenden informiert.«

»Es sei dir noch einmal verziehen«, murmelte Bräunig vor sich hin. Der Polizist war tatsächlich jung und schien sehr eifrig zu sein. Er war einer der Absolventen der Polizeischule, die im vorigen Monat der Inspektion Weimar zugeteilt worden waren. Offenbar hatte er sich vertan, als bei der Verteilung der Uniformen nach seinem Kopfumfang gefragt wurde, die Dienstmütze war viel zu groß, sie saß direkt auf seinen Ohren.

»Erzählen Sie mal, Polizeimeister Klimm.« Bräunig unterdrückte ein Schmunzeln.

Klimm rückte aufgeregt seine Mütze zurecht und begann mit seinem Bericht.

»Der Chef des Supermarktes rief die Polizei an, nachdem er kurz vorher einen Anruf von der Zentrale des Sicherheitsdienstes bekommen hatte. Alle Geldtransporter, die sich im Einsatz befinden, müssen alle 15 Minuten ein Signal in die Zentrale senden, um sicherzustellen, dass alles nach Plan läuft. Als das Signal dieses Fahrzeugs hier nach 20 Minuten mehr als überfällig war, versuchte die Zentrale über Funk die beiden Sicherheitsleute zu erreichen, aber sie erhielten keine Antwort. Daraufhin prüften sie den Routenplan und stellten fest, dass das Classic-Center angefahren werden sollte. Der Marktleiter gab der Zentrale die Auskunft, dass das Geld wie üblich ohne Zwischenfälle abgeholt worden war. Er wurde gebeten, auf den Parkplatz zu schauen, ob er den Geldtransporter noch sehen könne. Kurze Zeit später fand er ihn unverschlossen und ohne Personal vor. Es war 15 Minuten nach acht, als die Meldung kam, und da ich mich mit meinem Streifenwagen in der Nähe befand, fuhr ich sofort hierher. Nach kurzer Suche fand ich die beiden Sicherheitsleute dort im Gebüsch.«

»Was veranlasste Sie zu der Beschreibung komisch?«, hakte Bräunig nach.

Klimm bemerkte den Schuss Ironie, sagte aber lieber nichts dazu. Er hatte in seiner kurzen Dienstzeit schon von Bräunig gehört. Sein Respekt vor ihm war groß.

»Bitte kommen Sie mit Herr Hauptkommissar«, forderte er Bräunig auf.

Nach einigen Schritten blieben sie ein paar Meter vor den Toten stehen. Die Kriminaltechniker waren noch nicht da. Klimm nestelte an seiner Jacke herum und wurde nervös. Das waren die ersten Leichen, die er sah.

Immerhin, er hält sich besser als ich damals, überlegte Bräunig. Bei meiner ersten Leiche habe ich mich dermaßen übergeben, dass ich dachte, meine Innereien kommen mit heraus. Der Tote zu jener Zeit war ein älterer Mann gewesen, welcher der Meinung war, dass die Welt hoffnungslos verseucht war. Er hatte beschlossen, sich selbst zu konservieren und sich Formalin in seinen Unterarm gespritzt, was zur Folge hatte, dass er bei seinem Auffinden steif wie ein ausgestopftes Präparat gewesen war. Da er zudem erst einige Tage später nach der Tat in seiner Wohnung entdeckt worden war, hatte es darin wie in einer Abdeckerei gestunken.

»Ich habe mir Folgendes überlegt«, sagte Klimm. »Fast immer werden solche Überfälle mit Schusswaffen durchgeführt. Bei den beiden konnte ich aus der Entfernung jedoch keine Schussverletzungen feststellen. Üblicherweise versuchen die Täter so schnell wie möglich vom Tatort wegzukommen. Diese hier wurden nicht einfach liegen gelassen, sondern weiter weg in das Gebüsch getragen. Professionell und eiskalt. Schleifspuren konnte ich auf den ersten Blick auch nicht erkennen.« Er hatte sich inzwischen mit dem Rücken zu den Leichen gestellt und schaute Bräunig an.

Nicht schlecht, Polizist Mütze, dachte der. Möglicherweise wird ja mal ein brauchbarer Mitarbeiter aus dir.

Ja, es war denkbar. Die ersten Schlüsse konnten richtig sein. Natürlich mussten die Techniker den Boden noch nach Spuren absuchen, was bei dem rissigen Beton und dem gerade einsetzenden Regen nicht einfach werden würde. Der das hier veranstaltet hat, war sich seines Handelns in jeder Sekunde bewusst. Irgendwie beschlich Bräunig das Gefühl, dass dieser Fall keine übliche Tagebuchnummer werden würde.

»Wo, zum Teufel, bleiben die Techniker?«, fragte er mehr sich selbst. Kurzzeitig überkam ihn wieder ein ungutes Gefühl, dass er seine Frau ausgerechnet am heutigen Tag allein lassen musste.

Matti Klatt führte gerade das Cool-Down, das Abwärmen, mit seiner Trainingsgruppe durch. Er beließ es heute bei der einen Einheit Spinning. Die Stunde hatte ihm viel abverlangt. Lieber in die Sauna gehen, um Körper und Seele zu entspannen. Wozu nach Hause fahren? Da bestand die Gefahr, dass das Nachdenken und das ewige Grübeln wieder einsetzten. Es geschah zwar nicht mehr so häufig wie am Anfang des Jahres, aber es war noch lange nicht vorbei.

Vor ziemlich genau 10 Monaten hat ihm seine Frau, als sie abends auf dem Sofa saßen, einen Brief mit den Worten übergeben, es sei zwar nicht der günstigste Zeitpunkt, aber irgendwann müsse es sein. Darin stand, dass sie es satt habe, immer nur aufs Geld zu schauen, in so einem Kaff zu leben und dass sie die Trennung überhaupt schon vor 10 Jahren hätte herbeiführen sollen. Matti Klatt konnte nicht glauben, was er da las. Es war ihre Idee und ihr großer Traum gewesen, raus aus der Stadt zu ziehen, ein Haus auf dem Land zu bauen, mit einem schönen großen Garten, wo auch die kleine Maria für ein paar Minuten unbeobachtet spielen konnte, damit man nicht immer Angst haben musste, es könnte etwas passieren, wenn sie ohne Aufsicht blieb. Was das Geld betraf, hatte sie recht, aber zu schaffen war es immer noch. Sie verfügte über einen gut bezahlten Job bei den Stadtwerken und er war Geschäftsführer seiner eigenen Firma. Diese entwickelte Produkte, welche es auf dem Markt noch nicht gab. Der Nachteil des Geschäftes war, dass man viel Geld benötigte. Seinen Schätzungen zufolge machte eine gute Idee gerade mal fünf Prozent des Aufwandes aus, eine Erfindung zu vermarkten. Wer wollte in diesen schwierigen Zeiten ein Risiko mit einem neuen Produkt eingehen? Im Laufe von zwei Entwicklungsjahren mussten alle Kosten gedeckt werden, auch das Gehalt des Geschäftsführers. Und das war in den vergangenen Monaten nicht gerade üppig gewesen. Zu allem Überfluss wurde kurz nach der Markteinführung des neuesten Produktes bekannt, dass ein Zulieferer seine Hausaufgaben nicht richtig gemacht hatte. Die Elektronik wies erhebliche Mängel auf. An dem Tag, als Matti Klatt die Entscheidung für die Einstellung der Produktion treffen musste, hatte ihm seine Frau am Abend jenen Brief serviert.

Kaum zu glauben, aber das war schon wieder fast ein Jahr her. Er ging in den Umkleideraum, zog sich aus und begab sich in die Sauna, in der Hoffnung, diese Gedanken jetzt schnell wieder abschütteln zu können.

Der Gerichtsmediziner, Staatsanwalt Dr. Rudolf Müller und die Kriminaltechniker trafen fast alle zur selben Zeit ein. Nach der Begrüßung informierte Hauptkommissar Bräunig jeden über den Stand der Dinge bis zum jetzigen Zeitpunkt. Die beiden Techniker zogen ihre fusselfreien Ganzkörperoveralls an und begannen sofort mit der Arbeit. Er kannte ihre exakte Arbeitsweise von anderen Tatorten, schätzte sie und wusste, dass sie alles Relevante finden würden. Egal, wie lange es dauern würde, die Zeit war dabei nicht entscheidend, sondern das Ergebnis, das war ihre Maxime. Einer von ihnen, Peter Fischer, 46 Jahre alt, hatte sogar einmal den Chef der Polizeidirektion, einen Staatsanwalt und einen Staatssekretär aus dem Innenministerium brüllend aus einer Wohnung geworfen, in der eine Frauenleiche gefunden worden war. Wie sich später herausstellte, war sie eine Edelprostituierte gewesen. Warum diese drei Herren noch vor Eintreffen der Mordkommission und der Techniker dort waren, blieb rätselhaft. Für Fischer waren es einfach Deppen, die ihm die Untersuchungen erschwerten, indem sie wichtige Täterspuren vernichteten und ständig störend im Weg herumstanden. Wenn es um seine Tatortarbeit ging, kannte er keine Vorgesetzten und keine Freunde. Einen Rüffel bekam er übrigens nie für seine Wutanfälle, weil sie in dieser Hinsicht wohl berechtigt waren. Er war nicht sehr groß, hatte eine schmächtige Figur und trug einen Oberlippenbart. Wahrscheinlich wurde er deshalb von Leuten, die ihn nicht kannten, abwertend behandelt. Aber er verfügte über einen messerscharfen Verstand. Fischer hatte ein Hobby: die Psyche der Täter. Wenn Weiterbildungen oder Kurse zu diesem Thema angeboten wurden, nahm Fischer daran teil. Er wollte mit diesem Hintergrundwissen die gefundenen Spuren besser deuten und analysieren können. Zweifellos war er bei komplizierten Fällen eine große Hilfe für die Ermittler.

Der andere Techniker wurde nur ›Leichenkolbe‹ genannt. In Wirklichkeit hieß er Michael Kolbe, war 48 Jahre alt, hatte einen leichten Bauchansatz und war fast kahlköpfig. Leichenkolbe wurde immer gerufen, wenn es eine Leiche mit unnatürlicher Todesursache gab, ob durch Unfall, Suizid oder Fremdeinwirkung. Er machte diesen Job seitdem er bei der Kriminalpolizei war. Dadurch hatte er einen unbezahlbaren Erfahrungsschatz auf diesem Gebiet und konnte aufgrund der Auffindesituation von Leichen meist schon nach kurzer Zeit den Tathergang rekonstruieren. So auch, als er in eine Wohnung gerufen wurde, in der ein nackter Mann mit einem Stromkabel um den Hals tot aufgefunden wurde. Er lag vor einer geschlossenen Tür. Bevor Leichenkolbe diese Tür öffnete, schaute er einfach durch das Schlüsselloch. Warum er das tat, konnte er nicht sagen, er tat es eben. Er sah an der gegenüberliegenden Wand ein überdimensionales Poster einer nackten Frau. Als er dieses Poster dann genauer untersuchte, fand er eine Vielzahl kleiner Löcher, die durch einen Dartpfeil verursacht worden waren, der in der Höhe ihrer Vagina steckte. Noch vor der Obduktion stand für Leichenkolbe fest, dass es sich hier um einen autoerotischen Unfall handelte. Der Mann hatte sich aufgegeilt, indem er Dartpfeile auf die Frau warf, die Tür schloss, durch das Schlüsselloch schaute und sich über den an einem elektrischen Kabel angeschlossenen Transformator Stromstöße verabreichte. Der letzte Stromstoß, den der Mann sich verpasste, war offensichtlich etwas zu hoch gewesen. Die Obduktion und die Ermittlungen im Umfeld des Mannes bestätigten später Leichenkolbes Theorie.

Seine Marotte war das Zählen von Leichen, zu denen er gerufen wurde. Die wichtigsten Daten vermerkte er in einem speziellen Buch. Die jetzt gefundenen Toten waren Nummer 2150 und 2151 in fast 20 Dienstjahren bei der Kriminalpolizei. Er lebte nur für die Arbeit, für nichts anderes. Deswegen waren bereits zwei Ehen gescheitert und er hatte es aufgegeben, sich noch einmal fest zu binden.

»Verdammtes Sauwetter«, hörte Hauptkommissar Bräunig hinter sich jemanden fluchen. Er brauchte sich nicht umzudrehen, um zu sehen, wer da kam. Es gab nur einen, der so fluchen konnte: Oberkommissar Jürgen Hubaczek, 33 Jahre alt, ledig, gut aussehend, blond und immer adrett gekleidet. Der Wortschatz seiner Flüche war schier unbegrenzt. Er hasste schlechtes Wetter, Fliegen und Mücken, Hundescheiße, verwahrloste Wohnungen, eben alles, was Dreck verursachte. Aber er war ein ausgezeichneter Ermittler, der nie locker ließ. Er fasste es als persönliche Niederlage auf, wenn ein Tötungsdelikt nicht aufgeklärt wurde. Und wenn es doch mal passierte, vergaß er den Fall niemals, vor allem die Details dazu nicht. Der Mann hatte ein unglaubliches Gedächtnis. Zahlen und Personen konnte er sich wie kein anderer merken.

»Grüß Gott, Genossen!« Oberkommissar Kratzenstein war eingetroffen. Er war ein Jahr jünger als sein

Freund Hubaczek. Die beiden gingen fast seit ihrer Geburt gemeinsam durch das Leben. Sie waren in derselben Stadt aufgewachsen, hatten die gleiche Schule besucht, hatten die gleichen Interessen und auch mal das eine oder andere Mädchen, nacheinander, versteht sich. Irgendwann hatten sie beschlossen, gemeinsam zur Polizei zu gehen. Sie schafften es immer wieder, zusammenzubleiben, ob in der Ausbildungsklasse oder auf Lehrgängen. Die beiden machten innerhalb der Polizei alles, unter der Voraussetzung, dass sie es gemeinsam tun durften. Das war natürlich auch so, als Bräunig sie zur Mordkommission holte. Und das tat der nur, weil sie die Besten waren. Kratzenstein kümmerte sein äußeres Erscheinungsbild herzlich wenig, das Wichtigste für ihn waren seine Arbeit, seine Freundschaft zu Hubaczek und seine Kumpels. Er war immer ausgeglichen und lebensfroh.

»Schön, dass ihr noch kommen konntet«, begrüßte Bräunig seine Mitarbeiter. Er erzählte den beiden kurz, was bis jetzt bekannt war.

»Sehr ungewöhnlich«, sagte Kratzenstein. »Ein Raubüberfall, nicht nach dem klassischen Muster, fast perfekt, würde ich sagen. Die Türen des Fahrzeugs waren beim Auffinden geschlossen, keine erkennbare Spur von Gewaltanwendung, als ob nichts passiert wäre. Ich wette, dass der oder die Täter das nicht zum ersten Mal gemacht haben.« Das sahen die anderen auch so.

Zwei Beamte der Autobahnpolizei waren schnell am Unfallort. Sie fuhren zufällig nur ein paar 100 Meter hinter dem verunfallten Fahrzeug des Mörders. Als sie dort eintrafen, kamen sie zu dem Schluss, dass es wohl besser wäre, gleich den Leichenwagen anzufordern. In diesem Klumpen Blech konnte unmöglich jemand überlebt haben. Sie machten sich daran, die Unfallstelle zu sichern und Platz für die Rettungskräfte zu schaffen. Kurze Zeit später hörten sie die Sirenen der Feuerwehr und Rettungswagen. Minuten danach nahmen sie auch das laute Knattern des Rettungshubschraubers, der Bell-UH-1, wahr. Der grün lackierte Hubschrauber mit den leuchtroten Türen und den Buchstaben ›SAR‹ darauf war unverwüstlich, er konnte sogar bei starkem Regen und in der Nacht fliegen.

Die ersten Feuerwehrleute machten sich sofort mit schwerem Gerät daran, Blechteile aufzuschneiden, um den Autofahrer zu bergen. Nach ein paar Minuten waren sie so weit, dass der Notarzt nach ihm schauen konnte. Die Polizisten konnten wegen der Landegeräusche des Hubschraubers nicht alles verstehen, was der Arzt rief, aber allem Anschein nach war der Fahrer noch am Leben.

Hubaczek und Kratzenstein bekamen von einem Polizisten, der aussah, als hätte er einen Nachttopf auf dem Kopf, eine Namensliste aller Halter der auf dem Parkplatz stehenden Autos. Diese legten sie dem Marktleiter vor und erfuhren, dass fast alle Wagenbesitzer in dem Center arbeiteten. Im Laufe der Jahre kannte man sich. Etwas Neues konnte er den beiden nicht erzählen. Er bestätigte nur noch einmal das, was er schon dem Polizisten erzählt hatte. Die befragten Angestellten konnten keinerlei Angaben zu dem Überfall machen, sie waren mit den Vorbereitungen für den Geschäftsschluss beschäftigt gewesen. Die Kriminalbeamten notierten sich dennoch alle Details. Danach suchten sie die ersten Wohnblocks auf. Es begann das von ihnen als lästig empfundene Klinkenputzen. Vielleicht hatte ja zufällig ein Rentner oder einer, der den lieben langen Tag die Straßen und Leute vom Fenster aus beobachtete, um bei nächster Gelegenheit mit den Nachbarn tratschen zu können, etwas bemerkt?

In der Zwischenzeit erstattete der Gerichtsmediziner dem Staatsanwalt und Bräunig Bericht.

»Die Todeszeit lässt sich aufgrund der Aussagen des Marktleiters und der Zentrale der Sicherheitsfirma ziemlich genau bestimmen. Bei dem ersten Mann, der die Geldbomben aus dem Supermarkt holte, wurde äußere Gewalteinwirkung festgestellt. Ein Stich mit einem zweischneidigen Messer oder Ähnlichem in die Herzgrube. Sofort tödlich. Bei dem anderen wurde der Kehlkopf zertrümmert. Auch sofort tödlich. Die Ursache ist wahrscheinlich ein Handkantenschlag oder so etwas. Sehr interessant ist die Art, wie sie gefesselt waren. So etwas habe ich zum ersten Mal gesehen. Eure Techniker können bestimmt später mehr dazu sagen. Den vollständigen Bericht bekommen sie morgen früh.«

Damit verabschiedete sich der Gerichtsmediziner und machte sich auf den Weg in die Pathologie.

Bräunig sah Staatsanwalt Dr. Müller stirnrunzelnd an. Er kratze sich an seiner Oberlippe, der wachsende Bart verursachte ein Jucken.

»Wer überfällt einen Geldtransporter mit einem Messer und geht damit ein enormes Risiko ein, überwältigt zu werden, hat dann noch die Ruhe und Kaltschnäuzigkeit, beide Opfer wegzuschleppen, zu fesseln, wieder zurückzugehen und die Geldbeutel mitzunehmen?«

Dr. Müller hatte sich eben dieselbe Frage gestellt.

»Normalerweise ist eine Tötung mit einem Messer eine Affekthandlung. Ein Überfall mit einer Schusswaffe, einer Pistole etwa, geht viel schneller und ist wesentlich unblutiger. Vor allem ist das Risiko für den Räuber geringer, überwältigt oder zumindest attackiert zu werden. Ich gewinne immer mehr den Eindruck, dass hier jemand am Werk war, der sein Handwerk versteht und das schon öfter getan hat. Die beiden Sicherheitsleute hat er weggeschleppt, damit sie keinen eventuell in der Nähe befindlichen Personen auffallen beziehungsweise nicht gleich entdeckt werden. Er will das Risiko mindern, Zeit für seine Flucht zu verlieren. Ich werde mich zur Sicherheit noch mit ein paar Kollegen verständigen, aber ich denke, diese Art zu töten, lernt man nur bei einigen Kampfsportarten oder in Spezialeinheiten der Armee.«

»Oder bei der Polizei. Wir werden in die Computer schauen, um zu prüfen, ob so etwas in dieser Form schon einmal vorgekommen ist. Wir halten Sie auf dem Laufenden«, antwortete Bräunig.

Der Staatsanwalt verabschiedete sich. Was ist hier los?, überlegte er. Ich muss unbedingt meinen Kollegen Feller anrufen. Der kennt sich in dem Metier aus, schließlich war er früher Militärstaatsanwalt.

Die Hitze in der Sauna war fast unerträglich. Das Thermometer zeigte 90 Grad Celsius an. Matti Klatt saß auf der obersten Bank und beobachtete die schwitzenden Leute. Sein Augenmerk richtete sich auf eine besonders fette Frau, die eine Reihe unter ihm saß. Ihre Oberschenkel sahen aus wie Waffeleisen, geprägt von Cellulite. Ihr Hintern war überdimensional groß, sie hatte vier armdicke Hüftringe und ihre Brüste lagen auf den Oberschenkeln. Natürlich war diese Frau nicht ansehnlich, aber Matti Klatt bewunderte solche Frauen angesichts ihres Optimismus' immer wieder. Nach unzähligen Diäten und sinnlosem Hungern wollten sie wohl einen letzten Versuch wagen, durch Bewegung eine einigermaßen akzeptable Figur zu bekommen. So, wie er die Sache einschätzte, war es bei dieser Frau aber ein aussichtsloses Unterfangen.

Nachdem er den Brief seiner Frau erhalten hatte, versuchte Matti Klatt alles, um sie von ihrer Entscheidung abzubringen. Es halfen jedoch weder Gespräche noch kleine Briefchen oder große, in den Schnee geschriebene Liebeserklärungen. Das folgende Weihnachtsfest und der sich anschließende Jahreswechsel wurden zu den schlimmsten Tagen im Seelenleben des Matti Klatt. Im Januar 2003 zog sie mit der gemeinsamen Tochter aus. Natürlich konnte er das Haus finanziell allein nicht mehr unterhalten und zog ebenfalls weg. Im März war das Haus verkauft, die Erlöse gingen vollständig zur Tilgung des Darlehens drauf.

Er bezog eine kleine Dachwohnung am Rand von Weimar, der seiner Meinung nach schönsten Stadt Thüringens, und verfiel in Selbstmitleid. Alle anderen waren schuld, nur er nicht. Seine Firma verließ er, die anderen Gesellschafter übernahmen die Geschäfte. Es war ein schönes Gefühl, wenn der Klare oder der Wodka langsam die Kehle hinunterliefen und die Probleme verschwanden. Leider immer nur für 10 oder 12 Stunden. Anfangs mixte er sich die Drinks mit Cola, aber nachdem ein Dreiviertelliter Schnaps bei ihm nicht mal mehr Sprachschwierigkeiten verursachte, trank er das Zeug einfach pur. Und er stellte fest, dass es mit Whisky noch besser zu ertragen war. Aufgrund nicht bezahlter Rechnungen funktionierte das Telefon schon lange nicht mehr. Sämtliche Versicherungen ließ er sich auszahlen, er durfte nur nicht krank werden. Auf der anderen Seite: Wen interessierte das? Es war ihm schlicht egal. Besuche bekam er keine, angerufen werden konnte er nicht und überhaupt konnten ihn alle mal am Arsch lecken. Bis zu dem Tag, als er am Morgen nach einer durchgesoffenen Nacht ein Schrankteil wieder aufstellen wollte – er war am Abend zuvor wankend dagegengefallen – und ihm ein paar Bilder seiner Tochter in die Hände fielen. Sie zeigten sie als kleines Mädchen, als sie in die Schule kam, ihre großen Zahnlücken, ihr erstes Fahrrad, eben den ganzen Weg vom Baby bis zu ihrem 12. Geburtstag. Matti Klatt weinte ungefähr zwei Stunden und traf dann seine Entscheidung. So hatte er es in seinem ganzen Leben gehalten: Turnschuh oder Lackschuh, schwarz oder weiß, Sekt oder Selters! Es gab nichts dazwischen, ein bisschen schwanger gab es ja auch nicht. Er stellte sich neue Regeln auf. Das Saufen war ab sofort tabu. Es musste eine Arbeit gefunden werden, um Geld zu verdienen, um sich wieder etwas aufbauen zu können. Körper und Geist mussten trainiert werden. Er musste unter Menschen und durfte sich nicht länger von der Umwelt distanzieren.

Nach und nach kehrte sein Lebensmut zurück. Es tat zwar immer noch weh, aber Matti Klatt ging anders damit um. Er hatte wieder ein Ziel und das wollte er unbedingt erreichen.

Inzwischen war er allein in der Sauna. Zeit, zu gehen, sagte er sich. Nach dem obligatorischen Sprung in das mit eiskaltem Wasser gefüllte Becken duschte er, zog sich an und verließ das Fitnessstudio. Es war 22 Uhr. Der Regen war wieder schwächer geworden und in ein leichtes Nieseln übergegangen.

Die Befragungen durch Hubaczek und Kratzenstein brachten nicht die geringsten Hinweise. Hauptkommissar Bräunig informierte gerade die beiden über die ersten

Ergebnisse des Gerichtsmediziners, als die Kriminaltechniker zu ihnen kamen.

»Viel ist es noch nicht, was wir euch sagen können«, begann Leichenkolbe. »Beiden Opfern wurden die rechten Schnürsenkel aus den Schuhen gezogen, um ihnen damit die Daumen auf dem Rücken festzubinden. Es handelt sich hierbei um einen Webleinsteg, mit einem halben Schlag gesichert. Soweit mir bekannt ist, werden solche Knoten verwendet, wenn man einen Strick oder ein Seil an einer Stange oder Ähnlichem befestigen will. In der Seefahrt, bei Tauchern und Anglern wird das in der Knotenkunde gelehrt. Wir haben es eben bei uns ausprobiert, es ist unmöglich, sich selbst zu befreien. Außer der Stichwunde bei dem einen und dem nach innen gedrückten Kehlkopf bei dem anderen sind bis jetzt keine weiteren äußeren Verletzungen erkennbar. Bei dem mit der Stichwunde fanden wir seitlich in Höhe des Bauchnabels auf der Uniform frischen schwarzen Abrieb, wahrscheinlich Schuhcreme. Wir lassen das im Labor untersuchen. Wir konnten Fingerabdruckspuren im Fahrzeug sichern, die aber mit ziemlicher Sicherheit den beiden Toten zuzuordnen sind. Es gab keine Schleifspuren auf dem Boden, auch keinen Abrieb an den Schuhen der Toten. Das heißt, beide wurden in das Gebüsch getragen. Auch keine weiteren Fußab- oder -eindruckspuren, nirgendwo. Der Blutverlust des einen Opfers ist praktisch gleich null, also wird es wohl auch keine Spritzer auf der Kleidung des Täters geben. Genau wüssten wir das natürlich erst, wenn wir die Kleidung des Täters untersuchen könnten. Wenn man das Gesamtbild betrachtet, könnt ihr davon ausgehen, dass es sich tatsächlich nur um einen Täter handelt. Um ganz sicher zu gehen, beginnen wir nach dem Abtransport der Leichen noch mal von vorn.«

Alle schwiegen, das waren in der Tat nicht viele Spuren. Und es war nicht zu erwarten, dass noch etwas Neues hinzukam.

»So eine verdammte Affenkacke«, sagte Hubaczek. »Wie kann dieser schwarze Abrieb auf die Uniform gekommen sein? Durch einen Tritt?«

»Nein, wenn man jemanden von vorn in den Bauch tritt, dann trifft die Fußsohle auf den Körper. Und da befindet sich in der Regel keine Schuhcreme. Und außerdem, warum sollte er den Wachmann zuerst treten? Nein, sein Tod war Sekundensache, ich denke, er wurde von hinten angesprungen. Der Täter umklammerte mit seinen Beinen den Körper und riss gleichzeitig mit dem rechten Arm am Kinn den Kopf zur Seite. Mit der anderen, linken Hand stach er sein Messer in die Gegend hinter das Schlüsselbein«, folgerte Leichenkolbe.

Es klang ziemlich einleuchtend.

»Dann haben wir also«, sagte Bräunig, »einen starken männlichen Täter, der Rechtshänder ist. Stark, weil er die Opfer getragen hat. Die Opfer wiegen beide jeweils an die 90 Kilo, schätze ich. Eine Frau scheidet sicher aus. Linkshänder scheiden aus, weil der Kopf nach rechts gedreht ist und sich die Einstichwunde auf der linken Körperseite befindet. Wenn der Täter wirklich von hinten kam, und danach sieht es aus, kann es sich nur so abgespielt haben. Weiter können wir annehmen, dass er das nicht zum ersten Mal gemacht hat, sondern zu einer bestimmten Zeit an einem bestimmten Ort dafür ausgebildet wurde. Ein paar Ansatzpunkte haben wir, um …«

Weiter kam er nicht, denn Polizeimeister Klimm kam laut rufend angerannt. Die Mütze rutschte ihm durch das Laufen jetzt tief ins Gesicht. Jeden Moment musste er stolpern und hinfallen.

»Herr Hauptkommissar, Hauptkommissar Bräunig! Wir haben eben eine Mitteilung der Autobahnpolizei erhalten. Auf der A 4, bei Jena, hat es einen schweren Verkehrsunfall mit Personenschaden gegeben«, rief er, nach Atem ringend.

Kratzenstein stöhnte. »Wir haben andere Sorgen. Was geht uns das an?«

»Der Fahrer hat überlebt. Er war komplett schwarz gekleidet. In seinem Auto haben die Kollegen ein Messer, eine Sturmhaube und zwei Geldbomben mit der Aufschrift Classic-Center Weimar gefunden.«

Das Sophien- und Hufeland-Klinikum in Weimar war ein großer und moderner Neubau. Es befand sich im Süden der Stadt, kurz vor der Autobahnauffahrt. Insgesamt 13 Kliniken waren unter einem Dach vereint, darunter auch zwei Unfall- und Wiederherstellungschirurgien. Die zwei Kliniken waren auf Verletzungen der Extremitäten, des Schädels sowie der Brust- und Bauchhöhle spezialisiert. Außerdem war eine optimale Versorgung von Patienten die mehrfach verletzt waren, gewährleistet. Wie jede moderne Klinik verfügte auch sie über einen Hubschrauberlandeplatz.

Hauptkommissar Bräunig konnte es immer noch nicht glauben.

»Wo ist der Verletzte und wie ist sein Zustand?«, fragte er Klimm.

»Er wird mit dem Heli gerade in das Klinikum nach Weimar geflogen. Über seinen Zustand konnte mir niemand etwas sagen, nur dass er lebt.«

Bräunig gab den beiden Technikern die Anweisung, alles noch einmal gründlich zu untersuchen und wirklich nichts außer acht zu lassen.

Auch wenn auf sie Verlass war, lieber einmal mehr betont als einmal zu wenig. Er trat näher an sie heran.

»Wir treffen uns später. Zu niemandem ein Wort, zu keinem! Bringt auch Klimm mit! Den mit der komischen Mütze.«

Hubaczek, Kratzenstein und Bräunig rannten zu ihren Autos und fuhren mit hoher Geschwindigkeit in Richtung Autobahn, zum Klinikum. Es war mittlerweile wenig Verkehr auf der Straße, sie kamen gut und schnell voran.

Als Matti Klatt vom Parkplatz des ›POM‹ auf die Lyonel-Feininger-Straße fuhr, konnte er gerade noch rechtzeitig bremsen. Ihm schnitten drei Autos mit hoher Geschwindigkeit die Vorfahrt ab, als diese links in das Klinikum einbogen.

»Verdammte Penner«, fluchte er. Instinktiv speicherte er die Fahrzeugtypen sowie deren Kennzeichen in seinem Kopf ab. Er hatte es irgendwann aufgegeben, darüber nachzudenken, warum er sich an Kreuzungen, auf Straßen und Parkplätzen immer diese Daten im Unterbewusstsein einprägte. Typ, Farbe und Kennzeichen, alles in Bruchteilen von Sekunden. Und noch Wochen später konnte er sich genau daran erinnern.

Was solls, leider bringt einem diese Fähigkeit nichts ein, dachte er wieder und fuhr nach Hause.

Die Unfall- und Wiederherstellungschirurgien befanden sich im Haus A, gleich hinter dem Verwaltungsgebäude. Als die drei Kriminalbeamten das Haus betraten, schlug ihnen der übliche Geruch eines Krankenhauses entgegen, eine Mischung aus Desinfektionsmitteln und Äther.

»Hauptkommissar Bräunig, meine Mitarbeiter Hubaczek und Kratzenstein«, stellte Bräunig die Gruppe dem behandelnden Arzt vor. »Sie haben einen Patienten aufgenommen, der gerade mit dem Hubschrauber hergebracht wurde. Können Sie uns schon etwas über seinen Zustand sagen?«

»Dr. Graner mein Name. Wir haben ihn geröntgt und gleich in den OP gebracht. Er hat Verletzungen oberhalb der Gürtellinie: Frakturen der Rippen, des Brustbeines und des linken Armes. Innere Organe sind, soweit wir das sehen konnten, nicht betroffen. Die Wirbelsäule ebenfalls nicht, allerdings hat er ein schweres Schädel-Hirn-Trauma. Die seitliche Schädeldecke ist zertrümmert und das Hirn ist in Mitleidenschaft gezogen. Wie schwer, kann ich noch nicht sagen. Er ist ohne Bewusstsein.«

»Wird er es überleben?«

»Auch das kann ich derzeit noch nicht beantworten. Ich denke, er wird es nicht schaffen«, konstatierte der Arzt.

Bräunig traf eine Entscheidung.

»Wir bleiben hier und warten ab, was die Operation bringt. Danke, Doktor.« Damit wandte er sich an seine Mitarbeiter. »Hubaczek, du kümmerst dich um seine persönlichen Sachen, Papiere, Schlüssel und so weiter. Kratzenstein, du sorgst dafür, dass das Auto zu uns auf die Dienststelle geschafft wird und von niemand außer von Leichenkolbe oder Fischer untersucht wird. Lass dir den Unfallbericht gleich mitschicken. Ich möchte den Kreis, der mit dieser Sache zu tun hat, möglichst klein halten. Ich werde unseren Staatsanwalt über diese Neuigkeit informieren.«

Es war jetzt 22.55 Uhr.

Staatsanwalt Feller war ein Mann von 58 Jahren und mit sich zufrieden. Sein Haar hatte keine einzige graue Strähne, sein Gesicht war nicht von Falten zerfurcht, im Gegenteil, es war glatt wie bei einem Jugendlichen. Da er sehr eitel war, achtete er bei seiner Ernährung streng darauf, was er wann zu sich nahm. Er hatte für sein Alter eine gute, fast makellose Figur. Die Frau, mit der er sich gelegentlich traf, kam immer am Freitag. Feller war noch nie verheiratet gewesen und hatte es auch nicht vor. Wozu auch? Die meiste Zeit des Tages arbeitete er und wollte abends nur noch seine Ruhe haben. Um den Haushalt kümmerte sich eine Ukrainerin, Olga. Er hatte sie im Gericht bei einem Prozess kennengelernt, wo sie als Zeugin gegen ein paar Landsleute auftrat, die sich illegal in Deutschland aufhielten. Sie war knapp 40 Jahre alt, sah ziemlich ansehnlich aus und hatte eine Arbeit gesucht. Nachdem er sie überprüft hatte, bot er ihr an, sich um seinen Haushalt zu kümmern. Wenn Feller seine sexuellen Bedürfnisse befriedigen wollte, rief er Ingrid an, die Frau, die jetzt in seinem Bett schlief. Sie war nicht die Hellste, hatte aber dafür ein paar Vorzüge, die unübertroffen waren. Sie lag nackt, erschöpft und offensichtlich zufrieden auf dem Rücken. Die Arme hatte sie seitlich ausgestreckt, die Beine hielt sie etwas angewinkelt und gespreizt.

Sie ist und sieht reizvoll aus, dachte er, als das Klingeln des Telefons ihn aus seinen Gedanken riss. Er hob den Hörer ab und meldete sich kurz angebunden.

»Feller.«

»Staatsanwalt Dr. Müller hier, Guten Abend, Herr Kollege.«

Hoffentlich bleibt der gut, dachte Feller und antwortete: »Ja, hallo, Herr Müller. Habe ich vergessen, dass ich Bereitschaft habe?«

»Nein, nein, ich habe Bereitschaft. Wenn es nicht dringend wäre und ich nicht Ihren fachlichen Rat bräuchte, hätte ich damit bis Montag gewartet. Entschuldigen Sie die Störung. Heute Abend kam es zu einem Raubüberfall, der einige Besonderheiten aufweist.«

Staatsanwalt Dr. Müller erzählte Feller alles, was er wusste. Auch das, was ihm Hauptkommissar Bräunig über den Verkehrsunfall noch telefonisch mitgeteilt hatte. Feller hörte aufmerksam zu.

»Der Mann hat überlebt und liegt im Krankenhaus?«

»Ja, wir hoffen, dass er aufwacht und wir ihm ein paar Fragen stellen können.«

»Nun wollen Sie von mir, dass ich Ihnen die Fragen vorformuliere? Das ist nicht weiter schwer. Er hat den Raubüberfall begangen, das werden ihm die Techniker nachweisen können. Diese Beweismittel halten Sie ihm einfach vor. Aus seiner Sicht hat er großes Pech mit diesem Unfall gehabt.« Feller lachte gekünstelt in das Telefon.

Staatsanwalt Dr. Müller bemühte sich, ruhig zu bleiben. Dieser aufgeblasene Fatzke hörte sich immer gern reden. Eitel wie ein Gockel und dann versuchte er noch, witzig zu sein. Er konnte ihn nicht ausstehen.

»Das stimmt schon, aber die Art und Weise der Tötung der Sicherheitsleute deuten auf ganz andere Hintergründe hin. Der Überfall war extrem professionell. Die aufgefundenen Sachen und Papiere lassen vermuten, dass es sich bei dem Täter um einen circa 40-jährigen Mann handelt, der aus den neuen Bundesländern kommt. Wo wurde man in der DDR ausgebildet, um zum Beispiel ohne Waffen oder lautlos zu töten?«

Bei den letzten Sätzen versteinerte sich Fellers Miene immer mehr. Er konnte kaum glauben, was er da hörte. Kühl nachdenken, sagte er sich. Wirf ihm einen Knochen hin, damit konnte man Zeit gewinnen. Er antwortete ganz langsam:

»Da gab es einige Truppenteile. Ich hatte in meiner Zeit als Militärstaatsanwalt hin und wieder mit Angehörigen dieser Sondereinheiten zu tun. Bei der Marine gab es das KSK, Kampfschwimmerkommando. Ausnahmslos Freiwillige und alle haben sich für mindestens vier Jahre verpflichtet. Das war ein Sonderstatus bei der Marine, denn bei allen anderen Waffengattungen dauerte die Dienstzeit der Freiwilligen drei Jahre. Dann gab es die Fernaufklärer. Diese wurden ausgebildet, um besondere Ziele und Objekte im Ernstfall zu suchen, und für einen Angriff vorzubereiten. Sie sollten mit dem Fallschirm im gegnerischen Land abspringen, um im Ernstfall beispielsweise eine Rheinbrücke in Köln genau aufzuklären. Auf keinen Fall durften sie Kampfhandlungen durchführen, denn das Wichtigste an ihrer Aufgabe war, Informationen an die eigenen Einheiten weiterzugeben. Ja, und dann war da noch das Fallschirmjägerbataillon, später Luftsturmregiment. Es befand sich von 1960 bis 1982 auf der Insel Rügen in Prora, später dann in Lehnin bei Potsdam. Auch hier waren nur Freiwillige in drei aktiven Fallschirmjägerkompanien. Das Beste vom Besten. Es gab in diesem Bataillon noch einen Sprengtaucherzug, eine Nachrichtenkompanie, einen Unteroffiziersausbildungszug und eine Transport- und Versorgungskompanie. Letztere können Sie vergessen, die hatten nur die gleiche Uniform an. Aber mit dem Rest der Truppe war nicht zu spaßen. Wenn Sie wollen, können wir uns treffen, und ich erzähle Ihnen mehr darüber.«

»Nein, danke. Das Wichtigste habe ich mitgeschrieben. Wenn ich noch Fragen habe, melde ich mich sofort«, sagte Staatsanwalt Dr. Müller.

»Gut, halten Sie mich auf dem Laufenden, das interessiert mich wirklich.«

Damit legten beide auf. Feller setzte sich ganz langsam hin und dachte nach. Nachdem er Ingrid geweckt hatte, bat er sie, sich anzuziehen und zu gehen. Er brauchte sie jetzt nicht mehr. Ihre Miene verfinsterte sich und er wusste, was sie dachte. Fünf Minuten später wählte er eine Telefonnummer.

»Wir haben ein Problem.«

»Wann und wo können wir uns treffen?«, fragte der Angerufene.

Feller nannte Treffpunkt und Zeit und legte auf.

Matti Klatt wälzte sich im Schlaf hin und her, er hatte wieder einen seiner Albträume. Neu an diesem Traum war, dass es unentwegt klopfte und klingelte. Es wurde immer energischer und lauter, er hielt sich die Hände an die Ohren und schrie. Durch diesen Schrei kam er zu sich. Erleichtert, dass er in seinem Bett war, stellte er durchgeschwitzt fest, dass an seiner Wohnungstür tatsächlich unentwegt gehämmert, geklingelt und gerufen wurde. Immer noch völlig irritiert, ging er langsam auf die Tür zu und versuchte, seine Gedanken zu sortieren. Er rief durch die geschlossene Tür: »Wer ist da, was ist los?«

»Sind Sie Herr Matti Klatt? Öffnen Sie! Polizei!«

Mist verdammter, die Polizei! Matti Klatt schloss auf.

»Ja, der bin ich, in voller Schönheit und ziemlich müde. Wer sind Sie?«, fragte er und überspielte damit sein wirkliches Befinden. Was so wichtig sein konnte, dass er mitten in der Nacht aus dem Bett getrommelt wurde?

»Oberkommissar Hubaczek, Kriminalpolizei. Hier ist mein Ausweis. Wann gedenken Sie mal, sich umzumelden?«

Ich kann es nicht fassen! Hier steht einer von der Kriminalpolizei und fragt mich zu nachtschlafender Zeit, wann ich mich ummelden will, dachte Klatt ungläubig.

»In der nächsten Woche. Habt ihr nichts anderes zu tun oder sind das die neuen Aufgaben der Kriminalpolizei?«

»Nein, natürlich nicht, aber Sie waren noch unter Ihrer alten Adresse gemeldet, wo ich Sie aufsuchen wollte. Zum Glück kannte Ihr Nachmieter die neue Anschrift. Es ist dadurch viel Zeit verloren gegangen«, antwortete Hubaczek.

»Da Sie mich ja nun gefunden haben, können Sie mir nun sagen, worum es geht? Kommen Sie erst mal rein. Möchten Sie einen Kaffee? Ich kann jetzt einen gebrauchen und mit schlafen ist es sowieso Essig.« Hubaczek trat in den Flur und schloss die Tür hinter sich.

»Nein, danke, ich bin sehr in Eile. Kennen Sie einen Olaf Arndt, wobei Arndt der Nachname ist? Er ist circa 1,84 Meter groß, hat dunkle Haare, eine kräftige Statur, ungefähr Ihr Alter? Es kann auch schon ein paar Jahre zurückliegen.« Er blickte Matti Klatt erwartungsvoll an.

Diesen Namen hatte er noch nie gehört, dessen war er sicher. Und die Beschreibung passte auf Hunderttausende.

»Nein. Wer ist das? Und wie kommen Sie darauf, dass ich ihn kennen sollte?«

»Heute Nacht beziehungsweise gestern Abend wurde hier in Weimar ein Geldtransporter überfallen. Der Täter konnte flüchten. In der Nähe von Jena passierte dann auf der Autobahn ein Unfall mit Personenschaden. Um es etwas abzukürzen, der verunfallte Fahrer ist unser Räuber und liegt jetzt schwer verletzt im Klinikum. Es sieht schlecht für ihn aus. Die Ärzte hatten ihn schon abgeschrieben, nachdem sie ihn notversorgt hatten. Vor ungefähr einer Stunde kam er zu sich und begann, bruchstückhaft zu faseln. Ziemlich unverständliches Zeug, aber eines tauchte immer wieder auf:

›Holt Matti Klatt her!‹ Der Arzt hat uns das gesagt. Als wir mit ihm sprechen wollten, war er schon wieder bewusstlos. Er wiederholte ständig nur diese vier Worte:›Holt Matti Klatt her!‹ Es muss für ihn unheimlich wichtig sein. Also haben wir in unseren Computern nachschauen lassen und festgestellt, dass es tatsächlich einen Matti Klatt in Weimar gibt. Irgendwo mussten wir ja anfangen. Die Suche nach anderen Klatts in Thüringen und bundesweit läuft noch. Offensichtlich kennt er Sie. Schade, dass der Name Ihnen nichts sagt.« Hubaczek war enttäuscht, es wäre auch zu schön gewesen.

»Nein, wirklich nicht. Wissen Sie was? Das Beste ist, wenn ich mitkomme und mir den Knaben mal anschaue. Vielleicht kann ich mich im Moment nur nicht erinnern. Wenn ich ihn gesehen habe, kann ich Ihnen vielleicht doch weiterhelfen.«

Manchmal hat man auch Glück mit seinen Mitmenschen, dachte Hubaczek. Dieser hier ist einer der immer seltener werdenden Spezies. Ohne viel zu fragen und dummes Zeug zu reden, machte er einen vernünftigen Vorschlag. Gerade wollte ich ihn fragen, ob er mitkommen könnte.

Matti Klatt zog sich an und beide fuhren gemeinsam in die Klinik.

Samstag, 25. Oktober 2003, 2.30 Uhr, Unfallklinik

In der Zwischenzeit installierte Kommissar Fischer von der Kriminaltechnik auf Anordnung von Bräunig ein hochempfindliches Mikrofon im Zimmer des verunglückten Mörders. Fischer hatte sich zur Tarnung einen weißen Kittel angezogen. Er befestigte das Mikro in der Nähe der vielen medizinischen Apparaturen so, dass es für den Schwerverletzten nicht zu sehen war. Der Hauptkommissar hatte ihn schnell kommen lassen, nachdem der Mörder vor einiger Zeit kurz aufgewacht war.

Vielleicht konnte man ihn doch noch vernehmen oder er sagte möglicherweise irgendetwas in seinem Dämmerzustand. Egal, sie wollten jede Chance nutzen.

Der Mörder war wieder zu sich gekommen, hielt aber seine Augen geschlossen. Es befand sich jemand im Zimmer, das spürte er.

Ist es wie jetzt in diesem Moment, wenn man stirbt? Sieht man wirklich ein weißes, grelles Licht? Oder wird es schlagartig dunkel, so, als würde man den Schalter einer Lampe betätigen? Ich darf nicht das Bewusstsein verlieren, ich muss wach bleiben und durchhalten, bis er kommt. Hoffentlich hat der Arzt den Namen verstanden. Er muss es einfach gehört haben! Das wird meine letzte Mission sein. Ich erfülle meinen Auftrag und kann dann in Ruhe sterben. Für unsere Sache. Für die es sich wirklich lohnt, zu sterben. Die vor einigen Jahren meinem Leben wieder einen Sinn gab. Wenn ich diesen Auftrag erfüllt habe, werde ich unvergessen sein. Es ist gut so.

Die Verletzung am Kopf ist zu stark, er wird das kaum überleben, hat der Arzt vorhin zu der Schwester gesagt und ich habe es gehört. Mit geschlossenen Augen habe ich dieses Urteil vernommen. Noch aber ist es nicht vollstreckt. Mir kommt es so vor, als ob ich nicht mehr richtig hören kann, betäubt bin, kraft- und schwerelos. Als ich das letzte Mal wach wurde, konnte ich alles nur schwarzweiß sehen, keine Farben mehr. Es ängstigt mich, dass die Zeit knapp wird, ich spüre es. Matti Klatt, wo bleibst du? Du musst es erfahren, bevor … Er verlor erneut das Bewusstsein.

»Vielen Dank, Herr Klatt, dass Sie gekommen sind. Ich bin Hauptkommissar Bräunig. Meine Mitarbeiter Fischer und Kratzenstein. Herrn Hubaczek kennen Sie bereits. Der Name Olaf Arndt sagt Ihnen nichts?«

»Nein, absolut nichts. Wo liegt er? Ich sehe ihn mir mal an, vielleicht kommen wir dann weiter«, antwortete Matti Klatt.

»Leider ist er gerade wieder ohne Bewusstsein und sein Kopf ist fast vollständig verbunden.« Wieder juckte die Oberlippe von Bräunig.

»Der Name Olaf Arndt steht in seinem Ausweis?«

»Ja, wir fanden ihn bei seinen Sachen. Hier ist er, sehen Sie selbst.«

Matti Klatt hielt den Ausweis in der Hand und erkannte die Person auf dem Bild sofort. Sicher, es waren ein paar Jahre vergangen, aber die Gesichtszüge waren dieselben geblieben, die leichte Stupsnase, das dünne Haar, die dunklen Augenbrauen und der stark ausgeprägte Kehlkopf.

»Leute, hier liegt eindeutig ein Irrtum vor. Der Mann auf dem Foto heißt Ralph Jentzsch, ist 42 Jahre alt und hat vor 20 Jahren in Berlin gelebt. Ich habe mit ihm eineinhalb Jahre zusammen in einem Zimmer gehaust, Tag und Nacht. Ganz sicher. Ich brauche nicht sein Gesicht zu sehen, um ihn zu identifizieren. Schauen Sie nach, er müsste beschnitten sein und eine Narbe von einer Blinddarmoperation haben.«

Kratzenstein ging sofort in das Krankenzimmer. Nach nicht einmal einer Minute kam er zurück.

»Es stimmt beides«, sagte er.

Sie standen alle vor dem Krankenzimmer auf dem Flur und schwiegen. Jeder musste diese Neuigkeit erst mal verarbeiten. Hubaczek brach das Schweigen.

»Ich habe den Eindruck, wir fischen in trüben Gewässern. Das wird ja immer seltsamer. Erst die ungewöhnliche Art des Tötens bei dem Raubüberfall. Zum Glück für uns baut er einen Unfall. Dann stellt sich heraus, dass er gar nicht derjenige ist, dessen Name in dem Ausweis steht. Natürlich müssen wir das noch untersuchen lassen, aber ich verwette meinen Arsch, dass dieser Ausweis absolut echt ist. Stellen sich also gleich wieder neue Fragen. Warum ändert er seine Identität und wie kommt er an einen echten Ausweis? Was hat das alles mit Matti Klatt zu tun?«

»Genau auf diese und einige andere Fragen werden wir Antworten finden«, sagte Bräunig. »Wir machen es so: Hubaczek, finde alles über Olaf Arndt und Ralph Jentzsch heraus, Geburts- und Wohnort, Ausbildungen, Familienstand, Beruf oder Tätigkeit. Hatten sie Unfälle, litten sie an Krankheiten, wie waren ihre sexuellen Ausrichtungen? Einfach alles! Fischer, du trägst alles zusammen, was kriminaltechnisch für uns relevant ist, vom Tatort über das Unfallauto bis hin zu seinen Sachen. Kratzenstein, setz dich an den Computer und durchforste alle Datenbanken! Ich will wissen, ob es solche oder ähnliche Überfälle dieser Art bereits gab. Sieh auch bei den Tötungsdelikten nach, die eventuell eine annähernd gleiche Handschrift tragen. Der ganz große Treffer wäre es, wir fänden so einen Fall. Ich habe da gestern Abend was gelesen. Es ging um einen Mord in Berlin, die Einzelheiten sind detailliert aufgeführt, kümmere dich darum. Wir treffen uns Punkt sechs in der Dienststelle.«

Eine Nachtschwester trat an die Beamten heran. »Er ist gerade wieder zu sich gekommen.«

»Gut, macht euch in die Spur. Herr Klatt, Sie gehen erst mal allein zu ihm. Wir halten uns zurück. Versuchen Sie langsam und deutlich zu sprechen, wegen des Tonbandes. Lassen Sie ihn reden. Wir brauchen so viele Informationen wie möglich.«

»In Ordnung, das ist mir zwar alles schleierhaft, aber ich gebe mein Bestes.«

Matti Klatt schloss die Tür hinter sich und trat an das Bett. Es schien ihm alles so unwirklich. Er wurde aus dem Schlaf gerissen und kurze Zeit später stand er hier in der Klinik vor seinem einstigen besten Freund. Er lief um das Bett herum und sah, in welch schlechtem Zustand sich der Verletzte befand. Von Kopf und Körper führten fast ein Dutzend Schläuche und Leitungen an irgendwelche Apparaturen. Die Kurve des Pulsschlages auf dem Monitor schlug relativ gleichmäßig aus. Der Kopf war vollständig verbunden, man konnte nur die Augen und den Mund sehen. Der linke Arm war eingegipst und stand seitlich ab.

»Hallo Ralle, lange nichts gehört«, sagte Matti Klatt leise.

Jentzsch schlug die Augen auf und drehte den Kopf ein wenig zur Seite. Matti Klatt hatte den Eindruck, dass er ihn nicht richtig sehen konnte.

»Hallo Husky.«

Er erkannte ihn! Mit dieser Begrüßung stieg ein Gefühl von Vertrautheit in ihm auf. Seinen Spitznamen hatte er seit über 20 Jahren nicht mehr gehört. Nach Beendigung der Dienstzeit in der Armee kannte diesen im zivilen Leben niemand. Sie nannten ihn damals aufgrund seiner blauen Augen und seiner schon frühzeitig auftretenden – mit 18 Jahren – ersten grauen Haare so.

»Du ... siehst ... gut ... aus ... Husky«, flüsterte Jentzsch matt.

Oktober 1978, Insel Rügen, Ostküste

Matti Klatt war müde und ausgebrannt. Der Restalkohol machte ihm zu schaffen. Das große Tor wurde mit Absicht krachend zugeschlagen und es wurde noch mindestens eine Minute lang heftig daran gerüttelt. Es war symbolisch gemeint: Dieses Tor war endgültig zu, ein Zurück gab es nicht mehr. Und so verstanden es auch die 100 jungen, teilweise verängstigten Freiwilligen des Jahrgangs 1978. Sie selbst sollten es ein Jahr später ebenso mit den Neuankömmlingen machen. Nur sahen sie dann nicht mehr wie Milchbubis aus, sondern sollten im Gesicht merklich gealtert und ihre Körper hart und zäh sein. Das einzige Fallschirmjägerbataillon der DDR bestand aus drei Fallschirmjägerkompanien zu je 100 Mann, einer Nachrichtenkompanie, einer Transport- und Versorgungskompanie, einem Sprengtaucherzug und einem Unteroffiziersausbildungszug. Es ergaben sich bei den drei Kampfeinheiten somit immer drei Dienstjahre: die Glatten oder Frischen, die Zwipis, die sogenannten Zwischenpisser, und die Eks, die Entlassungskandidaten. Traditionell verstanden sich die Frischen mit den Eks am besten. Die Zwipis, die gerade das Höllenjahr hinter sich hatten, ließen ihre ganze Wut an den Neuen aus. Sie verglichen den Stress, den sie erfahren mussten, mit dem der Neuen. Natürlich wurden sie, die Zwipis, in jeder Hinsicht viel härter rangenommen und durften sich niemals Dinge erlauben, die die Neuen taten. Das war absurd, aber so lief es seit Bestehen des Bataillons. Allerdings nur innerhalb der Kaserne. Außerhalb gehörten alle einer großen Familie an, egal, wer in Schwierigkeiten geriet. Trug jemand ein rotes Barett, waren alle ohne Ausnahme zur Hilfe bereit. Selbst die Leute der Transport- und Versorgungskompanie, die normale Wehrpflichtige waren und kein Sprungabzeichen trugen, konnten sich auf den Kodex verlassen, dass ein Kamerad des Bataillons niemals im Stich gelassen wurde.

Kurz nach der Ankunft hörten die Männer nichts als Gebrüll von drei sich abwechselnden Unteroffizieren. In drei Linien hintereinander auf dem Kompanieflur stehend, wusste das Häufchen Elend der Neuen nun endlich, was sie waren: nichts als Muttersöhnchen, verweichlichte Bourgeoisiekinder, die außer Bettnässen und Herumjammern nichts konnten. Alle sollten schleunigst den Daumen aus dem Hintern nehmen und das, was sie bis jetzt Leben nannten, schnell vergessen. Es würde alles anders und vor allem besser werden. Die Unteroffiziere sollten recht behalten.

Ab sofort gab es nur noch eine Fortbewegungsart: Laufschritt. Drei ganze Jahre, 1096 Tage Laufschritt, außer der Zeit im Urlaub vielleicht. Egal, ob man aus dem Zimmer zur Toilette oder zum Duschen wollte, ob man gerufen wurde oder nur 10 Meter zu überwinden waren, ob es zur Ausbildung ging oder zum Essen, immer nur Laufschritt. Alle waren dermaßen daran gewöhnt, dass einige, als sie nach 10 Monaten im ersten Kurzurlaub aus den Zügen stiegen, auf dem Bahnsteig automatisch anfingen, zu rennen. Selbst für den Ek galt immer noch Laufschritt.

Damit die Glatten beziehungsweise die Frischen auch äußerlich jeder sofort identifizieren konnte, wurden ihnen die Haupthaare fast komplett abrasiert.

Matti Klatt stand auch auf dem Flur der Dritten Fallschirmjägerkompanie. In den letzten drei Tagen hatte jeder insgesamt nur fünf Stunden geschlafen. Alle hatten dunkle Ringe unter den Augen, die einen wegen Übermüdung, die anderen, weil sie seit dem Zuschlagen des Kasernentores noch nicht auf der Toilette gewesen waren. Zum Glück hielt sich der Stoffwechsel in Grenzen, da die Nahrungsaufnahme anfangs kaum als solche bezeichnet werden konnte. Insgesamt standen für das Essen ganze fünf Minuten zur Verfügung, egal, zu welcher Mahlzeit. Die Zeit lief, nachdem 100 Fallschirmjäger vor dem Essensgebäude standen und auf Kommando, natürlich geordnet, in den Speisesaal rannten, wo sich jeder hinter einem Platz aufstellen musste. Waren alle anwesend, wurde ihnen vom diensthabenden Unteroffizier »Einen wirklich guten Appetit« gewünscht. 100 Mann brüllten: »Danke, Genosse Unteroffizier«, setzten sich und stopften rein, was nur ging. Denn in der Regel war nach zwei Minuten Schluss. »Alles auf!«

Hurra, dachten die 100, endlich dürfen wir wieder rennen. Wer beim Essenmitnehmen erwischt wurde, erhielt eine schwere Bestrafung.

Die Fallschirmjäger hörten immer wieder, wie wichtig persönliche Hygiene, Sauberkeit und Ordnung sowie Schnelligkeit wären. Und damit keiner einschlief, wurden zwischendurch immer mal ›ein paar‹ Liegestütze gemacht, auf den Fäusten oder auf den gestreckten Fingern. Unter anderem wurde zudem ›Mülleimer entleeren‹ trainiert. Dazu musste sich jemand einen Eimer schnappen, die Treppen hinunterhetzen, den Eimer auskippen und sich zurückmelden. Da der Eimer folglich nach dem ersten Ausleeren ohne Inhalt war, wurde das ganze eben circa 10 bis 12 Mal mit einem Eimer ohne Inhalt wiederholt. Hauptsache, die Zeit wurde eingehalten. In der Zwischenzeit lernten andere, wie man sich schnell ›umzog‹. Von der Paradeuniform ins Gefecht und zurück in den Ausgang. Selbstverständlich konnte man das Ganze auch mischen. Es kam schon mal vor, dass einige unter dem roten Barett der Ausgangsuniform eine Schutzmaske aufhatten. Man konnte ja nie wissen. Wieder andere mussten die Abstände zwischen den Schränken, Tischen und Betten in ihren Zimmern mit kleinen Streichholzschachteln ausmessen und aufschreiben. Das komplette Zimmer wurde dann maßstabgetreu direkt unten am Strand der angrenzenden Ostsee wieder aufgebaut. Natürlich nach Zeitvorgabe und mithilfe der Streichholzschachteln. Dieser scheinbare Irrsinn war Teil der Ausbildung und hatte Methode. In den ersten Wochen wurden die Fallschirmjäger dahin gehend gedrillt, jeden auch noch so widersinnig erscheinenden Befehl auszuführen. Das war die Grundlage. Alle sechs Wochen wurden sämtliche Zimmerbewohner ausgetauscht. So lernte jeder jeden mit seinen Vorlieben und Macken kennen. Sie gewöhnten sich an den täglichen 5000-Meter-Lauf am Morgen und daran, unmittelbar danach sofort in die Ostsee zu springen. Natürlich auch im Winter, wenn erst mal 10 Meter auf dem Eis zurückzulegen waren. Jede noch so kleine Unkorrektheit wurde mit Liegestützen, Klimmzügen oder mit ›Sputnik‹ bestraft. Dabei musste der Auserwählte, während die anderen der Gruppe geschlossen weiterliefen, diese umrunden wie ein Satellit im Weltall die Erdkugel. Abends wurde geduscht, ebenfalls nach Zeit und gruppenweise. Warmes Wasser gab es in dieser Kaserne nicht, man gewöhnte sich daran. Die Latrine bestand aus einer sogenannten Pissrinne und einzelnen, im Raum stehenden Toilettenschüsseln. Schamwände dazwischen waren nicht vorhanden. So konnten alle selbst beim Erledigen des ›größeren Geschäftes‹ miteinander kommunizieren, allerdings nur, wenn es erlaubt war beziehungsweise kein Unteroffizier in der Nähe war.

Nach einigen Wochen konnten die Ausbilder sehen, welche besonderen Fähigkeiten die Männer hatten und es begann die Spezialisierung. Eine Einsatzgruppe bestand aus 10 bis 12 Mann, je nach Aufgabenbereich. Sie setzte sich aus dem Gruppenführer, seinem Stellvertreter, einem Scharfschützen, Funker und einem Sanitäter, aus Nahkämpfern, Panzerbüchsenschützen und einem Sprengtaucher zusammen. Matti Klatt, Ralph Jentzsch und weitere 15 Mann wollten Sprengtaucher werden, es wurden aber nur fünf gebraucht.

Samstag, 25. Oktober 2003, 3.15 Uhr, Unfallklinik

»Ich wünschte, ich könnte dasselbe sagen.« Matti Klatt zog sich einen Stuhl heran und setzte sich.

»Was ist passiert, Mann? Warum hast du die beiden am Einkaufscenter umgelegt? Du hättest sie unschädlich machen und das Geld mitnehmen können. Für dich wäre es eine Kleinigkeit gewesen. Und was soll ich hier …«

Jentzsch hob seinen unverletzten Arm und bedeutete Matti Klatt, dass er ruhig sein sollte. Das Sprechen, vielmehr das Flüstern, fiel ihm schwer.

»Hör … zu. Das Geld war … für dich bestimmt. Wenn … du auf meinen … Vorschlag … nicht … eingegangen … wärst. Dann … hätte … ich … es mit … dem Geld versucht.«

Die letzten Worte waren kaum zu verstehen. Sein Atem ging flacher und die Kurve auf dem Monitor zeigte Unregelmäßigkeiten.

»Für mich? Was für einen Vorschlag wolltest du mir unterbreiten?«

Matti Klatt zog seine Jacke aus, ihm wurde warm. Wieder bedeutete Jentzsch ihm, nichts zu sagen.

»Bitte, hör mir genau zu ... Komm näher. Gut so ... Wir ... werden ... das Land retten. Es ... wird ... eine neue ... Ordnung entstehen. Das ist die ... letzte Möglichkeit, dem ... Chaos ein ... Ende zu machen. Du ... sollst mit dazu ... gehören. Wir ... nehmen nur die ... Besten.«

Jentzsch hatte die Augen geschlossen, Matti Klatt konnte kaum noch etwas verstehen.

Was sollte das? Land retten, neue Ordnung, Chaos? Wusste Ralle noch, was er da redete? Die Pulskurve, oder was auch immer das war, tendierte mehr und mehr zur waagerechten X-Achse.

»Husky, wir ... haben ... dich ... nicht ... umsonst ausgesucht. Du bist ... der ... Richtige für uns. Rede ... mit... keinem ... Menschen ... darüber. Die ... Zeit ... läuft schon. Es ... dauert nicht mehr ... lange.« Jentzsch sprach immer leiser.

Matti Klatt holte tief Luft.

»Ralle, ich verstehe nicht, wovon du redest. Wer ist wir und was soll ich tun?« Er beugte sich ganz nah an den verbundenen Kopf von Jentzsch. Die letzten Worte hatte er fast geschrien.

Jentzsch fasste Klatt an den Arm.

»Ruf ... diese ... Nummer an: ... 0 8 0 0 2 5 1 1 1 9 5 9 ... Sag, ... dass ... du ... eine ... wissenschaftliche ... Abhandlung ... über ... Fortpflanzung ... von Löwen suchst ... Sie melden ... sich ... bei ... dir. In ... fan ... ti...«

Die Linie auf dem Monitor war gerade und der Griff an Matti Klatts Arm war keiner mehr. Ohne Zweifel, Ralph Jentzsch war in diesem Augenblick gestorben. Er war tot. Ein Arzt und eine Schwester kamen in das Zimmer gerannt und versuchten, ihn wiederzubeleben. Nach ein paar Minuten schüttelten sie den Kopf. Matti Klatt war fassungslos. Aus. Ende. Schluss. Endgültig. Er hätte noch so viele Fragen an ihn gehabt, ihm so viel erzählen wollen. Zum ersten Mal sah er mit an, wie ein Mensch die Grenze überschritt, und musste erkennen, wie plötzlich ein Leben beendet sein konnte. Unbegreiflich und doch real. Der Mann, der ihm vor vielen Jahren das Leben gerettet hatte, als er beinahe in der Elbe ertrunken wäre, starb neben ihm. Er war einmal sein bester Freund gewesen.

Samstag, 25. Oktober 2003, 5.55 Uhr, Polizeiinspektion

Die Polizeiinspektion Weimar befand sich etwas nördlich vom Zentrum der Stadt in der Carl-von-Ossietzky-Straße, Ecke Ernst-Thälmann-Straße. Sie war im Historischen Landgericht untergebracht. Dabei handelte es sich um ein schönes, altes Gebäude aus der Gründerzeit des 20. Jahrhunderts. Beim Betreten des Hauses hatte man unweigerlich das Gefühl, dass seit dieser Zeit auch nichts mehr an der Inneneinrichtung verändert worden war. Fenster, Türen und Fußböden waren seit Jahrzehnten nicht mehr erneuert worden. Ebenso die Anstriche und Tapeten an den Wänden. Wie überall im Land wurde auch hier drastisch gespart. Erstaunlich genug, dass die

Beamten einigermaßen vernünftige Computer zur Verfügung gestellt bekommen hatten. Wenn man sie jedoch mit zwei Fingern auf der Tastatur herumstochern sah, wusste man sofort, dass sie sich die Bedienung derselben mehr oder weniger selbst beigebracht hatten. Für die entsprechende Ausbildung fehlten das Geld und vor allem die Zeit. Ausnahmslos alle Abteilungen waren personell unterbelegt. Die Grenze des Erträglichen war schon vor langer Zeit erreicht worden. Die Politiker und die Bürger gleichermaßen erwarteten von ihrer Polizei ein Höchstmaß an Präzision und Professionalität, schließlich wurden diese von Steuergeldern bezahlt. Das setzte aber zumindest die entsprechende Ausrüstung voraus, um der stetig anwachsenden Kriminalität, Herr werden zu können. Forderten die Polizeibeamten diese Ausrüstung, stießen sie auf taube Ohren. Viele waren frustriert und machten eben Dienst nach Vorschrift.

Matti Klatt betrat das Gebäude durch eine riesige Holztür und fragte den dicken Polizisten hinter der Glaswand, wo die Abteilung von Hauptkommissar Bräunig untergebracht sei. Da Bräunig diesen bereits darüber informiert hatte, dass ein Mann namens Klatt hier auftauchen würde und zu ihm wollte, nannte er ihm das Stockwerk und die Zimmernummer.

Ein merkwürdiges Gefühl, dachte Matti Klatt, als er die Stufen hinaufging. Von einer Sekunde auf die andere ist alles vorbei. Endgültig. Kein zurück. Man ist tot und das war es. Es war immer noch unfassbar.

Nachdem er Jentzschs Krankenzimmer verlassen hatte, bat ihn Hauptkommissar Bräunig, um sechs auf die Dienststelle zu kommen. Seine Aussage sollte protokolliert werden. Matti Klatt war nach Hause gefahren, hatte geduscht und ein paar frische Sachen angezogen.

Jetzt betrat er das Zimmer von Bräunig. Es war ein größeres Büro mit einem Schreibtisch, der voll von Akten und Unterlagen war. An seiner Stirnseite befand sich ein langer Tisch mit insgesamt 10 Stühlen. Auf der einen Seite des Raumes waren nur große Fenster, rechts davon, an der angrenzenden Wand, war eine Leinwand aufgebaut. Daneben standen ein Fernseher mit Videorecorder, ein DVD-Player, Tonbandabspielgeräte und ein Polyluxgerät. In der Mitte der Wand hing eine Tafel. Es roch ziemlich muffig, wahrscheinlich wurde hier nie gelüftet. Auf dem Tisch standen drei übervolle Aschenbecher. Gerade als die Kaffeemaschine ihre letzten röchelnden Geräusche von sich gab, erschienen die Mitarbeiter der Morduntersuchungskommission: Hubaczek, Kratzenstein, Leichenkolbe, Fischer und ein uniformierter Polizist. Hauptkommissar Bräunig bat alle, Platz zu nehmen und sich selbst mit Kaffee zu bedienen.

»Also, werte Mitstreiter, da der Raubmord offensichtlich aufgeklärt ist, habe ich darauf verzichtet, eine erweiterte Mordkommission zu bilden. Lassen wir den Leuten ihr Wochenende. Herr Klatt und Polizeimeister Klimm nehmen an unserer Besprechung teil. Da wir über das Motiv noch nichts Genaues wissen und Herr Klatt dabei offensichtlich irgendeine Rolle spielt, hoffe ich, dass wir das Rätsel gemeinsam lösen können. Herr Klatt, ich bitte Sie, Ihr Einverständnis vorausgesetzt, diese Geheimhaltungserklärung zu unterschreiben. Danke. Und dann sollten vielleicht noch alle wissen, dass Herr Matti Klatt Erfahrungen damit hat, wie kriminalpolizeiliche Arbeit vor sich geht. Schließlich war er mal Oberkommissar der Kriminalpolizei Abteilung Leben und Gesundheit sowie später Gruppenführer der Diensteinheit IX, des späteren SEK.«

Verdammter Mistkerl, dachte Matti Klatt, du hast mich nicht nach meiner Vergangenheit gefragt, ich hätte es dir schon noch gesagt.

Nachdem alle Anwesenden die Information verinnerlicht hatten, sagte Fischer: »Na, dann willkommen im Klub.«

»Ich denke, wir sollten keine Zeit verlieren und beginnen.« Bräunig übergab Hubaczek das Wort und schenkte sich auch eine Tasse Kaffee ein. Auf der Tasse stand sein Name: Klaus. Ein Geschenk seiner Frau.

»In der Kürze der Zeit und aufgrund der Tatsache, dass heute Samstag ist, war es schwierig, aussagekräftige Informationen in Bezug auf Olaf Arndt und Ralph Jentzsch zu bekommen. Beide haben keinen Vermerk in irgendwelchen Polizeiakten und haben beziehungsweise hatten ihren Wohnsitz in Berlin. Arndt wurde am 1. August 1960 in Berlin geboren, war von Beruf Kraftfahrer und starb am 24. Juli 1999 bei einem Verkehrsunfall. Er war alleinstehend und lebte in einer kleinen Wohnung im Stadtbezirk Pankow. Er wuchs als Waisenkind auf, andere Verwandte wurden nicht ermittelt. Jentzsch wurde am 17. Dezember 1961 ebenfalls in Berlin geboren und war auch alleinstehend. Über seinen Beruf und seine sonstigen Tätigkeiten wissen wir noch nichts. Seine Wohnung befindet sich in Berlin-Mitte. Das war bis jetzt alles, was mir die Kollegen dort übermitteln konnten. Ach ja, und ein Foto von Arndt. Die Ähnlichkeit mit Jentzsch ist unübersehbar.« Er reichte das Foto herum.

»Das ist nicht wirklich viel. Wann bekommst du mehr?«, wollte Bräunig wissen.

»Am Montag, wenn alle Behörden öffnen und Nachbarn, eventuell Kollegen, Freunde und Bekannte befragt werden können.«

»Bleib am Ball. Was ist mit den Spuren am Tatort, am Auto und vor allem, was ist mit dem Ausweis?«

Leichenkolbe stellte seine Kaffeetasse weg und schlug seine Mappe auf.

»Am Tatort hat sich nichts Weiteres ergeben. Wie ich schon vermutet habe, war Schuhcreme an den Sachen des Sicherheitsmannes. Die Marke bekommen wir noch. Es handelt sich wohl um sehr alte Schuhcreme, noch aus Zeiten der DDR. Dafür sprechen auch die Sachen. Die Sprungschuhe stammen aus Beständen der ehemaligen NVA. Diese hatten eine dicke Kreppsohle ohne Absatz, gingen bis kurz über die Sprunggelenke und waren sehr leicht. Die Sturmhaube bekommt man in jedem Motorradgeschäft. Genauso wie man den Overall und die Handschuhe in jedem Armeeshop bekommt. Das Messer ist interessant. Es stammt aus Beständen der ehemaligen Sowjetarmee. Allerdings nicht von den Muschkoten, dic hier stationiert waren, sondern von den Speznas. Die westliche Bezeichnung wurde aus dem russischen ›spezialnoe naznatschenie‹ abgeleitet. Diese Einheiten bestanden aus hervorragend ausgebildeten und ausgerüsteten Soldaten für besondere Kampfführung. Sie unterstanden dem Militärgeheimdienst GRU des Verteidigungsministeriums. Zu vergleichen mit dem britischen SAS oder den Special Forces der USA.

Das Auto hatte insgesamt drei Vorbesitzer, sie werden gerade ermittelt. Ansonsten war im Pkw außer den Fingerabdrücken des Mörders nichts zu finden. In den Geldsäcken waren 234 000 Euro. Kfz-Brief und Zulassung fanden wir bei ihm. Ebenso seinen Ausweis. Und da wird es auch interessant. Der Ausweis ist als Fälschung nicht erkennbar. Das Problem ist, dass ihn keine amtliche Behörde ausgestellt hat. Aber das Material, aus welchem er hergestellt wurde, ist original. Die Personalausweisnummer wurde nie vergeben! Der Ausweis des verstorbenen Olaf Arndt hatte eine ganz andere Nummer.« Er schlug seine Mappe wieder zu und nahm seine Kaffeetasse.

»Merkwürdig. Wir müssen herausbekommen, woher er das Messer hatte und wer diesen Ausweis ausgestellt hat«, dachte Bräunig laut.

»Wie Hubaczek schon sagte, ab Montag ist alles möglich«, entgegnete Leichenkolbe.

»Dann macht das zusammen. Setzt euch am Montag in Bewegung und ermittelt selbst in Berlin. Besorgt euch eine Durchsuchungserlaubnis für die Wohnung von Jentzsch. Ich regle das mit dem restlichen Papierkram und den Kollegen dort.«

In der Zwischenzeit hatte Fischer das Band, welches das Gespräch von Klatt und Jentzsch im Krankenzimmer aufgezeichnet hatte, in das Abspielgerät eingelegt.

»Ich wäre dann so weit«, sagte er.

»Einen Moment noch, bitte! Kratzenstein, was ergeben die Datenbanken zu ähnlichen Raubüberfällen?«

»Bis jetzt noch nichts Detailliertes. Ich habe das BKA in Wiesbaden um Mithilfe gebeten. Eine erste Anfrage ergab über 5000 Fälle. Danach grenzten wir es in unterschiedliche Optionen ein: die letzten 10 Jahre, ungewöhnliche oder nicht geklärte Tötungsarten, kein Motiv erkennbar, männliche Opfer ab 21 Jahren. Übrig geblieben sind 16. Wann mir die Supermänner von dort die vollständigen Daten schicken, kann ich nicht sagen. Ich habe es dringend gemacht.«

»Wenn du alles hast, versuch irgendwelche Gemeinsamkeiten festzustellen oder andere Zusammenhänge herauszufiltern. Ich weiß selbst auch nicht genau, was, aber probier es. Und lass dir den Arztbericht von Dr.

Graner schicken, um sicher zu sein, dass Jentzsch wirklich an den Folgen des Unfalls gestorben ist. Also, Fischer, was haben wir auf dem Band?«

»Alles kann man nicht richtig verstehen, er hat zu leise gesprochen. Hören wir es uns an.« Er drückte auf den Wiedergabeknopf.

Hör ... zu. Das Geld war ... für dich bestimmt. Wenn ... du auf meinen ... Vorschlag ... nicht ... eingegangen ... wärst. Dann ... hätte ... ich ... es mit ... dem Geld versucht.

Es entstand eine kurze Pause.

Für mich? Was für einen Vorschlag wolltest du mir unterbreiten?

Man hörte ein kurzes Rascheln.

Bitte hör mir genau zu ... Komm näher. Gut so ... Wir ... werden ... das Land retten. Es ... wird ... eine neue ... Ordnung entstehen. Das ist die ... letzte Möglichkeit, dem ... Chaos ein ... Ende zu machen. Du ... sollst mit dazu ... gehören. Wir ... nehmen nur die ... Besten.

Wieder entstand eine kurze Pause.

Husky, wir ... haben ... dich ... nicht ... umsonst ausgesucht. Du bist ... der ... Richtige für uns. Rede ... mit ... keinem ... Menschen ... darüber. Die ... Zeit ... läuft schon. Es ... dauert nicht mehr ... lange.

Ralle, ich verstehe nicht, wovon du redest. Wer ist wir und was soll ich tun?

Ruf ... diese ... Nummer an: ... 08002511959 ... Sag, ... dass ... du ... eine ... wissenschaftliche ... Abhandlung ... über ... Fortpflanzung ... von Löwen suchst ... Sie melden ... sich ... bei ... dir ... In ... fan ... ti...

Dann hörte man eine Weile nichts mehr, bis die Tür aufgerissen wurde und schnelle Schritte zu vernehmen waren. Fischer schaltete das Band ab.

»Bevor wir uns etwas zusammenreimen, sollte uns Herr Klatt vielleicht mehr über diesen Jentzsch erzählen.«

Matti Klatt fühlte sich immer noch wie gelähmt. Jentzschs Stimme auf dem Band weckte seine Erinnerungen von vor langer Zeit.

»Ich kannte ihn sehr gut. Wir haben zusammen in der Armee gedient und waren früher wie Brüder.«

Dezember 1978, Insel Rügen

Selbst die ältesten Einheimischen konnten sich später nicht erinnern, einen solchen Wintereinbruch jemals miterlebt zu haben. Der Schneesturm kam plötzlich und wurde immer stärker. In der Vergangenheit war nach drei oder vier Tagen, spätestens jedoch nach einer Woche der Höhepunkt überschritten. Diesmal nicht. Das Ausmaß war für die Bewohner der Insel Rügen katastrophal. Strom und Wasserversorgung brachen völlig zusammen. Die ohnehin wenigen Telefonanschlüsse funktionierten bereits nach den ersten Stunden nicht mehr. Sämtliche Straßen und Schienenwege waren unpassierbar. An Flugverkehr war gar nicht zu denken. Die Versorgung der Bevölkerung in den abgelegenen Gebieten geriet in ernste Gefahr. Stellenweise wurden Menschen, die in Krankenhäusern lagen, zu Bahnhöfen gebracht, wo sie in beheizbare Dieselloks umgebettet wurden. Das galt insbesondere für Schwangere. Nicht nur ein Kind wurde in diesen Nächten in einer Diesellok geboren.

Die Einzigen, die Erste Hilfe leisten konnten, waren die Fallschirmjäger. Nachts gegen 3 Uhr wurde das gesamte Bataillon alarmiert und angewiesen, die Skiausrüstung in Empfang zu nehmen. Alle, natürlich auch Jentzsch und Klatt, mussten ihre Tornister, die normalerweise mit militärischem Gerät wie Minen, Sprengstoff, Waffen und Ähnlichem vollgepackt waren, entleeren. Da die Schneeverwehungen teilweise über 10 Meter hoch waren, machte sich das Bataillon mitten in der Nacht auf Skiern in die circa 25 Kilometer entfernte Kreisstadt Bergen auf, zum Katastrophenstützpunkt. Als Erstes wurden Gruppen gebildet, die in die entlegensten Orte laufen mussten. Die Tornister wurden mit Brot, Wurst und Milch gefüllt. Dann ging es mit Karte und Kompass in die eingeschneiten Dörfer, um dort Essen zu verteilen. Andere Gruppen waren dazu bestimmt, Leute wie Elektriker, Hebammen und so weiter zu suchen, die während des Wintereinbruchs unterwegs und noch nicht am Ziel angekommen waren. 90 Prozent dieser Vermissten wurden später tot aufgefunden, erfroren oder im Auto erstickt. Nach ungefähr einer Woche waren die Straßen wieder einigermaßen passierbar und andere Rettungskräfte trafen ein. Das Bataillon wurde wieder in die Kaserne zurückverlegt.

Die Spezialisierung der neuen Rekruten war fast abgeschlossen. Die 17 Bewerber für den Sprengtaucherzug wurden in eine Schwimmhalle gefahren, wo sie ein paar Tests machen mussten. Der Einstieg war ein Sprung vom 10-Meter-Turm. Dann galt es, so weit, wie es nur ging, ohne Gerät zu tauchen und im Folgenden in allen vier Grundschwimmarten nach Zeit zu schwimmen. Nach einem 1000-Meter-Schwimmen im Kampfanzug stellten sich alle Bewerber quer am Beckenrand auf. Auf Kommando sprangen alle in das Bassin, durchtauchten es und hievten sich auf der gegenüberliegenden Seite wieder heraus. Der jeweils Letzte konnte sich umziehen gehen.

Nach dieser Nacht standen die fünf neuen Sprengtaucher fest: Müller, Morgner, Theiß, Jentzsch und Klatt. Sie zogen noch in derselben Nacht in ihr neues Quartier.

Der schikanöse Drill wurde im Laufe der Zeit etwas weniger, der militärische nahm zu. Der kleine Sprengtaucherzug bestand, wie das gesamte Bataillon, auch aus drei Dienstjahren. Um die ›Frischen‹ so schnell wie möglich an die Leistungsfähigkeit der ›Alten‹ heranzuführen, wurde auf verschärftes Tempo geachtet. Sie lernten zu ihrer normalen Ausbildung, was ein Druckluft- und Kreislauftauchgerät war, besuchten Lehrgänge, lernten, über und unter Wasser zu sprengen und bei Tag und Nacht zu tauchen. Zusammen mit den Kampfschwimmern der Marine sprangen sie von Torpedoschnellbooten, übten das Anlanden an Küsten sowie das Eindringen in feindliche Häfen und jagten scharfe 500-Kilo-Wasserminen in die Luft. Sie sprangen ebenfalls bei Tag und Nacht mit Fallschirmen aus Flugzeugen oder ohne Fallschirme aus der Standschwebe von Hubschraubern über der Ostsee ab. Bei Kursen im Binnenland lernten sie, Brücken und Talsperren zu sprengen, und während der Gebirgsausbildung, wie man von einem felsigen Berg direkt in einem See verschwand. Während des Winterlagers war neben der Skiausbildung das Eistauchen besonders ›beliebt‹. Es fanden sich immer irgendwo ein zugefrorener See oder eine Talsperre. Die Tauchpaare durften das kühlende Nass erst verlassen, wenn die Aufgabe erfüllt war.

Besonders heikel war die Ausbildung in fließenden Gewässern. Die Sicht unter Wasser betrug gleich null. Es war nur möglich, einen Fluss unter Wasser einigermaßen gerade zu überqueren, wenn man sich längs gegen die Strömung stellte und darauf achtete, dass man immer von vorn angeströmt wurde, damit man zumindest eine Richtungsangabe hatte. Und dann hieß es, die Hände in den Untergrund zu stecken und zu strampeln, was das Zeug hielt, denn die Strömungsgeschwindigkeiten der großen Flüsse waren sehr hoch. Am gegenüberliegenden Ufer musste man dann in abgesteckten Bereich ankommen, sonst war die Aufgabe nicht erfüllt. Danach kam die größte Tortur. Die gesamte Gruppe musste zwei Tage lang ein sperriges, glitschiges und schweres Schlauchboot mit sich schleppen. Egal, wo es hinging, das Boot war dabei. Bei Flussüberquerungen suchten sich die Ausbilder natürlich immer die steilsten Abhänge auf der gegenüberliegenden Seite aus, was zur Folge hatte, dass man zwei Meter abrutschte, nachdem man mühselig einen geschafft hatte. Wenn nur einer aus der Gruppe nicht genau das tat, was die anderen machten, war das Unternehmen zum Scheitern verurteilt. Sie nannten das ›aus einem Haufen Kacke eine Einheit formen‹.

Bei einem solchen Trainingslager nahe der Elbe lernten Matti Klatt und die anderen, wie man etwas zu essen organisierte beziehungsweise wie man in den Breiten Mitteleuropas beim Einsatz ohne Einkaufsmöglichkeit überlebte. Die Natur bot reichlich, und wenn nicht, musste man eben einen Bauernhof aufsuchen. Auf Dauer schmeckten die Würmer, Käfer, Krebse, Fische, Blätter und gekochte Rinde jedoch niemandem mehr. Man hatte mal wieder Heißhunger auf ein Huhn und dieser Wunsch war noch bescheiden. Obendrein musste jemand gefunden werden, der es beschaffte.

Die Wahl fiel auf Matti Klatt. Also zog er im Dunkel der Nacht seinen Taucheranzug an, nahm sein Kreislauftauchgerät und stieg in die Elbe. Dummerweise lag der nächste Bauernhof auf der anderen Seite des Flusses. Jentzsch sicherte ihn mit einer Leine. Klatt kam am anderen Ufer an, legte seine Ausrüstung ab und schlich sich auf das Gehöft. Er kroch an den Hühnerstall heran und ergriff zwei weiße Hennen. Mit einem kurzen Dreh am Hals beendete er ihr Leben. Noch nicht einmal der Wachhund bekam etwas davon mit. Die Mentalität der Menschen in dieser Region war nicht auf Diebstahl ausgerichtet und somit hielt man es mit der Ausbildung der Hunde nicht so streng. Es waren eher Hofhunde, die nur zur Abschreckung dienen sollten. Wenn man sich einigermaßen mit Tieren auskannte, und das lernten die Fallschirmjäger auch, hatte man es in einem solchen Fall nicht unbedingt schwer, den Magen nach langer Zeit mit etwas Vernünftigem zu füllen. Wieder unversehrt am Ufer angekommen, legte er seine Ausrüstung an und verschwand in den Fluten, so lautlos, wie er gekommen war. Matti Klatt hatte an diesem Abend dennoch eine überlebenswichtige Regel außer acht gelassen, nämlich niemals zu tauchen, wenn man erkältet war. Durch die verstopften Nasennebenhöhlen war es unmöglich, den notwendigen Druckausgleich zu erreichen. Je tiefer man tauchte, umso größer wurde der Druck von außen auf die Trommelfelle. Presste man von innen dagegen, passten sich die Trommelfelle an. Beim Auftauchen geschah das in der Regel automatisch, nur umgekehrt. In der Regel! Wenn man nicht erkältet war! Matti Klatt konnte aufgrund eines Schnupfens keinen Druckausgleich vollziehen, ihm platzte ein Trommelfell. Im Mittelohr saß das Gleichgewichtsorgan, das dem Gehirn mitteilte, wo oben und unten war. Wenn durch ein geplatztes Trommelfell Wasser eintrat, konnte dieses Organ seine Funktion nicht mehr erfüllen. Das passierte Matti Klatt, er wusste nicht mehr, wo er war. Er verlor den Halt auf dem Grund der Elbe und trieb ab. Für Jentzsch war es allein unmöglich, einen Mann mit Ausrüstung und zwei Hühnern gegen die starke Strömung an Land zu ziehen. Zu allem Überfluss biss Matti Klatt nicht stark genug auf das Mundstück seines Tauchgerätes, sodass Wasser eindrang und er einen Luftröhrenkrampf bekam. Er verschluckte sich und hustete, die Augen tränten und wollten herausspringen. So ein Krampf war an der frischen Luft schon unangenehm und gefährlich. Dies passierte hier zudem ausgerechnet nachts, unter Wasser, in der strömungsstarken und kalten Elbe!

Nach der ersten Panik und dem unkontrollierten, wilden Um-sich-Schlagen wurde Matti Klatt plötzlich ganz ruhig. Eine angenehme Schwere breitete sich in ihm aus. Alles um ihn herum schien ihm gleichgültig zu sein …

Jentzsch hatte in der Zwischenzeit das Sicherungsseil an einem Baum festgebunden und die anderen zu Hilfe geholt. Gemeinsam zogen sie Matti Klatt aus den Fluten.

Hustend und spuckend wachte er kurze Zeit später am Ufer auf. Jentzsch kniete schwer atmend neben ihm. Wasser- und Schweißtropfen liefen ihm über das Gesicht. Matti Klatt konnte nur schemenhaft erkennen, was um ihn herum geschah. Er hörte nur Flüstern. Jentzsch beatmete seinen Freund und tat alles, um ihn zu retten. Dieses Mal war es keine Übung, kein böser Jungenstreich, sondern todernst. Es hätte unvorstellbare Konsequenzen für alle nach sich gezogen.

Das Netz mit den Hühnern hatte sich gelöst und war in der Elbe längst weit abgetrieben. Das war inzwischen völlig unwichtig und der Hunger hatte sich durch den

Schrecken von allein verflüchtigt. Es zählte nur noch, dass Matti Klatt gerettet werden konnte.

Als sie eine Stunde später lustlos auf Baumrinde herumkauten, bedauerten sie den Verlust der Hühner dann doch wieder.

Die gemeinsamen Erlebnisse, die ertragenen Schindereien und vor allem das Ereignis an der Elbe hatten die Kameraden Matti Klatt und Ralph Jentzsch zu echten Freunden werden lassen.

Samstag, 25. Oktober 2003, 8.10 Uhr, Polizeiinspektion

Alle hatten Matti Klatt gebannt zugehört, ohne ihn zu unterbrechen.

»Und das war nach dem ersten Jahr schon so. Wir hätten eigentlich noch zwei gemeinsame Jahre dort oben auf der Insel vor uns gehabt. Wenn man Tag für Tag, Woche für Woche und Monat für Monat zusammen ist, lernt man den anderen besser kennen als sich selbst. Er war wie ein Bruder, wir fuhren gemeinsam in den Urlaub oder zu ihm nach Berlin. Egal, wo es hinging, Hauptsache, mit Ralle. Übrigens bekamen wir unseren ersten Urlaub nach 10 Monaten im August 1979! Es hat schon keiner mehr daran geglaubt, überhaupt welchen zu bekommen.

Wir haben gesoffen, endlose Wachen geschoben, waren in allen möglichen Ausbildungslagern und saßen einmal sogar in trauter Zweisamkeit im Bau. Man hatte uns erwischt, wie wir Samstagmittag mitten auf den Exerzierplatz gepinkelt haben, nachdem wir statt zum Friseur in eine Kneipe gegangen waren und sternhagelvoll wieder zurückkamen. Natürlich mit ungeschnittenen Haaren.

Er war politisch nicht aktiv, weder links noch rechts. Er wollte wie wir anderen eben was Besonderes erleben. Auf keinen Fall war er gewalttätig oder gewaltbereit. Außerhalb des Dienstes, meine ich. Im Falle eines militärischen Einsatzes hätten wir natürlich jeden Befehl ausgeführt. Dazu wurden wir ja ausgebildet.«

»Und weiter? Was geschah dann? Haben Sie die drei Jahre zusammen durchgestanden?«, fragte Bräunig interessiert.

»Nein. Das war es ja, was ich nie verstanden habe. Er kam irgendwann aus dem Urlaub zurück und hatte beschlossen, Pazifist zu werden. Stellen Sie sich das mal vor! Nachdem wir so viel gemeinsam erlebt hatten, stand für ihn fest, keinen Tag länger eine Uniform tragen zu wollen. Obwohl wir uns geschworen hatten, es bis zum Schluss gemeinsam durchzuhalten.

Uns wurde während der gesamten Ausbildung auch immer wieder eingehämmert, wer der Feind war und wo er stand. Wenn unsere Ausbilder bei einem Marsch ›Pershing-Zwei-Angriff‹ brüllten, aber keine Angaben machten, aus welcher Richtung diese Mittelstreckenraketen angeflogen kamen, mussten wir uns automatisch Richtung Westen werfen. Nur von dort konnte der Gegner kommen. Doch der Feind im Westen war auch nicht der Grund für seinen Sinneswandel.«

Frühjahr 1980, Bereitschaftsraum, Abflugzone

1979 wurde auch das Fallschirmjägerbataillon mit der internationalen Lage konfrontiert. Die Russen waren in Afghanistan einmarschiert, natürlich um den Sozialismus zu retten. Im Golf brach der Krieg zwischen Iran und Irak aus, in der Türkei putschten sich Militärs an die Macht. In Polen entstand nach einer umfangreichen Streikbewegung die Gewerkschaft ›Solidarität‹, die von der Regierung auch anerkannt wurde. In der Bundesrepublik Deutschland kochte das Volk und brachte seinen Unmut gegen den NATO-Doppelbeschluss auf den Straßen bei Demonstrationen zum Ausdruck.

Als die Dritte Fallschirmjägerkompanie zusammen mit den fünf Männern des Sprengtaucherzuges geschlossen wieder aus dem Urlaub in der Kaserne eintraf, wollten sie ihren Augen nicht trauen. Abflugbereite Hubschrauber standen auf dem Gelände. Sämtliche Ausrüstung war verladen, die Fallschirme standen ordentlich aufgereiht vor den Maschinen. Alle empfingen ihre Waffen und warteten auf den Abmarschbefehl. Die Fallschirmjäger hatten die Aufgabe erhalten, das Regierungsviertel und die komplette militärische Führung der DDR zu schützen, falls die Unruhen in Polen weitergehen sollten. Dazu sollten sie nach Berlin und Straußberg geflogen werden. Sie lagen tagelang mit schussbereiten Waffen unter dem Bett in Bereitschaft. An Urlaub oder Ausgang war nicht zu denken.

Unter dem Bett von Jentzsch lag keine Waffe. Er wollte nicht mehr. Einfach so, ohne Begründung. Matti Klatt hatte ihn nach dem Warum gefragt. Ob er Angst habe, wenn es ernst würde und sie in eine militärische Auseinandersetzung gerieten. Nein, das sei es nicht. Er mache das nicht mehr mit, meinte er nur. Was in diesem letzten Urlaub mit ihm geschehen war, blieb verborgen.

Und dann ging alles sehr schnell. Er wurde degradiert und in Unehren nach bis dahin absolvierten eineinhalb Jahren entlassen. Aus, Schluss, vorbei. Er hatte sich nie wieder bei Matti Klatt oder den anderen gemeldet. Für alle war es unerklärlich, wie es zu diesem Sinneswandel kommen konnte. Matti Klatt schrieb an die Freundin von Jentzsch und bat sie um Aufklärung. Sie antwortete jedoch nur, dass er sie verlassen habe.

Samstag, 25. Oktober 2003, 9.05 Uhr, Polizeiinspektion

Bräunig sah Hubaczek an. »Wenn ihr in Berlin seid, müsst ihr ab Mitte des Jahres 1980 mit den Recherchen über Jentzsch anfangen. Herr Klatt, versuchen Sie sich an den Namen seiner damaligen Freundin zu erinnern. Vielleicht können wir sie aufspüren und sie kann uns weiterhelfen. Über ihren Mädchennamen müssten wir sie finden können.

Also gut, so viel zu der Verbindung von Jentzsch zu Herrn Klatt. Fischer, was sagt uns der Dialog auf dem Band?«

Der Angesprochene blickte auf seine Aufzeichnungen und begann:

»Zuerst sagt er: *Das Geld war für dich bestimmt. Wenn du auf meinen Vorschlag so nicht eingegangen wärst, dann hätte ich es mit dem Geld versucht.*

Ich denke, hier haben wir das Motiv für den Raubüberfall.«

Alle im Raum Anwesenden stimmten mit Fischer überein. Jentzsch hatte nur ungefähr ahnen können, wie viel so ein Beutezug an einem Freitagabend aus einem großen Einkaufscenter einbrachte. Mit ein wenig Fantasie konnte er schon von einer größeren Summe ausgehen.

»Auf die Frage von Herrn Klatt: *für mich? Was für einen Vorschlag wolltest du mir unterbreiten?*, antwortet er: *Bitte hör mir genau zu. Komm näher, gut so.*

Dieser erste Teil deutet darauf hin, dass er seine Informationen nur an ihn weitergeben wollte. Es sollte kein anderer davon erfahren. Später äußert er das noch einmal. Dann sagt er: *Wir werden das Land retten. Es wird eine neue Ordnung geben.*

Die Worte *werden* und *wird* bedeuten, dass was es auch immer sein mag, bereits beschlossene Sache ist. Wen er mit *wir* meint, ist unklar. Sicherlich mehrere Leute. *Neue Ordnung* lässt vermuten, dass mit der jetzigen Ordnung etwas nicht stimmt. Da er bestimmt nicht die Ordnung in einem Kleiderschrank meint, gehe ich davon aus, dass es sich um die Gesellschaftsordnung handelt.«

Im Raum herrschte absolute Stille. Sicher, um was sollte es sich sonst handeln? Bräunig sah in die Runde. Den Gesichtsausdrücken der anderen nach zu urteilen, schienen diese ähnlich zu denken.

»*Das ist die letzte Möglichkeit, dem Chaos ein Ende zu machen.* Er bringt die Worte *Ordnung* und *Chaos* miteinander in Verbindung. Keine Ordnung kann unter Umständen Chaos bedeuten. Ich denke, er meint, dass die jetzige Gesellschaftsordnung das reinste Chaos ist. *Du sollst mit dazu gehören. Wir nehmen nur die Besten.* Das heißt nichts anderes, als dass Klatt ein Auserwählter ist, nicht alle können dieses Privileg in Anspruch nehmen. Bis jetzt wird nur an sein Geltungsbedürfnis oder seine Eitelkeit appelliert, sozusagen die Basis geschaffen, eben auch zu den Auserwählten gehören zu wollen. Erst, wenn klar ist, worum es geht und das Geltungsbedürfnis den eventuell aufkommenden Zweifeln zu weichen droht, sollte es mit dem Geld versucht werden. Der folgende Satz bestätigt das nur: *Husky, wir haben dich nicht umsonst ausgesucht.* Husky ist der Spitzname, klar. Bei der Auswahl Klatts gingen sie aufgrund ihrer Erkenntnisse davon aus, dass er entweder aus Geltungsbedürfnis oder Eitelkeit mitmacht oder aus Geldgier beziehungsweise Geldnot. Und natürlich muss er bestimmte Fähigkeiten haben, die ihn so interessant machen. In jedem Fall waren sie sich ziemlich sicher, dass er mitmachen würde, wobei auch immer. Wer zu solchen Feststellungen gelangt, muss Herrn Klatt ziemlich gut kennen.«

»Eine Fehleinschätzung«, warf Matti Klatt ein. »Ich bin weder geltungssüchtig noch geldgierig. Vielleicht war das früher einmal so. Und käuflich war ich noch nie, bin es nicht und werde es auch nicht sein.«

»Ich versuche nur das zu interpretieren, was Jentzsch von sich gegeben hat, ich bewerte es nicht«, sagte Fischer und las weiter aus seinen Aufzeichnungen vor: »*Du bist der Richtige für uns.* Die Bestätigung dessen, was ich eben sagte. *Rede mit keinem Menschen darüber.* Auch das hatten wir vorhin, absolute Vertraulichkeit. *Die Zeit läuft schon. Es dauert nicht mehr lange.* Ich kann mir vorstellen, dass Klatt mit Sicherheit nicht der Erste war, der angesprochen wurde und mitmachen sollte und dass das Ende bald abzusehen ist. Ich kann natürlich nicht sagen, welches Ende gemeint ist.«

»Na, das ist doch schon mal ein Anfang«, sagte Hubaczek. »Wenn man den Vorgang als Ganzes sieht, also die besondere Ausführung der Tat, den besonderen Täter, sein Motiv und die eben gehörten Aussagen, könnte man den Fall aus kriminalpolizeilicher Sicht zum Abschluss bringen. Ich sagte: könnte. Denn auf der einen Seite haben sich viele neue Fragen ergeben, die wir nicht ignorieren können. Auf der anderen Seite fällt die Beantwortung dieser Fragen wohl kaum noch in den Aufgabenbereich der Polizei. Zumindest ist das mein Eindruck.«

»Nun mal nicht so schnell mit den jungen Pferden«, antwortete Bräunig. Tief im Inneren spürte er, dass Hubaczek recht hatte, wo sollten die Ermittlungen für die Mordkommission enden?

»Unsere Aufgabe ist es, jedes Kapitalverbrechen vollständig, ohne offene Fragen, aufzuklären. Dazu gehört, wie ihr alle wisst, das Finden und das Sicherstellen von Spuren sowie die Verbindung von Opfer und Täter. Standen sie in einem Verhältnis zueinander? Was war das Tatmotiv? Ich wünschte, bei manch anderen Fällen hätten wir nur einen Bruchteil der Information, die wir hier haben. Raubüberfall fällt in die Kategorie öffentliches Interesse, wir können gar nicht aufhören, zu ermitteln. Wenn der Staatsanwalt den Vorgang liest, wird seine erste Frage lauten: Wer oder was steckt dahinter? Wir ermitteln weiter und treffen später eine Entscheidung. Oder besser noch: überlassen wir die Entscheidung denjenigen aus der Plüschetage. Was meint ihr?«

Es gehörte zu Bräunigs Führungsstil, sich die Meinung seiner engsten Mitarbeiter anzuhören, die endgültige Entscheidung traf er allein. Alle waren mit seinem Vorschlag einverstanden.

»Entschuldigung, Herr Hauptkommissar. Wie soll oder kann ich an diesem Fall mitwirken?« Polizeimeister Klimm hatte bis jetzt nur zugehört.

»Für Sie, mein junger Freund, werde ich bei Ihrem Vorgesetzten eine zeitweilige Versetzung beantragen. Ab sofort kommen Sie in Zivil und sind meiner Abteilung unterstellt. Merken Sie sich: Alles, was in diesem Raum besprochen wird, dringt nicht nach außen, es sei denn, ich habe Sie dazu autorisiert. Für alle Außenstehenden steht der Fall kurz vor dem Abschluss. Es muss sozusagen nur noch der Papierkram erledigt werden.«

Bräunig wusste, dass viel zu viele interne Informationen an die Öffentlichkeit drangen. Stellenweise wurden Informationen an Zeitungen verkauft. Nachweisen konnte man bisher noch nie jemandem etwas. Noch nicht. Da in seinem Bereich lange nichts Spektakuläres passiert war, würde sich jeder Journalist auf diese Story stürzen. Solange sie noch in den Ermittlungen steckten, musste das auf jeden Fall verhindert werden.

»Gut, dann können wir ja weitermachen, wir sind noch nicht fertig«, sagte Bräunig.

Das war die Aufforderung an Fischer, fortzufahren. Der schaltete jetzt das Band ein.

Ralle, ich verstehe nicht, wovon du redest. Wer ist wir und was soll ich tun? Die Stimme von Matti Klatt war sehr laut.

Ruf diese Nummer an: 080025111959. Sag, du suchst eine wissenschaftliche Abhandlung über Fortpflanzung von Löwen. Sie melden sich dann bei dir. In … fan … ti…

»Das war alles. Wie wir wissen, starb er kurz darauf.« Fischer stellte das Band ab.

»Da Jentzsch seine Aufgabe oder Mission offensichtlich nicht ganz erfüllen konnte, gibt er Herrn Klatt einen Hinweis, wie er erfahren kann, warum er auserwählt wurde und von wem. Im ersten Moment klingt es merkwürdig, eine wissenschaftliche Abhandlung per Telefon zu suchen, ist es aber nicht. Solche Sachen werden häufig praktiziert. Ich habe in unserem internen Register nachschauen lassen, zu wem diese Nummer gehört. Es handelt sich um eine Firma namens Omicron AG mit Sitz in Erfurt. Mit einer ausführlichen Recherche zu dieser Firma kann ich auch erst am Montag beginnen. Das letzte Wort von Jentzsch oder besser gesagt, der letzte Wortfetzen: I N F A N T I ergibt einen Sinn im Zusammenhang mit der Fortpflanzung von Löwen.

Als Erstes habe ich mich nur auf die Buchstaben konzentriert. Dieses Wort existiert so geschrieben nicht. Also habe ich ähnlich klingende Wörter gesucht: Infanterie, Infant, infantil, Infantin und so weiter. Keiner dieser Begriffe steht aber mit der Fortpflanzung von Löwen in einem Zusammenhang. Auch ein Austausch der Buchstaben brachte nichts, nur unsinniges Zeug. Deshalb versuchte ich, in der Kürze der Zeit etwas über Löwen zu finden. Dank des Internets landete ich nach einer halben Stunde Suche einen Volltreffer. Ich habe mir das Wichtigste herausgeschrieben:

Löwen zeigen scheinbar die ausgeprägtesten kannibalistischen Züge bei höher entwickelten Säugetieren. Das Töten der anderen Jungen liegt in dem Drang begründet, den eigenen Nachkommen zu Vorteilen zu verhelfen. Das Töten der Jungen kann man besser als INFANTIZID beschreiben als Kannibalismus, da die Löwen in der Regel die Jungen nach dem Töten nicht fressen. Sie töten nicht ihren eigenen Nachwuchs, sondern den anderer Paare. Warum machen die Männchen so etwas? Zum einen ist die Fortpflanzungsrate der Löwen relativ gering, da die Weibchen nur alle zwei Jahre werfen. Sie sind erst wieder paarungsbereit, wenn ihre Jungen selbstständig sind. Die Löwenmännchen haben somit nur etwa alle drei Jahre lang die Möglichkeit zur Fortpflanzung. Tötet es die Jungen, regt es damit das Weibchen zur Paarung an und es hat zudem mögliche spätere Rivalen für seinen eigenen Nachwuchs ausgeschaltet.

Jentzsch sagte zu Herrn Klatt, er solle eine Abhandlung über die Fortpflanzung von Löwen über eine angegebene Rufnummer suchen. Warum sagt er das Wort

Infantizid zum Schluss? Denn nur dieses Wort kann er damit gemeint haben, wie wir gerade gehört haben.«

»Es ist ein Codewort oder Erkennungszeichen.« Kratzenstein stand auf und ging auf und ab. »Hat einer von euch dieses Wort schon einmal gehört? Ich nicht.«

»Nein, ich auch nicht.« Matti Klatt stand ebenfalls auf. »Mit viel Fantasie hätte ich mir vorstellen können, dass es etwas mit Tod zu tun haben könnte, aufgrund der Endung -zid. Ähnlich wie bei Suizid. Wir können nur darüber spekulieren, ob er mir einen Hinweis geben wollte oder ob da ein tieferer Sinn dahintersteckt. Wollte er das Wort überhaupt sagen? So, wie ich die Sache sehe, gibt es nur einen Weg, das herauszufinden: Ich muss diese Nummer anrufen.«

Etwas an dieser Nummer war merkwürdig, nur was?, dachte er und setzte sich wieder. Er betrachtete die Zahlen, die er sich aufgeschrieben hatte. Dann sah er es und erschrak.

Zur gleichen Zeit lenkte Staatsanwalt Feller gerade seinen schwarzen Audi A8 in Richtung Köln-Rodenkirchen. Er war frühzeitig losgefahren, um nicht in den Wochenendverkehr zu geraten. Nach dem Telefonat mit seinem Kollegen, Staatsanwalt Dr. Müller, am vergangenen Abend war er nicht mehr fähig, sich zu konzentrieren. Er schlief unruhig, um nicht zu sagen, gar nicht. Er überlegte, ob er noch einmal Ingrid anrufen sollte, ließ es aber schließlich, denn er bezweifelte, seine Manneskraft heute noch einmal unter Beweis stellen zu können. Obwohl sie in dieser Hinsicht genial war und es ihr immer gelang, ihm zu einem ordentlichen Orgasmus zu verhelfen. Er beschloss gegen 5 Uhr morgens, die schlaflose Nacht abzubrechen und sich anzuziehen, um seinen diskreten Termin wahrzunehmen. Ohne Frühstück machte er sich auf den Weg und fuhr Richtung Autobahnauffahrt Erfurt-West. Seiner Schätzung nach musste er die 400 Kilometer bis Köln in knapp dreieinhalb Stunden schaffen. Feller fing an, nachzudenken.

Gegen solche Zwischenfälle kannst du nichts machen. So ziemlich alles ist planbar. Jede mögliche Eventualität wird durchgespielt, Ersatzvarianten werden festgelegt. Wie soll ein Plan aussehen, nachdem man allein in einen schweren Verkehrsunfall verwickelt worden ist? Das ist einfach unmöglich. Bis zu diesem Unfall ist es bestens gelaufen, wie immer. Dieses Mal ein Raubüberfall, die Wachmänner sind tot, Täter unbekannt. Nach einigen Wochen intensiver Ermittlung wandert der Vorgang in die Aktenordner des Archivs für ungeklärte Fälle. Solche Sachen passieren täglich. Nur diesmal hatten wir Pech. Und nicht nur das. Dieser Staatsanwalt und seine Kettenhunde von der Mordkommission stellen Fragen, die alarmierend sind! Ich glaube nicht, dass die nur scheinbar uninteressiert herumstochern, in der Hoffnung, so auf eine heiße Spur zu stoßen. Das bedurfte guter kriminaltechnischer Arbeit und klug gezogener Schlussfolgerungen. Solche Leute werden wir später jede Menge gebrauchen können. Ich weiß, was mir gleich der Chef der Rekrutierungsgruppe Mitteldeutschland anweisen wird: die Liquidierung des Mannes. Das ist aber nicht mehr nötig, er verstarb in der Nacht. Stellt sich nur die Frage, ob er seinen Auftrag zu Ende gebracht hat und was die Polizei weiß.

Abwarten, sagte sich Feller und beruhigte sich damit selbst, als er durch Rodenkirchen direkt auf den Fluss zufuhr. Er hatte noch eine Viertelstunde Zeit bis zu seinem Treffen in dem Café direkt am alten Vater Rhein.

»Und dann? Was passiert dann? Diese Frage müssen wir im Vorfeld klären. Sie melden sich bei der Nummer, die, wie wir wissen, zu einer Firma Omicron AG gehört. Gut. Nehmen wir an, die Art und Weise der Kontaktaufnahme ist zur Zufriedenheit des Besitzers dieser Telefonnummer erfolgt. Wir können mit Sicherheit davon ausgehen, dass als Nächstes ein Treffen vorgeschlagen wird. Ich kann mir nicht vorstellen, dass alles Weitere in Zukunft ausschließlich am Telefon besprochen werden soll. Also noch mal, was dann?«

Hauptkommissar Bräunig versuchte mit seinen Worten vorausblickend zu schildern, was geschehen konnte. Das gelang freilich nur bis zu einem bestimmten Punkt. Alles Weitere würden Spekulationen werden. Nach diesem ersten Anruf von Klatt würde die Sache anders aussehen. Er schaute in die Runde. Matti Klatt beendete das Schweigen.

»Das weiß ich auch noch nicht. Ich werde zunächst mal diese Telefonnummer anrufen müssen. Es ist die einzige Möglichkeit, herauszubekommen, was sich hinter allem verbirgt. Sie haben selbst gesagt, dass der Staatsanwalt Sie das als Erstes fragen wird, wenn er den Vorgang auf den Tisch bekommt.«

»Richtig. Aber nicht auf diese Art. Sie sind kein Angehöriger der Polizei. Wer trägt die Verantwortung, wenn Sie in unserem Auftrag ermitteln und Ihnen etwas passiert? Solche Entscheidungen kann ich nicht allein treffen. Ich hasse es zwar, aber in dem Fall muss ich mich an bestimmte Vorschriften halten.« Bräunig kaute auf seiner Unterlippe.

Klimm räusperte sich und entgegnete: »Sie sagten vorhin, dass alles, was hier diskutiert wird, den Raum nicht verlassen darf. Wenn Sie jetzt losgehen und damit den

Dienstweg einhalten, müssen Sie garantiert Formulare ausfüllen, Anträge stellen und einigen Leuten Rede und Antwort stehen. Der Personenkreis, der dann über diese Sache Bescheid weiß, wird ziemlich groß. Ich habe einen Vorschlag: Der Leiter jedes Ermittlungsverfahrens ist doch der Staatsanwalt. Dr. Müller hatte heute Nacht Dienst, er war am Tatort und ist sowieso im Bilde. Was ist, wenn Sie ihn fragen und er die Verantwortung übernimmt?«

Er sah den Hauptkommissar fragend an. Alle anderen schauten ebenfalls gespannt zu Bräunig.

»Ja, das wäre eine Möglichkeit, die man in Betracht ziehen kann. Wir haben uns sowieso für 12 Uhr heute Mittag verabredet. Ich werde ihn fragen. Gut mitgedacht«, lobte er Klimm, dessen Gesicht puterrot wurde.

Bräunig wandte sich an Klatt: »Warum wollen Sie das tun?«

Das war eine gute Frage. Ich weiß es auf Anhieb auch nicht. Vielleicht war es Neugier? Ich könnte sagen, im Moment habe ich nichts anderes zu tun, meine neue Arbeit fängt erst in ein paar Wochen an. Die letzte Zeit habe ich den Tag mit der Suche nach einem geeigneten Job verbracht. Das ist eine schwierige Prozedur gewesen, war aber letztlich erfolgreich. Bis zum Arbeitsbeginn habe ich nichts Dringendes vor. Aber da ist noch etwas anderes. Ob ich das vererbt bekommen habe oder ob sich das im Laufe des Lebens entwickelt hat, kann ich nicht sagen. Warum einfach, wenn es auch kompliziert geht? Jetzt und hier könnte ich auch sagen: Das ist mir alles egal. Ich gehe nach Hause, seht zu, wie ihr mit dieser Sache allein fertig werdet. Zwingen könnt ihr mich nicht, ich habe meine eigenen Probleme. Andererseits würde ich keine Ruhe finden, wenn ich nicht herausbekäme, was Ralle von mir wollte.

»Ich möchte wissen, was das alles zu bedeuten hat. Für wen oder wofür soll ausgerechnet ich die bestimmte Person sein? Was kann so wichtig sein, dass man mir so viel Geld bietet?«, antwortete Klatt.

»Ja, das fragen wir uns alle. Also gut. Ich möchte, dass Sie die nächste Zeit für uns stets erreichbar sind. Ich informiere Sie, sobald ich bezüglich Ihrer Mitarbeit grünes Licht bekommen habe. Vielen Dank, dass Sie sich die Zeit genommen haben. Ihr zwei«, sagte Bräunig und schaute zu Leichenkolbe und Hubaczek, »fahrt Montagmorgen nach Berlin. Findet alles über Arndt und Jentzsch heraus. Wann und wo wurde der Ausweis ausgestellt, woher stammt das Messer und vergesst die drei Vorbesitzer des Autos und natürlich die Wohnungsdurchsuchung nicht.«

Die Kombination aus einem Ermittler und einem Techniker bei der Aufklärung bestimmter Sachverhalte außerhalb des Zuständigkeitsbereiches ihrer Polizeidirektion war das Beste, was Bräunig machen konnte. Fragen, die auftraten und dabei das Gebiet des jeweils anderen betrafen, konnten so möglicherweise schnell beantwortet werden. Er klappte sein Notizbuch zu.

»Und ihr Drei kümmert euch um die Recherchen bezüglich der Firma Omicron AG und der ungeklärten Morde. Zusammenhänge, Gemeinsamkeiten, eben alles, was für uns interessant sein könnte. Vielleicht taucht in einem Fall das Wort Infantizid auf. Denkt daran, dass diese Telefonnummer erst gewählt wird, wenn wir wissen, was es mit der Firma auf sich hat, und wenn wir unsere Vorbereitungen getroffen haben.«

Die letzten Sätze waren an Kratzenstein, Fischer und Klimm gerichtet.

»Machen wir Schluss für heute. Ich denke, wir haben alles besprochen. Nächster Treff am Montag um 14 Uhr, bis dahin haben wir mehr Informationen und können unsere nächsten Schritte planen. Ich werde gleich noch mit dem Staatsanwalt sprechen. Ansonsten halten wir es wie üblich. Sowie einer Neuigkeiten hat, werde ich sofort informiert. Alle bleiben erreichbar.«

Bräunig hatte es eilig. Mit der Türklinke in der Hand wünschte er noch ein schönes Wochenende und verschwand, ohne eine Antwort abzuwarten. Er wollte zu dem Gespräch mit dem Staatsanwalt pünktlich sein. Danach beabsichtigte er, zu Hause noch ganz dringend etwas gutzumachen. Er hatte es nicht vergessen und wusste, mit einem Blumenstrauß würde er das Lächeln seiner Frau zurückgewinnen.

Alle anderen packten ihre Sachen zusammen und verließen das Zimmer.

Das Café in Köln war ein beliebter Treffpunkt für Leute, die keine Lust hatten, sich selbst ein Frühstück zuzubereiten. Die Tische standen in kleinen Nischen, sodass man sich ungestört unterhalten konnte. Außerdem hatte man von fast allen Plätzen einen fantastischen Ausblick auf den Rhein. Die beiden Männer, die in einer der vielen Ecken Platz genommen hatten, ignorierten diesen Ausblick. Nachdem sich jeder einen Kaffee bestellt hatte und die Kellnerin wieder gegangen war, stellte der ältere von beiden seine erste Frage. Er war ein großer, schlanker Mann, Ende 60. Er hatte blonde, schüttere Haare und sprach akzentfrei. Staatsanwalt Feller hatte ihm eben die Neuigkeiten des vergangenen Abends geschildert.

»Der Mann ist definitiv tot?«

Feller schlürfte genussvoll einen Schluck von seinem Kaffee und stellte die Tasse ab.

»Ja, kurz bevor ich heute früh hierher aufgebrochen bin, habe ich mit dem behandelnden Arzt gesprochen. Die Verletzungen waren zu schwer.«

»Die wichtigste Frage ist, was die Kriminalpolizei weiß. Wenn unser Mann von der Alpha-Gruppe seine Zielperson noch erreichen konnte, bevor er starb, kennen wir in der nächsten Woche die Antwort. Denn dann wird er sich melden und mit uns Kontakt aufnehmen.«

»Nach meinem Kenntnisstand waren die Polizisten so schnell in der Klinik, weil man im Auto unseres Mannes Geldbomben mit der Aufschrift ›Classic-Center Weimar‹ gefunden hat. Sprechen konnten sie mit ihm in der Klinik nicht mehr. Als sie ankamen, war er gerade nicht ansprechbar. Auch das hat mir der Arzt mitgeteilt«, sagte Feller.

»Gut, aber hat er mit jemand anderem gesprochen? Wenn ja, mit wem und worüber? Das müssen Sie unbedingt herausfinden. Ich würde mich auf den behandelnden Arzt konzentrieren, der war die ganze Zeit bei ihm. Haben Sie jemanden dafür?«

Und ob, dachte Feller. Ich werde den Hessen nehmen.

»Ja, habe ich. Und über den kriminalpolizeilichen Ermittlungsstand kann ich mich jederzeit genau informieren. Bei Besonderheiten werde ich Sie in Kenntnis setzen.« Feller wechselte das Thema. »Wie weit sind wir vorangeschritten?«

»Die Rekrutierung der letzten fehlenden Männer durch die Alpha-Gruppe Armee/Polizei/Sicherheitsdienst wird in einem Monat abgeschlossen sein. Dieser Klatt soll als eine der letzten Führungskräfte der Schwarzen Division ausgebildet werden. Er wird ein spezielles Kommando übernehmen. Welches, kann ich nicht sagen, das weiß nur der Präsident selbst. Er ist sozusagen eines der letzten Puzzleteile in einem fast fertigen Gebilde. Die Beta-Gruppe Wirtschaft/Infra hat ihre Rekrutierung beendet. Der Termin rückt näher. In der nächsten Woche trifft sich das Komitee, um den Zeitpunkt des Tages X festzulegen. Dann wird es ernst.«

Feller überkam ein glückliches und stolzes Gefühl. Ich war dabei, dachte er. Bei der Zeugung, Geburt und Aufzucht der Löwen. Und damit unsere jungen Geschöpfe die jetzt noch existierenden Konkurrenten später nicht mehr fürchten müssen, werden diese erlegt. Alle. Ohne Ausnahme. Wie in der brutalen, grausamen Natur.

Samstag, 25. Oktober 2003, 12 Uhr

Es war genau 12 Uhr, als Hauptkommissar Bräunig bei Staatsanwalt Dr. Müller an die Tür klopfte. Nachdem sie sich begrüßt hatten und jeder eine Tasse Kaffee vor sich stehen hatte, fasste Bräunig die Geschehnisse noch einmal zusammen.

»Ein gut durchtrainierter Mann überfällt einen Geldtransporter und tötet beide Wachmänner auf eine ganz besondere Weise. Er hinterlässt fast keine Spuren. Das Geld braucht er nicht für sich, sondern für einen anderen, den er damit kaufen will, wenn seine Argumente nicht ausreichen, um ihn freiwillig von etwas zu überzeugen. Der Raubmörder hat erstklassige gefälschte Papiere. Pech für ihn, dass er einen Unfall hat. Es gelingt ihm jedoch, den auserwählten Matti Klatt an sein Bett zu holen und ihm eine Geschichte zu erzählen. Er gibt ihm Anweisungen, wie er an einer großen Sache teilhaben kann. Dann stirbt er. Hier ist die Tonbandaufzeichnung.«

Bräunig legte die Kassette in das Abspielgerät und drückte auf den Wiedergabeknopf. Dr. Müller hörte aufmerksam zu und machte sich ein paar Notizen. Zwischendurch tranken beide schweigend ihren Kaffee. Als die letzten Geräusche verstummt waren, schaltete Bräunig das Gerät wieder ab. Dr. Müller schaute zu ihm herüber.

»Rein ermittlungstechnisch gesehen, ist der Raubmord aufgeklärt. Wir haben den Täter, das Geld, ein indirektes Geständnis und ein Motiv. Wenn da nicht der falsche Ausweis und die merkwürdigen Worte zu Klatt wären. Nicht zu vergessen das Wort Infanti... Wer und was stecken dahinter?«

Bräunig zuckte mit den Schultern, es war sonnenklar, dass er diese Frage stellte.

»Keine Ahnung. Ich weiß es auch nicht. Das Wort bedeutet Infantizid. Wir verfolgen diesbezüglich gerade eine Theorie. Mal sehen, was es bringt. Zur Aufklärung der Personen Jentzsch und Arndt fahren meine Leute am Montag nach Berlin und versuchen zu ermitteln, ob zwischen den beiden irgendein Zusammenhang besteht. Die anderen kümmern sich parallel dazu um Recherchen. Vielleicht ist so etwas zumindest in ähnlicher Form schon einmal passiert. Die Frage ist: Was machen wir mit Klatt und seiner Kontaktaufnahme zu dieser Firma Omicron? Wie geht es danach weiter?«

»Was weißt du über diesen Klatt?« Immer wenn die beiden allein waren, duzten sie sich.

»Augenblick, die wichtigsten Daten, die ich auf die Schnelle bekommen konnte, habe ich hier festgehalten.« Bräunig zog ein Notizbuch aus der Innentasche seiner Jacke.

»Matti Klatt, geboren am 25. November 1959 in Erfurt, Schule, Ausbildung, drei Jahre Fallschirmjäger, Sprengtaucher, danach Studium, wollte nicht aufgrund ›volkswirtschaftlicher Interessen‹ in irgendein Kaff versetzt werden, bewarb sich bei der Polizei, wurde nach über einem Jahr angenommen, Fernstudium Kriminalistik, sehr gute Ergebnisse, Thema der Abschlussarbeit: ›Die Motivation der Täter bei vorsätzlicher Tötung beziehungsweise bei Totschlag‹. Wollte danach zur Mordkommission, wurde abgelehnt. Die ließen ihn nicht gehen. Es gab nur eine Möglichkeit, dort wegzukommen.«

Der Staatsanwalt übernahm die wichtigsten Stichpunkte in sein eigenes Notizbuch und schaute auf.

»Und die wäre?«

»Es gab eine Truppe bei der Polizei in der DDR, die hieß Diensteinheit IX. Wer sie waren und was sie machten, wussten nur ganz wenige. Es war für alle besser, erst gar nicht danach zu fragen, nicht zuletzt zu ihrer eigenen Sicherheit. Fakt war, wenn die Obrigkeit jemanden in dieser Einheit haben wollte und dieser Jemand einverstanden war, gab es einen Befehl und damit war er auch schon weg. Dann führte kein Weg mehr zurück. Und keiner konnte etwas dagegen tun. So war es bei Klatt. Wahrscheinlich war das seine persönliche Rache, weil er nicht zur Mordkommission gehen durfte. Irgendwie kann ich ihn verstehen.« Bräunig musste grinsen.

»Ich auch. Was passierte dann?« Dr. Müller schrieb weiter.

»Er hatte die denkbar günstigsten Voraussetzungen, um dort zu arbeiten. Wie wir jetzt wissen, waren sie für Terrorismusbekämpfung, Verhaftung von Schwerstkriminellen und Geiselbefreiung zuständig. Natürlich gab es diese Delikte auch in der DDR. Offiziell wurde das aber vehement bestritten. Deshalb die Geheimniskrämerei um diese Truppe. Wenn es die Diensteinheit offiziell gegeben hätte, hätten die Politiker mit Sicherheit unangenehme Fragen beantworten müssen. Soweit mir bekannt ist, hatten die mehr als genug zu tun. Warum er dort aufgehört hat, müssen wir ihn selbst fragen.«

»Interessant. Und was macht er jetzt? Ist er aktenkundig?«

»Nein, ist er nicht. Er hat gerade sein Haus und seine Firma verkauft, ist geschieden und lebt allein.« Der Hauptkommissar rutschte auf seinem Stuhl ein Stück nach vorn.

Der Staatsanwalt schaute Bräunig an und bemerkte dessen Unruhe.

»Also, was schlägst du vor?«

»Du kennst die Vorschriften. Ich kann keinen Zivilisten in die Ermittlung mit einbeziehen. Zumal wir noch gar nicht wissen, was diese Firma Omicron AG macht und welche Rolle Matti Klatt zu spielen hat. Es muss irgendwie offiziell und wieder nicht offiziell sein«, druckste Bräunig herum.

»Klaus, hör auf, herumzusülzen. Also sag, was schlägst du vor?«

»Ihm einen Beratervertrag zu geben, wie wir das mit Psychologen oder Sachverständigen machen. Zeitlich auf diese Ermittlung begrenzt, gegen Bezahlung. Damit sind alle Seiten abgesichert. Das wäre der inoffizielle Teil. Ich habe so ein Gefühl, dass wir mit diesem Fall noch lange nicht am Ende sind. Und deswegen will ich ihn offiziell aus dieser Sache heraushalten. Wir sollten seine Kontaktaufnahme mit der Omicron AG abwarten und dann sehen, wie wir weitermachen.«

»Wir müssen noch mal mit ihm sprechen. Am besten morgen früh, hier bei mir. Ich habe gestern mit meinem Kollegen Feller geredet, diesem arroganten Arschloch. Es ging um Militäreinheiten, in denen diese Art des Tötens gelehrt wurde. Ich versuche über das Zentralarchiv in Berlin Listen zu bekommen, aus denen ersichtlich ist, wer wann in solchen Einheiten gedient hat. Gemeinsam mit den Recherchen deiner Leute kommen wir vielleicht weiter. Möglicherweise tauchen noch andere Namen in diesem Zusammenhang auf. Die Telefonnummer, die Klatt anrufen soll, wie lautet die noch mal?«

Bräunig blätterte in seinem Block.

»080025111959. Warum? Kennst du sie?«

»Wann ist Matti Klatt geboren?«

»Am 25. November 1959 ... Das gibt es doch nicht! Wenn er diese Nummer wählt, identifiziert er sich sozusagen damit?«

»Das ist anzunehmen. Wenn sich ein anderer meldet, wissen sie, dass etwas nicht stimmen kann. Es ist zwar ein bisschen weit hergeholt, aber ich wage zu behaupten, dass sie nach dem Geburtsdatum fragen und als Nächstes *Infantizid* ausgesprochen werden soll. Warum sonst hätte Jentzsch Matti Klatt dieses merkwürdige Wort nennen sollen? Die Möglichkeit, dass eine andere Person, die zufällig auch am 25. November 1959 geboren wurde, eine wissenschaftliche Abhandlung über Löwen ordern möchte, ist äußerst gering.«

Nachdem Matti Klatt in seine Wohnung zurückgekehrt war, hatte er sich einen Kaffee gekocht. Am Tisch sitzend, spürte er nun die Müdigkeit, die ihn langsam überfiel. Während er Milch und Zucker in seine Tasse gab und mechanisch umrührte, ließ er sich die letzten Stunden noch einmal durch den Kopf gehen.

Was ist in den letzten Jahren mit dir passiert, Ralle?, dachte er. Vor über 20 Jahren hast du beschlossen, keine Waffe mehr anzufassen, und fingst an, Gewalt zu verabscheuen. Wer oder besser gesagt, was hat dich dazu gebracht, so etwas wie heute Nacht zu tun? Und vor allem: Wie bist du darauf gekommen, mich mit Worten oder mit Geld von einer großen Sache überzeugen zu wollen? Was ist das für eine Sache?

Das muss ich herausfinden. Du gehst los, tötest zwei Leute, raubst Geld und willst mich damit kaufen. Klingt doch ganz einfach. Du warst der Meinung, dass dieser Raubüberfall, sozusagen als Mittel, den Zweck heiligt. Es würde dich legitimieren. Du dachtest, dass du nichts zu bereuen brauchtest, es musste sein und gehörte eben dazu. Nein; Ralle, du Träumer, so einfach ist es nicht. Immer wieder dieselbe Frage: Wer hat dich dazu gebracht, diesen Mord zu begehen?

Ich dachte, etwas in dieser Art sieht man nur im Kino oder im Fernsehen. Nein, das ist wirklich passiert, begangen von einem Pazifisten. Jedenfalls warst du das vor über 20 Jahren. Man hört viel von Sekten oder fundamentalistischen Extremisten, die Leute unter dubiosen Versprechungen zu den unmöglichsten Handlungen bringen. Das kann ich bei dir nicht glauben, Ralle. Du warst zu intelligent. Was ist es dann? Was hat der eine Polizist gesagt? Er verwettet seinen Arsch, dass dieser Ausweis absolut echt ist? Das bekommt man nicht auf dem Wochenendmarkt, da steckt mehr dahinter. Also was? Geld? Hat man dir Geld geboten, dass du deine Ideale verkauft hast? Ausgeschlossen, das kann ich nicht glauben.

Er erschrak heftig, als plötzlich das Telefon läutete. Er war so sehr in seine Gedanken vertieft, dass ihm beinahe seine Kaffeetasse aus der Hand gefallen wäre. Langsam ging er ins Wohnzimmer und meldete sich: »Klatt.«

»Hauptkommissar Bräunig. Herr Klatt, nur ganz kurz etwas: Wir möchten Sie bitten, morgen um 10 Uhr noch einmal hier zu erscheinen. Es geht um die Protokollierung Ihrer Zeugenaussage.«

»Ist gut. Ich werde da sein.« Damit legte er auf.

Er blieb eine Weile neben dem Telefon stehen. Nach ein paar Minuten besann er sich und lief zurück in die Küche. Sein Kaffee war in der Zwischenzeit nicht mehr heiß genug und nur noch für den Ausguss gut.

Mit der Polizei, überlegte er weiter, während er sich frischen Kaffee einschenkte und eine Zigarette anzündete, muss ich zusammenarbeiten, wenn ich etwas erreichen will. Anders geht es nicht. Omicron AG. Noch nie gehört. Dort soll ich mich melden. Bis auf die Vorwahl besteht die Telefonnummer aus meinem Geburtsdatum. Clevere Idee von denen. Das wird mein Ansatz sein, nur über diesen Kontakt komme ich hinter das Rätsel. Alle anderen Punkte, die heute besprochen wurden, sind reine Ermittlungstätigkeiten der Polizei.

»Also gut«, sagte er laut zu sich selbst. Matti Klatt hatte sich endgültig entschieden. Er wollte wissen, welche Bedeutung hinter dem Wort Infantizid steckte.

Sommer 1988, Einsatzleitung Antiterroreinheit, westlich von Weimar

Es war ein herrlicher, warmer, wie im Bilderbuch beschriebener Sonntag im Juli des Sommers 1988. Um die Mittagszeit, so etwa gegen 12.30 Uhr, freute sich Matti Klatt schon auf das wundervolle Essen. Er war gerade dabei, die Kartoffelklöße in das kochende Wasser zu legen, als der Anruf kam. Er nahm das Gespräch entgegen und meldete sich fragend:

»Ja?«

»21?«

»Ja.«

»Gassenhauer.«

Matti Klatt legte auf. Er zögerte keine Sekunde, holte seine Waffe aus dem Tresor, schnappte sich den Autoschlüssel und verabschiedete sich mit einem kurzen Kuss von seiner Frau.

»Diesmal brauchst du nicht auf mich zu warten. Es wird länger dauern.«

Sie nickte nur und er machte sich auf den Weg. Solche Einsätze fragten nicht danach, ob das Essen auf dem Herd stand. Hatte man sich für diese Art von Arbeit entschlossen, musste man dazu stehen und jederzeit einsatzfähig sein. Ob Bereitschaft oder nicht. Nur schade um das schöne Essen. Seine Frau Heike wusste ungefähr, womit er seine Brötchen verdiente, und fragte nicht weiter.

Er fuhr die für diesen Fall vorgeschriebene Route und holte die Kollegen ab, die ebenfalls informiert waren und startklar vor ihren Häusern warteten.

»Weiß jemand von euch schon etwas Genaueres?«, fragte ein Mitfahrer.

»Nein, aber wenn das ganze Zauberwort ausgesprochen wird, ist die Kacke richtig am Dampfen«, antwortete ein anderer.

Jeder der Angehörigen dieser speziellen Truppe hatte aus Sicherheitsgründen eine Nummer, Matti Klatt war die 21. Das Codewort Gassenhauer zusammengesprochen, bedeutete höchste Priorität und alle, ohne Ausnahme, mussten unverzüglich zur Dienststelle. Es galt ein Schwerstverbrechen zu bekämpfen, denn jede vorher eingeleitete Maßnahme hatte keinen Erfolg gebracht. Hätte der Anrufer nur ›Gasse‹ oder ›Hauer‹ gesagt, wären einige Kollegen in Bereitschaft gegangen und je nach Aufgabenstellung wäre lediglich ein Team ausgerückt. Heute lag die Sache jedoch anders.

Matti Klatt schaltete das Blaulicht aus, als sie auf den Hof ihrer Einheit fuhren. Die Diensthabende Gruppe verlud schon das gesamte Equipment: Lang- und Kurzwaffen, Schusswesten, Abseilausrüstung, Sprengstoff und Funktechnik.

»Wenn alles gepackt ist, zieht ihr euch hier gleich um und stellt die Fahrzeuge in folgender Reihenfolge auf: Einsatzführer, Nahkämpfer, Präzisionsschützen und Technik. Ich renne zum Alten und frage, was los ist und wo es hingeht.«

Dann hastete er die Treppen hinauf. Die Tür des Chefs der Diensteinheit IX stand offen. Er ging hinein und grüßte mit einem kurzen Kopfnicken die schon bereits anwesenden Einsatzgruppenführer der anderen Nahkampfteams und die der Präzisionsschützenteams. Nachdem alle vollzählig waren, kam Major Walbe sofort zur Sache.

»Wie Sie alle wissen, liegen in der Nähe von Weimar verschiedene Armeeeinheiten der Sowjetunion. Fallschirmjäger, motorisierte Schützen und Panzerverbände. In diesen Einheiten sind die verschiedensten Völkergruppen vertreten: Russen, Ukrainer, Weißrussen, Kosaken, Sibirier, Tschetschenen und so weiter. Bis vor ein paar Wochen gab es keinerlei Auseinandersetzungen, Anzeichen von Gewalt oder Unruhen. Die Soldaten behandelten sich untereinander alle gleich, ohne Vorurteile. In den letzten Tagen häuften sich jedoch Informationen aus Tschetschenien, dass man mit Moskau nichts mehr zu tun haben wolle. Dies sprach sich auch bis in die hier stationierten Einheiten herum. Aus den verschiedensten Gründen haben sich alle Nicht-Tschetschenen in der Armee dazu entschlossen, Tschetschenen nicht mehr als gleichwertig zu betrachten. Es kam zu schweren Übergriffen. In einer Einheit bei Potsdam fand man an einem Fahnenmast mitten auf dem Exerzierplatz einen Tschetschenen, aufgehängt. In Nohra bei Weimar konnte gerade noch verhindert werden, dass zwei geröstet wurden. Das Lagerfeuer brannte schon. Gerade als man sie gefesselt dort hineinwerfen wollte, griff die Militärpolizei ein.«

»Unglaublich, da geht es ja zu wie im Mittelalter«, sagte Meixner, der andere Gruppenführer der Nahkämpfer.

Major Walbe fuhr fort: »Richtig. Nun, als die beiden gestern Abend in eine separate Unterkunft gebracht worden waren, schien erst einmal alles unter Kontrolle zu sein. Sie wurden bewacht. Und, man will es nicht glauben, heute früh waren sie verschwunden. Inklusive eines schweren Lkws und des Maschinengewehrs eines Panzers mit 12,5 Millimeter Kaliber zur Flugzeugabwehr. Vor einer Stunde haben ein paar Spaziergänger einen sowjetischen Lkw, der in dieses Waldstück fuhr, gesehen. Sie informierten sofort die Polizei.«

Er zeigte allen Anwesenden das Gebiet auf der Karte.

»Wie Sie wissen, reagiert die Bevölkerung sehr empfindlich auf die Angehörigen der Sowjetarmee. Ihre Straftaten haben in den letzten Jahren erheblich zugenommen. Vergewaltigungen, Diebstähle et cetera. Natürlich hat das sowjetische Oberkommando sofort eine eigene Suche eingeleitet, bisher ohne Erfolg. Wie die Erfahrung gezeigt hat, regeln die Sowjets das am liebsten im Alleingang. Denken Sie an das Feld in Eisenach.«

Daran konnten sich alle noch sehr genau erinnern. Ein sowjetischer Fallschirmjäger war von seiner Einheit desertiert und wurde gejagt. Nach zwei Tagen intensiver Suche lokalisierte ihn die DDR-Breitschaftspolizei in einem Waldstück und er wurde eingekreist. Der Soldat schoss immer sehr sparsam, nur Dubletten. Zwei Schuss mit einem Feuerstoß. Der Einsatz war ein Desaster. Ein eilig herbeigeschaffter deutscher Hundeführer wurde zuerst getötet. Dann traf es einen Bereitschaftspolizisten. Das sowjetische Oberkommando hatte der deutschen Polizei nicht gesagt, um was für einen Soldaten es sich handelte. Erst, als zwei Tote zu beklagen waren, rückten sie mit der Sprache heraus. Die eingeflogene Diensteinheit IX kreiste den Fallschirmjäger auf einem Feld ein. Sie warteten auf den letzten Befehl. Vollmond oder Halbmond? Töten oder Verletzen? Das Kompetenzgerangel wurde von den Sowjets gewonnen. Sie riegelten das Feld ab und bestellten einen eigenen Hubschrauber. Aus diesem warf ein Soldat Handgranaten auf das Feld! Der Hubschrauber flog immer auf und ab. Als wenn ein Mähdrescher das Feld ernten würde. Nach dieser Aktion gingen 100 sowjetische Soldaten in das Feld, um nach der Leiche zu suchen. Sie fanden sie nicht. Im Gegenteil, es gab zwei weitere Tote und einen in den angrenzenden Wald flüchtenden Fallschirmjäger. Danach platzte dem deutschen Staatsanwalt der Kragen. Er gab der Diensteinheit IX den Befehl, diesen Mann zu stoppen. Status: Vollmond. Innerhalb von zwei Stunden wurde er gestellt. Nach einem kurzen Feuergefecht trat Stille ein. Dann folgte nur noch ein Schuss. Der Fallschirmjäger saß an einen Baum gelehnt, mit seiner AKS 74 im Mund. Von der hinteren Seite des Kopfes sah man nichts mehr.

»Das wird nicht noch einmal passieren. Dieser Einsatz wird von uns geleitet, obwohl eine Kompanie sowjetischer Soldaten vor Ort ist. Wir fahren sofort in dieses Dorf hier, Niederzimmern bei Weimar, es liegt dem Wald am nächsten. Die erste Aufgabe wird sein, die beiden zu finden und zu stellen. Je nach Situation entscheiden wir dann weiter. Ich habe drei Hundemeuten angefordert. Diese werden mit dem Hubschrauber zum Einsatzort geflogen oder sind sogar schon da. Zwei Nahkämpfergruppen, die von Klatt und Meixner, übernehmen die Führung. Die Präzisionsschützen halten sich dahinter. Nach der Lokalisierung nehmen Sie sie dann ins Visier und warten auf meine weiteren Anweisungen. Gibt es Ihrerseits noch Fragen?«

Alle schüttelten verneinend den Kopf. Jeder kannte seine Aufgaben. Sie rannten zu ihren Gruppen zurück, setzten sich in die Fahrzeuge und fuhren mit Sondersignalen nach Niederzimmern. Während der Fahrt wurden die anderen über die Vorgehensweise informiert.

Die Hundemeuten waren schon eingetroffen; Deutsche Schäferhunde, sieben Stück pro Meute. Sechs Rüden und eine Hündin. Diese war die Führerin. Blieb sie stehen, blieben alle stehen. Lief sie nach rechts, liefen alle nach rechts. Die Hundeführer gaben den Männern der Diensteinheit die letzten Anweisungen.

»Zu eurer Sicherheit: Haltet euch immer hinter uns und fangt um Gottes willen nicht zu rennen an. Die Hunde sind darauf trainiert, alles, was sich schneller als im Gehtempo bewegt, anzugreifen. Also, los gehts!«

Die Suche begann in der Nähe des Waldstückes, in dem der Lkw gesehen worden war. Bis zu dem Waldrand war ein Feld zu durchkämmen. Das Korn ging den Männern bis zur Bauchhöhe.

Das habe ich mir schon immer gewünscht, dachte Matti Klatt, der seine Gruppe mit einem mulmigen Gefühl anführte, durch ein Feld mit mannshohem Getreide zu laufen, wo zwei Soldaten vermutet werden, die ein Maschinengewehr bei sich haben und es auch einsetzen würden.

Sie arbeiteten sich ohne Zwischenfälle Stück für Stück vorwärts. Als sie den Waldrand erreicht hatten, fingen die hinter ihnen laufenden sowjetischen Soldaten an, in Richtung Feld zu schreien: »Stoi, stoi, stoi!« Ein Melder lief quer über das Feld und wollte jemandem eine Nachricht überbringen. Die Hündin der ersten Meute drehte den Kopf und stob davon. Die anderen Meuten schlossen sich an. Kurz bevor sie den Melder anspringen konnten, schaffte er es, sich in einen Schützenpanzerwagen zu retten. Seine Nachricht besagte, dass sich die zwei Flüchtigen auf einem Bauernhof verschanzt hatten.

Das Gebäude wurde abgeriegelt und von allen Seiten umstellt. Die Präzisionsschützen gingen in Stellung. Sie entdeckten die beiden Deserteure durch ihre Zielfernrohre. Sie lagen auf einem Heuboden, das MG in Stellung. Stürmen war ausgeschlossen. Einem Dolmetscher wurde eine Schussweste angezogen. Er stand auf dem großen Hof und rief zu ihnen hinauf. Es dauerte einige Zeit, bis ein Dialog zustande kam. Er musste erst ihr Vertrauen gewinnen, um überhaupt etwas zu erfahren. Schließlich kam er mit Antworten zurück.

»Die beiden sind heute Nacht geflohen, weil sie Angst hatten. Sie wollten in Richtung Grenze und in die Bundesrepublik Deutschland fliehen. Sie werden sich den Russen nicht ergeben, da sie wissen, dass sie die Todesstrafe erwartet.«

Major Walbe, Matti Klatt und Meixner hörten gespannt zu. Die dabeistehenden sowjetischen Offiziere hatten versteinerte Mienen. Für sie stand das Urteil tatsächlich schon fest.

Walbe ergriff das Wort.

»Unsere Aufgabe ist es, die Zivilbevölkerung zu schützen. Wenn dort oben zwei bewaffnete Männer sind, die eine akute Gefahr darstellen, müssen wir handeln. Der Rest unterliegt der Gerichtsbarkeit des sowjetischen Militärs.«

Meixner nickte bestätigend und sagte: »Das ist ihr Todesurteil und das wissen sie! Die haben nichts zu verlieren. Also werden sie schießen und kämpfen. Nicht gerade beruhigend für uns.«

»Ich weiß. Ihr beide nehmt den Dolmetscher mit und geht hoch. Beruhigt sie und versucht sie in die Nähe von Öffnungen des Gebäudes zu bekommen. Unsere Präzisionsschützen sind in Stellung. Alle bleiben im großen Funkkontakt, damit ihr jederzeit wisst, wann wir möglicherweise schießen werden. Auf gehts, Männer!«, befahl Major Walbe.

Großer Funkkontakt bedeutete, dass alle Beteiligten jedes Funkgespräch hören konnten, das geführt wurde.

Matti Klatt, Meixner und der Dolmetscher stiegen die Leiter zum Heuboden hinauf. Es schlug ihnen eine unerträgliche Gluthitze entgegen. Die Wärme staute sich und die Gefahr, dass ein Brand entstand, war nicht gerade gering. Noch von der Sonne geblendet, konnten sie zunächst nur hineinblinzeln, bis sich ihre Augen an das Dunkel gewöhnt hatten. Außer ein paar Strohballen konnten sie zuerst nicht viel erkennen. Doch dann, ganz hinten, am anderen Ende, sahen sie es. Durch zwei

Strohballen konnte man das Rohr des MGs erkennen. Wie eine große schwarze Eistüte zeigte es in ihre Richtung. Sie standen genau in der Schusslinie.

Wenn der jetzt schießt, dachte Matti Klatt, dann bleibt von mir nicht mehr viel übrig, und ich bin doch nun wirklich ein Prachtkerl. Ich bin ganz ruhig, habe keine Angst. Er versuchte, seine Anspannung unter Kontrolle zu bekommen. Jetzt galt es, sich auf die nächsten Sekunden vorzubereiten und zu konzentrieren. Mit diesem MG müssen sie nach jedem Schuss nachladen, wenn es nicht auf dem Panzer montiert ist. Das dauert mit Sicherheit fünf Sekunden. Also hat einer von uns eine Chance. Er zählte langsam bis 10.

Inzwischen übersetzte der Dolmetscher Meixners Worte.

»Hört zu. Wir wissen, was in der Kaserne vorgefallen ist. Aber diese Flucht ist keine Lösung. Ihr bringt zu viele Unbeteiligte in Gefahr. Wenn ihr euch ergebt, erwartet euch ein fairer Prozess, in dem eure Fluchtgründe strafmildernd berücksichtigt werden. Also, nehmt die Hände über den Kopf und kommt vor.«

Erst erfolgte ein trauriges, gequältes Lachen. Dann übersetzte der Dolmetscher die verzweifelten Worte der Tschetschenen.

»Das glauben wir nicht. Die sind alle gleich. Auf Fahnenflucht mit Waffenbesitz steht der Tod. Wir kommen vor ein Gericht voller Russen.«

In den Kopfhörern bei Klatt und Meixner knackte es. Die Präzisionsschützen meldeten sich.

»Wir haben eine Position gefunden, bei der wir über euch hinwegschießen können. Wir haben sie im Visier. Einsatzleitung, wie lautet der Status?«

Keine Antwort von der Einsatzleitung.

»Noch einmal, wir haben sie im Visier, wie lautet der Status?«

Wieder keine Antwort.

»Wir haben die Möglichkeit, sie zu verletzen oder zu töten. Also, was sollen wir tun, verdammt noch mal?«

Jetzt meldete sich der Einsatzleiter.

»Abwarten. Wir wollen erst sehen, wie sie reagieren. Ob …«

Weiter kam er nicht, denn plötzlich brach ein Höllenlärm los. Es wurde aus allen Rohren in Richtung hintere Wand der Scheune gefeuert. Matti Klatt, Meixner und der Dolmetscher konnten gar nicht reagieren, denn so blitzartig, wie es begonnen hatte, hörte es auch wieder auf. Von der Diensteinheit hatte keiner geschossen. Ihnen blieb zum Glück nur der Schrecken in den Knochen stecken. Die Sowjets hatten es mal wieder auf ihre Art gelöst. Beide Tschetschenen waren tot. Kurz und schmerzlos, gnadenlos, durch die Bretterwände des Heuschobers, wurden die beiden Flüchtigen erschossen.

Sonntag 26. Oktober 2003, 10 Uhr, Polizeiinspektion

Matti Klatt hatte den vergangenen Nachmittag mit Lesen verbracht. So richtig gelingen wollte ihm das jedoch nicht. Zu viele Gedanken beschäftigten ihn, er schweifte immer wieder ab und konnte sich nicht auf das Buch konzentrieren. Als er schließlich einsah, dass es zwecklos war, legte er sich am Abend früh ins Bett.

Am Morgen fühlte er sich ausgeruht. Er hatte endlich einmal traumlos durchgeschlafen und war um acht aufgestanden. Nach seinen morgendlichen Liegestützen ging er duschen und kochte sich einen Kaffee. Während er frühstückte, überlegte er, was die nächste Zeit bringen würde. Zuerst das Gespräch mit Bräunig. Dieser hatte recht, sie müssten seine Zusammenarbeit absegnen lassen und fixieren oder so etwas. Und dann die Omicron AG. Er war gespannt, was diese Firma mit der ganzen Sache zu tun hatte. Am liebsten würde er gleich anrufen, aber Bräunig meinte, sie sollten jeden Schritt vorher absprechen. Es wurde Zeit, sich zum Präsidium aufzumachen. Er räumte das Geschirr in die Spülmaschine, zog seine Jacke an und begab sich zu seinem Auto. Auf dem Weg dorthin registrierte sein Unterbewusstsein mal wieder sämtliche parkenden Pkws. WE-SN-28 Renault, WE-PR-723 Audi, WE-OL-899 BMW, EF-DF-87 VW-Transporter, WE-WB-56 BMW, SLF-A-722 VW-Golf. Insgesamt 12 Stück. Wenn ich das mal abstellen könnte, dachte er. Es regnete zwar nicht, aber der Sturm war stärker geworden. Er zerrte an seiner Jacke und beinahe wäre ihm die Autotür aus der Hand gerissen worden. Der Winter kommt, die Anzeichen mehren sich.

Die Fahrt dauerte nicht lange. Matti Klatt kannte ein paar Abkürzungen durch die Stadt. Knapp 10 Minuten später öffnete er abermals die große Holztür der Polizeiinspektion. Entweder saß der dicke Polizist immer noch oder schon wieder hinter der Glaswand.

»Ich weiß Bescheid. Der Hauptkommissar hat mich informiert. Sie wissen ja, wo es lang geht«, sagte er gemütlich.

Matti Klatt schritt die Treppen hinauf. Die Tür zu Bräunigs Büro stand offen. Er telefonierte noch. Als er ihn sah, winkte er ihn rein und bedeutete ihm, Platz zu nehmen.

»Schicken Sie uns diese 16 Fälle. Wir versuchen festzustellen, ob es Gemeinsamkeiten gibt. Ja, so schnell wie möglich. Danke.« Bräunig legte auf und wandte sich an Matti Klatt.

»Das BKA. Bis jetzt bleibt es bei den 16 Fällen mit einer ungewöhnlichen Todesursache, die unaufgeklärt geblieben sind. Warten wir es ab. Danke, dass Sie gekommen sind. Kaffee?«, fragte er freundlich.

Bräunig füllte drei Tassen. Der Staatsanwalt trank sowieso immer Kaffee, das wusste er. Am Abend zuvor hatte sich der Hauptkommissar Mühe gegeben, nicht an diesen Fall zu denken, als er seine Frau zum Essen ausgeführt hatte. Er hatte gerade noch mal die Kurve gekriegt, auch mit einem Tag Verspätung. Den Hochzeitstag für das kommende Jahr hatte er schon vorsorglich in den Terminkalender seines Handys einprogrammiert.

Als Matti Klatt seinen Kaffee umrührte, betrat Staatsanwalt Dr. Müller das Büro. Bräunig machte beide miteinander bekannt und sie setzten sich.

»Ich habe schon einiges über Sie gehört, Herr Klatt. Halten wir uns nicht mit unnötigem Geplänkel auf. Ich möchte Ihnen ein paar Fragen stellen, um Sie näher kennenzulernen und mir ein Bild von Ihnen machen zu können. Danach treffen wir eine Entscheidung. Es liegt bei Ihnen, ob Sie das wollen oder nicht.«

Matti Klatt saß entschlossen auf seinem Stuhl und sprach seinen Gedanken aus.

»Nun, die letzte Frage ist durch meine Anwesenheit hier und jetzt schon geklärt.«

Dr. Müller spielte mit seinem Kugelschreiber, kritzelte auf seinem Notizblock herum, nahm einen Schluck Kaffee und suchte nach weiteren Informationen.

»Richtig. Dann frage ich Sie gleich. Warum wollen Sie bei der Lösung dieses Rätsels die Polizei unterstützen?«

»Ein ehemaliger Freund von mir, den ich über 20 Jahre nicht gesehen hatte, hat zwei Leute umgebracht. Das Geld war für mich bestimmt, er wollte mich ›kaufen‹. Man braucht kein Prophet zu sein, um zu erkennen, dass ich etwas offenbar sehr Wichtiges nicht für ihn persönlich tun sollte. Vor sehr langer Zeit ist der Mann Pazifist geworden. Es passt nicht zusammen. Wer und was haben ihn dazu gebracht, ein Raubmörder zu werden? Das will und werde ich herausfinden.«

»Mal angenommen, er wäre nicht verunfallt und hätte Sie aufgesucht, um Ihnen dieses Angebot zu unterbreiten. Was hätten Sie getan?«

»Eine rhetorische Frage, zu viel Konjunktiv. Ich hätte mehr Informationen gebraucht. Käuflich war ich noch nie.«

»Sie handeln nur aus Überzeugung?«

»Ja. Wenn ich von etwas überzeugt bin, ist mir außerdem egal, was andere denken. Das hat mir oft den Ruf eines sturen Ignoranten eingebracht. Ich muss immer selbst meine Erfahrungen sammeln.«

Dr. Müller wechselte das Thema.

»Warum haben Sie bei der Polizei aufgehört? Sie standen kurz davor, Hauptkommissar zu werden.«

»Stimmt. Viele Dinge veranlassten mich dazu. Mit der beginnenden Wende, sagten mir meine Vorgesetzten, dass sich nun alles geändert hat. Wir sind ab sofort nur noch Polizisten und tragen halt eine andere Uniform. Von heute auf morgen! Dieselben Leute hatten einige Wochen vorher argumentiert, dass das Vorhandensein der Kriminalität in der DDR nur darauf zurückzuführen sei, dass die BRD existiere. Wenn die nicht wäre, hätten wir keine Straftäter. Und das waren die harmlosesten Argumente. Was für ein Schwachsinn. Wie dem auch sei, ich konnte mit diesen

Schwanzlutschern nichts mehr anfangen. Ich hatte keinen Respekt mehr vor ihnen. Sie waren und sind buckelnde Jasager ohne Rückgrat und wollten nur ihren eigenen Arsch retten. Ob sie es glauben oder nicht, der größte Teil ist weiterhin im aktiven Polizeidienst. Den Chef unserer Antiterroreinheit, Major Walbe, hatte man sofort abgesetzt. Ich übernahm dann diese Aufgabe. Als wir von einer Geiselnahme in einem Hotel zurückkamen, fragte ich bei meinem neuen Vorgesetzten nach, wie es denn mit meinen Männern weitergehe. Waren sie zum Beispiel versichert? Und wer übernahm die Verantwortung für die täglich immer gefährlicher werdenden Einsätze? Die meisten meiner Leute hatten Familie. Als Antwort bekam ich zu hören, ich solle gefälligst meinen Mund halten und meine Aufgaben erfüllen. Nach den Überprüfungen durch die Polizeiführung werde man weitersehen. Das stank mir enorm. Ich sagte ihm wortwörtlich, er könne mich am Arsch lecken, und ging. Das wars.«

Bräunig konnte sich nur mühsam ein Grinsen verkneifen.

»Diese Geiselnahme, war das die 1990 in einem Hotel in Nordhausen?«, fragte er.

»Ja, wir konnten sie unblutig beenden. Wir lockten den Täter an eine Tür und rannten diese ein. Drei Mann lagen auf ihm, er wäre beinahe erstickt.«

»Ich war damals noch ein junger Dachs und habe das Ermittlungsverfahren gegen den Täter eingeleitet. Er wurde später zu acht Jahren Haft verurteilt«, sagte Bräunig. So klein ist die Welt.

Dr. Müller fragte weiter.

»Was haben Sie danach getan?«

»Alles Mögliche. Verkaufen von Bausparverträgen, später Autos. Ich habe in verschiedenen Unternehmen gearbeitet und zwei Firmen gegründet. Leider hatte ich Pech und kam immer wieder an die falschen Leute. Mit meinen Mitarbeitern hatte ich ebenso wenig Glück. Der Anfang vom Ende war der 11. September 2001 in den USA. Unsere Geschäftsbeziehungen in den Nahen Osten und deren Aufbau haben viel Geld gekostet. Alles ging buchstäblich den Bach hinunter. Und so kam eins zum anderen. Auch die Banken beendeten kurz vorm Ziel ihre Kooperation, sodass mir zusätzlich Steine in den Weg gelegt wurden, und das wegen wirklich unerheblicher Beträge. Scheiß drauf. Es ist nun vorbei und nicht mehr zu ändern«, schloss Matti Klatt.

Bei der Art von Gesprächen merkte er immer wieder, dass er noch nicht darüber hinweg war. Auch wenn er es nach außen hin vorgab. Er bat um ein Glas Wasser. Das viele Erzählen trocknete ihm die Kehle aus. Er leerte das Glas fast in einem Zug. Danach ging es ihm besser und er konzentrierte sich auf sein Gegenüber. Der Staatsanwalt ließ mit der nächsten Frage nicht lange auf sich warten.

»Wo stehen Sie heute politisch, Herr Klatt?«

»Ich verfolge das Geschehen sehr intensiv. Natürlich mache ich mir meine Gedanken und habe eine eigene Meinung dazu. Was in unserem Land und in der Welt so abgeht, sollte man nicht zu leichtfertig hinnehmen, sondern mit einem wachsamen Auge beobachten. Ich selbst sympathisiere mit keiner Partei, stehe weder rechts noch links und bin schon gar nicht liberal. Unter den meisten Übeln ist meiner Meinung nach die CDU das Geringste, wobei ich glaube, dass momentan keine Partei dazu in der Lage ist, die Probleme der Menschen zu lösen. Ich hasse Diktaturen und fanatische Terroristen, die der Welt ihren Glauben aufzwingen wollen. Von Jesus Christus und der Heiligen Maria weiß ich gar nichts. Der Unterschied von Christentum und Judentum ist mir gänzlich unbekannt. Ich kann nicht nachvollziehen, warum die sich seit Menschengedenken wegen unterschiedlicher Glaubensbekenntnisse bekriegen.«

»Was würden Sie sagen, wenn Ihr Vaterland nach Ihnen ruft und von Ihnen erwartet, etwas für die nationale Sicherheit zu tun?«, fragte der Staatsanwalt weiter.

»Wenn es so formuliert wäre, würde ich einen Lachanfall bekommen. Das klingt mir zu amerikanisch. Ich bin mehr für klare Worte und Fakten. Zum Beispiel, wenn jemand käme und sagte, aus diesem und jenem Grund sind genau Sie, Herr Klatt, dafür prädestiniert, das für uns zu tun, könnte ich mir nach reiflicher Überlegung vorstellen, zu helfen. Ich muss, wie ich schon sagte, von der Sache überzeugt sein. Meine damalige Abenteuerlust ist heute nicht mehr so ausgeprägt. Man geht an viele Dinge überlegter heran und die persönliche Einstellung ändert sich in vielerlei Hinsicht.«

Staatsanwalt Dr. Müller nahm seine Brille ab und überlegte. Kein Zweifel, dieser Mann stand im Leben und wusste, was er wollte, oder besser gesagt, was er nicht wollte. Er hatte einigermaßen vertretbare Ansichten und schon viel erlebt. Er hatte seine Prinzipien.

»Wären Sie in der Lage, jemanden zu töten?«, wechselte er das Thema.

Diese Frage hatte sich Matti Klatt auch schon oft gestellt. Es ist nicht so einfach, mit einem klaren Ja oder Nein zu antworten.

»Vorsätzlich nicht. Ob im Affekt, kann ich nicht sagen. Es kommt auf die Situation an. In Notwehr oder in einem Ausnahmezustand auf jeden Fall. Es kam zum Glück nie dazu, dass ich es wirklich tun musste. Wenn ich später darüber nachdachte, war ich immer froh, dass es einigermaßen glimpflich ausgegangen war. Ich glaube, wenn sie 10 000 Menschen diese Frage stellen, bekommen Sie ebenso viele verschiedene Antworten. Jeder Mensch hat ein anderes Reaktionsvermögen, eine andere Nervenstärke und reagiert somit in den verschiedensten Situationen jeweils unterschiedlich. Was meinen Sie, Dr. Müller?«, fragte Matti Klatt zurück.

Der überlegte, während er durch den Raum lief. Dieser Klatt hatte recht. Keiner wusste, in welchen Konflikt er geraten konnte. Er als Staatsanwalt hatte fast täglich mit solchen Sachen zu tun. Auch wenn es dabei nicht immer einen Toten gab.

»Wir möchten, dass Sie mit uns zusammenarbeiten«, sagte er und blieb vor dem Fenster stehen. Er hatte sich entschieden. Der Mann konnte wirklich eine wertvolle Hilfe sein, er war der Richtige.

»Sie bekommen von uns einen Beratervertrag auf unbestimmte Zeit, mit allen Leistungen, die dazugehören. Um die Versteuerung der Bezüge müssen Sie sich selbst kümmern.«

Jetzt werden Nägel mit Köpfen gemacht, dachte Matti Klatt.

Nun war er der Zuhörer und wollte sich auf das, was vor ihm lag, genauestens konzentrieren.

»Hauptkommissar Bräunig wird jetzt mit Ihnen die Einzelheiten durchsprechen«, sagte er, während er weiter aus dem Fenster schaute.

»Wir wollen, dass nur ein kleiner Personenkreis davon weiß«, begann Bräunig. »Als Erstes müssen wir eine Legende aufbauen, wie die Kontaktaufnahme von Jentzsch bzw. Arndt zu Ihnen war. Wir fertigen eine Zeugenaussage an, in der steht, dass Sie von der Klinik telefonisch informiert wurden, sofort zu kommen. Ein Verletzter hatte ausdrücklich nach Ihnen verlangt. Als Sie dort eintrafen, konnte er Ihnen nichts mehr sagen. Sie betraten sein Krankenzimmer, leider zu spät. Er lebte schon nicht mehr. Der Mann war Ihnen unbekannt und außerdem kennen Sie niemanden mit Namen Arndt. Was er ausgerechnet von Ihnen wollte, ist Ihnen schleierhaft. Die Polizei erschien dort, weil man die Geldbomben in seinem Auto gefunden hatte. Auch dazu wussten Sie nichts. Weitere Auskünfte konnten Sie der Polizei nicht geben. Das ist die offizielle Variante. Es ist wichtig, dass Sie das so sagen, wenn Sie jemand danach fragt. Wir beschäftigen uns derzeit mit dem Papierkram und stehen kurz vor dem Abschluss dieses Raubüberfalls. So wird auch die Mitteilung an die Presse sein.«

»Und woher hat die Klinik meine Telefonnummer bekommen, um mich in der Nacht zu erreichen? Ich bin in keinem Telefonverzeichnis eingetragen und auch noch nicht umgemeldet«, warf Matti Klatt ein.

»Stimmt, das hatte ich völlig vergessen. Wir sagen, dass die Klinik einen Wagen geschickt hat. Ihre Adresse hat Arndt dem Arzt noch mitteilen können. Weiß der Teufel, wo der diese herhatte. Ich setze mich mit dem Notarzt in Verbindung und unterrichte ihn. Sein Name ist Dr. Graner, glaube ich. Rufen Sie morgen diese Nummer von der Omicron AG an, die Ihnen Jentzsch gegeben hat. Erledigen Sie das mit Ihrem Telefon von zu Hause aus. Spielen Sie den nichts Ahnenden. Tun Sie erstaunt. Mehr kann ich Ihnen im Moment nicht sagen. Wir müssen dieses Gespräch abwarten und sehen, was sich daraus entwickelt. Kommunizieren Sie zukünftig nur noch mit mir oder mit dem Staatsanwalt. Mit keinem anderen! Schreiben Sie nichts auf, mailen Sie nichts, schicken Sie keine SMS und führen Sie schon gar keine Telefonate mit einem von uns. Hier ist ein Aufnahmegerät mit einigen Kassetten. Wenn es wichtige Informationen gibt, besprechen Sie eine Kassette und hinterlegen sie irgendwo an einer sicheren Stelle. Fällt Ihnen spontan eine ein?«

Matti Klatt überlegte. »Es muss ein Ort sein, den ich nicht plötzlich aufsuche und an dem mein Aufenthalt nicht ungewöhnlich erscheint. Montag, Mittwoch, Donnerstag und Freitag bin ich regelmäßig im Fitnessstudio. Da könnte ich die Kassette jemandem übergeben. Das würde nicht auffallen.«

»Gut. Ab sofort hat dieses Studio ein neues Mitglied. Und zwar wird das unser neuer Kollege Klimm sein. Sie werden ihn immer an den genannten Tagen dort antreffen können. Wenn nötig, übergibt er Ihnen Kassetten mit Informationen von uns.«

Der Staatsanwalt stand immer noch am Fenster und sah zum Himmel. Er war fast vollständig mit dunklen Wolken bedeckt.

Ohne den Blick abzuwenden, sagte er: »Wenn ich mir überlege, wie geschickt die den Dreh mit der Telefonnummer eingefädelt haben, und den Raubüberfall betrachte, kann ich mir vorstellen, dass Sie beobachtet werden. Das war heute Ihr letzter Besuch in der Polizeiinspektion. Wenn Sie jemand fragt, warum Sie hier waren, sagen Sie, wegen der Zeugenaussage. Herr Klatt, wenn Sie keine Möglichkeit haben, diese Kassetten auszutauschen, sind Sie auf sich allein gestellt. Sie müssen dann versuchen, die richtigen Entscheidungen selbst zu treffen.«

Matti Klatt sah beide an. »Ja, dessen bin ich mir bewusst. Ich werde mich morgen bei dieser Firma Omicron melden, dann sehen wir weiter.«

Damit verabschiedete er sich und verließ das Gebäude. Mangels Parkplätzen hatte er sein Auto ein paar Straßenecken weiter abstellen müssen. WE-AP 343 Citroën, WE-LK 762 Volvo, AP-HK 890 Toyota, EF-DF 87 VW-Transporter, HH-TR 8210 Mercedes, der VW-Transporter. Es dauerte 10 Sekunden, bis er es begriff. Er gab keinen Zweifel. Der VW-Transporter! Vor ungefähr zwei Stunden stand dieses Fahrzeug in der Nähe seiner Wohnung.

Weder Matti Klatt noch Hauptkommissar Bräunig und auch nicht Staatsanwalt Dr. Müller konnten ahnen, dass knapp 2000 Kilometer weiter östlich in diesem Moment ein Mann mit einem Gleitfallschirm in 10 Kilometern Höhe aus einem Flugzeug sprang. Und dass sie diesen Mann, einen Deutschen, bald kennenlernen würden. Er war Angehöriger der Schwarzen Division. Sie ahnten auch nicht, dass sie seinen Namen schon einmal gehört hatten.

Sonntag, 26. Oktober 2003, 12 Uhr

Der künftige Führer der Präsidialen Deutschen Republik, PDR, stand in seiner Badewanne und masturbierte. Es war heute schon das dritte Mal. Seine innere Anspannung war so groß, dass er sich nur auf diese Weise zu helfen wusste. Er musste sich Erleichterung verschaffen. Ein extra aufgestellter großer Spiegel befand sich am Ende der Wanne. Während er sich selbst befriedigte, beobachtete er immer wieder sein Spiegelbild. In seiner Fantasie stellte er sich vor, wie Millionen von Menschen ihn vergötterten, als Dank dafür, dass er sie aus ihrer Lethargie befreit hatte. Männer, Frauen, Junge, Alte, einst Verbitterte und aufs Abstellgleis Geschobene sowie Ausgegrenzte des alten Systems. Menschen aus sämtlichen Schichten und Klassen. Alle, denen er gezeigt hatte, dass durch ihn, den genialen Führer mit der geballten Faust, Wohlstand, Selbstwertgefühl und Stolz zur Normalität eines in Deutschland Geborenen zählten. Dass durch ihn wieder ... Er ejakulierte an den Spiegel. Als er aus der Wanne stieg, zitterte er und atmete schwer. Ein paar Minuten später fühlte er sich befreit und voller Tatendrang. Er hätte in die Welt hinausschreien können, aber es war noch zu früh.

Geduld, musste er sich immer wieder selbst mahnen.

»So wird es kommen«, zischte er, während er sich penibel säuberte.

Nicht mehr lange, und der Tag war endlich da. Nach vielen Jahren. Gnade denen Gott, die versuchen würden, ihn zu bekämpfen. Und für diejenigen, die jetzt noch in den Revieren das Sagen hatten, würde es kein Mitleid geben. Konnte es nicht geben. Für niemanden. Die jungen und starken Löwen würden in die Reviere einbrechen und neuen Nachwuchs zeugen. Mit den Genen der Stärkeren.

Das Telefon klingelte. Froh darüber, nicht schon früher gestört worden zu sein, lief er mit dem Badetuch um die Hüften zum Telefon und meldete sich.

»Ja.«

»Es kommen alle. Ort und Termin bleiben«, sagte der Anrufer.

Ohne zu antworten, legte er auf. Am Donnerstag würden die Reviere neu aufgeteilt werden und zugewiesen. Dann würde er auch von dem einem, besonderen Revier sprechen.

ZWEITER TEIL

DER PLAN

Sonntag, 26. Oktober 2003, 13.07 Uhr Ortszeit, Luftraum Nähe polnische Grenze

Die Transportmaschine flog in 10 000 Metern Höhe. Es war eine Antonov 12, kurz AN-12, ausgerüstet, um maximal 60 Fallschirmjäger abzusetzen. Das Flugzeug war alt, Baujahr 1961. Als die Maschine vor einiger Zeit mit vier dröhnenden Propellertriebwerken kurz vor Ende der Start- und Landebahn abgehoben hatte, hatte es einen heftigen Stoß gegeben, der sich sogleich wiederholte. Die Männer hoben alle fast gleichzeitig den Kopf. Es war das erste Mal, dass sie mit diesem Flugzeug flogen. Als sie unmittelbar danach ruhig in den Steigflug ging, ahnten die Männer, was diesen Stoß verursacht hatte. Die beiden Hauptfahrwerke waren eingezogen worden. Wenig später kam der Bordmechaniker und schaute, ob alles in Ordnung war. Er hatte keine Ahnung, was das für Männer waren oder was sie vorhatten. Die Besatzung flog die schwarz gekleideten Soldaten in letzter Zeit sehr häufig. Über Befehle wurde nicht diskutiert. Vor einigen Wochen mussten sie, aus dem Kaukasus kommend, einen bestimmten Flughafen anfliegen, Fallschirmspringer an Bord nehmen und sie je nach Auftrag absetzen. Aus niedrigen Höhen, aus großen Höhen, mal im Langsamflug oder mit hoher Geschwindigkeit. Das ging fast jeden Tag so.

Ich habe noch keines der Gesichter jemals gesehen, dachte der Bordmechaniker und zündete sich eine

Machorka an. Sie springen immer mit diesen Sturmhauben. Was kümmert es mich. Hauptsache, wir können fliegen in diesen schwierigen Zeiten. Bei vielen anderen Transportgeschwadern fehlte das Geld für Sprit und Ersatzteile.

Er blies den Zigarettenrauch in Richtung seiner Instrumente, die ihm anzeigten, dass alles im grünen Bereich war.

Im Frachtraum roch es nach Öl, Benzin, Auspuffgasen und dem Schweiß der Männer. An der Decke der AN-12 verliefen hydraulische Leitungen. Nach Reparaturarbeiten wurden diese schon lange nicht mehr in ihren ursprünglichen Zustand versetzt und verkleidet. Wozu auch? Einige undichte Stellen hatte man mit Lappen umwickelt und mit einfachen Stricken verknotet. Die Fallschirmspringer, die seit über einer Stunde flogen, saßen in vier Reihen. Alles an ihnen war schwarz. Ihre Kampfanzüge, voll gestopft mit Ausrüstungsgegenständen, die Handschuhe, Helme, Brillen, Kampfmesser sowie die Fallschirme und Tornister, die zwischen ihren Beinen befestigt waren. Sie hockten auf den Sitzen, an die Bordwand gelehnt oder sich vorn übergebeugt auf die Knie stützend. In ein paar Minuten würden sie sich sprungbereit machen und über die geöffnete Ladeluke in die Tiefe stürzen. Diese Gruppe absolvierte gerade die letzte Phase der Ausbildung: Höhensprünge. Die Maschine befand sich weitab des Luftkorridors für Passagierflugzeuge, die üblicherweise auf diesem Level flogen. Die Piloten hatten mehrfach den Kurs gewechselt, da man kein Interesse daran hatte, erkannt zu werden. Nur ab und zu und für ganz kurze Zeit tauchten sie auf den Radarschirmen der Flugüberwachung auf. Die heutige Übung hatte zwei Ziele. Zum einen sollten sie sich daran gewöhnen, aus so großer Entfernung zum Boden mit einer zusätzlichen Sauerstoffausrüstung zu springen, und zum anderen die Fallschirme nach einer langen Freifallzeit exakt in 300 Metern über Grund öffnen. Es war ein Teil des besonderen Angriffsplans. Sie kamen von weit oben und die Zeit, die sie an den geöffneten Fallschirmen hingen, war sehr kurz. Kaum möglich, sie zu attackieren. Diese Art des Springens musste so lange trainiert werden, bis alle Angehörigen der Schwarzen Division es beherrschten. Jeder musste ersetzbar sein, egal, wo und wie der Einsatz erfolgte. Die Zeit drängte.

Nur einer hatte andere Pläne. Er saß in der Nähe der riesigen Ladeluke am Heck der Maschine und beobachtete die Mitfliegenden. Einige hielten die Augen geschlossen oder starrten auf irgendeinen imaginären Punkt an der Bordwand und manche unterhielten sich. So gut es eben ging, bei diesem Höllenlärm. Hin und wieder schaute einer durchs Bordfenster. Keiner wusste, wo sie sich befanden. Sie waren jetzt exakt 67 Minuten in der Luft. Lange konnte es bis zum Absprung nicht mehr dauern. Sie sollten in drei Zwanziger-Gruppen Freifallformationen bilden, die, nicht sehr weit voneinander entfernt, mit ungefähr 180 Stundenkilometern der Erde entgegenrasten und in 300 Metern über Grund ihre Schirme öffneten. Nach der Landung sollten die Fallschirme geborgen und versteckt werden. Alle Springer waren mit modernsten GPS-Navigationsempfängern ausgerüstet und sollten sich mit dieser Hilfe in der Gruppe geschlossen an einem 200 Kilometer entfernten Ort treffen. Dazu hatten sie genau drei Tage Zeit. Die Karten, die sie dabei hatten, durften erst nach der Landung hervorgeholt werden. Dann erst sahen sie, in welchem Teil des Landes sie sich diesmal befanden.

Der Mann am Heck der Maschine war jetzt etwas über zwei Monate in der Schwarzen Division. Offiziell war er tot. Gestorben am 24. Juli 1999 bei einem Verkehrsunfall.

Angefangen hatte alles im Januar 1999. In einer Raststätte, die er kurz zuvor wegen der vorgeschriebenen Stillstandszeiten angefahren hatte, als er mit seinem Lkw von Berlin nach Madrid unterwegs war, traf er seinen ehemaligen Gruppenführer aus der Armeezeit. Er war sich anfangs nicht sicher, doch als er von ihm mit seinem Namen angesprochen wurde, gab es keinen Zweifel mehr. Obermaat der Reserve Schitko. Das strohblonde Haar hielt er kurz und er war schlank. Sein Gesicht zierte einen Dreitagebart, er trug einen taubenblauen Anzug, der ihm gut stand. Schitko war ein guter Anführer und Kamerad gewesen. Es waren fast 20 Jahre vergangen, seit sie sich das letzte Mal gesehen hatten. Sie unterhielten sich darüber, wie es jedem seither ergangen war und tauschten Erinnerungen aus. Beide waren damals in Kühlungsborn, in der Nähe von Rostock, stationiert. Schitko war Leiter eines Teams im Kampfschwimmerkommando der Marine.

»Was arbeitest du gerade?«, wollte Schitko wissen.

»Ich bin Fernfahrer und transportiere alles Mögliche durch die Welt. Maschinenteile, Schnittholz, Tiernahrung, Computer. Heute bin ich mit Textilstoffen nach Madrid unterwegs. Über Rotterdam geht es übermorgen zurück. Und du?«

»Ich arbeite in einer Firma, die sich darauf spezialisiert hat, Informationen zu verkaufen. Als eine Art Berater«, sagte Schitko.

»Was es alles gibt. Welche Leute kaufen denn Informationen?«

»Ganz einfach. Braucht ein Geschichtsstudent für seine Diplomarbeit alles über den 30-jährigen Krieg, weil er selbst zu faul ist, Recherchen zu betreiben oder keine Zeit dafür hat, wendet er sich an uns. Wir stellen das Material zusammen und verkaufen es ihm. Oder es kommt jemand zu uns und möchte alles über einen ganz bestimmten Vogel wissen, die Harpyie zum Beispiel, den Waldadler aus Südamerika. Es kann auch sein, dass eine Person gesucht wird, über deren Aufenthaltsort man nichts weiß oder: deren Aufenthaltsort man nicht kennt. Firmen suchen gezielt bestimmte Führungskräfte. Wir können helfen, wir suchen alles und wir finden alles, vorausgesetzt, es existiert. Es gab noch keinen Kunden, den wir nicht bedienen konnten. Das ist nur ein Bruchteil dessen, mit dem wir uns beschäftigen. Es ist ein sehr breit gefächertes Aufgabengebiet, irgendwer braucht immer irgendwelche Informationen.«

Schitko machte eine Pause.

»Wie sieht es bei dir aus? Macht dir deine Arbeit Spaß? Oder hast du schon mal daran gedacht, dich beruflich zu verändern? Wir benötigen immer Leute, ich könnte dir helfen.«

Der Mann überlegte.

»Meine Hin- und Herfahrerei ist ziemlich stupide. Ständig auf der Autobahn, häufig Staus und der stressige Termindruck gehen mir langsam auf die Nerven. Es gibt schon Tage, an denen ich den Job am liebsten hinschmeißen und mir etwas Neues suchen würde. Aber eine Ausrede findet sich immer, es dann doch nicht zu tun. Wie stellst du dir das vor? Welche Anforderungen werden da gestellt? Braucht man dafür eine spezielle Ausbildung?«

»Natürlich. Eine abgeschlossene Schul- und Berufsausbildung ist Grundvoraussetzung. Ebenso sind ein paar Jahre Berufspraxis von Vorteil. Wichtig ist, dass man einen Computer bedienen und mit Standardsoftware umgehen kann. Nichts Spezielles, Textverarbeitung, Tabellenkalkulation und so. Mit einem Eignungstest stellen wir den Wissensstand diesbezüglich fest. Bei kleineren Defiziten für den Job erlangen die neuen Mitarbeiter in firmeninternen Seminaren und Schulungen die nötigen Kenntnisse. Unsere Mitarbeiter müssen wissen, wie sie an die gesuchten Informationen kommen können. Bei uns kann sich niemand bewerben, wir sprechen die Leute an, an denen wir interessiert sind. Das ist auch ein Teil meiner Pflichten. Allerdings muss sich derjenige zum Anfang nur mit allgemeinen Formulierungen zu seinen künftigen Jobs zufrieden geben, so, wie ich es eben gemacht habe. Wir sind sehr diskret. Wenn er das und einige andere Bedingungen akzeptiert und seinen Vertrag unterschrieben hat, wird er in sein Tätigkeitsfeld eingewiesen. Die Bezahlung ist sehr gut.«

Schitko merkte, dass er fast am Ziel seiner ersten persönlichen Begegnung war. Dieses Treffen war keineswegs zufällig geschehen. Er beobachtete diesen Mann schon seit drei Wochen. Kürzlich war er ihm bis nach Kopenhagen nachgefahren und wusste inzwischen alles über ihn. Verändert hatte er sich nicht wesentlich. Klar, er sah etwas älter aus. Immerhin waren fast 20 Jahre vergangen, seit sie das letzte Mal miteinander gesprochen hatten. Nach Auskunft seines Chefs war er ein zuverlässiger Arbeiter, der seinen Job ordentlich machte. Er war nicht verheiratet und hatte keine Kinder. Wohl um einer Frau die ständige Trennung, zu ersparen. Mit seinem Lkw war er manchmal zwei Wochen ununterbrochen unterwegs. Doreen Wilhelm hieß seine Freundin, die er gelegentlich besuchte, wenn er in Berlin war. Er hielt sich mit Joggen und Kampfsport fit und lebte allein in seiner Wohnung.

»Hört sich nach ziemlich vielen Bedingungen an. Welche sind das?«, wollte der Mann wissen.

»Das zu erklären, reicht die Zeit jetzt nicht aus. Hier, meine Karte. Lass dir alles noch mal in Ruhe durch den Kopf gehen und wenn du wieder in Berlin bist, rufst du mich an. Wir treffen uns und reden dann ausführlicher. Leider muss ich weiter. Also, ich hoffe, bis bald.« Damit stand Schitko auf und verabschiedete sich.

Der Mann holte sich noch einen Kaffee und betrachtete die Karte. Omicron AG stand dort. Sitz in Erfurt, in Thüringen. Klaus Schitko, Headhunter, direkt darunter eine Mobilnummer. Klang wie Kopfgeldjäger.

Einen Monat später, im Februar 1999, trafen sie sich wieder. Diesmal an der Autobahnraststätte Niemegk an der A 9, Richtung München. Nachdem der Mann bei Schitko um einen neuen Gesprächstermin gebeten hatte, hatte der diesen Treffpunkt vorgeschlagen, da er gerade auf der Durchreise von Schwerin nach Nürnberg war.

Es war Samstag, die Raststätte war wenig besucht. Nur ein paar Besucher saßen vereinzelt im Gastraum, meist Kaffee trinkend. Einer, der aussah wie ein Trucker, las die BILD-Zeitung. Schitko eröffnete das Gespräch, nachdem beide einen Cappuccino vor sich stehen hatten.

»Also, mein Lieber. Du hast dir offensichtlich Gedanken über unser letztes Gespräch gemacht. Was willst du wissen?«

Schitko sah seinem Gegenüber an, dass er noch etwas unsicher, aber neugierig war.

»Okay. Was wäre meine Aufgabe? Wo ist mein Arbeitsort und wie viel verdiene ich?«, fragte der Mann.

Klaus Schitko lachte. Man konnte seine weißen Zähne sehen, sie waren makellos. Diesmal hatte er einen anthrazitfarbenen Anzug an.

»Das gefällt mir. Kurz und bündig. Fangen wir mit der letzten Frage an. Du verdienst 3000 Euro netto im Monat. Der Arbeitsort wird anfangs in unserer Berliner Filiale sein, später in unserer Hauptzentrale in Erfurt. Du durchläufst alle Abteilungen, um die Firma kennenzulernen und um zu sehen, wie die Organisation und der Ablauf sind. Zwischendurch sind Schulungen. Danach entscheiden wir zusammen, in welcher Abteilung du am besten aufgehoben bist. Zum Anfang wäre da …«

Plötzlich wurde der Mann aus seinen Gedanken gerissen und erschrak. Er hörte einen langen, hohen Ton. Gleichzeitig ging das gelbe Lämpchen über der Ladeluke an, das Zeichen, sich zum Absprung fertig zu machen. Noch fünf Minuten bis zum Absetzpunkt. Die Männer in der Maschine setzten über ihre Sturmhauben erst die Sauerstoffmasken und dann die Helme auf. Die Piloten begannen mit dem Druckausgleich, der Enthermetisierung. Nach einer Minute wurde das Hydrauliksystem gestartet, um die Ladeluke zu öffnen. Diese war dreigeteilt, je ein Lukenteil bewegte sich nach rechts und links und eine öffnete sich nach oben, Richtung Heckende. Es wurde sofort eiskalt. Der Luftstrom zog in den Frachtraum. Es röhrte und fauchte. Am Heck der AN-12 gähnte ein riesiges Loch, groß wie ein Scheunentor. Da das Wetter klar war, hatte man eine gute Sicht und konnte den Boden erkennen. So, wie es aussah, war dort unten nur Wald. Weit und breit nichts als dunkelgrün. Noch hatte die Maschine ihre Reisefluggeschwindigkeit von 550 Kilometern pro Stunde nicht verringert. Die Tür zum Cockpit öffnete sich und der Bordmechaniker kam, ebenfalls mit einer Sauerstoffmaske vor dem Gesicht, in den Frachtraum. Er hatte noch einmal den Kurs und die Höhe kontrolliert. Alles verlief planmäßig. Über Sprechfunk hielt er Kontakt mit den Piloten. Mühsam versuchend, das Gleichgewicht zu halten, bahnte er sich einen Weg bis zum Scheunentor, um per Hand von Gelb auf Grün zu schalten, das Zeichen zum Absprung. Die Maschine drehte eine Kurve, um in die korrekte Anflugrichtung zu kommen.

In dem Moment, als die Piloten die Landeklappen ausfuhren, um auf eine Absetzgeschwindigkeit von 320 Kilometern pro Stunde zu kommen, griff der Mann in seine Kampfanzugtasche, holte ein kleines Kästchen hervor und behielt es in der Hand. Die Triebwerke mussten jetzt Vollgas laufen, um den Widerstand der Landeklappen zu überwinden. Ganz langsam nahm die Geschwindigkeit ab. Noch drei Minuten bis zum Absprung signalisierte der Bordmechaniker, indem er drei Finger hochhielt.

Wenn Gott existiert, bitte ich ihn um Verzeihung, dachte der Mann, der eigentlich ungläubig war. Es gibt keinen anderen Weg. Ich muss es tun. Verzeiht mir.

Es war so weit. Mit diesen letzten Gedanken sprang er, wie vom Blitz getroffen, von seinem Platz auf. Seinen Blick starr auf die geöffnete Luke gerichtet, rannte er, so gut es ging, mit dem an seinen Beinen befestigten Tornister los und stürzte sich, ohne zu zögern, in die bodenlose Tiefe.

Sonntag, 26. Oktober 2003, 12.10 Uhr, Weimar

Als Matti Klatt wieder zu Hause ankam, verspürte er Hunger. Ihm war schon fast übel deswegen. Er konnte sich nicht mehr erinnern, wann er zuletzt etwas gegessen hatte.

Eine seltsame Unruhe erfasste ihn. Was war das für ein VW-Transporter? Es gab keinen Zweifel, dieses Kennzeichen hatte er heute schon zweimal gesehen. Als er kurz vor 10 Uhr seine Wohnung verließ und später, als er von der Polizeiinspektion kam. EF-DF-87. Morgen würden Bräunig oder einer seiner Mitarbeiter den Halter feststellen können.

Matti Klatt ging ins Bad, um zu duschen, und hoffte auf Besserung seines Befindens. Auf dem Weg durch den Flur richtete er einen Schuh aus, der etwas schräg stand.

Während er den warmen Strahl auf seiner Haut fühlte, dachte er an den Schuh. Meine Schuhe stehen zu jedem Zeitpunkt ausgerichtet und geputzt da, überlegte er. Eine Marotte, ähnlich wie mit den Autokennzeichen, die im Laufe der Zeit zur Zwangsneurose wurde. Warum das so war, konnte er sich nicht erklären. Aber eines war sicher: Er ging nie außer Haus, ohne gerade hingestellte, aufgereihte Schuhe. Ebenso fiel ihm auf, dass die Schlafzimmertür einen Spalt aufstand. Er schloss immer sämtliche Türen, bevor er fortging. Als Matti Klatt die Dusche abstellte, kam ihm ein Verdacht. Es musste jemand bei ihm zu Hause gewesen sein! Er spürte, wie sein Herz plötzlich schneller schlug.

Bleib ruhig, sagte er sich. Wenn es so gewesen ist, wird jetzt bestimmt keiner mehr hier sein.

Nackt wie er war, stieg er aus der Dusche und musste sich sofort vergewissern. Er schaute in jedes Zimmer. Er war allein. Dann erst trocknete er sich ab und zog sich an. Er begann systematisch, alle Zimmer intensiv zu untersuchen. Nach einer halben Stunde fand er die erste Wanze. Sie war im Türschloss der Wohnzimmertür versteckt. Derjenige, der sie dort versteckt hatte, musste erkannt haben, dass das Schloss defekt war und nicht benutzt wurde. Matti Klatt ging davon aus, dass es noch weitere gab. Er machte sich jedoch nicht die Mühe, danach zu suchen. Fast erschrocken über die Tatsache, dass ihn sein Instinkt selten trog, setzte er sich in die Küche und versuchte sich auf die Situation einzustellen. Ein ungutes Gefühl, dass es hier vielleicht ernster zugehen würde, als er es sich vorzustellen wagte, beschlich ihn.

Die Löwen hatten die Witterung aufgenommen.

Als der Mann das Flugzeug verlassen hatte, spürte er einen gewaltigen Schlag auf seinem Körper, da die Absetzgeschwindigkeit noch nicht erreicht war. Er war bei über 400 Kilometern pro Stunde abgesprungen und überschlug sich mehrmals, konnte bereits nach wenigen Sekunden eine stabile Freifallhaltung einnehmen. Arme und Beine waren symmetrisch vom Körper gestreckt. Er zog an dem Öffnungsgriff und sah, wie seine Fallschirmkappe sich entfaltete. Seit dem Absprung waren nicht mehr als sieben Sekunden vergangen. Der Höhenmesser zeigte 9500 Meter an. Er zog etwas an den Steuerleinen und konnte schräg über sich das Flugzeug weiterfliegen sehen. Gleichzeitig drückte er den einzigen Knopf des schwarzen Kästchens in seiner rechten Hand. Der plötzliche grelle Schein blendete ihn und einen Augenblick lang dachte er, seine Trommelfelle würden platzen. Das Flugzeug war explodiert.

Die Omicron AG war ein nicht börsennotiertes Unternehmen mit Sitz in Erfurt, der Landeshauptstadt Thüringens, Juri-Gagarin-Ring 113-117. Dieses Gebäude gehörte ursprünglich einer Zeitungsgruppe. Da die Omicron AG Mitte der 90er-Jahre aus allen Nähten zu platzen drohte und dieses Haus zum Verkauf entstand, einigten sich Käufer und Verkäufer schnell. Es war ein 10-geschossiger Bau aus Glas und Beton. Nach umfangreichen Renovierungsarbeiten erstrahlte es ein Jahr später in neuem Glanz.

Entstanden war das Unternehmen ursprünglich aus einer Personengesellschaft. Im Jahr 1990 wurde aufgrund politischer Umwälzungen ein Mann aus dem Staatsdienst entlassen, der sehr intelligent war und spezielle Fähigkeiten vorweisen konnte. Für ihn stellte sich die Frage, womit er in Zukunft seinen Lebensunterhalt verdienen sollte. Der einsetzende Siegeszug der Computer und die damit verbundene schnelle und einfache Zugriffsmöglichkeit zu Auskünften jeglicher Art brachten ihn auf die Idee. Ein großes Marktpotenzial werden in der Zukunft Informationen sein, dachte er. Allein in einem kleinen Büro, ausgestattet mit einem Computer, fing er an, ein Konzept zu entwickeln. Im Prinzip war es ganz einfach. Durch Zeitungsinserate warb er für Auskunftsbeschaffungen aller Art und gewann, nicht gleich in Massen, schließlich den einen oder anderen Interessenten, der ihm sein Anliegen vortrug. Je nach Art und Umfang der Recherche wurde ein Preis ausgehandelt und die Suche begann. Ungefähr ein bis zwei Wochen später wurde das gewünschte Paket mit allen relevanten Inhalten, ordentlich gedruckt und gebunden, verkauft. Er schaffte sich nach und nach einen festen Kundenstamm, durch den er wiederum dank seiner korrekten und qualitativ guten Dienstleistung weiterempfohlen wurde. Da sich in der Stadt mehrere Hochschulen befanden, spezialisierte er sich auf die Hauptfächer, die diese Hochschulen lehrten: Architektur, Bauwesen, Landschaftsgestaltung und jüngere Geschichte. Als Verlage, Firmen und Ämter anfingen, alles zu digitalisieren und auf CDs herauszubringen, kam der erste Durchbruch. Immer mehr Quellen standen ihm zur Verfügung. Die große Kunst bestand darin, diese nach dem Prinzip eines Archivs zu verwalten und zu jeder Zeit Zugriff zu haben. Schon lange konnte der Mann diesen Aufwand nicht mehr allein bewältigen. Mittlerweile beschäftigte er 12 Mitarbeiter. Er gründete eine Gesellschaft mit beschränkter Haftung und strukturierte alles neu. Es entstanden mehrere Abteilungen: Technik/Naturwissenschaften, Geschichte/Zeitgeschehen, Politik/Sport sowie Autobiografien/Menschen. Die Abteilungsleiter waren Personen, die mindestens eines der ersten sechs Wissensgebiete studiert hatten. Der Mann suchte sein Personal persönlich aus. Fachwissen, Loyalität und Verschwiegenheit waren die Hauptauswahlkriterien. Alle Angestellten erhielten ein außergewöhnlich hohes Gehalt. Es wurde schon sehr bald die erste Außenstelle eröffnet. Weitere fünf sollten folgen. Der nächste Durchbruch kam mit der Verbreitung des World Wide Web. Durch die Nutzung des Internets kam man noch schneller und einfacher an Informationen. Die Kundendatei wuchs täglich. Die Abteilung Autobiografien/Menschen unterstand ihm direkt. Ein Umstand zeichnete sich deutlich ab: Immer mehr Leute wollten von ihm direkt ganz gezielte Auskünfte über Firmen, Institutionen, Vereine, Politiker, Anwälte und so weiter. Der Mann stellte seine Kunden immer zufrieden, auch wenn die Recherchen stellenweise mehrere Monate dauerten. Niemand wollte wissen, woher diese Erkundigungen kamen. Andererseits war es ihm einerlei, wozu diese verwendet wurden. Es war ein Geschäft. Natürlich konnte man sich nicht alle Auskünfte auf den Bildschirm holen. Gerade bei bestimmten Fragen, die Menschen direkt betrafen, musste man andere Mittel einsetzen. Dazu hatte der Mann ausgezeichnete Leute. Exzellent ausgebildet, verschwiegen und ihm treu ergeben. Er hatte sie nicht vergessen. Es waren ehemalige Kollegen, mit denen er früher zu tun hatte und die er ausnahmslos persönlich kannte. Sie nahmen in den meisten Fällen die ihnen gebotene Chance dankbar an. Ihre eigenen Versuche, in der freien Marktwirtschaft Fuß zu fassen, scheiterten allesamt. Niemandem außer dem Mann selbst waren diese Leute bekannt. Keiner bekam sie je zu Gesicht. Die Aufträge wurden stets an neutralen Orten besprochen.

Seine Arbeit verschaffte ihm Kontakte in alle Kreise des gesellschaftlichen Lebens. Über seine Auftraggeber wusste er natürlich auch viel Interessantes: Vermögenswerte, Karrieren und politische Ansichten. Im März 1996 wurde er von einem Großindustriellen in den Schwarzwald zu einem Wellness-Wochenende eingeladen. Danach war man sich einig. Sie beide würden eine Aktiengesellschaft gründen und in das europäische Ausland expandieren. Die Hauptzentrale sollte in Erfurt in einem neuen Gebäude errichtet werden. Die wichtigste Abteilung war: Autobiografien/Menschen. Und es wurde eine Unterabteilung ins Leben gerufen: Internationaler/Nationaler Terrorismus. Mit solchen Informationen konnte man bestimmt eine Menge Geld verdienen. Oder sie für eigene Zwecke nutzen.

Der Mann befand sich an diesem Sonntagnachmittag im 10. Stock des Gebäudes der Omicron AG. Er saß in seinem Bürosessel zur Fensterfront gewandt und starrte hinaus auf den mit Wolken zugezogenen Himmel. Einer seiner fähigsten Mitarbeiter mit Decknamen Arndt war Freitagnacht bei einem Verkehrsunfall schwer verletzt worden und später im Krankenhaus verstorben. Hoffentlich hatte er die Zielperson, die er unbedingt haben wollte, noch verständigen können. Als ob die Mitteilung nicht schlimm genug gewesen wäre, hatte er vor ein paar Minuten noch eine weitere beunruhigende Nachricht erhalten. Eine ihrer gecharterten Maschinen war samt Besatzung und menschlicher Fracht vom Himmel verschwunden. Sehr wahrscheinlich abgestürzt. Das waren schwerwiegende Verluste. Das Klingeln des Telefons riss ihn aus seinen Gedanken.

»Ja, bitte?«

»Es kommen alle. Ort und Termin bleiben.«

»Okay.« Er legte auf.

Am Donnerstag müssen wir darüber reden, wie wir den Verlust ausgleichen können. Vor allen Dingen müssen wir die Ursache des Flugzeugunglücks herausbekommen, dachte er.

Der Mann, der am Fenster seines Büros stand, war 55 Jahre alt, 1,95 Meter groß und schlank. Er hatte schwarzes Haar und eine Adlernase. Auf seiner rechten Wange hatte er eine kleine Warze. Sein Name war Walbe.

Montag, 27. Oktober 2003, 8.55 Uhr

Schon um 6 Uhr morgens waren die Kriminalpolizisten Hubaczek und Leichenkolbe mit dem Auto nach Berlin aufgebrochen. Sie wollten noch vor dem einsetzenden Berufsverkehr aus der Stadt und in der Polizeiinspektion in Berlin-Pankow sein. Leichenkolbe, der auf dem Beifahrersitz Platz genommen hatte, ging noch einmal die

Fragen durch, die geklärt werden mussten. Er notierte sich einige Stichpunkte.

Zuerst ging es um Olaf Arndt, den Namen unterstrich er.

- Sein Lebenslauf.
- Er wurde nur 39 Jahre alt.
- Wie ist er umgekommen?
- Wo ist er beerdigt?
- Was arbeitete er, wo, Arbeitsstätte?
- Mit wem stand er in einer Beziehung, persönliches Umfeld?
- Freunde, Arbeitskollegen, Frauen.

Und dann dieser Jentzsch, auch da zog er einen Strich unter den Namen.

- Sein Lebenslauf.
- Welchen Beruf übte er aus, was hatte er gelernt?
- Wie waren seine Vermögensverhältnisse, Bankverbindungen?
- Freunde, Bekannte, (Name von damaliger Freundin konnte uns Klatt nicht sagen).
- Wohnung durchsuchen!
- Woher stammten Messer und Auto? (Vorbesitzer ermitteln).
- Woher kam der gefälschte Ausweis?

Als Leichenkolbe fertig war, las er Hubaczek seine Notizen vor.

»Fällt dir noch etwas ein?«

»Im Moment nicht. Später vielleicht«, sagte Hubaczek. Er war unruhig und verspürte ein seltsames, eigenartiges Gefühl. Seit ihrer Abfahrt ließ es ihn nicht mehr los. Er überlegte, um was es sich handeln konnte, kam aber nicht darauf. Es hatte ihn noch nie betrogen. Und dieser Gedanke machte ihn noch unruhiger, er war sich sicher, dass etwas nicht stimmte. Sie kamen zügig voran, es herrschte noch wenig Verkehr auf der Autobahn. Langsam dämmerte der Morgen.

Den dunklen BMW, der ihnen mit einigem Abstand folgte, bemerkten sie nicht.

Matti Klatt hatte am vergangenen Nachmittag versucht, mit der neuen Situation fertig zu werden. Die Vorstellung, dass irgendwo jemand saß und alles hören konnte, was in der Wohnung passierte, machte ihn nervös und schränkte ihn automatisch in seiner Bewegungsfreiheit ein. Deshalb blieb er eine Weile am Tisch sitzen und bewegte sich nicht. Doch dann wurde ihm allmählich bewusst, dass schließlich keine Kamera, sondern ein Mikrofon in dem Türschloss steckte. Trotzdem hatte er die Empfindung, ständig unter Beobachtung zu stehen.

Was für eine Scheißsituation, dachte er. Was kommt denn noch alles? In einem Spielfilm sehen solche Szenen einfacher aus. Der Darsteller nimmt die Situation, wie sie ist, und gaukelt den Leuten, die ihn abhören, meistens etwas vor. Aber ich bin in keinem Film. Das hier ist die pure Realität.

Nach ein paar Minuten entschloss er sich, den Fernseher anzustellen. Zum einen lenkte es ihn ein wenig ab und zum anderen gaben ihm die Geräusche etwas Vertrautes von seinen eigenen vier Wänden zurück. Gegen Mitternacht baute er sein Bett im Wohnzimmer auf und legte sich schlafen. Den Fernseher ließ er die ganze Nacht laufen.

Am Montagmorgen, kurz, nachdem er wach geworden war, wusste er zuerst nicht, wo er war. Nach ein paar Sekunden fiel es ihm wieder ein. Der Fernseher blieb eingeschaltet, als er zum Duschen ging und danach etwas aß. Ab und zu tat er so, als führte er Selbstgespräche.

Im Prinzip war das ein Vorteil, da sie nicht wussten, dass er sie längst durchschaut hatte. Matti Klatt triumphierte innerlich, als er darüber nachdachte, und im selben Moment ging es ihm schon merklich besser. Er wollte gleich früh die Nummer der Omicron AG anrufen. Die Uhr zeigte kurz nach 9, der übliche Bürobeginn. Er holte sich einen Kugelschreiber und einen Block, um sich Notizen machen zu können. Dann wählte er die Nummer: 0 8 0 0 2 5 1 1 1 9 5 9. Das Rufzeichen ertönte. Nach dem fünften Rufton sprang ein Anrufbeantworter an. Eine weibliche Stimme sagte: »Herzlich willkommen bei der Omicron AG, Ihrer Informations-AG. Durch die Wahl dieser Nummer können Sie Ihr Anliegen direkt vortragen. Bitte hinterlassen Sie am Ende Ihrer Anfrage Ihren Namen, Ihre Telefonnummer und aus statistischen Gründen Ihr Geburtsdatum. Die Omicron AG bedankt sich für Ihr Interesse.«

Es folgte der obligatorische Piepton. Matti Klatt überlegte blitzschnell. Das ist wirklich nur eine Nummer für mich. Hier ruft kein anderer an. Welche Firma wünscht bei einer ersten, allgemeinen Anfrage ein Geburtsdatum? Keine!

»Ich suche eine wissenschaftliche Abhandlung über die Fortpflanzung von Löwen. Dabei interessiert mich besonders das Verhalten, welches als Infantizid bezeichnet wird. Mein Name ist Matti Klatt. Ich bin am 25. November 1959 geboren und bitte um Rückruf.«

Damit legte er auf. Warum meine Telefonnummer hinterlassen? Die kannten sie doch. Sollen sie ruhig merken, dass ich das weiß. Schaden kann es nicht.

Erst jetzt spürte er, dass seine Hände feucht waren und er schwitzte. Das war der erste Schritt. Was passierte jetzt? Ob sich jemand meldete? Und wenn ja, wann?

Genau 33 Sekunden später, nachdem Matti Klatt den Hörer aufgelegt hatte, klingelte es.

Der Mann, der in 9500 Metern Höhe an seinem Fallschirm hing, erschauderte vor sich selbst. Was habe ich getan? Ich habe ein über 30 Tonnen schweres Flugzeug soeben in die Luft gejagt. Nicht zu vergessen die Personen, die dabei umgekommen sind, dachte er verzweifelt.

Er stieß einen langen Schrei aus.

»Was sollte ich tun? Damit habe ich unzähligen anderen Menschen das Leben gerettet! Das war ein Flugzeug voller Killer!«, sagte er laut zu sich selbst und machte ein paar lange und tiefe Atemzüge.

Es klang wie ein dumpfes Röcheln unter seiner Sauerstoffmaske. Er zitterte am ganzen Leib.

»Konzentriere dich, noch bist du nicht am Ziel. Es musste sein. Eben bist du das zweite Mal in deinem Leben gestorben.«

Er setzte sich einigermaßen bequem in seinen Sitzgurt und holte eine Karte aus der Beintasche. Der Wind war in dieser Höhe sehr stark. Er musste aufpassen, dass sie ihm nicht aus der Hand gerissen wurde. Er schaute auf sein GPS-Navigationsgerät und übertrug in Gedanken die Längen- und Breitengrade auf den Plan. Den Standort, den er ermittelte, wollte oder konnte er nicht glauben. Zur Sicherheit übertrug der Mann die Werte noch einmal. Es bestand kein Zweifel mehr, er befand sich circa fünf Kilometer von der polnischen Grenze entfernt, und zwar östlich! Das konnte doch nur Litauen sein! Kein Dorf und keine Stadt waren in der Nähe vermerkt, nur der Grenzverlauf, in Form einer gestrichelten Linie. Als Nächstes wollte er herausbekommen, aus welcher Richtung der Wind wehte.

Er spuckte etwas seitlich aus und beobachtete, wohin der Speichel trieb. Glück gehabt, er kam aus Osten.

Wenn ich als Ziel Deutschland habe, muss ich diese Richtung behalten, überlegte er. Jetzt die Abdrift berechnen. Der Vortrieb dieses Flügelschirms beträgt 10 Meter in der Sekunde. Die Windstärke ungefähr 20 Meter in der Sekunde. Macht zusammen 30. Die Höhe beträgt jetzt 9300 Meter. Der Schirm sinkt zwei Meter in der Sekunde. Wenn die Bedingungen so bleiben, komme ich rund 140 Kilometer vorwärts. Immerhin. Eine knappe Stunde wird der Flug dauern.

Er zog die Beine etwas an, um den Luftwiderstand zu verringern, und drehte seinen Fallschirm noch genauer in Richtung Westen. Der Mann würde auf keinem Radar erfasst werden, dazu trug er zu wenig Metall an sich. Hier oben herrschte eine eisige Kälte. Als er an seiner Fußspitze heruntersah, konnte er die Bewegung über Grund beobachten. Der Fallschirmspringer kam schnell voran. Ab und zu wurde er von heftigen Böen durchgeschüttelt. Als er cirka 4000 Meter über Grund erreicht hatte, zog er die Sauerstoffmaske vom Gesicht. Die kalte Luft, die er einatmete, verursachte sofort ein heftiges Husten. Auch hier oben war die Luft immer noch dünn. Nach seinen Berechnungen musste er ungefähr 80 Kilometer zurückgelegt haben. Je näher er der Erde kam, um so mehr nahm die Windstärke ab. Die ganze Zeit war unter ihm nichts als Wald zu sehen. Weit rechts, ungefähr 90 Grad von seiner Flugrichtung, konnte er eine Ortschaft ausmachen, zumindest ließen das die vier riesigen Schornsteine vermuten. Er konnte ganz deutlich den Rauch aufsteigen sehen. Er betrachtete wieder seine Karte. Die Ansiedlung war nicht vermerkt. Überhaupt war gar nichts diesseits der Grenze vermerkt. Er sah, dass sein voraussichtlicher Landepunkt nicht mehr verzeichnet war.

Ich kann nur weiter geradeaus steuern und hoffen, einen geeigneten Landeplatz zu finden. Notfalls muss ich in den Bäumen landen, dachte er.

Als er weitere 10 Minuten geflogen war, bemerkte er, dass der Wald lichter wurde. Bis zu seinem Rand würde er es aber nicht mehr schaffen. Sein Höhenmesser zeigte 500 Meter an. Er flog eine 180-Grad-Rechtskurve und steuerte seinen Gleitschirm gen Osten. Der Vortrieb des Schirmes und die Windgeschwindigkeit hoben sich fast auf. Es begann ein sehr langsamer Sinkflug. Er hatte sich einen dichten, mit hohen Bäumen bewachsenen Landeplatz gesucht, um sicherzugehen, dass sich sein Schirm auch wirklich im Geäst verfing. Er zog die Steuerleinen langsam zu sich heran und als seine Füße eine Baumkrone berührten, überkreuzte er die Arme vor seinem Gesicht, um sich zu schützen. Die Beine hielt er geschlossen. Nach einem kurzen Knacken und Brechen von Ästen stellte er fest, dass die Landung ohne Probleme verlaufen war. Er hing in seinem Schirm circa 15 Meter über dem Boden und löste die Schlaufen seines Tornisters. Dieser war mit einer Leine an seinem Sitzgurt befestigt und baumelte jetzt 10 Meter unter ihm. Dann öffnete er das Gurtzeug und glitt an der Leine abwärts. Unten angekommen, schwang er sich zu dem Stamm des Baumes, schnitt die Tornisterleine ab und kletterte bis zum Boden hinab. Die Erde hatte ihn endgültig wieder. Den Fallschirm ließ er im Baum hängen. Er setzte sich seinen Rucksack auf und marschierte in dieselbe Richtung, in die er die ganze Zeit geflogen war, und kam zügig voran, der Wald war nicht sehr dicht. Der Mann lief den ganzen Sonntag und die Nacht hindurch. Die Orientierung war nicht weiter schwierig, keine Wolke war am Himmel. Das Mondlicht reichte aus, um größere Hindernisse schon frühzeitig erkennen zu können. Es folgte ein steter Wechsel von lichten Wäldern und grasbewachsenen freien Flächen.

Heute ist Montag, überlegte er. In Deutschland ist es jetzt 9 Uhr. Ich brauche zivile Kleidung und ein Fortbewegungsmittel. Egal, was für eines, nur schnell muss es sein. Dieses dort wäre für den Anfang genau das Richtige.

Seit einer Viertelstunde beobachtete er ein abgelegenes Gehöft, an dessen Toreinfahrt ein Motorrad lehnte.

Oberkommissar Hubaczek lenkte den Wagen von der A 9 an die Tankstelle Fläming. Unmittelbar hinter der Einfahrt hielt er.

»Was ist los?«, wollte Leichenkolbe wissen. Hubaczek schaute in den Rückspiegel.

»Ich weiß nicht. Achte mal darauf, welche Autos uns in den nächsten fünf Minuten hier überholen. Ich habe das Gefühl, dass wir verfolgt werden.«

Zuerst lenkte ein älteres Ehepaar einen weißen Mercedes an die Tankstelle. Kurze Zeit später kamen ein Kurierfahrzeug von DHL und ein großer Lkw langsam angefahren. Sonst nichts.

Leichenkolbe schaute zu seinem Kollegen herüber und fragte:

»Hast du jemanden gesehen, der uns gefolgt ist?«

»Nein. Irgendwie habe ich ein seltsames Gefühl. Scheint aber alles in Ordnung zu sein. Lass uns weiterfahren.« Hubaczek startete den Opel und fuhr wieder auf die Autobahn. Es waren sieben Minuten vergangen.

Der Mann, der den dunklen BMW lenkte, wurde der Hesse genannt. Er setzte gerade den Blinker und wollte dem Opel in die Ausfahrt folgen, als sein Handy klingelte.

»Ja?«

»Warum besitzt du ein Handy, wenn du es immer auslässt?« Der Anrufer war ein verärgerter Staatsanwalt Feller.

»Habs vergessen. Außerdem kann ich nicht alles auf einmal machen.« Erst vor ein paar Minuten hatte er es eingeschaltet.

»Wo sind die beiden?«, fragte der Anrufer.

»Die wollen gerade an eine Tankstelle fahren. Ich folge ihnen.« Der Hesse bremste und schaltete einen Gang runter.

»Konntest du etwas hören?«

»Zum Anfang nicht viel. Allgemeines Gerede über das Fernsehprogramm und über irgendeine Feier. Aber dann ging es um einen Arndt, der in Berlin wohnt. Die Verbindung war immer wieder schlecht. Dann hörte ich noch was von Arbeitskollegen, Freunden, Bekannten, die gefunden werden müssten.«

Der Hesse musste während des Abhörens auf den Abstand zu den vorausfahrenden Fahrzeugen achten. Unter Brücken oder wenn sich ein Lkw zwischen die beiden Fahrzeuge schob, war die Funkverbindung schlecht.

»Übliche Ermittlungen. Lass sie fahren. Hörst du? Folge ihnen nicht an diese Tankstelle«, schärfte Feller dem Hessen ein.

Gerade noch im letzten Moment schaffte er es, wieder auf die rechte der drei Autobahnspuren zu kommen. Aus den Augenwinkeln sah er den Opel hinter der Einfahrt stehen.

»Das war knapp. Okay. Ich bin wieder auf der Autobahn. Was soll ich jetzt tun?«

»Fahr zur Polizeiinspektion Berlin-Pankow. Sie werden dorthin kommen. Entferne unauffällig die Wanze und komm zurück. Ich würde eigentlich gern noch mehr wissen, aber es geht nicht. Ich habe einen neuen Auftrag für dich. Sehr dringend, deswegen müssen wir umdisponieren.«

Der Hesse wollte noch nach dem Wieso und Warum fragen, aber er ließ es bleiben. Besser, man stellte dem Mann nicht so viele Fragen, stattdessen sagte er nur:

»Mache ich. Treffen wir uns an der üblichen Stelle?«

»Ja. Heute Abend um acht.« Feller legte auf. Er hatte recht gehabt, sie fuhren mit dem Opel. Wenn die Polizisten größere Strecken zurücklegen mussten, nahmen sie immer das bequemste Auto. Er hatte den Hessen am Sonntagabend angerufen und ihn instruiert, in dem Wagen eine Wanze anzubringen, ihnen zu folgen und zu hören, was die beiden besprachen.

Es war klar, dass Bräunig seine Leute nach Berlin schicken würde, um vor Ort zu recherchieren. Ein Anruf bei der Fahrdienstzentrale hatte gereicht, um zu erfahren, dass Hubaczek den Opel am Sonntagnachmittag von der Dienststelle nach Hause gefahren hatte. Hubaczeks Adresse kannte Feller. Auf seiner Heimreise von Köln war er extra noch mal zu dessen Haus gefahren, um zu sehen, wo er den Opel geparkt hatte. Die Idee, die beiden Ermittler abzuhören, war ihm während der Fahrt gekommen.

Offensichtlich lief alles nach Plan. Sie versuchten etwas über Arndt herauszubekommen und würden bald feststellen, dass dieser seit Längerem nicht mehr lebte. Damit hatten sie einen Räuber ohne Namen und Identität. Na, und? Der Raubmord war geklärt, der Vorgang wurde abgeschlossen. Notfalls werde ich dabei ein bisschen nachhelfen, dachte er.

Ursprünglich wollte Feller sich erst eine Woche später um Dr. Graner kümmern. Unter dem Vorwand, den

Arzt in den nächsten drei Tagen dringend sprechen zu müssen, hatte er telefonisch herausbekommen, dass dieser am Dienstag zu einem Ärztekongress nach Heidelberg fahren würde. Eine Woche später vielleicht, hatte die Krankenschwester gefragt, aber Feller hatte schon wieder aufgelegt. Eine günstige Gelegenheit, ihn durch den Hessen befragen zu lassen.

Matti Klatt ließ es dreimal klingeln, bevor er abhob.

»Klatt.«

Eine männliche Stimme, ohne Akzent, sprach höflich, aber kalt.

»Guten Tag, Herr Klatt. Sie hatten bei uns angerufen, um etwas über die Fortpflanzung von Löwen zu erfahren?«

»Das ist richtig, ich möchte alles darüber wissen. Leider konnte mir …« Matti Klatt wurde von der Stimme unterbrochen.

»Entschuldigen Sie, dass ich Ihnen ins Wort falle. Wir sollten uns in Ruhe darüber unterhalten. Nicht am Telefon. Würde es Ihnen morgen Mittag gegen 13 Uhr passen? In unseren Räumlichkeiten, Erfurt, Juri-Gagarin-Ring 113. Nicht zu verfehlen. Wir danken Ihnen für Ihr Interesse. Auf Wiederhören.«

Ehe Matti Klatt antworten konnte, hatte der andere bereits aufgelegt. Damit lag er mit der Vermutung, dass sie seine Telefonnummer hatten, gar nicht so falsch. Dass aber ein Rückruf innerhalb von so kurzer Zeit erfolgte, damit hatte er wirklich nicht gerechnet. Schon gar nicht auf diese Art und Weise. Das klang wie eine Vorladung. Und Matti Klatt hatte den Eindruck, dass Widerspruch nicht geduldet wurde.

Worauf lasse ich mich da ein?, fragte er sich. Er fühlte sich überrumpelt und wollte sich keinesfalls die Pistole auf die Brust setzen lassen. Aber das schien ab jetzt nur noch Wunschdenken zu sein.

Als Kriminaloberkommissar Hubaczek den Opel vor der Polizeiinspektion Berlin-Pankow parkte, schaute ihn Leichenkolbe verwundert an.

»Warum fährst du nicht in den Hof? Dort ist er sicherer aufgehoben.«

Halb in Gedanken erwiderte Hubaczek:

»Ich möchte etwas testen. Geh schon mal vor und melde uns an. Ich komme gleich nach.« Dieses Gefühl der Unruhe ließ ihn einfach nicht los. Irgendetwas ging hier vor. Er konnte nicht genau sagen, was. Hubaczek wollte zuerst mit dem Auto beginnen, weil es ihn die ganze Zeit am meisten beschäftigte. Er musste auf Nummer sicher gehen. Als er sich auf den Fahrersitz setzte, bemerkte er, dass dieser ganz an die hintere Sitzbank geschoben war. Es war ihm früher noch nie aufgefallen, dass einer seiner Kollegen den Opel so verließ.

Vielleicht ist es dieser Umstand gewesen, der mich so unruhig machte, dachte er.

Nachdem er die vorderen Türen geschlossen hatte, öffnete er die hinter dem Fahrer. Er beugte sich nach vorn und steckte ein winziges Stück Papier in den Schlitz zwischen Tür und Karosse. Dasselbe machte er auf der Beifahrerseite, bevor er das Auto per Fernbedienung verriegelte und Leichenkolbe folgte.

Wir werden ja sehen, dachte er, als er das Gebäude der Dienststelle betrat.

Seit 20 Minuten war keine Bewegung auf dem Gehöft zu erkennen. Der Fallschirmspringer hatte genug Zeit, sich einen Überblick von der Umgebung zu verschaffen. Er saß gut getarnt unter einem Busch. Der Himmel war immer noch klar, es wurde nur ein wenig kühler. Ihn fröstelte und er zog seine Sturmhaube wieder auf. Er schätzte die Entfernung bis zum Anwesen auf circa 200 Meter. Er musste es jetzt riskieren, die Zeit lief gegen ihn. Je schneller er in Berlin war, desto besser. Der Fallschirmspringer kroch aus seiner Deckung und lief gebückt in Richtung Gut. Es war niemand zu sehen. Er fragte sich, wie das Motorrad hierher gekommen war, wenn weit und breit kein Mensch in der Nähe zu sein schien. So ein Teil ließ man doch in dieser gottverlassenen Gegend nicht einfach stehen. Er legte seinen Tornister ab und betrat den Hof. Es war ein alter Bauernhof mit Haupt- und Nebengebäude, gebaut aus Bruchsteinen und einem Walmdach. Die Fenster wurden nur noch von ihren Rahmen gehalten. Die Scharniere waren weggerostet und man konnte annehmen, dass der nächste Windstoß sie gänzlich aus den Angeln reißen würde. Der ganze Bauernhof war von einer völlig zerfallenen Mauer umschlossen. Der Boden war mit Natursteinen gepflastert, die man bloß bei näherem Hinsehen erkennen konnte, da aus den Fugen das Gras wucherte. Außerdem war er völlig uneben. Am Nebengebäude standen verschiedene Landwirtschaftsgeräte, die aussahen, als wären sie Jahrzehnte nicht benutzt worden. Das gesamte Grundstück hatte ungefähr eine Größe von 35 mal 60 Metern. Hier wohnt niemand mehr, dachte er. Außerdem hatte doch jeder Bauernhof einen Hund.

Es war keine Menschenseele zu sehen, ebenso wenig Viehzeug. Kein Laut zu hören. Dies ließ ihn ruhiger und sicherer werden. Zuerst wollte er das Motorrad in Gang bringen und sich dann irgendwo anders zivile Klamotten besorgen. Als er sich herumdrehte, um das Kraftrad in Augenschein zu nehmen, fuhr ihm der Schreck in die Glieder. Er starrte in ein doppelläufiges Jagdgewehr.

»Guten Morgen, Genosse«, sagte ein Baum von einem Kerl auf Russisch. Er musste über zwei Meter groß sein und hatte Schultern so breit wie ein überdimensionaler Kleiderschrank. Der Mann überlegte blitzschnell, wie er ihn entwaffnen konnte, entschied sich aber dagegen. Vorerst. Er stand zu weit weg, um ihn anspringen zu können. Die Gefahr, von diesem Riesen verletzt zu werden, war zu groß. Und so, wie der schaute, würde er nicht zögern, zu schießen.

»Ich spreche kein Russisch. Ich bin weder Russe noch Pole, ich komme aus Deutschland«, sagte der Mann.

Unmerklich ging er ein Stück in die Knie und spannte seine Muskeln an. Der Mann sah dem Riesen direkt in die Augen. Jeder Laie kündigte seine nächste Bewegung mit den Augen an, das wusste der Fallschirmspringer. In dieser Zehntelsekunde konnte er reagieren.

»Aus Deutschland, soso. Ein Punkt für dich, dass du kein Russe bist. Dann erkläre mir mal Folgendes: Was macht ein Deutscher im Osten Polens in einer schwarzen Uniform auf meinem Hof?« Er sprach jetzt erstaunlich gut Deutsch.

Der Fallschirmspringer entschied sich dafür, offen zu sein.

»Ich bin auf der Flucht. Gestern bin ich aus einem Flugzeug gesprungen, jenseits der Grenze. Gelandet bin ich in Polen und machte mich zu Fuß auf den Weg nach Berlin. Um die Sache etwas zu beschleunigen, dachte ich mir, ein Motorrad, wie es dort vorne steht, wäre genau das Richtige. Leider fand ich keine zivile Kleidung. Stattdessen stehst du nun vor mir und hältst mir ein Gewehr ins Gesicht.«

Nach der anfänglichen Verblüffung machte sich nun ein Grinsen auf dem Gesicht des Riesen breit. Er fragte weiter.

»Das ist das Verrückteste, was ich je gehört habe. Glaub mir, ich kenne einige Verrückte auf dieser Welt. Aus was für einem Flugzeug bist du gesprungen und warum musst du nach Berlin? Weißt du, wie weit es bis zur deutschen Grenze ist?«

Der Fallschirmspringer musste jetzt auch grinsen. So aus dem Zusammenhang gerissen, klang es wirklich unglaublich und irr.

»Ja, weiß ich. Es war eine gecharterte russische Maschine. Ich sprang aus großer Höhe ab und konnte die Grenze in der Luft passieren. Ich bin mehrere Wochen in einem Ausbildungslager gewesen. Dort wurden wir auf eine Riesenschweinerei vorbereitet, die bald in Deutschland stattfinden soll. Und wenn diese Schweinerei Wirklichkeit wird, dann nützt auch kein Beten mehr. Ich versuche, das Schlimmste zu verhindern. Und deswegen muss ich schleunigst nach Berlin. Kannst du mir helfen?«

Der Riese ließ die Waffe sinken. Wie verrückt das alles auch klang, er glaubte dem Mann, so viel Menschenkenntnis besaß er. Er hielt ihm seine große Hand hin.

»Zbigniew mein Name. Die Geschichte ist dermaßen verrückt, dass sie schon wieder wahr sein könnte. Ich werde dich unterstützen. Als Erstes brauchst du wirklich neue Sachen. Du siehst aus, als hättest du lange nichts gegessen. Wir fahren zu mir, ich wohne nur ein paar Kilometer von hier entfernt.«

Mehr sagte er nicht. Fragen stellen, war nicht seine Art. Wenn dieser Deutsche etwas erzählen wollte, würde er es von sich aus tun. Sie gingen zu dem Motorrad. Der

Fallschirmspringer setzte seinen Tornister auf. Gerade als Zbigniew das Motorrad starten wollte, hielt ihn der Deutsche am Arm fest.

»Danke, Zbigniew, dass du mir hilfst. Einzelheiten möchte ich dir ersparen, ganz einfach, um dich zu schützen. Mein Name ist auch unwichtig. Ich habe die Maschine gesprengt mit allen, die darin saßen. Es musste sein. Mit ziemlicher Sicherheit wird man annehmen, dass auch ich unter den Toten bin. Das verschafft mir den Vorteil, dass sie mich nicht jagen werden.«

Zbigniew winkte ab. »Schon gut, Deutscher. Ich weiß, wie es ist, wenn Not am Mann ist. Wir fahren jetzt in mein Dorf, Dzierwiany. Von dort bringe ich dich auf die A 5 oder auch E 67. Du fährst in Richtung Suwałki, dann weiter nach Augustów bis nach Marianowo. Von dort sind es noch vier Kilometer bis Łomża. Der große Fluss, den du überqueren musst, heißt Narew. Von Łomża bis Warschau sind es noch einmal 135 Kilometer. Du suchst dort eine Adresse auf, die ich dir gebe. Der Mann ist mein Bruder, er wird Bescheid wissen und dich einem Schlepper übergeben, dieser wiederum wird dich dann über die grüne Grenze nach Deutschland bringen. Vertrau ihm. He, willst du wissen, womit ich mein Geld verdiene?« Wieder musste Zbigniew grinsen.

Der Mann schüttelte den Kopf. »Nein, lieber nicht. Schütze mich auch, Zbigniew. Sag es mir besser nicht.«

Er setzte sich auf den Rücksitz des Motorrads und beide fuhren in das Dorf des Riesen.

Hauptkommissar Bräunig eröffnete die Besprechung mit seinen Mitarbeitern in der Weimarer Polizeiinspektion, wie am Samstag festgelegt, Punkt 14 Uhr.

Fast gleichzeitig kamen Kratzenstein, Fischer und

Klimm in das Büro. Man merkte Klimm an, dass es für ihn ungewohnt war, einen Anzug zu tragen. Er schien sich eingeengt zu fühlen, denn er nestelte ständig an seiner Krawatte herum. Nachdem alle Platz genommen hatten, eröffnete Bräunig die Sitzung.

»Hubaczek und Leichenkolbe sind am Morgen nach Berlin gefahren. Ich hoffe, sie melden sich heute noch und informieren uns über erste Ermittlungsergebnisse. Der Staatsanwalt und ich haben festgelegt, dass Herr Klatt, nachdem er sich persönlich dazu bereit erklärt hat, für uns arbeitet. Wir haben das vertraglich geregelt. Er gehört jetzt zu uns und ist in diesem Fall von großer Wichtigkeit, vergesst das nicht. Irgendwann müsste er mit der Firma Omicron AG Kontakt aufgenommen haben. Er hat striktes Verbot, sich direkt mit uns in Verbindung zu setzen, solange wir nichts Genaues wissen. Alle Mitteilungen spricht er auf eine Kassette. Diese übergibt er in seinem Fitnessstudio an Polizeimeister Klimm. Das bedeutet, dass Sie, Herr Klimm, am Ende der Besprechung in dieses Studio fahren und sich dort als Mitglied aufnehmen lassen. Sie müssen immer montags, mittwochs, donnerstags und freitags in den Abendstunden dort anzutreffen sein. Verhalten Sie sich so unauffällig wie möglich, wenn Sie ihm begegnen. Also, was haben wir bis jetzt?«

Kratzenstein übernahm jetzt das Wort und schlug dazu seinen Ordner auf.

»Der Arztbericht von Dr. Graner besagt, dass Jentzsch, alias Arndt, durch die Verletzungen am Kopf gestorben ist. Ich musste ihn noch mal anrufen, weil ich das ganze lateinische Gesülze nicht verstanden hatte. Dr. Graner ist eine Woche nicht in der Klinik zu erreichen, da er zu einem Symposium nach Heidelberg fahren muss. Die Schuhcreme an den Schuhen von Jentzsch ist tatsächlich uralt. Mindestens 25 Jahre, noch aus der DDR. Damit ist das auch geklärt. Nun zu der Omicron AG. Diese Firma wurde als nicht börsennotierte Aktiengesellschaft 1996 gegründet. Sie entstand ganz klein als Personengesellschaft, wurde später dann eine GmbH und schließlich eine Aktiengesellschaft. Hauptaktionäre sind Herr Siegfried Walbe aus Erfurt, 55 Jahre, und Herr Conrad Lieder, 66 Jahre, aus Stuttgart. Das Geschäftsfeld der AG besteht darin, Informationen zu verkaufen. So eine Art Datenbank für alles. Die Firma ist nicht im gewerblichen Strafregister vermerkt, es gab noch nie Probleme mit dem Finanzamt oder den Strafverfolgungsbehörden. Die Hauptaktionäre sind nicht vorbestraft. Mehr haben wir über Lieder und Walbe noch nicht ermittelt. Die Omicron AG hat insgesamt sechs Filialen in Deutschland plus den Hauptsitz in Erfurt. Laut einer Veröffentlichung in einem Wirtschaftsmagazin will die Omicron AG in das europäische Ausland expandieren. Die Geschäfte laufen sehr gut, heißt es weiter. So viel dazu. Kommen wir zu dem Wort Infantizid. Wir haben es als Suchbegriff durch sämtliche im Computer registrierten Vorgänge laufen lassen. Nicht ein einziger Treffer. In keiner Ermittlungsakte tauchte dieser Ausdruck auf. Allerdings habe ich es noch nicht in den Zentralrechner in Wiesbaden eingegeben. Das wollte ich erst nach Absprache und Genehmigung machen. Hier im Haus kommen wir dazu keinen Schritt weiter. Das BKA hat die Unterlagen zu den ungeklärten Tötungsdelikten geschickt. Wenn wir die kompletten Akten brauchen, sollen wir Bescheid sagen. Die Auswahlkriterien waren: ungeklärte Tötungsdelikte, ungewöhnliche Tötungsarten, keine erkennbaren Motive, männliche Täter ab 21 Jahren, Recherchezeitraum: die letzten 10 Jahre. Soll ich sie alle vortragen?«

Bräunig nickte. »Ja, aber bevor ich es vergesse: Den Begriff Infantizid geben wir erst später nach Wiesbaden weiter. Wahrscheinlich bekomme ich von Dr. Müller morgen eine Liste mit allen registrierten einberufenen Personen, die in Spezialeinheiten der ehemaligen DDR gedient haben. Diese Liste müssen wir durchgehen. Vielleicht fällt uns irgendetwas auf. Und ermittelt mehr über Walbe und Lieder. Mach weiter, Kratzenstein.«

Nachdem sie sich alle die Anweisungen Bräunigs notiert hatten, fuhr Kratzenstein fort: »Ich lese die Liste so vor, wie ich sie bekommen habe.

1. Stein, Alfred, 61 Jahre, Bankdirektor, Osnabrück, Handkantenschlag ins Genick (1996 getötet).
2. Rödger, Armin, 67 Jahre, General a. D., Cottbus, Schlag auf Halsschlagader, vermutlich mit der Hand (1996 getötet).
3. Magnus, Dietrich, 39 Jahre, Landrat, Lehrte, Schlag auf Kehlkopf, vermutlich mit der Hand (2000 getötet).
4. Klöpfel, Heiko, 42 Jahre, Bürgermeister, Mosbach, Stich in die Herzgrube mit einem Messer (2001 getötet).
5. Kahn, Ernesto, 47 Jahre, Chef einer Elektronikfirma, Böblingen, Stich in die Herzgrube mit einem Messer (1997 getötet).
6. Jabri, Tawek, 40 Jahre, Ordnungsamtschef, Berlin, Stoß von unten in die Nasenwurzel, vermutlich mit der Handwurzel (2002 getötet).
7. Homann, Gert, 58 Jahre, Abteilungsleiter der Oberfinanzdirektion, Düsseldorf, entweder mit Baumsäge oder Gitarrensaite Kopf abgetrennt (1998 getötet).
8. Heimann, Wolfgang, 50 Jahre, Staatsanwalt, Schwerin, Stoß von unten in die Nasenwurzel, vermutlich mit der Handwurzel (1999 getötet).

9. Pietsch, Karl, 46 Jahre, Buchholz, Versicherungsvertreter, Todesursache nicht genau definierbar, Genickbruch, lag zu lange im Wasser, zuviel Tierfraß (2002 getötet).
10. Eckler, Simon, 45 Jahre, Oberst, Divisionskommandeur der Panzertruppen der Bundeswehr, getötet in Griechenland, Stich in die Herzgrube mit einem Messer (1998 getötet).
11. Dahmen, Horst, 52 Jahre, Mitarbeiter des Innenministeriums, Saarbrücken, Stich in die Nieren mit einem Messer (2000 getötet).

Das waren vorerst alle. Natürlich haben die Kollegen versucht, mögliche Verbindungen zwischen den Opfern herzustellen. Trotz intensiver Ermittlungen im Umfeld der Ermordeten bleiben die Motive für die Taten unklar. Kein Raub, keine sexuellen Hintergründe, einfach nichts. Außerdem gibt es keine verwertbaren Spuren. Einzig die Todesursachen weisen Gemeinsamkeiten auf. Aber irgendeinen Zusammenhang zwischen den Opfern muss es geben.«

Bräunig kratze sich am Kopf. Walbe, Walbe. Irgendwo habe ich den Namen schon mal gehört. Vor noch nicht allzu langer Zeit. Er kam nicht darauf und sagte: »Am Sonntag hat mir der Kollege aus Wiesbaden gesagt, es seien 16 Opfer, du hast nur 11. Wie kommt das BKA darauf, dass der in Griechenland getötete Oberst nicht einheimischen Tätern zum Opfer gefallen ist?«

»Ich habe nur diese 11 bekommen, vielleicht passen die anderen doch nicht in unser Muster. Der Oberst machte dort mit seiner Familie Urlaub. Die griechische Polizei stand, genau wie unsere Kollegen, vor einem Rätsel. Kein Motiv«, sagte Kratzenstein. »Nach ein paar Monaten Ermittlungen kam der Vorgang nach Deutschland, wanderte in diese Ablage und nun hat ihn der Computer ausgespuckt. Der Oberst und der Versicherungsvertreter sind übrigens die einzigen Ausnahmen. Alle anderen wurden in ihren eigenen Wohnungen aufgefunden. Ich habe Abzüge für jeden von uns gemacht.« Er verteilte je ein Exemplar der Liste an seine Kollegen.

»Damit eines klar ist: Oberste Priorität hat unser Fall. Ich werde mich hüten, den Versuch zu unternehmen, unendlich viel Zeit und Kraft zu investieren, um diese Verfahren neu aufzurollen. Da unsere beiden Opfer auf eine ähnliche Art und Weise wie diese 11 anderen getötet wurden, versuchen wir lediglich festzustellen, ob auch Jentzsch diese Morde begangen haben könnte. Wenn ja, warum? Gibt es mehr Übereinstimmungen oder stoßen wir auf ein Muster? Kann es sein, dass …«

Weiter sprach Bräunig nicht, ihm war plötzlich ein Gedanke gekommen.

Wir werden das Land retten, es wird eine neue Ordnung entstehen, wir werden das Chaos beseitigen.

Nein, das war absurd, zu weit hergeholt. Aber es konnte eine Erklärung sein. Und wenn man es aus dieser Perspektive betrachtete, gab es eine Gemeinsamkeit und vor allem einen Sinn! Erst die spezielle Tötung bei dem Überfall, dann die Aussagen von Jentzsch, all das konnten die Kollegen in Wiesbaden natürlich nicht wissen. Aber wir wissen es! Seit Freitagnacht! Bräunig schrieb sich seinen Gedanken schnell auf, bevor er ihn wieder vergaß. Dann wandte er sich an seine Mitarbeiter. Mal sehen, was die dazu sagen würden.

»Was fällt euch auf? Ich möchte von euch hören, was ihr über diese besondere Methode des Mordes bei unserem Raubüberfall und den anderen 11 Menschen denkt. Gehen wir davon aus, dass das erst mal die einzige Gemeinsamkeit zwischen allen Fällen ist, sozusagen die Verbindung. Je mehr Gedankengut wir dazu aufbringen können, umso mehr führt es uns eventuell zu neuen Erkenntnissen. Egal, wie schwachsinnig es sich anhört. Ich will jede Theorie hören. Zum Schluss sage ich euch meine Meinung. Fischer, ich schlage vor, du fängst an.«

Bräunig konnte seine Aufregung kaum mehr verbergen. Es konnte so einfach sein, wenn man es erst einmal wusste. Wie beim Kreuzworträtsel. Wenn einem ein gesuchtes Wort partout nicht einfallen wollte, ergaben die Wörter, die an den gesuchten Begriff angrenzten, später die Lösung. Man musste das Umfeld im Auge behalten und alles zusammen betrachten.

Fischer blickte zur Decke, um besser denken zu können.

»Die Opfer hatten ausnahmslos gehobene Positionen inne. Das heißt, sie alle hatten Verantwortung für bestimmte Werte zu tragen. Menschen, Technik, Kapital. Freilich in verschiedenen gesellschaftlichen Bereichen. Alle waren älter als 39 Jahre und wiesen dasselbe Tötungsmuster auf. Das sind die Gemeinsamkeiten, die ich entdecken kann. Sie lebten in der ganzen Bundesrepublik verteilt und kannten einander vermutlich nicht. Jedenfalls gibt es in den Akten keinen Hinweis darauf. Die Spurenlage gibt auch nichts weiter her. Wenn es mehrere Täter waren, verstanden die ihr Handwerk. Wie Jentzsch am Freitagabend. Allerdings wäre es aufgrund der Zeitabstände auch möglich, dass nur ein Täter am Werk war.«

Bräunig nickte mit dem Kopf.

»Absolut richtig, deine Schlussfolgerungen. Konzentriert euch erst mal nicht auf die Frage, ob es ein oder mehrere Täter waren. Das Tötungsmuster ist überall gleich, das steht fest. Das Motiv ist das Entscheidende. Fischer hat den Nagel schon fast auf den Kopf getroffen. Also, überlegt noch mal. Wem nützen diese Morde? Wenn die Motive Diebstahl, Raub, Sex, Rache nicht dafür infrage kommen, was dann? Denkt an die Tätigkeiten und die gesellschaftliche Stellung der Opfer.«

Klimm meldete sich zu Wort. Seine Krawatte hatte er inzwischen abgelegt. Er hatte Angst, zu ersticken.

»Wenn Jentzsch heute Nacht nicht den Unfall gehabt hätte und wir ihn dadurch nicht geschnappt hätten, wären wir von einem ganz normalen Raubüberfall ausgegangen. Als Motiv hätten wir persönliche Bereicherung angenommen. Was sonst? Wir stellten aber fest, dass es nicht so war. Matti Klatt sollte mit dem Geld gekauft werden. Wenn wir ...«

Bräunig schlug mit seinen Händen auf den Tisch, und unterbrach ihn.

»Du bist auf dem richtigen Weg, Klimm. Stell die entscheidende Frage!« In seiner Aufregung duzte er den neuen Mitarbeiter, was normalerweise erst nach seinem Einstand auf der Tagesordnung stand.

»Bleiben wir bei unserem Beispiel von heute Nacht. Stellen wir uns die Frage, was mit Matti Klatt geschehen wäre, wenn er bereits in eine große Sache oder in ein extrem geheimes Vorhaben eingeweiht worden wäre, das Geld aber nicht angenommen hätte?« Klimm war selbst erstaunt über diesen Gedankengang.

Kratzenstein sprang von seinem Stuhl auf.

»Wenn man vom schlimmsten Fall ausgeht, würde man ihn sicher aus dem Verkehr ziehen. Je nachdem, worum es sich bei dieser großen Sache handelt. Oder wie groß der Schaden wäre, wenn sie an die Öffentlichkeit käme.«

Bräunig war sich sicher, dass sie gleich am Ziel waren.

»Sprich nur weiter, Kratzenstein. Wir sind ganz Ohr«, sagte er immer ruhiger werdend.

»Gehen wir also davon aus, dass Jentzsch und noch ein paar andere Handlanger auf diese spezielle Art Menschen töten können. Diese Leute fahren durchs Land und wählen sich gezielt Menschen in verantwortungsvollen Positionen. Personen mit Macht und Kapital oder mit besonderen Fähigkeiten. Wie sie in unserem Fall Matti Klatt haben muss. Sie sprechen mit diesen über eine große Sache. Eben wie Jentzsch heute Nacht mit Klatt. Wenn diese nicht aus Überzeugung mitmachen, versuchen sie es vielleicht mit Geld oder Erpressung. Wenn sie dann immer noch nicht einsteigen, werden sie umgebracht. Sie wissen einfach zu viel. Diese Variante ist denkbar.« Kratzenstein setzte sich wieder auf seinen Stuhl.

Hauptkommissar Bräunig sah in die Gesichter seiner Mitarbeiter. So musste es sich abgespielt haben.

»Ja, es könnte stimmen, das ist auch meine Meinung. Denkt daran, was Jentzsch zu Matti Klatt kurz vor seinem Tod gesagt hat: *Wir werden das Land retten, es wird eine neue Ordnung entstehen, wir werden das Chaos beseitigen.* Hier ist unser Ansatzpunkt. Wo hat sich Jentzsch die letzten 20 Jahre aufgehalten? Für wen hat er gearbeitet? Wer waren seine Kontaktleute oder Auftraggeber? Wobei sollten Menschen in bestimmten Positionen mitmachen? Gibt es mehrere Täter? Seit wann werden solche Leute befragt? Wie viele wurden angesprochen? Vor allen Dingen, wie viele haben zugestimmt und ja gesagt? Auf diese Fragen müssen wir ganz schnell Antworten bekommen. Lasst euch die vollständigen Ermittlungsakten von den 11 Morden kommen. Lest sie von vorn bis hinten durch. Achtet auf Zeugenaussagen, die uns einen Hinweis auf eine oder mehrere Personen geben, die eventuell mit dem späteren Opfer Kontakt aufgenommen haben könnten. Irgendeinem muss doch etwas aufgefallen sein.«

Fischer meldete sich noch einmal zu Wort.

»Eines ist auch klar und muss allen bewusst sein: Für Matti Klatt gibt es keine Alternative mehr, er muss bei der großen Sache mitmachen oder wir haben die nächste Leiche.«

Alle nickten stumm, indirekt froh darüber, nicht in Klatts Haut zu stecken.

Der Treffpunkt von Staatsanwalt Feller und dem Hessen war die Gaststätte ›Hubertus‹, ein Stück außerhalb von Erfurt. Sie befand sich direkt an der Zubringerstraße der Autobahn A 4 in die Stadt, am Rand des Steigerwaldes. Um diese Zeit saßen nur wenige Besucher in dem Restaurant, es war kurz vor 20 Uhr. Der Hesse saß an der Fensterfront, von welcher er den angrenzenden Parkplatz sehen konnte. Er trank Tee und dachte daran, was die Bullen doch für ausgemachte Trottel waren. Sie hatten ihren Opel tatsächlich vor der Polizeiinspektion in Berlin abgestellt. Wahrscheinlich dachten sie, dass niemand den Schneid besaß, direkt vor der Höhle des Löwen ein Auto zu knacken. Hätten sie den Wagen auf dem Polizeigelände abgestellt, wäre ich ihnen eben bis zu ihrer Unterkunft gefolgt und hätte dann die Wanze wieder entfernt. So war es ein Kinderspiel gewesen, die Tür zu öffnen, natürlich ohne die Alarmanlage auszulösen. Er hatte sie unter dem Sitz entfernt und keiner hatte etwas bemerkt. Feller würde zufrieden sein.

Der Hesse verdankte seinen Spitznamen dem Dialekt des Ortes seiner Herkunft. Von Geburt an lebte er im Bundesland Hessen, in Usingen. Mit einer Unterbrechung, auf Staatskosten sozusagen. Da sich in der Justizvollzugsanstalt Celle niemand seinen richtigen Namen merken konnte und er ein breites Hessisch sprach, nannte man ihn den ›Hessen‹. Sein richtiger Name war Alfred Krzycztowiak. Er war 36 Jahre alt, mittelgroß und sehr sportlich. Die Schulzeit war mehr oder weniger ein notwendiges Übel für ihn. Nach der achten Klasse begann er eine Lehre, fand aber, dass Arbeiten nicht sein Ding war. Nach drei Monaten brach er sie wieder ab. Viel lieber ging er in seinen Sportverein. Seine große Leidenschaft war das Kickboxen. Der Hesse hatte wirklich Talent und konnte sogar bei Meisterschaften auf nationaler Ebene einige Titel gewinnen. Geld verdiente er mit kleineren Arbeiten und Gefälligkeiten. Vor allem als Türsteher. In Frankfurt/Main sprach sich sein Talent sehr schnell herum. Hatte er Dienst vor den großen Diskotheken, gab es fast nie Probleme. Man neigte dazu, ihn zu unterschätzen, wenn man ihn so sah, mit seinen dünnen, blonden Haaren und nicht gerade breiten Schultern. Das mussten auch zwei Besucher einer Nobeldisko schmerzlich erfahren. Sie wollten, ohne ihn zu beachten, das Etablissement betreten, hatten aber kein Jackett an. Da das jedoch Vorschrift war, tat der Hesse seinen Job und machte sie darauf aufmerksam. Beide stellten sich vor ihn und fragten provozierend, was er denn tun würde, wenn sie trotzdem hineingingen. Auf seine Antwort, er werde sie daran hindern, fingen sie an, zu lachen, und gingen einen Schritt auf ihn zu. Damit übertraten sie eine unsichtbare Grenze und bereuten es im nächsten Augenblick. Der Hesse trat dem Ersten blitzschnell mit einem seitlichen Halbkreisfußtritt gegen den Oberarm, sodass dieser brach. Er zog das Bein zurück, stellte es aber nicht auf den Boden, sondern drehte sich um 180 Grad nach rechts und stieß dem anderen rückwärts seine Ferse auf den Solarplexus. Das

Ganze dauerte nicht einmal zwei Sekunden. Da er nicht vorbestraft war, brachte ihm diese Körperverletzung eine Bewährungsstrafe und eine empfindliche Geldbuße ein. Allerdings tat das seiner Karriere keinen Abbruch, im Gegenteil. Den Hessen buchte man in der ganzen Frankfurter Unterwelt als Personenschützer. Als er sah, wie viel Geld man verdienen konnte, wenn man ein paar Prostituierte laufen hatte, gründete er sein eigenes Geschäft. Innerhalb sehr kurzer Zeit nahm er bis zu 5000 Deutsche Mark am Tag ein. Das gefiel einigen Konkurrenten überhaupt nicht. Sie schickten ihm erst Morddrohungen und später Schläger. Als die Angriffe überhand nahmen, drehte er den Spieß um und besuchte die Auftraggeber der Schläger in ihren Eigentumswohnungen beziehungsweise Villen. Das Ergebnis waren zwei schwer verletzte Leibwächter und ein toter Zuhälter. Es gelang seinem Verteidiger, auf Totschlag zu plädieren. Er bekam sechs Jahre Haft. Nach seiner Entlassung konnte er in Frankfurt/Main nicht mehr Fuß fassen. Die ganze Szene hatte sich verändert. Organisierte Gruppen aus Osteuropa hatten das Zepter übernommen. Er schlug sich mit Gelegenheitsarbeiten durch. Bis eines Tages dieser Staatsanwalt Feller auftauchte. Der sprach ihn eines Morgens in seinem Lieblingscafé an. Zuerst fühlte sich der Hesse bei seinem Frühstück gestört, doch als Feller ihm sagte, er wisse, wer er sei, was er mache und dass er gerade aus der Haft entlassen worden sei, ließ er sich auf ein Gespräch ein. Anwalt sei er und benötige jemanden mit besonderen Qualitäten. Der Hesse hatte zugestimmt. Immerhin, es handelte sich um einen Staatsanwalt, die Bezahlung war gut und ihm wurde ein BMW zur Verfügung gestellt. Allerdings musste er zu jeder Zeit, Tag und Nacht, verfügbar sein. Seitdem arbeitete er im Auftrag dieses Mannes. Es ging um Überwachungen, Abhöraktionen und Drohungen. Er führte unter anderem Situationen herbei, die es dem Staatsanwalt und ihm ermöglichten, öffentliche Personen in eindeutigen Posen mit Prostituierten zu fotografieren, um sie damit erpressbar zu machen.

Seine Loyalität musste der Hesse erstmals 1996 in Osnabrück beweisen. Dort galt es, einen Bankdirektor zu liquidieren. Warum, interessierte den Hessen nicht. Er beobachtete den Mann einen Monat lang und wusste, dass er allein lebte. Immer donnerstags bekam er Besuch von einem jungen Burschen, der über Nacht blieb. An einem Samstag war die Gelegenheit günstig. Es war ganz einfach, ein Schlag auf den zweiten Halswirbel genügte. Der Bankdirektor war sofort tot. Sieben Jahre war der Hesse jetzt für Feller tätig.

»He, träumst du?« Staatsanwalt Feller stand neben seinem Tisch. Der Hesse war so in Gedanken versunken, dass er ihn gar nicht hatte kommen hören. Er hatte etwas von einem Gockel, fand er. Feller ging immer sehr steif und bewegte bei jedem Schritt seinen Kopf vor und zurück.

»Ja, ich habe ein wenig in Erinnerungen gekramt. Worum geht es diesmal? Berlin war ein Kinderspiel, keiner hat etwas gemerkt.«

»Gut. Behalte die Wanze bis zum nächsten Auftrag. Es geht um diese Person hier.«

Feller legte dem Hessen ein Foto von Dr. Graner vor. Man konnte darauf erkennen, wie dieser an seinem Auto stand. Er schloss gerade die Fahrertür ab. Auf der Rückseite des Fotos stand eine Adresse. Feller sprach nun etwas leiser.

»Das Bild wurde heute Nachmittag gemacht. Dieser Dr. Graner war der Arzt, einen Mann von uns notärztlich versorgt hat. Unter Umständen haben beide auch miteinander gesprochen. Der Mann ist tot. Ich will jedes Wort wissen, das die beiden gewechselt haben. Verstehst du, jedes verdammte Wort. Morgen früh fährt er nach Heidelberg, zu einem Ärztekongress. Häng dich dran.«

Wie Feller es schaffte, immer wieder in so kurzer Zeit präzise Informationen zu bekommen, war dem Hessen rätselhaft. Als er das Foto einsteckte, fragte er: »Was soll mit Graner nach der Befragung passieren?«

»Große Ereignisse werfen ihre Schatten voraus. Wir dürfen uns nicht mit moralischem Geplänkel aufhalten. Liquidieren!«

Damit stand Staatsanwalt Feller auf, verabschiedete sich, ohne dem Hessen die Hand zu reichen, und ging.

Welche Ereignisse?, fragte sich der Hesse, dieser Feller gab manchmal seltsame Worte von sich. Aber was solls, er ist mein Auftraggeber und ich werde es für ihn erledigen, wie jeden anderen Auftrag auch.

Er bezahlte seinen Tee und verließ das Lokal, kurz, nachdem Feller vom Parkplatz verschwunden war. Es galt, einige Vorbereitungen zu treffen.

Telefax
Montag, den 27. Oktober 2003, 20.58 Uhr

Von:
Polizeiinspektion Berlin-Pankow, KOK Hubaczek
An:
Polizeiinspektion Weimar, KHK Bräunig
Hier die ersten Ermittlungsergebnisse:
Zur Person Jentzsch, Ralph:

– Das Tatfahrzeug des Verunfallten Jentzsch, alias

Arndt, Peugeot 407, amtliches Kennzeichen B-SD-3710, wurde von dem letzten Besitzer auf einem Gebrauchtwagenmarkt an einen gewissen Marinel Trapan, Deutschrumäne, verkauft. Dessen Name und Adresse waren gefälscht, Bezahlung von 4700 Euro erfolgte bar. Die anderen beiden Vorbesitzer sind nicht relevant.

– Die Herkunft des Tatmessers ist nicht zu ermitteln, auf diversen Märkten sind solche oder ähnliche Kampfmesser noch nie angeboten worden.

– Der Personalausweis stammt von einem Einbruch aus dem Jahr 1996 bei der ausstellenden Behörde in Straußberg bei Berlin. Unter anderem wurden dort Reisepässe entwendet. Der oder die Täter konnten nie ermittelt werden. Wer die Ausweise mit Personalien vervollständigt hat und wo diese gefertigt wurden, ist unklar und ebenfalls nicht zu ermitteln.

– Es gibt keinerlei Hinweise eines Kontakts mit seiner früheren Freundin.

– Die Wohnung brachte keine Ergebnisse, es handelt sich um eine Scheinadresse. Er hat nie dort gewohnt. Weiter gibt es keinen Hinweis auf irgendein Beschäftigungsverhältnis, Freunde und Bekannte konnten bis jetzt nicht namenhaft werden. Wir haben das aber noch nicht abgeschlossen, ebenso wie die Suche nach Bankkonten.

– Der vollständige Lebenslauf wird zusammengestellt.

– Zur Person Arndt, Olaf:
Nach dem Tod von Olaf Arndt wurde seine Wohnung aufgelöst. Es existieren keine Verwandten oder Bekannten.

– Er starb am 24. Juli 1999 bei einem schweren Verkehrsunfall. Ein Lkw überrollte ihn der Länge nach, als er eine Straße überqueren wollte. Es war eigenes Verschulden. Der Lkw-Fahrer nahm sich kurze Zeit später das Leben. So steht es in den Akten. Auf den Unfallfotos sieht man einen Menschen auf dem Bauch liegen, Arme und Beine gespreizt von sich streckend. Der Rest des Körpers ist breit gewalzt. Wir bekommen morgen das Gesundheitsbuch aus seiner Armeezeit. Identifiziert wurde er durch Papiere (Ausweise, Kreditkarten), die man bei ihm fand.

– Beerdigt ist er anonym auf dem Städtischen Hauptfriedhof auf einer Wiese, da sich keiner fand, der die Kosten hätte tragen können. Er wurde eingeäschert.

– Die Ermittlungen nach Freunden, Bekannten und Arbeitskollegen werden fortgesetzt.

– Wir haben festgestellt, dass in unseren Opel eingebrochen wurde. Es fehlt nichts, keine Schäden. Näheres dazu im persönlichen Gespräch. Leichenkolbe und ich kommen vermutlich Mittwoch, den 29. Oktober zurück.

Gez. Hubaczek, Kriminaloberkommissar

Dienstag, 28. Oktober 2003, 8 Uhr

Am Abend zuvor war Matti Klatt wie gewohnt im Fitnessstudio ›POM‹, um zu trainieren. Bei der Einweisung eines neuen Mitglieds, das Alexander Klimm hieß, erhielt er unauffällig eine kleine Kassette. Als die beiden nach der Trainingsstunde im Umkleideraum für einen Moment allein waren, übergab Matti Klatt dem Neuling ebenfalls eine besprochene Kassette. Sie enthielt seine Nachricht, dass er mit der Omicron AG Kontakt aufgenommen hatte und am Dienstag um 13 Uhr in der Firmenzentrale in Erfurt an einem Informationsgespräch teilnehmen sollte. Er ließ die Polizisten wissen, dass er abgehört und von einem VW-Transporter beschattet wurde. Eine Wanze befinde sich im Türschloss seiner Wohnzimmertür. Er nannte noch das Kennzeichen des VW-Transporters.

Matti Klatt hörte die ihm übergebene Kassette im Freien, vor dem Fitnessstudio, ab.

Bräunig berichtete ihm, dass man verschiedene ungeklärte Mordfälle, die Ähnlichkeiten mit dem Mord in Weimar aufwiesen, in Zusammenhang bringen konnte. Man ging davon aus, dass bestimmte Leute gezielt in ganz Deutschland Menschen in führenden Positionen ansprachen, mit ihnen zu sympathisieren. Genau wie Jentzsch, alias Arndt, es mit Matti Klatt getan hatte. Vermutlich wurden diejenigen, die sich geweigert hatten und zu viel wussten, umgebracht. Unklar war, wie viele und welche Personen angesprochen wurden und wie viele zugestimmt beziehungsweise abgelehnt hatten. Außerdem war immer noch die sogenannte ›große Sache‹ unklar, ebenso, wer alles organisierte.

Matti Klatt steckte die Kassette ein und fuhr nach Hause.

Das sind ja tolle Aussichten, dachte er. Mir bleibt gar nichts anderes übrig, als zum Schein auf alles einzugehen, was die Omicron AG anbietet. Sonst bin ich der Nächste. Ich muss aufpassen, was ich sage. Sie werden mich natürlich überprüfen und versuchen, mir alle möglichen Fallen zu stellen.

Mit diesen Gedanken ging er duschen. Zur Sicherheit ließ er sich noch mal die erfundene Geschichte, die ihm Bräunig gestern vorgetragen hatte, durch den Kopf gehen. Er hämmerte sich alle Einzelheiten immer wieder ein. Er wollte sich in Erfurt nicht nur mit guten Worten überreden lassen und unter Wert verkaufen. Da durch Jentzsch' tragischen Unfall das Geld abhanden gekommen war, nahm Matti Klatt sich vor, zu verhandeln. Warum nicht? Das sollte glaubwürdiger wirken.

Nachdem er sich wieder angezogen hatte und ins Wohnzimmer ging, machte er eine Faust und streckte dann den Mittelfinger in Richtung Türschloss. Ihr verarscht mich nicht, dachte er, ihr nicht!

Er stellte den Fernseher an und schlief die ganze Nacht im Wohnzimmer. Seit er allein lebte, war dieser sein ständiger Begleiter, wenn er zu Hause war. Er half ihm, Informationen zu erlangen, zu entspannen oder einfach nur unterhalten zu werden.

Am Morgen fühlte er sich frisch und ausgeruht. Langsam gewöhnte er sich an den Gedanken, dass im Türschloss eine Wanze steckte. Wenn man sich mit der Situation abgefunden hatte, ließ es sich aushalten. Als er in Richtung Bad ging, erhob er wieder den ausgestreckten Mittelfinger Richtung Tür. Scheiß Neurosen, dachte er.

Kurz nach Mitternacht war der Hesse zu Dr. Graners Adresse gefahren. Er wollte ihn direkt ab seiner Haustür beschatten. Er wollte so früh dort sein, weil er nicht wusste, wann dieser Doktor nach Heidelberg aufbrechen wollte. Der Hesse hatte nach dem Treffen mit Staatsanwalt Feller einen Plan für seine Vorgehensweise aufgestellt und anschließend drei Stunden geschlafen, um ausgeruht zu sein. Mehr Schlaf brauchte er nicht. Es war zum Glück nicht kälter geworden, nur stürmischer. Endlich, gegen 5 Uhr früh, trat Dr. Graner vor die Tür und schloss seine Garage auf. Kein Zweifel, er war es: mittelgroß, kurze, dunkle Haare, randlose Brille. Er manövrierte seinen grauen Volvo auf die Straße, schloss die Garage wieder ab und fuhr durch seine Wohnsiedlung in Richtung Autobahn. Nach knapp zwei Stunden machte der Arzt an der Raststätte Kirchheimer Dreieck Pause, um zu frühstücken. Der Hesse folgte ihm. Er achtete darauf, dass sich ihre Blicke nicht begegneten. Sie saßen drei Tische voneinander entfernt. Der Hesse durchdachte noch mal seinen Plan. Er konnte es schon hier auf dem Parkplatz erledigen, würde damit aber ein zu großes Risiko eingehen. Wozu? Die Zeit war vorhanden, also würde er ihm bis zu seinem Hotel und auf sein Zimmer folgen. Dort würde er ihm einen Besuch abstatten, auf den er nicht gefasst war.

Nach 20 Minuten befanden sich beide wieder auf der Autobahn. Der Hesse achtete darauf, dem Volvo nicht zu nahe zu kommen. Nachdem sie die Vororte von Frankfurt/Main passiert hatten, schloss er aber doch etwas dichter auf. Der Verkehr war zu stark geworden und er wollte nicht riskieren, ihn aus den Augen zu verlieren. Beinahe wäre es passiert, doch im letzten Moment konnte er sehen, dass Dr. Graner am Frankfurter Kreuz den rechten Blinker setzte.

»He, was soll das? Hier geht es nicht in Richtung Heidelberg«, fluchte der Hesse und manövrierte sich wieder an ihn dran. Möglich, dass er vielleicht noch jemanden mitnehmen wollte. Na schön, mal sehen, wo es jetzt langging.

Sie steuerten ihre Fahrzeuge auf die A 3. An der Ausfahrt Frankfurt-Süd verließen beide die A 3 wieder und bogen in die Möhrfelder Landstraße ein. Nach weiteren fünf Minuten standen sie im ›Hasenpfad‹. Es war eine ziemlich enge Straße und der Hesse hatte Mühe, schnell einen Parkplatz zu entdecken. Als er im letzten Moment einen fand, konnte er gerade noch sehen, wie Dr. Graner in die Tiefgarage der Nummer 132 fuhr. Er rannte das letzte Stück, dicht gedrängt an der

Hausmauer und von Ziersträuchern verdeckt. Bevor die Rolltore wieder den Boden berührten, befand er sich ebenfalls in der Garage. Da in diesem Haus nur 10 Mietparteien wohnten, würde es ihm nicht schwer fallen, herauszubekommen, welche Wohnung Dr. Graner aufsuchen wollte. Er versteckte sich hinter einem Pfeiler und sah den Arzt vor dem Fahrstuhlschacht stehen. Der Lift kam und die Tür öffnete sich, Dr. Graner stieg ein, drückte einen der Etagenknöpfe und verschwand. Im selben Augenblick stand der neue Plan des Hessen endgültig fest.

Gisela und Erwin Rose waren beide Ende 20, als sie sich dazu entschlossen, ein Kind zu adoptieren. Knapp 10 Jahre vergeblicher Versuche führten zu dieser Entscheidung. Sie wohnten in einem kleinen Vorort einer mittelgroßen Kreisstadt. Ihr Haus war klein, nicht übermäßig auffällig, aber dennoch in einem ordentlichen Zustand. Es war ein Reihenhaus, ein Erbstück ihrer Mutter und sie konnten es ihr Eigen nennen. Das sollte auch so bleiben und deshalb sparten sie immer erst für anstehende Renovierungsarbeiten, um die Immobilie nicht zu belasten. Das Grundstück war nicht groß, etwa 500 Quadratmeter maß es. Es war mit einem kniehohen, weißen Lattenzaun umgeben und im Vorgarten standen viele Gartenzwerge. Die Beete waren wie ein Musterbeispiel aus der Gartenzeitschrift gepflegt und kein einziger Grashalm wuchs zwischen den Gehwegplatten. Gisela und Erwin Rose waren ebenfalls klein, man konnte meinen, sie passten wie maßgeschneidert in diese Umgebung. Sie war 1,59 Meter und er 1,65 Meter groß. Und beide hatten erhebliches Übergewicht. Sie war Unterstufenlehrerin und er bei der Post im Innendienst beschäftigt. Eigentlich schliefen sie nur einmal in der Woche miteinander, immer samstags nach dem Abendprogramm des Fernsehens. Sie lag nach ein paar Minuten auf dem Rücken, schwitzte und schnaufte, während er in eine Art Hecheln verfiel. Der Sex, welcher im Laufe der Zeit den Liebesakt eher zum Pflichtakt werden ließ, dauerte selten länger als fünf Minuten. Anfangs, kurz nach der Hochzeit, schliefen sie häufiger miteinander. Damals musste Erwin auch mittwochs seine Gisela beglücken. Sie wollte unbedingt ein Kind und ließ sich nicht davon abbringen. Es klappte nur leider nicht und statt sich damit abzufinden, wurde es zum Zwang, alle Möglichkeiten, die es gab, auszuschöpfen. Dafür spielte auch Geld keine Rolle. Mehrfach wurden Versuche der künstlichen Befruchtung vorgenommen, aber auch diese führten zu keinem Erfolg. So vergingen die Jahre. Als sie fast 30 war und sich wieder bei ihrem Gynäkologen vorstellte, unterbreitete er ihr die bittere Wahrheit, dass sie definitiv keine eigenen Kinder in die Welt setzen könne. Zunächst brach für sie eine Welt zusammen. Sie war eine Weile nicht ansprechbar und wurde krank. Sie stopfte vor lauter Frust immer mehr in sich hinein, ließ sich gehen und wurde noch dicker. Bis sie eines Tages eine Reportage im Fernsehen verfolgte, in der es darum ging, dass Frauen ihre Kinder zur Adoption freigaben. Sie erwartete ungeduldig ihren Mann von der Arbeit und überfiel ihn sofort mit dieser Alternative. Ihm blieb gar nichts weiter übrig, als sich einverstanden zu erklären. Sollte sie ihren Willen und er seine Ruhe haben. Kurze Zeit später stellten sie einen Adoptionsantrag. Nach unendlich viel Bürokratie, Gesprächen und Besuchen der Behörden in ihrem Haus wurde der Antrag genehmigt. Sie besuchten ein Waisenhaus und sahen einen kleinen Jungen mit dunklen Haaren und eisgrauen Augen. Er sah etwas blass aus und spielte ganz allein, abseits von den anderen Kindern. Gisela traf ihre Entscheidung sofort. Der Kleine tat ihr leid. Erwin stimmte zu und ab sofort waren sie zu dritt. Der Junge war am 10. Februar 1968 geboren und fünf Jahre alt, als er der Mittelpunkt der Familie Rose wurde. Sie nannten ihn Eckbert. Wenn Erwin manchmal samstags nach dem Abendprogramm seine Hand in Richtung Gisela schob, sah sie ihn nur vorwurfsvoll an. Dennoch gelang es ihm, seine Gisela wenigstens einmal im Monat kurz zum Schwitzen und Schnaufen zu bringen.

Trotz aller Bemühungen der Fürsorge und Zuneigung in den folgenden Jahren blieb der Junge introvertiert und redete nicht viel. Lachen sah man ihn selten. Aus der Schule brachte er von Anfang an sehr gute Noten mit nach Hause. Das Lernen fiel ihm leicht, er mied aber Kontakte und blieb am liebsten für sich allein.

Dann geschah das Unerwartete. Drei Jahre nach Eckberts Adoption wurde Gisela schwanger. Man hatte keine Erklärung dafür, dass sie nun doch Kinder bekommen konnte. Sie gebar ein Mädchen, das ihrer Mutter wie aus dem Gesicht geschnitten war. Es hatte kleine, runde Schweinsäuglein und wenn es lachte, sah man nichts weiter als die Nasenlöcher. Eckberts Leben änderte sich in dramatischer Weise. Sie beachteten ihn kaum noch, er wurde nur noch geduldet. Erwin hatte sich sogar heimlich erkundigt, ob eine Adoption wieder rückgängig gemacht werden konnte.

Sie stellten ihm sein Essen hin, gaben ihm Sachen zum Anziehen und schickten ihn meistens auf sein Zimmer. Wenn er seine Zensuren zur Unterschrift vorlegen musste, unterschrieben sie kommentarlos. Kein Wort der Anerkennung. Gespräche, die einen heranwachsenden

Jugendlichen interessierten, beispielsweise über Fußball, Mädchen oder Autos, fanden nie statt.

Als Erwin ihm wieder einmal zu verstehen gab, dass er in Ruhe gelassen werden wollte, begann Eckbert, ihn zu hassen.

Wie dieser Fettsack schon aussah und herumlief! Seine Armbanduhr trug er nicht am Handgelenk, sondern in der Mitte des Armes. Seine Hosen waren ständig zu kurz, sodass man immer seine weißen Socken sah. Wenn seine Kegelbrüder zum Grillen kamen, prahlte er damit, was für ein toller Hecht er doch war. Einige Frauen in seinem Postamt hätten ihm zu verstehen gegeben, dass sie nicht abgeneigt wären, mit ihm, Erwin, eine Affäre zu beginnen. Wenn er über dieses Thema sprach, achtete er natürlich darauf, dass seine Gisela gerade nicht in der Nähe war. Eckbert hatte einmal im Badezimmer ein paar Pornozeitschriften gefunden, die er wohl vergessen haben musste.

Seine Adoptivmutter glich immer mehr einer Bowlingkugel, fand er, rund mit drei Löchern.

Als Eckbert 15 Jahre alt war, tauchte eines Tages die Polizei vor dem weißen Lattenzaun auf. Eckbert stand zwischen zwei uniformierten Polizisten. Es war Samstag, alle Nachbarn waren daheim. Gisela kam sofort aus dem Haus gerannt. Sie trug eine blaue Nylonschürze, hatte braune Nylonkniestrümpfe an und große, bunte Lockenwickler auf dem Kopf. Sie rief etwas von: »Ist das der Dank für alles, waren wir nicht immer für dich da?« und: »Was haben wir bloß falsch gemacht?« Durch das Gezeter wurde auch Erwin aufmerksam. Er rannte aus der Garageneinfahrt, bekleidet mit einem weißen, ärmellosen Unterhemd und blauen, kurzen Turnhosen. Auch er trug Kniestrümpfe, allerdings aus Baumwolle.

Weiße. Er piepste: »Was sollen die Nachbarn denken, wenn die Polizei vorm Haus steht?« und: »Komm du mir nur rein!« Als die Polizisten dieses Schauspiel sahen, tat ihnen der Junge leid. Er war genug gestraft. Sie erklärten Gisela und Erwin, dass man beobachtet habe, wie ihr Sohn sich an einem fremden Moped zu schaffen gemacht hatte. Er bestritt aber jegliche Diebstahlabsichten. Sie als Polizisten wollten die Eltern über den Vorfall unterrichten. Man würde von einer Anzeige absehen. Als die Polizisten zu ihrem Streifenwagen zurückgingen, schüttelten beide den Kopf.

Nach diesem Vorfall sprachen Gisela und Erwin nur noch das Allernötigste mit dem Jungen. Eckbert entschied sich, das Abitur zu machen, zog in ein Internat und kam nur an den Wochenenden nach Hause. Da man ihn weiter behandelte, als wäre er Luft, kam er später nur noch einmal im Monat und dann noch seltener. Mit 18 Jahren machte er sein Abitur als Klassenbester, Durchschnitt: 1,2. Ihm standen alle Wege offen. Seine große Leidenschaft war Geschichte und er wollte genau das studieren.

Nach der Übergabe des Abiturzeugnisses fuhr er ein letztes Mal nach Hause, packte seine Sachen, um endgültig abzureisen. Er wollte in der Universitätsstadt Köln bis zum Beginn seines Studiums ein wenig Geld verdienen und sich sein eigenes Leben gestalten.

Mit einem Koffer in der Hand ging er in die Küche, wo Gisela, Erwin und seine Stiefschwester gerade mit dem Mittagessen fertig waren. Gisela konnte an Eckberts Gesichtsausdruck erkennen, dass etwas nicht stimmte. Sie schickte ihre Tochter sofort in ihr Zimmer. Sie selbst blieb verunsichert auf ihrem Stuhl sitzen. Erwin ließ langsam die Zeitung sinken, sah zu Eckbert. Doch bevor er etwas sagen konnte, sagte Eckbert in einem leisen, ruhigen und ernsten Ton: »Ihr werdet für das alles büßen, was ihr mir angetan und genommen habt. Eines Tages komme ich zurück und schlage euch tot. Das ist so sicher wie das Amen in der Kirche.«

Mit einem letzten hasserfüllten Blick wandte er sich von ihnen ab. Mit Giselas und Erwins angstvoll geweiteten Augen im Rücken verließ er das Haus.

Frühjahr 1995, Rotenburg a.d. Fulda, Hotel Rodenberg

Es war ein schönes Hotel mit einem großen Erlebnis-Felsenbad inklusive Sauna, Innen- und Außenbecken, Solarium und einer Tennishalle. Der 27-jährige Eckbert Rose stand an der Rezeption und verlangte seinen Zimmerschlüssel.

»Guten Tag, mein Name ist Dr. Rose. Für mich wurde ein Zimmer reserviert.«

Einen Moment lang war die Dame an der Rezeption irritiert, weil dieser jugendlich wirkende Mann sich mit Doktor vorgestellt hatte. Als sie in die Reservierung schaute, sah sie, dass er Doktor der Philosophie war, Eckbert Rose hieß und aus Köln kam.

»Bitte, Herr Dr. Rose, Zimmer 104, gleich im ersten Stock, die zweite Tür links. Wir wünschen Ihnen einen angenehmen Aufenthalt und sollten Sie noch etwas benötigen, können Sie sich jederzeit an den Zimmerservice wenden.«

Dr. Rose nahm wortlos den Schlüssel entgegen und begab sich auf sein Zimmer.

Die letzten Jahre waren für ihn wie im Flug vergangen. Er lebte ausschließlich für sein Studium. Vorlesungen, Lernen und Schlafen lösten sich ab. Alle Einladungen seiner Kommilitonen, durch die Kneipen zu ziehen, zu kiffen oder auf andere Art Spaß zu haben, lehnte er kategorisch ab. Die Semesterferien verbrachte er im Wohnheim und lernte unermüdlich weiter. Er war und blieb ein Einzelgänger mit dem eisernen Willen, sein Studium als Bester zu beenden. Seine außergewöhnlichen Fähigkeiten fielen auch den Dozenten auf. Sie förderten ihn und boten ihm eine Stelle als studentische Hilfskraft an. Eckbert Rose nahm sie an. Seine Diplomarbeit trug den Titel ›Der Aufstieg der nationalen Bewegungen in Europa von 1789 bis 1914‹. Wie nicht anders zu erwarten, wurde die Arbeit ein voller Erfolg.

Durch sein sehr gutes Examen erfolgte sofort die Annahme als Promotionsstudent. Zusammen mit seinem Doktorvater, Prof. Dr. Selbmann, besprach er sein Thema. Es lautete ›Das theoretische Modell einer Staatsform für das kommende Jahrtausend‹. Grundlage seiner Arbeit waren die Analyse, Vorzüge, Nachteile und Fehler der Staaten und Gesellschaftsformen des 20. Jahrhunderts. Nachdem er seine wissenschaftliche Textarbeit, die Dissertation, in noch nicht einmal zwei Jahren vorgelegt hatte, war sich das Professorengremium der Genialität des jungen Mannes bewusst. Die Gesamtbewertung hieß summa cum laude, mit höchstem Lob. Er schloss das Studium der Geschichte mit dem Titel Philosophiae Doctorem et Artium Liberalium Magistrum, kurz Dr. phil., ab. Die Publikation der Arbeit war nur noch reine Formsache und wurde sofort erledigt.

Zurzeit arbeitete Dr. Eckbert Rose in Köln an der Universität als Assistent von Prof. Selbmann. Und der war es auch, der ihm anbot, seine Theorie über das Modell einer neuen Staatsform hier in Rotenburg einem erlesenen Kreis, wie er es bezeichnete, vorzutragen. Dieser Kreis war eine Interessengemeinschaft aus 19 Männern und einer Frau. Die Gemeinschaft trug den internen Namen ›Deutschland zuerst‹ und war nirgends registriert. Die Mitglieder trafen sich alle zwei Monate immer an unterschiedlichen, diskreten Orten. Die 19 Männer und die Frau hatten sich darauf geeinigt, es bei 20 Mitgliedern zu belassen. Sie waren Industrielle, Intellektuelle, Anwälte, Politiker, Ärzte und Militärs. Die Frau war Staatsanwältin. Alle waren der Meinung, dass es mit Deutschland immer weiter bergab ging. Wirtschaftlich, innen- und außenpolitisch und finanziell sowieso. Eines jedoch war ihre oberste Maxime: Sie distanzierten sich ganz klar und mit aller Deutlichkeit von jeglicher rechtsradikaler Gesinnung. Mit diesen ewig Gestrigdenkenden wollten sie nichts zu tun haben. Obwohl diese auch riefen, dass es mit Deutschland talwärts ging. Aber zu meinen, die Ausländer seien an allem schuld, war ihnen zu primitiv.

Sie diskutierten bei ihren Treffen mögliche Alternativen, um Deutschland vor dem ihrer Meinung nach unvermeidlichen Untergang zu retten. Bei der letzten Zusammenkunft legte Prof. Selbmann die Doktorarbeit Eckbert Roses vor. Jeder bekam ein Exemplar und zog sich auf sein Zimmer zurück. Nach einigen Stunden des intensiven Studiums trugen alle ihre Meinungen dazu vor. Und fast jeder kam zu der einhelligen Überzeugung, dass man versuchen sollte, den Vorschlag von Eckbert Rose zu realisieren. Sie interessierten sich für den jungen Mann, wollten ihn kennenlernen und seine Vorstellungen hinterfragen.

Dr. Rose zog gerade sein Jackett an, als es an der Tür klopfte. Prof. Selbmann trat ein.

»Ich wollte mich erkundigen, ob alles zu Ihrer Zufriedenheit läuft, Herr Dr. Rose?«

Wie immer konnte man an seinem Gesicht nicht erkennen, ob er sich freute, dass er seinen Professor sah oder ob es ihm egal war. Seine Miene verriet nie, was in ihm vorging. Selbst seine Stimme klang monoton und emotionslos, als er antwortete:

»Danke, Prof. Selbmann, meinetwegen können wir beginnen.«

»Ich möchte Sie noch wissen lassen, dass alles, was nachher besprochen wird, natürlich nicht an die Öffentlichkeit dringen wird. Sie können also frank und frei reden.«

Beide verließen gemeinsam das Zimmer und begaben sich in den Konferenzsaal. 20 Stühle waren im Halbkreis aufgestellt und an dessen Öffnung stand ein Rednerpult. Alle Teilnehmer hatten legere Freizeitkleidung an. Dr. Rose betrat Podium und begann seinen Vortrag mit folgenden Worten:

»Guten Tag, meine Dame und meine Herren. Prof. Dr. Selbmann sagte mir, dass Sie meine Doktorarbeit über: ›Das theoretische Modell einer neuen Staatsform für das neue Jahrtausend‹ gelesen haben. Und ich weiß, dass es eine Reihe von Menschen gibt, die sich sehr ernsthaft Gedanken über die Zukunft dieses Landes machen und die bereit sind, mit dem richtigen Programm eine Veränderung herbeizuführen. Und einige dieser Menschen, die sich zusammengeschlossen haben, sind Sie. Seit Beginn meiner wissenschaftlichen Arbeit zu diesem Thema war für mich klar, dass es auch praktisch möglich ist, eine neue Staatsform zu schaffen. Unter bestimmten Voraussetzungen natürlich. Ich stehe hier vor Ihnen, um die Frage, die Sie alle beschäftigt, zu beantworten: Wie ist diese Theorie in die Praxis umsetzbar?«

Die Worte verfehlten ihre Wirkung nicht. Die Teilnehmer hörten gespannt zu und warteten auf die Fortsetzung.

»Ich möchte mich kurz fassen. In mein Modell fließen die Erkenntnisse aus den Untersuchungen einer Vielzahl vergangener und noch bestehender Systeme ein. Darauf lag das Hauptaugenmerk für mich als Geschichtswissenschaftler. Vor allen Dingen habe ich die Ursachen des Scheiterns von Staatsformen analysiert und Schlussfolgerungen für dieses Modell gezogen. Die praktische Umsetzung soll nun die logische Fortsetzung meiner Arbeit sein. Sie werden die Ersten sein, die erfahren, wie in Deutschland Geschichte geschrieben werden kann. Und Sie werden verstehen, warum ich diesen Teil der Arbeit nicht veröffentlichen konnte. Sie suchen ein Programm zur Veränderung? Hier ist es.«

Dr. Rose referierte zuerst über Monarchien, Diktaturen, Republiken, über Mehrheits- und Verhältniswahlrecht und über die Staatsorgane. Nach einer Stunde sprach er über den organisatorischen Aufbau der Bundesrepublik Deutschland und über den Deutschen Bundestag, den Bundespräsidenten, den Bundeskanzler, die Bundesregierung, die Bundesversammlung, den Bundesrat, das Bundesverfassungsgericht und die Parlamente der Länder. Am Ende ging er auf die Gesetzgebung und die Gewaltenteilung ein.

»Die staatliche Ordnung der Bundesrepublik ist durch das Grundgesetz vom 23. Mai 1949 bestimmt. Meine Dame und meine Herren, dieses Gesetz entstand unter dem Eindruck des Zweiten Weltkrieges und der Vergangenheit Deutschlands. Das ist fast 50 Jahre her! Es heißt dort, alle Staatsgewalt geht vom Volke aus. Es übt sie unmittelbar durch Wahlen und Abstimmungen aus. Wenn man sich die politische Landschaft in dieser Republik anschaut, übt es gar nichts aus. Seit langem nicht mehr.

Im Gegenteil, es ist mittlerweile zum Sport geworden, als Abgeordneter seinen persönlichen Vorteil aus allem zu ziehen und über den Dingen zu stehen. Rechtsverletzungen und Gesetzesbruch gehören zum Alltag führender Politiker. Das Volk bleibt auf der Strecke. Die Wahlbeteiligung nimmt immer mehr ab. Die Arbeitslosenquote ist hoch wie nie! Wenn sich nicht bald Grundlegendes ändert, verkommen wir zur Bananenrepublik und versinken in der Bedeutungslosigkeit.«

Dr. Roses Ton war immer schärfer geworden. Er wusste, dass die Leute, die ihm zuhörten, genauso dachten.

»Halten wir uns nicht mit Tatsachen auf, die kennen wir zur Genüge. Wir leben in einer sogenannten demokratischen Republik. Das Volk ist Träger des politischen Willens. Es wählt seine Volksvertreter. Die Partei mit der Mehrheit, notfalls mit einem Koalitionspartner, der völlig andere politische Ziele verfolgt, stellt im Bundestag die Regierung. Lachhaft.

Deutschland muss eine Präsidiale Republik werden. Der Präsident ist der Regierungschef. Er allein ernennt die Regierungsmitglieder, ohne Mitwirkung eines Parlamentes. Somit kann das Parlament die Regierung nicht stürzen. Gewählt wird der Präsident durch das Volk direkt und nicht, wie beispielsweise in den USA, durch einen Wahlmännerausschuss. Beispiele für Präsidiale Republiken gibt es genug, allerdings nur auf dem Papier. Zu dieser Frage werde ich Ihnen später noch einige Erläuterungen geben. Der Präsident wird mit weit reichender Machtfülle ausgestattet. Er repräsentiert das Land auf internationaler Ebene. Er bestimmt die Richtlinien der Politik und ist der Oberbefehlshaber der Streitkräfte. Der allererste Präsident wird 10 Jahre an der Macht bleiben. Danach ist es bei Neuwahlen möglich, für die einmalige Zeit von fünf Jahren einen anderen zu wählen. Das Parlament kann nur einmal für fünf Jahre vom Volk gewählt werden. Damit hier keine Missverständnisse aufkommen: Es entsteht keine Diktatur. Bei uns wird keine politische Opposition verboten sein. Die Presse- und Meinungsfreiheit bleiben unberührt. Die Teilung der Gewalten, der gesetzgebenden, der ausführenden und der richterlichen, bleiben nach der neuen Verfassung, bestehen. Und um diese Verfassung neu zu schaffen, wird die erste Aufgabe die Vorbereitung des Umsturzes sein. Ja, Umsturz! Bevor ich zu Einzelheiten eines Verfassungsentwurfes und einiger grundlegender Änderungen des jetzigen Systems komme, möchte ich Sie auf das Wichtigste aufmerksam machen. Das deutsche Volk muss vor vollendete Tatsachen gestellt werden. Es werden im Vorfeld der Sache treu ergebene Menschen, eine straffe Organisation und viel Geld benötigt werden. Es wird eine nicht geringe Zahl an Opfern geben müssen. Aber die Geschichte hat uns gezeigt, dass es dem deutschen Volk am besten ging, wenn eine Staatsdoktrin durchgesetzt wurde. Um das Ziel, die Gründung einer Präsidialen Republik, zu erreichen, sind zuerst strategische Aufgaben zu erfüllen: Definition von Aufbau und Form des neuen Staates, mit allem, was notwendigerweise dazugehört, wie Verfassungsrichtlinien, zukünftige Innen- und Außen-, Finanz- und Wirtschaftspolitik und so weiter. Weiterhin die Akquisition gleichgesinnter Menschen in allen gesellschaftlichen und politischen Macht- und Schaltzentralen unter strengster Geheimhaltung. Um die neue Ordnung mit eiserner Faust durchzusetzen, ist die Bereitschaft all unserer Gefolgsleute notwendig, gegebenenfalls ihr Leben einzusetzen. Selbstredend muss die Beseitigung der Individuen, die sich mittelbar oder unmittelbar für den jetzigen Zustand Deutschlands zu verantworten haben, erfolgen. Letzteres geschieht zeitgleich mit der Ausrufung der Präsidialen Republik Deutschland am Tag X. Ich bin nun bereit, auf alle Ihre Fragen zu antworten.«

Dr. Roses Miene verriet nichts über seine innere Anspannung. Der erste Schritt zur Erfüllung seines Lebenstraumes war getan. Er hatte die Umrisse seines Entwurfs einem Gremium vorgetragen, welches empfand wie er. Er konnte es in ihren Gesichtern sehen. Einige hatten während seines Vortrages immer wieder mit dem Kopf genickt. Dr. Rose wusste, dass sich der Inhalt seiner Rede erst mal setzen musste. Er hatte in knapp zweieinhalb Stunden möglichst viele seiner Vorstellungen skizziert. Jetzt kam es darauf an, welche Fragen gestellt wurden. Waren alle ausnahmslos bereit, dieses Vorhaben konsequent in die Tat umzusetzen? Er war durchaus in der Lage, wenn es nötig sein sollte, den Plan eine Woche lang detailliert zu erörtern und zu diskutieren. Wenn sie es wünschten. Es war immer noch still im Konferenzraum. Dann meldete sich ein Mann in mittleren Jahren zu Wort, der ganz außen saß. Ein Verleger.

»Sehr beeindruckend, Herr Dr. Rose. Es ist nur natürlich, dass sich Fragen ergeben haben. Das Muster einer Präsidialen Republik ist nicht neu: Armenien, Georgien, Aserbaidschan, Kirgistan, Ukraine, Kamerun, Dominikanische Republik. Was unterscheidet Ihr Modell von diesen bestehenden Republiken?«

Dr. Rose sah in die Runde, als er antwortete.

»Bei allem Respekt, mein Herr. Kennen Sie ein Land mit der Bezeichnung Präsidiale Republik, das wirklich alle Kriterien dieser Staatsform erfüllt? Dem Namen nach vielleicht. Ansonsten muss die Antwort nein lauten. Weil es in der Realität keine sind!

Die ersten Länder, die Sie ansprachen, sind ausnahmslos ehemalige Sowjetrepubliken. Eingesetzte Marionetten führen den Staat, die im Schatten Russlands so tun, als wären sie eigenständig. Georgien ist ein solches Beispiel. Eduard Schewardnadse ist noch Präsident. Durch dieses Land sollen einmal Ölpipelines verlegt werden. Von den Russen und den Amerikanern. Glauben Sie mir, diese beiden Länder bauen gerade einen sogenannten Präsidenten auf, der jeweils die Interessen dieser beiden Großmächte vertreten wird.

Schewardnadse wird gestürzt werden. Das Land mit dem größten Versprechen von Wirtschaftshilfe oder welches die meisten Drohungen, gleich welcher Art, ausspricht, wird das Rennen machen. Es ist nur noch eine Frage der Zeit.

Dann die afrikanischen und lateinamerikanischen Länder wie Kamerun oder die Dominikanische Republik. Nichts als Pseudodiktaturen oder Militärjunten – die Präsidenten sind auch nichts weiter als Marionetten, die die Interessen von Großmächten vertreten, weil sie wirtschaftlich von ihnen abhängen. Deutschland hat das nicht nötig. Wir sind wirtschaftlich nicht abhängig und brauchen somit nicht zu befürchten, zum Spielball verschiedener Nationen zu werden. Wir brauchen den Handel mit anderen Ländern, keine Frage. Und wir werden ihn weiterführen. Bitte vergessen Sie nicht, dass wir zu den sieben größten Industrienationen der Welt gehören.«

Die nächste Frage kam von der Frau.

»Sie werden uns sicher noch erläutern, was Sie für ein Kommando und mit den Opfern, die es geben wird, meinen. Und haben Sie ungefähr eine Vorstellung davon, wie das Ausland nach so einem Umsturz reagieren wird?«

Dr. Rose streckte sich und sagte etwas leiser als zuvor: »Was wir in unserem Land machen, ist einzig und allein unsere Sache! Es ist nicht in unserem Interesse, für einige Staaten eine Bedrohung darzustellen oder zu werden, es wird kein neuer Weltkrieg angezettelt. Ich habe es satt, dass sich Deutschland für alle außen- und innenpolitischen Wege, die neu beschritten werden, immerzu vor der Weltöffentlichkeit rechtfertigen muss. Nach der Wiedervereinigung Ost- und Westdeutschlands schrieb eine englische Zeitung: GROẞDEUTSCHLAND – GEHT DAS SCHON WIEDER LOS? In Frankreich wird jedes Jahr zum Nationalfeiertag die militärische Stärke in Form einer Parade vorgeführt. Dazu schreien die Franzosen: Es lebe Frankreich! Können Sie sich das bei uns vorstellen? Natürlich nicht, weil wir immer noch keinen Schlussstrich unter die Vergangenheit gezogen haben. Wie lange soll das noch so weitergehen, frage ich Sie?

Wir erfüllen natürlich unsere Bündnispflichten weiter. Zunächst wäre ich auf die Reaktion anderer Länder gespannt, welche sich zu unserer Neuordnung äußern. Die Türkei? Serbien? Russland? Die USA? Länder des Islams? Oder wer? Einige führen keine 2000 Kilometer von hier Krieg und Massenerschießungen durch. Die nächsten legalisieren die Steinigung als Strafe für Ehebruch. Einige führen Krieg gegen eigene Staaten. Es reicht, die Liste ist endlos. Wir bestimmen, was für uns gut ist. Der Rest soll sich um seinen Dreck kümmern. Damit haben sie genug zu tun. Wir stehen zu unserer Vergangenheit, aber sie ist Geschichte. Jetzt wird neue Geschichte geschrieben. Zu Ihrer Frage bezüglich des Kommandos und den Opfern, die es geben wird. Es klingt ein bisschen martialisch, das gebe ich zu. Aber eines ist Fakt: Diejenigen, die an der Macht sind, werden mit jedem ihnen zur Verfügung stehenden Mitteln versuchen, an der Macht zu bleiben. Sie haben viel zu verlieren. Wir können nicht riskieren, dass sie sich nach ihrer Absetzung hinter unserem Rücken neu organisieren. Das ist übrigens eine Schlussfolgerung aus der Geschichte gescheiterter Aufstände und Revolutionen. Und um diese Aufgabe erfolgreich zu erfüllen, bedarf es einer speziellen militärischen Einheit.«

Die nächste Frage kam von einem Herrn, der groß, schlank und Mitte 60 war. Er hatte blonde, schüttere Haare und sprach akzentfrei. Er war Rechtsanwalt und kam aus Köln.

»Da bin ich ganz Ihrer Meinung. Aber was passiert zum Beispiel mit den Ausländern und denen, die von der neuen Ordnung nichts halten? Und was heißt: ›Das Volk muss vor vollendete Tatsachen gestellt werden‹?«

»Auf diese und ähnliche Fragen finden Sie Antworten in dem strategischen Papier zur Durchführung der Errichtung der neuen Republik, welches ich fast fertig gestellt habe. Nur so viel: Es wird in Zukunft lediglich noch eine Staatsbürgerschaft geben. Für alle. Die Menschen können selbst entscheiden, ob sie Deutscher sein wollen oder nicht. Wenn ja, genießen sie alle Rechte und haben natürlich auch Pflichten, die sie erfüllen müssen. Vom Staat nehmen wollen und nichts geben, wird der Vergangenheit angehören. Die Entscheidung wird ab dem 21. Lebensjahr verlangt. Diejenigen, die nicht wollen, können gern woanders ihr Glück versuchen. Niemand wird sie aufhalten.

Zu Ihrer zweiten Frage. Die Zeiten der endlosen Diskussionen, nutzlosen Redereien und Debatten sind vorbei. Wir sagen den Leuten, was gut für sie ist und wo der Weg hinführt. Glauben Sie mir, die Masse der Deutschen braucht jemanden, der sie führt und dem sie folgen können. Ich möchte mich für Ihre Aufmerksamkeit bedanken.«

Dr. Rose trat einen Schritt vom Rednerpult zurück. Für den Anfang sollte es das gewesen sein.

Prof. Selbmann ergriff noch einmal das Wort.

»Ich denke, wir sollten eine Entscheidung treffen und die grundsätzliche Frage stellen. Wer dagegen ist, diesen Plan weiterzuverfolgen, den bitte ich um ein Handzeichen.«

Keiner meldete sich.

Dienstag, 28. Oktober 2003, 13 Uhr, Firmenzentrale Omicron AG

Matti Klatt fand in der Nähe der Omicron AG einen freien Parkplatz. Kurz vor 13 Uhr betrat er das Gebäude. Der Empfangsbereich war sehr großzügig gestaltet. Einige kleine Sitzgruppen hatte man geschickt mit großen grünen Gewächsen voneinander getrennt, die Sessel waren aus Leder. Eine hübsche Empfangsdame bat Matti Klatt, kurz Platz zu nehmen, er werde abgeholt. Nach ein paar Minuten trat ein Mann auf ihn zu und stellte sich vor.

»Schitko, guten Tag, Herr Klatt. Wir hatten einen Termin vereinbart. Würden Sie bitte mitkommen, es geht aufwärts.«

Damit meinte er den Fahrstuhl, sie fuhren bis in die neunte Etage. Der Mann hatte kurzes, fast gelbes Haar und trug einen Dreitagebart. Sein Anzug stand ihm gut.

Sie betraten ein geräumiges Büro, von dem aus man durch eine große Fensterfront einen fantastischen Ausblick auf die Stadt hatte. Nachdem Matti Klatt den ihm angebotenen Kaffee abgelehnt hatte, nahmen beide an einem großen, ovalen Tisch Platz. Das Büro war mit schweren rustikalen Eichenmöbeln, einer dazu passenden Ledercouch und auf dem neuesten Stand befindlichen elektronischen Gerätschaften, ausgestattet. Die Fußböden waren mit hochwertigen Bodenfliesen ausgelegt und während sich Matti Klatt umsah, ging er gedanklich noch einmal seine Geschichte durch. Bloß keinen Fehler machen, widersprich dir nicht, dachte er.

Da Schitko keinerlei Anstalten machte, sich etwas handschriftlich zu notieren, ging Matti Klatt davon aus, dass alles aufgezeichnet wurde. Wahrscheinlich war auch irgendwo eine Kamera installiert. Bei der Ausstattung hier würde mich das nicht wundern, dachte er. Schitko schob seinen Laptop beiseite, der zwischen beiden stand, schaute Matti Klatt an und fragte:

»Herr Klatt, wie sind Sie in den Besitz dieser Telefonnummer gekommen?«

Ich brauche dem Mann nichts vorzumachen, sie wissen sowieso alles, dachte Matti Klatt. Schließlich haben sie die ganze Sache arrangiert. Das Wichtigste ist, dass ich ihnen weismachen kann, dass die Polizei von mir nichts erfahren hat.

»Ein ehemals sehr guter Freund von mir bat mich kurz vor seinem Tod, diese Nummer anzurufen. Man soll einem Sterbenden den letzten Wunsch nicht abschlagen.«

Schitko nickte. »Wie hat er Sie kurz vor seinem Tod noch erreichen können und was genau hat er zu Ihnen gesagt?«

»Freitagnacht bekam ich einen Anruf aus dem Hufeland-Klinikum in Weimar. Der Notarzt teilte mir mit, dass mich ein Patient unbedingt sprechen wolle. Er habe einen schweren Verkehrsunfall gehabt und es stehe nicht gut um ihn. Mit dem Namen des Patienten Arndt konnte ich nichts anfangen und sagte das dem Arzt auch. Dieser meinte, da die Telefonnummer stimme, müsste er mich kennen. Ich willigte ein und ließ mich von einem Rettungswagen abholen, obwohl ich nur fünf Minuten von der Klinik entfernt wohne. Als ich den Mann sah, erkannte ich meinen alten Freund Jentzsch. Natürlich hatte ich eine Menge Fragen. Warum ein anderer Name, wieso will er mich nach über 20 Jahren sprechen und so weiter. Aber er bedeutete mir, nur zuzuhören. Ich sei auserwählt worden, es gehe um eine große Sache und ich müsse diese Telefonnummer anrufen. Ich sollte sagen, dass ich eine Recherche über die Fortpflanzung von Löwen wünsche und zum Schluss das Wort Infantizid aussprechen. So könne der Besitzer dieser Telefonnummer erkennen, dass er mich erreicht und informiert habe. Ich sollte zu keinem Menschen ein Wort darüber verlieren, schon gar nicht zu den Bullen, die bald auftauchen würden. Und dass ich eine Menge Geld verdienen könnte. Das war alles.«

Schitko fuhr sich mit der Hand über seinen Dreitagebart.

»Und weiter?«

»Kurz darauf starb er. Und tatsächlich. Kaum war ich aus dem Zimmer, stand die Polizei vor mir. Sie wollten von mir wissen, ob ich den Mann kenne und was er von mir wollte. Ich sagte, dass ich den Mann noch nie gesehen habe.«

Schitko überlegte kurz.

»Hat Sie die Polizei nicht gefragt, ob Sie sich nicht denken könnten, warum Arndt dem Notarzt ausgerechnet Ihre Telefonnummer gegeben hat? Das wäre doch ein Hinweis darauf, dass Sie sich doch gekannt haben könnten?«

Matti Klatt war auf die Frage vorbereitet.

»Das haben die mich auch gefragt, richtig. Aber ich erklärte denen, dass mir der Mann völlig unbekannt sei und er bereits gestorben war, als ich sein Zimmer betrat. Daraufhin erzählte die Polizei etwas von einem Raubüberfall und zwei toten Wachmännern. Und dass man in Arndts Auto zwei Geldbomben gefunden hatte. Ich teilte den Polizisten mit, dass ich dazu nichts weiter sagen kann. Das gab ich dann auch zu Protokoll. Das war alles.«

Eine Kopie dieser Zeugenvernehmung hatte Schitko vor zwei Stunden gelesen. Sie war ihm aus der Polizeiinspektion zugespielt worden. Von wem, wusste er nicht. Es war auch egal. Bis jetzt klang alles schlüssig.

»Warum haben Sie der Polizei nicht die Wahrheit gesagt?«

Es wird Zeit, dass ich mich mal ein bisschen ins Zeug lege, dachte Matti Klatt. Er wurde etwas lauter.

»Was geht mich die Polizei an? Ralle, ich meine, Jentzsch, alias Arndt, hat mich gebeten, den Mund zu halten. Mich interessieren die Sache, von der er sprach, und die Frage, warum ausgerechnet ich dabei mitmachen soll. Und natürlich, dass man dabei Geld verdienen kann. Reicht Ihnen das als Antwort?«

Schitko lächelte.

»Schon gut. Ich verurteile Sie ja nicht für das, was Sie getan beziehungsweise nicht getan haben. Im Gegenteil. Können Sie sich denken, warum Ihr Freund ausgerechnet Sie sprechen wollte?«

Matti Klatt tat so, als platze ihm gleich der Kragen.

»Nein, Herr Schitko. Das herauszubekommen, ist der Grund, warum ich hier bin. Was wollte mir Jentzsch sagen? Um was für eine Sache geht es? Warum ich? Sagen Sie es mir!«

»Ich werde Ihnen diese Fragen beantworten. Aber erst später. Bitte haben Sie etwas Geduld. Ich möchte vorher noch ein paar andere Antworten von Ihnen.« Er sah Matti Klatt an.

»Dann machen wir es so: quidproquo. Ein Tauschgeschäft mit fairem Ausgleich für beide Seiten, ich erzähle Ihnen etwas, Sie erzählen mir etwas.«

Der Summer in Schitkos Hosentasche meldete sich einmal. Matti Klatt bemerkte es, man konnte ganz leise das Vibrieren hören. Also doch, wieder einmal richtig vermutet, jemand verfolgte das Gespräch. Für Schitko war das das Zeichen, dass man mit dem Geschäft einverstanden war.

»Gut, akzeptiert. Wie stellen Sie sich Ihre weitere Zukunft, beruflich und persönlich, vor?«

Matti Klatt überlegte einen Moment.

»Es war an der Zeit, einen Schlussstrich unter mein bisheriges Leben zu ziehen. Ich habe aus persönlichen Gründen meine Anteile an der Firma verkauft und werde demnächst ganz normaler Arbeitnehmer. Weniger Stress und Ärger, mehr Gesundheit und wenn man sich zusammennimmt, verlassen einen nicht Frau und Kind.«

»Das kann ich gut verstehen. Was, glauben Sie, wird in Zukunft mit diesem Land geschehen?«

»Hier in Deutschland? Nun, von der Wiege bis zur Bahre, Formulare, Formulare, heißt es. Wenn sich in diesem und in vielen anderen Punkten nicht bald etwas ändert, wird Deutschland totgequatscht und nur noch von Bürokraten, die nichts Produktives leisten, reglementiert werden. Im Land der Dichter und Denker, lächerlich!«

»Was würden Sie tun, um Veränderungen herbeizuführen?«

Matti Klatt überlegte wieder. Er wollte nur nicht zu schnell und zu weit nach vorn preschen.

»Ich als einzelne Person kann nicht viel tun. Leider finde ich keine Partei oder Bewegung, die meinen Vorstellungen entspricht. Entweder zu weit links oder zu weit rechts. Handfeste Vorschläge hat niemand, diesem Land fehlt ein Macher. Es ist leicht, sich über alles aufzuregen, ohne bessere Möglichkeiten bereitzuhalten. Quidproquo, Herr Schitko. Bei welcher Sache wollte mich Jentzsch dabeihaben?«

Wieder das Summen in der Tasche, das Einverständnis, zu antworten.

»Nehmen wir mal an, Jentzsch wollte Ihnen eine Organisation vorstellen, die sich, genau wie Sie, Sorgen um die Zukunft Deutschlands macht, die aber im Gegensatz zu allen anderen mit Lösungen der Probleme dienen kann.«

»Dazu hatte er keine Möglichkeit mehr, er starb ja vorher. Er gab mir diese Nummer, damit ein anderer mir mehr Details erzählen kann. Nämlich Sie. Also, was ist das für eine Organisation und was soll ich dabei für eine Rolle spielen?«

Schitko blickte Klatt nur an und sagte nichts.

»Allein die Tatsache, dass ich über diese Telefonnummer, die teilweise aus meinem Geburtsdatum besteht, bei Ihnen angerufen und das Wort Infantizid gesagt habe, müsste Ihnen doch die Beantwortung meiner Fragen erleichtern. Die Kombination aus beidem war keinesfalls ein Zufall. Deswegen sitze ich jetzt vor Ihnen.«

Ja, das stimmte. Es war das erste Mal, dass das Notfallprogramm in Kraft trat. Wenn irgendetwas schief gehen sollte, hatten die Leute der Ermittlungs- oder Überwachungsgruppen den Auftrag, ihren Zielpersonen eine Telefonnummer mit dem Hinweis zu geben, bei der Omicron AG eine wissenschaftliche Abhandlung über die Fortpflanzung von Löwen zu bestellen und zum Schluss das Wort Infantizid zu sagen. Jede Zielperson hatte ihre eigene Nummer. Schitko zündete sich eine Zigarette an, bevor er antwortete.

»Richtig.«

»Sie haben meine Frage nicht beantwortet, Herr Schitko. Wenn Sie so einen Aufwand betreiben, dann muss es sich schon um etwas Besonderes handeln. Ich meine die Organisation und die damit verbundene Lösung der Probleme. Stimmts?« Jetzt musste er die Katze aus dem Sack lassen.

Schitko ließ sich Zeit mit der Antwort. Ganz langsam blies er den Rauch seiner Zigarette an die Zimmerdecke.

»Wieder richtig. Was würden Sie tun, damit es diesem Land wieder besser geht?«

Der Mistkerl ignoriert meine Fragen, dachte Matti Klatt. Jetzt oder nie.

»Sehr viel. Wenn es sich lohnt.«

»Was lohnt?«, fragte Schitko.

»Dass am Ende die Lösungen der Probleme das Land voranbringen. Schließlich lebe ich hier. Wenn ich dabei mithelfen kann und gut dafür bezahlt werde, gäbe es bei mir keine Kompromisse und ich würde die mir zugedachte Aufgabe zu Ihrer vollsten Zufriedenheit erfüllen. Warum gerade ich?«

Oh Mann, hoffentlich war das nicht zu dick aufgetragen, sagte Matti Klatt im Stillen zu sich.

»Für das, was wir vorhaben, brauchen wir besondere Menschen – Menschen mit speziellen Kenntnissen. Jeder auf seinem Gebiet. Und wir müssen uns zu 100 Prozent ihrer Loyalität sicher sein. Meine Aufgabe ist es, diese Leute zu finden. Wir haben uns natürlich im Vorfeld über Sie erkundigt, Herr Klatt, und hätten eine Aufgabe oder anders ausgedrückt, eine Mission für Sie.«

Matti Klatt spürte, dass sie gleich an einen entscheidenden Punkt kamen.

»Denken Sie daran, Herr Schitko, quidproquo. Wer sind wir und welche Mission?«

»Wir bieten Ihnen die Möglichkeit, bei großen, entscheidenden Veränderungen, die dieses Land betreffen, mitzumachen, und bezahlen Sie gut. Das wollen Sie auch, haben wir eben festgestellt. Wie übrigens Tausende andere. Wir können nicht riskieren, dass Sie mit jemandem darüber sprechen. Bevor ich Sie näher informiere, müssen Sie sich entscheiden, ob Sie dabei sind oder nicht. Andernfalls müssen Sie mit Konsequenzen rechnen. Ich sage es noch einmal, wir können kein Risiko eingehen.«

Er windet sich wie ein Aal. Was würde denn passieren, wenn ich jetzt ablehne? Mir bleibt gar nichts weiter übrig, als mitzumachen, dachte Matti Klatt.

Ihm kam die Mitteilung auf Bräunigs Kassette in den Sinn, der davon sprach, dass man den Mord in Weimar wahrscheinlich mit anderen ungeklärten Fällen in Zusammenhang bringen konnte. Vermutlich handelte es sich um Leute, die genau dieses Angebot, wie er, Klatt, es gerade bekam, abgelehnt hatten. So eine Scheiße.

»Konsequenzen?«

»Wir müssten Sie im Falle einer Ablehnung bis zum Tag X von der Öffentlichkeit fernhalten. Wie gesagt, nicht jetzt, sondern nur, wenn Sie uns zugehört haben, wissen, worum es geht, und nein sagen. Es liegt an Ihnen«, formulierte Schitko teilnahmslos.

Fernhalten, ha. Das kannst du deiner Großmutter erzählen. Nicht gleich antworten, tu so, als denkst du darüber nach.

»In Ordnung. Meine Entscheidung steht fest, ich bin dabei. Ich hoffe nur, dass Sie sich zukünftig an vorher getroffene Absprachen halten. Quidproquo, erinnern Sie sich, Herr Schitko? Sie haben bis jetzt nicht eine meiner Fragen beantwortet.«

Als der Hesse sah, dass sich die Fahrstuhltür hinter Dr. Graner geschlossen hatte, rannte er zum Treppenflur. Er nahm immer zwei Stufen auf einmal. Kurz bevor er die erste Etage erreichte, bemerkte er, dass er schneller war als der Lift. Die letzten Stufen ging er langsam hoch. Im Treppenabsatz zwischen dem zweiten und dritten Stockwerk blieb er stehen und lauschte. Er fuhr vorbei. Gerade als er weitergehen wollte, hörte er, wie der Aufzug anhielt. Dritter Stock also. Vorsichtig begab er sich zu dem Zugang, der Treppenhaus und Etage voneinander trennte.

Dr. Graner stand vor einer der hinteren Wohnungen und klingelte. Kurze Zeit später öffnete sich die Türe und der Arzt verschwand. Der Hesse wartete noch drei Minuten, zog eine Pistole mit aufgesetztem Schalldämpfer aus seiner Jacke und stellte sich vor die Wohnungstür, durch die eben Dr. Graner verschwunden war. E. Vogt stand auf dem Namensschild. Ich bin gespannt, wer das wohl ist, überlegte der Hesse und klingelte. Die Waffe hielt er auf dem Rücken. Eine Frau im Morgenmantel öffnete. Sie war ungefähr Mitte 30, blond und sehr attraktiv.

»Sind Sie Frau Vogt?«, fragte der Hesse.

»Ja. Und wer sind Sie?«, fragte sie zurück und erschrak im selben Moment, als sie die Pistole vor ihrem Gesicht sah.

»Unwichtig. Wenn Sie laut werden, drücke ich ab. Und jetzt rein da.«

Er schob sie vor sich her und schloss die Tür hinter sich. Durch einen länglichen Flur gelangten sie in das Wohnzimmer. Dort saß in einem Sessel Dr. Graner mit heruntergelassenen Hosen. Der Hesse stieß die Frau auf die Couch.

»Störe ich?« Der Hesse grinste, wahrscheinlich wollte sie ihm gerade einen blasen. Das ging ja ziemlich schnell in der kurzen Zeit.

»Wer sind Sie und was wollen Sie?«, fragte Dr. Graner, der Anstalten machte, seine Hosen wieder hochzuziehen.

»Finger weg von den Hosen, die bleiben da, wo sie sind. Vielleicht bin ich ein Privatdetektiv und möchte ein paar Fotos machen und sie Ihrer Frau schicken? Vielleicht habe ich auch nur ein paar Fragen.«

Dr. Graner war blass geworden. Er schaute zu seiner Freundin Elvira herüber, die ebenfalls erblasste.

»Das mit dem Privatdetektiv können wir vergessen. Keiner würde sich so verhalten wie Sie. Also, was wollen Sie?« Dr. Graner versuchte, sich zu beruhigen.

»Ich komme gleich zu Ihnen. Doch zuerst habe ich noch zwei Fragen an die Dame des Hauses.«

Damit wandte er sich an die blonde Elvira auf der Couch und zielte mit der Waffe auf sie. Sie riss vor Schreck ihre Augen auf, unterdrückte jedoch ein Schreien.

»Leben Sie allein in dieser Wohnung?«

»Ja, ab und zu besucht mich Dr. Graner, er ist mein Freund.«

»Erwarten Sie noch jemanden?«

»Nein. Hören Sie …«

Das war das Letzte, was Elvira in ihrem Leben von sich gab, und das Letzte, was sie hörte, war ein kurzes ›Plop‹. Der Hesse hatte ihr genau zwischen die Augen geschossen.

»Danke für die Auskunft. Also brauchen wir keinen unliebsamen Besuch zu fürchten.«

Damit drehte er sich zu Dr. Graner. Der saß wie versteinert in seinem Sessel und konnte nicht fassen, was er eben gesehen hatte. Auf Elviras Stirn bildete sich ein kleines rotes Rinnsal, das über ihr Gesicht herunterlief. Die blutige Masse an der Wand ließ vermuten, dass die Austrittswunde an ihrem Hinterkopf groß war.

»Und nun zu uns beiden. Ich stelle Ihnen jetzt ein paar Fragen. Wenn Sie nicht oder falsch antworten, schieße ich Ihnen jedes Mal ein Gelenk kaputt. Ich fange mit den Knien an. Haben Sie mich verstanden?«

»Ja.«

Dr. Graner fing an, zu schwitzen, und starrte auf den Schalldämpfer. Was will dieser Wahnsinnige von mir?

»Sehr schön. Was war das ursprüngliche Ziel Ihrer Reise?« Erst mal testen, ob er es auch wirklich verstanden hatte.

»Ich wollte nach Heidelberg zu einem Ärztesymposium fahren.»

»Warum sind Sie dann hier?«

»Kurz vor Frankfurt habe ich mich entschieden, Elvira zu besuchen. Wir haben uns eine Weile nicht gesehen. Ich wäre heute Abend weitergefahren.« Der Arzt konnte den Blick nicht von dem Schalldämpfer abwenden.

»Lassen wir das. Freitagnacht hatten Sie in der Klinik in Weimar Dienst. Dort wurde ein Mann eingeliefert, der kurz zuvor einen Verkehrsunfall hatte. Erinnern Sie sich?« Der Hesse sah den Arzt an.

»Ja, ich erinnere mich. Der Mann hatte schwere Kopfverletzungen und starb wenig später.«

»Den meine ich. Was genau hat er zu Ihnen gesagt?« Der Hesse zielte jetzt auf das rechte Knie.

»Moment! Ich muss kurz darüber nachdenken. Am Anfang konnte ich nichts verstehen, er fiel immer wieder in Ohnmacht. Dann nannte er einen Namen, den wir unbedingt anrufen und an sein Bett holen sollten. Klast oder Klappt oder so ähnlich. An die Telefonnummer kann ich mich nicht mehr erinnern.«

So, als wollte er sein Knie schützen, legte er seine rechte Hand darauf. Dann redete er weiter.

»Ich rief diesen Klatt, ja, Klatt hieß der, an. Ich bat ihn, zu kommen, und erklärte ihm die Situation. Weil er nur ein paar Blocks entfernt wohnte, schickte ich sofort einen Rettungswagen, um ihn zu holen. Nachdem er eingetroffen war, ging er zu dem Verletzten ins Zimmer, kam aber kurze Zeit später wieder heraus. Wir konnten nur noch den Tod des Patienten feststellen.«

»Weiter.«

»Hat die Polizei auch mit Ihnen gesprochen?«

»Natürlich. Die fragten mich nach dem Zustand des Patienten und genau das, was Sie mich eben gefragt haben. Ich erzählte ihnen von Klatt und das wars.«

Der Hesse ging an die Seite des Sessels, in dem Dr. Graner saß. Er fragte weiter:

»Wissen Sie, was Klatt den Polizisten erzählt hat?«

»Nein, das weiß ich nicht. Ich stand ja nicht dabei. Der Polizei teilte ich mit, dass er seinen schweren Kopfverletzungen erlegen ist.«

Der Hesse dachte nach. Nichts deutete darauf hin, dass

dieser Dr. Graner nicht die Wahrheit sagte. Bleibt mir also nichts anderes übrig, als ein Drama zu inszenieren. Dr. Graner hielt den Kopf gesenkt und starrte auf den Boden. Diesen Moment nutzte der Hesse. Er stand circa zwei Meter von dem Arzt entfernt. Blitzschnell senkte er die Waffe und schoss ihm in Kopfhöhe in die Schläfe. Er war sofort tot. Dann legte er ihm die Waffe in die Hand und schoss noch einmal in ein Kissen. Damit verursachte er Schmauchspuren auf dessen rechter Hand. Das Kissen mit dem Projektil würde er mitnehmen.

Perfekt, dachte er. Zuerst erschießt er seine Freundin und dann sich selbst. Die Lage der beiden Leichen zueinander stimmt, die zwei Projektile werden die Bullen in den Wänden finden, ebenso die Schmauchspuren auf Graners Hand. Den Ursprung der Waffe werden sie niemals ermitteln. Und wenn sich Ungereimtheiten in den Augen so eines schlauen Ermittlers ergeben sollten, würden sie sich diese nicht erklären können. Schusskanal und fehlende Schmauchspuren an der Schläfe und der ganze Unsinn. Und wenn schon. Wie sollten sie auf ihn, Alfred Krzycztowiak, kommen? Der Hesse war zufrieden. Er verließ die Wohnung, wobei er darauf achtete, dass ihn niemand sah. Er gelangte unbemerkt auf die Straße, ging zu seinem Auto und fuhr Richtung Autobahn. Von einer Telefonzelle aus rief er Staatsanwalt Feller an und berichtete ihm alles ganz genau. Nachdem er geendet hatte, hörte sich Feller zufrieden an. Der Hesse sollte sein Geld abholen und sich ein paar Tage frei nehmen. Es hatte wieder mal alles ohne Probleme geklappt. Der ganze Spuk war innerhalb eines Tages erledigt. Das Leben ist schön, dachte der Hesse. Was meinte der Staatsanwalt nur mit den großen Ereignissen? Ich werde es schon früh genug erfahren. Er fuhr gut gelaunt Richtung Erfurt.

Am späten Nachmittag kehrte Matti Klatt in seine Wohnung zurück. Als er den Flur betrat, winkte er in Richtung Türschloss. Ich bin wieder da, Leute, sagte er sich im Stillen. Gab es etwas Besonderes? Eigentlich war ihm gar nicht zum Witzeln zumute. Er setzte sich erschöpft in seinen Wohnzimmersessel. In Gedanken ließ er das Gespräch mit Schitko noch einmal Revue passieren.

Als er Schitko mitgeteilt hatte, dass sie auf ihn zählen konnten, hatten sie eine kurze Pause eingelegt. Matti Klatt wurde allein gelassen, nach einer Viertelstunde kam Schitko wieder. In der Zwischenzeit waren er und der Chef der Omicron AG, Siegfried Walbe, das per Video und Audio aufgezeichnete Gespräch schnell durchgegangen. Walbe hatte gelacht, als er meinte: »Der hat sich nicht geändert. Keine Geduld, er will alles sofort und in allen Einzelheiten wissen. Unsere Abhöraktion und die Überwachung mit dem VW-Transporter haben nichts Erwähnenswertes gebracht?«

»Nein, nichts. Zu Hause schaut er fern und hat keinen Kontakt mit anderen Leuten. Bis jetzt jedenfalls nicht. Sonntag musste er noch mal zur Polizei, um seine Aussage protokollieren zu lassen. Die liegt hier auf dem Schreibtisch. Wollen Sie sich ihm zu erkennen geben?«, fragte Schitko.

»Nein, erst beim nächsten Treffen. Die Zeugenaussage habe ich auch gelesen. Ich bekam eben die Mitteilung, dass dieser Dr. Graner von Jentzsch nichts Relevantes erfahren hat. Wir können davon ausgehen, dass Klatt gegenüber der Polizei ein paar wichtige Details verschwiegen hat. Ich hatte recht mit der Annahme, dass er der Richtige für uns ist, und denke, unsere Überprüfungen bezüglich seiner Person können wir beenden. Mehr konnten wir in der Kürze der Zeit nicht tun. Weihen Sie ihn in groben Zügen ein und umreißen Sie seine Aufgabe. Konkreter werden wir erst beim nächsten Treffen am Donnerstag. Dann spreche ich auch mit ihm. Übrigens, dieser Arzt, Dr. Graner, hat seine Freundin und sich selbst in Frankfurt erschossen. So wird es zumindest aussehen. Tragisch, aber solche Dinge geschehen nun mal. Es weiß allerdings noch niemand.«

Schitko verließ Walbes Büro und wählte von einem anderen Apparat eine hauseigene Telefonnummer.

»Schitko hier. Ziehen Sie alle Observationskräfte von Matti Klatt ab. Verkaufen Sie den VW-Transporter. Am Samstag fahren Sie in seine Wohnung und entfernen die Sender. Er wird sich auf einer sehr weiten und langen Reise befinden.«

Nachdem er aufgelegt hatte, begab er sich wieder zu Klatt.

»Gut. Sie erhalten zunächst einen ersten Überblick«, hatte Schitko gesagt.

Matti Klatt war fassungslos, als er Einzelheiten über das Komitee und dessen Plan erfuhr.

»Im Frühjahr 1996 verabschiedete ein selbst ernanntes, 21-köpfiges Komitee ein strategisches Papier zur Errichtung einer neuen Präsidialen Republik in Deutschland. Darin wurden die Ziele und Aufgaben für die kommenden Jahre festgelegt.

Die erste Phase war die Vorbereitung. Dazu gab es zwei Gruppen: die Alphagruppe, die sich mit der Rekrutierung und dem Aufbau der neuen Führungsebene auf militärischem und sicherheitspolitischem Gebiet befassen sollte, und die Betagruppe, die das Gleiche zu tun hatte, nur auf politischem, gesellschaftlichem und vor allem auf wirtschaftlichem Terrain. Basis dafür war natürlich die Beschaffung der notwendigen Informationen über geeignete Führungskräfte. Hier kam die Firma Omicron ins Spiel. Wir konnten den beiden eben erwähnten Gruppen entsprechendes Material beziehungsweise Informationen liefern. Allerdings durften wir auch nach Absprache mit dem Komitee einige besondere Leute selbst akquirieren. Wie wir das mit Ihnen gemacht haben, Herr Klatt. Diese Vorbereitungsphase ist fast abgeschlossen. Soweit mir bekannt ist, enthielt dieses strategische Papier auch eine neue Verwaltungsgliederung für Deutschland. Statt 16 Bundesländern wird es in Zukunft nur noch 12 geben. Wie der künftige Einsatz der Führungskräfte in jedem Bundesland realisiert werden soll, ist nicht unsere Aufgabe.

Die zweite Phase beinhaltet die Durchführung. Der Tag X steht schon fest, er ist uns jedoch nicht bekannt. Ich nehme an, Sie haben sich mit der Bedeutung des Wortes Infantizid auseinandergesetzt. Während in der Natur ein neuer, starker Löwe in seinem zukünftigen Revier alle fremden Jungen tötet, muss das in unserem Fall von mehreren erledigt werden. Im übertragenen Sinn natürlich. Es existiert ein Plan für zwei Kommandounternehmen, die parallel durchgeführt werden: ›Eiserne Faust‹ und ›Tsunami‹. Über Letzteres kann ich Ihnen nichts weiter sagen, weil dessen Inhalt nur der künftige Präsident und ein paar unmittelbar beteiligte Komiteemitglieder kennen.

Das Unternehmen ›Eiserne Faust‹ wird seit 1999 vorbereitet. Unsere Schwarze Division soll es zum Erfolg führen. Seit knapp fünf Jahren werden jährlich durchschnittlich zweimal 600 Mann darauf trainiert. Summa summarum derzeit 6000 Kämpfer. Alles ehemalige Spezialisten, Fallschirmjäger, Kampfschwimmer, Aufklärer und so weiter. Sie stammen ausnahmslos aus Deutschland. Ihre Aufgabe, Herr Klatt, wird sein, eine Einheit dieser Division zu führen. Und zwar direkt in die Höhle des Löwen.«

Was für ein Albtraum, dachte Matti Klatt, als Schitko geendet hatte. Der Mann hatte ihm eben mitgeteilt, dass in absehbarer Zeit nichts mehr so sein würde, wie es war.

Seit 1996 planen eine Handvoll Leute einen Staatsstreich, der ihrer Meinung nach das Land vor dem unvermeidlichen Untergang retten soll. 21 Leute bestimmen über 80 Millionen Schicksale. Mitten in Europa, und offensichtlich hat niemand etwas bemerkt. Mithilfe von 6000 Paras. Reiß dich zusammen und bleib ruhig.

»Wer diese Leute sind und wie das alles finanziert wird, brauche ich wohl nicht zu fragen, oder?«

Schitko antwortete sofort.

»Nein, das brauchen Sie nicht. Wozu auch? Jeder weiß nur so viel, wie er zur Bewältigung seiner Aufgaben benötigt.«

Matti Klatt stimmte ihm in Gedanken zu. Für ihn stand fest, dass diese Leute den Wahnsinn durchziehen würden. Falls ich mich weigern sollte, werden sie mich umbringen und einen anderen finden. Die einzige Möglichkeit ist jetzt, darauf einzugehen, um Zeit zu gewinnen.

»Das waren reichlich viele Informationen, Herr Schitko. Ich bin teils sprachlos, teils überwältigt. Das, was ich bis jetzt gehört habe, klingt überzeugend. Es könnte klappen, vorausgesetzt, die Gegenseite hat nichts erfahren. Ich für meinen Teil werde alles tun, um zum Erfolg von ›Infantizid‹ beizutragen. Nur noch eine Frage: Was genau wird meine Aufgabe sein und wie hoch ist mein Verdienst?«

Schitko schien diese Antwort zu gefallen. Er lächelte wieder, als er meinte: »Sehr gut, wir sind im Geschäft.

Mit solchen Leuten wie Ihnen werden wir Erfolg haben. Keine Sorge, wenn irgendeine Stelle Wind von der Sache bekommen hätte, wüssten wir davon. Unsere Leute sitzen überall. Ich möchte, dass wir uns am Donnerstag treffen, um die Einzelheiten, wie auch Ihren Sold, zu besprechen. Ort und Zeit werden wir Ihnen mitteilen.«

Daraufhin hatte Schitko Matti Klatt nach unten begleitet und sich von ihm verabschiedet.

Matti Klatt stand immer noch in seinem Wohnzimmer und schaute aus dem Fenster. Während er nachdachte, sah er, dass es wieder regnete. Die Temperatur war in den letzten zwei Tagen weiter gesunken. Der Winter hatte mittlerweile genügend Vorboten geschickt. Wer die Zeichen deutete, konnte sich darauf vorbereiten. Die Ignoranten würde es zuerst erwischen.

Das Komitee schickte keine Vorboten. Der Tag X stand fest.

›Eiserne Faust‹ und ›Tsunami‹. Das Letztere war japanisch und bedeutete Riesenwelle, ausgelöst durch ein gigantisches Seebeben. Was konnte das sein? War das im wörtlichen oder übertragenen Sinn gemeint?

Er bemerkte, wie sein Herz wieder schneller schlug. Ungeduld oder Aufregung, das Gefühl war nicht zu definieren. Nervös kramte er eine Zigarette hervor. Was kann ich kleines Licht schon ausrichten geschweige denn dagegen unternehmen? Wie kann es noch nicht einmal zwei Dutzend Leuten möglich sein, fast acht Jahre lang unbemerkt so etwas vorzubereiten? Worauf, zum Teufel, lenken wir unsere Aufmerksamkeit? Dass für eine leere Bierdose in Zukunft Pfand verlangt wird? Oder dass es ab sofort rechtens ist, Schifffahrt mit drei f zu schreiben? Das ist kleinkariert, ich weiß. Ich benötige viel mehr Informationen. Wo ist diese Schwarze Division und in welche Höhle soll ich?

Was steckt hinter ›Tsunami‹? Ich muss eine Kassette für Klimm besprechen. Dann werden wir weitersehen.

Matti Klatt kratzte sich fortlaufend am Kopf. Seine Haare standen ihm jetzt schon sprichwörtlich zu Berge. Er zündete sich eine neue Zigarette an, die dritte nacheinander, mit der Glut der vorangegangenen. Er stellte den Fernseher an und schaute in Richtung Türschloss.

Mittwoch, 29. Oktober 2003, 9 Uhr, Polizeiinspektion Weimar

»Damit ich Sie richtig verstehe, Frau Scharf, wiederhole ich das noch einmal: Sie glauben also, dass sie von irgendwelchen Gestalten gekidnappt, in ein Labyrinth gesteckt und mit Chemikalien besprüht wurden? Zu welchem Zweck, frage ich Sie?«

Oberkommissar Kratzenstein hörte sich nun schon über eine Stunde die Geschichte der älteren Frau an. Der Polizeibeamte, der eine Anzeige aufnehmen wollte, hatte entnervt aufgegeben und sie an die Kriminalpolizei verwiesen. Jetzt hatte Kratzenstein sie am Hals.

»Das sollen Sie herausfinden, deshalb bin ich hier, Herr Detektiv. Glauben Sie mir, die wollen Experimente mit mir machen. Nachts waren sie schon da und haben die Zähne von meinem Gebiss spitz gefeilt. Und sie steckten mir Bleistifte in die Ohren.«

Frau Scharf wollte sich nicht so einfach abspeisen lassen. Dieser Polizist in seiner schrecklichen Uniform hatte sie vorhin sogar angebrüllt. Aber der junge Mann hier war höflich und nett. Kratzenstein konnte vor Verblüffung nicht gleich antworten. In dem Moment klingelte das Telefon, es war Bräunig.

»Wo bleibst du? Hubaczek und Leichenkolbe sind aus Berlin zurück. Wir sitzen hier und warten auf dich.«

Kratzenstein erzählte Bräunig kurz von Frau Scharf.

»Du liebe Güte. Übergib sie jemand anderem und der soll die Psychiatrie verständigen. Offensichtlich sind bei der ein ... Ach was, tu es einfach und komm in mein Büro, ich brauch dich hier dringender.«

Bräunig wollte sagen, dass bei der Frau ein paar Lötstellen kalt waren, ließ es aber. Ab und zu kamen die Leute mit den merkwürdigsten Geschichten zur Polizei und wollten eine Anzeige aufgeben. Es waren sehr oft einsame Menschen, die einfach nur mit jemandem reden wollten. Und bei der Polizei fanden sie Zuhörer. In der Regel stellten sich solche Anzeigen als Unsinn heraus.

In Hauptkommissar Bräunigs Büro hatten alle an dem langem Tisch Platz genommen. Von den 10 Stühlen waren fünf besetzt. Hubaczek, Kratzenstein, Leichenkolbe, Fischer und Klimm hatten alle ihre obligatorische Tasse Kaffee vor sich stehen. Bräunig hatte Hubaczek und Leichenkolbe über ihre Theorie vom Montag unterrichtet und darauf hingewiesen, dass man verschiedene ungeklärte Mordfälle, die Ähnlichkeiten mit den Morden in Weimar auswiesen, in Zusammenhang bringen könnte. Er begann mit der Besprechung.

»Matti Klatt wird abgehört. In seiner Wohnung fand er einen Sender, versteckt im Türschloss seines Wohnzimmers. Und er wird rund um die Uhr beschattet. Ein VW-Transporter folgt ihm. Gestern hatte er einen Termin bei der Omicron AG. Leider übergibt er uns erst heute Abend die aktuelle Kassette mit den neuesten Informationen über dieses Gespräch. Was gab es in Berlin?«

Hubaczek und Leichenkolbe sahen müde aus. Sie waren erst in der Nacht gegen 3 Uhr in Weimar angekommen. Viel Zeit, zu schlafen, blieb da nicht. Hubaczek öffnete seine Mappe, ein paar Fotos lagen ganz oben.

»Es wird euch gleich umhauen. Aber zuerst etwas anderes. Auf der Fahrt nach Berlin hatte ich die ganze Zeit so ein eigenartiges Gefühl. Als ob wir beschattet würden. Wir hielten zwischendurch sogar an, um es zu überprüfen. Nichts. Trotzdem ließ es mich nicht los. Also habe ich eine kleine Falle gebaut. Um zu sehen, ob sich irgendjemand an unserem Auto zu schaffen gemacht hatte, schob ich jeweils zwischen die Fahrer- und Beifahrertür kleine, von außen nicht sichtbare Papierschnitzel. Als wir am Abend zu unserem Hotel fahren wollten, schaute ich in das Innere des Wagens. Und ich hatte recht behalten. Jemand hat unbefugt und ohne die Alarmanlage auszulösen die Türen geöffnet und wieder verschlossen. Wir ließen den Wagen nach Sprengstoff und Wanzen absuchen. Die Spezialisten fanden nichts. Entwendet wurde auch nichts. Es kann dafür nur eine Erklärung geben. Irgendjemand hat etwas wieder aus dem Auto entfernt, ohne dass wir wussten, dass es da war. Ich vermute einen Sender. Und dieser Jemand hat gehört, worüber ich mich mit Leichenkolbe unterhalten habe. Es ging hauptsächlich um unsere Ermittlungen in Berlin.«

Fischer schaltete sich ein.

»Dann ist also dem oder denen bekannt, was ihr in Berlin vorhattet. Stellt sich die Frage, woher der oder die wussten, dass ihr nach Berlin fahrt und mit welchem Auto?«

Hubaczek nickte. »Genau das ist die entscheidende Frage. Es kann nur eine Person aus der Inspektion sein.«

Bräunig kratzte sich an seiner Oberlippe. »Scheiße. Hat einer von euch mit jemandem, der nichts mit dieser Sache zu tun hat, gesprochen?«

Alle Anwesenden verneinten und schüttelten den Kopf. Es musste eine Person in der Polizeiinspektion geben, die ihre Arbeit verriet. Bräunig hatte einen Plan, dem Drecksack eine Falle zu stellen, sagte aber keinem etwas davon. Er hasste Heimlichkeiten gegenüber seinen Mitarbeitern, aber es ging nicht anders.

»Ab sofort werden alle Protokolle und Unterlagen, wenn ihr eure Zimmer verlasst, bei mir abgegeben. Außerdem werden während eurer Abwesenheit die Zimmer verschlossen. Also, Hubaczek, was haut uns um?«

»Fangen wir mit dem an, was wir nicht ermitteln konnten. Es ist absolut unklar, wo dieser Ausweis von Jentzsch, alias Arndt, hergestellt wurde, beziehungsweise wer ihn ausgestellt hat. In der Bundsrepublik existieren keine Bankkonten von ihm, das ist sicher. Wir sollten die Suche nach Konten auf das Ausland ausdehnen. Wir haben zwar in dem Fax an euch angekündigt, dass wir seinen Lebenslauf zusammenstellen würden, mussten aber feststellen, dass das übereilt war. Der Mann war ordnungsgemäß beim Einwohnermeldeamt als Olaf Arndt registriert. Das war es auch schon. Die Straße und Hausnummer existieren zwar, dort wohnt aber seit über 20 Jahren ein älteres Ehepaar. Keine Arbeitsstelle, kein Empfänger von Arbeitslosen- oder Sozialhilfeleistungen, nichts. Um es kurz zu machen, über diesen Jentzsch haben wir nichts weiter herausgefunden.

Bei der Person Arndt wird es interessant.

- Am 1. August 1960 in Berlin geboren.
- Aufgewachsen in einem Waisenhaus, beendete die Schule nach Abschluss der 10. Klasse.

- Ausbildung als Kfz-Schlosser.
- Meldete sich freiwillig vier Jahre zur Marine; er kam ins Kampfschwimmerkommando nach Kühlungsborn bei Rostock; brach sich jeweils einmal das rechte Bein und den rechten Arm. Bei einer Übung schoss er sich in die linke Hand.
- Wurde in Ehren und mit allen Auszeichnungen entlassen, die ein Soldat erhalten kann.
- Arbeitete danach in verschiedenen Werkstätten, bis er 1991 Kraftfahrer wurde.
- Er lebte allein.
- Seine ehemaligen Kollegen bezeichneten ihn als umgänglich und hilfsbereit; sie bedauerten es, dass er so früh starb; am 24. Juli 1999, einem Samstag, wurde er beim Überqueren einer Straße von einem großen Lkw überrollt.

Das sind die Bilder vom Unfall. Schaut sie euch genau an. Er wurde nur durch die bei ihm gefundenen Ausweispapiere identifiziert. Wie man unschwer erkennen kann, ist nicht viel von ihm übrig geblieben. Als wir sein ehemaliges Bankkonto noch mal kontrollierten, wurden wir stutzig. Er starb laut Totenschein am 24. Juli 1999. Da wies sein Konto einen Betrag von 30 200 Deutsche Mark aus. Zwei Tage später, am 26. Juli, einem Montag, wurde eben dieser Betrag in einer Filiale der Berliner Bank, seinem Kreditinstitut, abgehoben. Nach der Unterschrift auf dem Formular zu urteilen, war er es persönlich, der das Geld bar abhob. Sie war echt, das haben wir sofort überprüfen lassen. In der Brieftasche, die bei dem Unfall sichergestellt wurde, fand man keine Kreditkarte oder Ähnliches.

Wir haben uns sein Gesundheitsbuch der Marine kommen lassen, um weitere Hinweise zu erlangen. Darin waren die Einzelheiten zu seinen Unfällen beschrieben. Das Bein brach er sich bei einem nächtlichen Fallschirmabsprung. Er landete nicht wie geplant im Wasser, sondern an der felsigen Küste. Den Arm brach er sich im Urlaub bei einem Motorradunfall. Bei einem Einsatzgruppengefechtsschießen wurde mit scharfer Munition geschossen. Als alle vorwärts rannten, stürzte ein Kamerad direkt vor seiner Nase. Er konnte seine Maschinenpistole im letzten Moment zur Seite nehmen, sonst hätte er ihn, wenn auch unabsichtlich, erschossen. Dabei traf ein Schuss seine Hand. Der Zeigefinger der linken Hand hing danach nur noch an einem Stück Sehne. Die Ärzte konnten den Finger zwar retten, allerdings ragte er seitdem 90 Grad über die anderen Finger der linken Hand. So eine Art Verkrüppelung. Als wir das erfuhren, gingen wir wieder zu seinem ehemaligen Arbeitskollegen, um ihn darauf anzusprechen, denn Leichenkolbe war ein Verdacht gekommen. Der Kollege sagte uns, dass er von dem Vorfall gewusst hatte. Das Lenken seines Lkws bereitete Arndt mit diesem krummen Finger immer große Schwierigkeiten. Er ließ sich seinen linken Zeigefinger deshalb 1995 von einem Chirurgen abnehmen.«

Alle im Raum schauten sich an und warteten auf eine Erklärung.

»So habe ich auch geguckt. Seht nicht uns an, sondern auf die Bilder! Dank unseres genialen Kollegen hier, Oberkommissar Leichenkolbe, der mich darauf aufmerksam machte, kann man erkennen, dass dieser der tote Mann dort auf den Fotos an beiden Händen noch alle fünf Finger hatte. Somit ist erwiesen, dass der da nicht Olaf Arndt war.«

Als der Fallschirmspringer gestern, am Dienstag, vor dem Gebäude des Bundesinnenministeriums in Berlin stand, wurde ihm klar, dass es hier unmöglich war, an den Minister heranzukommen. Das Haus in Alt-Moabit 101 D war ein riesiger Glasbau, der entfernt an ein Hufeisen erinnerte.

Er war vom Bahnhof Zoo mit der S-Bahn bis zur Station Bellevue gefahren und den Rest des Weges zu Fuß gegangen. Durch geschickte Fragen am Empfangsbereich des Ministeriums hatte er etwas Entscheidendes herausbekommen: Der Bundesinnenminister befand sich am Mittwoch im thüringischen Weimar. Dort traf er sich mit den Innenministern der Länder der Bundesrepublik Deutschland zu einer turnusmäßigen Sitzung. Noch am selben Abend hatte sich der Fallschirmspringer ein Auto gemietet und war ebenfalls nach Weimar gefahren. Er bezahlte mit dem Geld, das Zbigniew ihm zum Abschied gegeben hatte. Es war nicht weiter schwierig, herauszufinden, in welchem Hotel der Minister übernachten würde. Nach einem Anruf beim Informationsdienst der Stadt kamen nur drei geeignete Hotels infrage: der ›Russische Hof‹, das Hotel ›Elephant‹ und das ›Hilton‹. Als der Mann heute früh in der Belvederer Allee 25 vor dem Hotel ›Hilton‹ die dort geparkten Fahrzeuge näher betrachtete, war er sich sicher. Das Vorauskommando des Ministers war mit gepanzerten Pkws bereits eingetroffen und bereitete den Besuch vor. Der Mann checkte ein und bekam ein Zimmer im vierten Stock, drei Etagen über dem im Erdgeschoss befindlichen Schönheitssalon. Er nahm die Treppe und durchschritt jedes einzelne Stockwerk. In der dritten Etage wurde er darauf aufmerksam gemacht, dass der hintere Teil für alle Gäste gesperrt war. Damit war klar, wo der Minister die Nacht verbringen würde. Jetzt lag der Fallschirmspringer auf seinem Bett und dachte darüber nach, wie und wann er zum Bundesinnenminister vordringen konnte. Nach zwei Stunden stand sein Plan fest. Er wollte es in der Nacht zum Donnerstag versuchen, zwischen 2 und 3 Uhr morgens.

Dem Mann, der in Weimar im Hotel ›Hilton‹ auf seinem Bett lag – der vor drei Tagen aus einem Flugzeug in der Nähe der polnischen Grenze zu Litauen gesprungen war und mithilfe eines Polen illegal Deutschland betreten hatte – fehlte der Zeigefinger der linken Hand. Er hieß mit wirklichem Namen Olaf Arndt.

Etwa zur gleichen Zeit bekamen die Kriminalpolizisten in Bräunigs Büro für einen Moment den Mund vor Staunen nicht zu. Diese Entdeckung war eine echte Neuigkeit. Polizeimeister Klimm fasste sich zuerst.

»Und wer ist der Tote auf dem Bild? Warum wurde Arndts Tod vorgetäuscht und wo hält er sich seit 1999 auf?«

Hauptkommissar Bräunig lockerte den Knoten seiner Krawatte, als bekäme er zu wenig Luft. Er rieb seine Augen, als er sagte: »Den Toten, der auf den Bildern zu sehen ist, zu identifizieren, wird kaum noch möglich sein. Er wurde ja eingeäschert. Wenn unsere Ermittlungen abgeschlossen sind, informieren wir die Berliner Kollegen. Vorher auf keinen Fall. Sollen die ihr Glück bei der Identifizierung versuchen. Was wissen wir? Arndts Tod wurde inszeniert, damit eine andere Person seinen Namen annehmen kann, in unserem Fall Jentzsch. Im Ausweis steht eine Adresse, die es nicht gibt. Eventuelle Nachfragen zu dieser Person, von wem auch immer, führten ins Nichts. Er durfte nur nicht bei Behörden, wie zum Beispiel der Polizei, auffallen. Denn die hätten sehr schnell herausbekommen, dass etwas nicht stimmt. Jentzsch muss irgendwann mal zwei gefälschte Ausweise besessen haben. Einen, den er bei der Registrierung beim Einwohnermeldeamt vorlegte, und dann den anderen mit der Fantasieadresse, den wir bei ihm gefunden haben. Wenn er also irgendwo auffällig geworden wäre, hätte die Ermittlung seiner wahren Identität ziemlich lange gedauert. Wenn es überhaupt möglich gewesen wäre. Ein Glück für uns, dass Klatt Jentzsch persönlich kannte. Für den echten Arndt bedeutet sein inszenierter Tod, dass er, wenn er noch lebt, auch eine neue Identität angenommen haben könnte und hier in Deutschland lebt. Oder unter richtigem oder falschem Namen im Ausland. Könnte Arndt gewusst haben, dass Jentzsch seinen Namen bekommt, weil feststand, dass er, Arndt, zum Beispiel Deutschland verlässt? Wenn ja, dann wusste er natürlich auch von der Omicron AG. Damit wage ich zu behaupten, dass Arndt einen ähnlichen Job wie Jentzsch hatte. Das bedeutet, dass wir einen zweiten Mann ermittelt haben, der eventuell ein oder mehrere der insgesamt 11 Opfer angesprochen, vielleicht sogar ermordet haben könnte. Also, lebt er noch? Wo hält er sich auf?«

Fischer meldete sich zu Wort. »Ich halte es für ziemlich unwahrscheinlich, dass ihm bekannt war, wer seinen Namen bekommen sollte. Das konnte ihm egal sein, wenn er wusste, dass er seinen Namen oder seine Identität nicht mehr brauchte. Er muss von der Aktion gewusst haben, sonst hätte man sich doch nicht die Mühe mit dem armen Schwein gemacht, das unter dem Lkw lag. Das bringt mich zu der Überzeugung, dass Arndt auch für die Omicron AG tätig ist oder war. Es gibt auch noch andere Gemeinsamkeiten. Beide sehen sich ziemlich ähnlich, sind fast gleich alt und waren in einer Spezialeinheit. Da Jentzsch Matti Klatt die Telefonnummer der Omicron AG gegeben hat, wissen wir, dass er dort tätig war. Und Jentzsch bekam Arndts Identität. Es ist doch offensichtlich, dass Arndt auch da arbeitet oder zumindest zum damaligen Zeitpunkt dort beschäftigt war. Der eine Fallschirmjäger, der andere Kampfschwimmer. Das wären zu viele Zufälle. Und irgendwer muss diesen Verkehrsunfall inszeniert haben. Der Verdacht drängt sich auf, dass die Omicron AG die Fäden zieht. So würde alles einen Sinn ergeben.«

»Es könnte so sein«, sagte Bräunig. »Zu viele Vermutungen und Fragen und zu wenige Antworten. Bis jetzt haben wir keinen handfesten Beweis für unsere Theorien. Erinnert euch an unser Gespräch von gestern. Wir waren uns alle fast zu 100 Prozent sicher, dass Jentzsch die anderen Morde begangen haben könnte.«

Kratzenstein unterbrach Bräunig.

»Nicht ganz. Wir sagten, er könnte es gewesen sein, aber auch andere, die dieselbe Art zu töten, gelernt haben. Ein Kandidat wäre dieser Arndt. Ich habe doch die Liste der einberufenen wehrpflichtigen Männer von Staatsanwalt Dr. Müller bekommen. Wir könnten Folgendes probieren: Wir suchen uns die Einberufungsjahrgänge 1975-1983 für Spezialeinheiten der DDR raus. Die Männer müssten heute ein Alter zwischen 38 und 46 Jahren haben. In der Regel wurden Freiwillige mit 18 oder 19 Jahren einberufen. Wir schauen nach, ob und wo sie leben und was sie so treiben. Vielleicht entdecken wir etwas. Das ist zwar eine Sisyphusarbeit, aber ein Anfang.«

Alle stimmten zu. Bräunig meinte zu Klimm, Kratzenstein und Fischer: »In Ordnung, kümmert euch darum. Hubaczek und Leichenkolbe, ihr nehmt die Ermittlungsakten, die das BKA von unseren 11 Toten geschickt hat, und schaut euch bis ins kleinste Detail alles an. Besorgt euch aussagekräftige Bilder von Jentzsch und Arndt und schickt diese an die Dienststellen, die die Fälle damals untersucht haben. Die Kollegen sollen noch mal zu den Kontaktpersonen der Opfer, zu Nachbarn, Anwohnern, Kollegen und Freunden gehen und denen die Bilder vorlegen. Wenn nur ein einziger Zeuge Arndt identifiziert, hätten wir unseren Beweis, dass auch er für die Omicron AG gearbeitet hat. Falls er noch lebt und wir ihn kriegen, halten wir ihm das vor und er muss es uns erklären. Wenn Jentzsch jemand auf dem Bild wieder erkennt, besteht die vage Möglichkeit, ihm den einen oder anderen Mord nachzuweisen. Warten wir ab. Ein Schritt nach dem anderen.«

Jetzt hatten sie schon zwei dringend Tatverdächtige und waren der Aufklärung der anderen Morde damit schon etwas nähergekommen. In dieser Richtung ging es voran. Langsam, aber immerhin. Die Frage nach Jentzschs Auftraggebern und Kontaktleuten war immer noch unbeantwortet. Ganz oben auf seinen Notizblock schrieb er einen Namen und setzte drei Ausrufezeichen dahinter: Omicron AG!!!

Nachdem Dr. Rose Einzelheiten zur Durchführung der Errichtung einer neuen Republik vorgestellt hatte, wurde am Ende der Sitzung eine Entscheidung getroffen. Es ging um die Frage, wer der erste Präsident des neuen Deutschland sein sollte. Die Gremiumsmitglieder wollten einstimmig ihn: Dr. Rose.

Ohne zu zögern, hatte dieser das Angebot angenommen. Er war jung und er war brillant. Er dachte an die Macht und daran, dass er der Führer der Auserwählten war. Er wollte den Menschen die Verlogenheit der

Gesellschaft vor Augen führen und Wahrheit schaffen, seine eigene Wahrheit. Und sie hatten bei diesem Treffen beschlossen, sich umzubenennen, in ›Komitee der zukünftigen Präsidialen Republik Deutschland‹.

Der zukünftige Präsident stand jetzt, im Jahr 2003, mit 35 Jahren, in seiner Wohnung am Fenster. Er ärgerte sich über seine Ungeduld. Nach so vielen Jahren der Vorbereitung war es nun endlich an der Zeit, die Herrschaft über Deutschland an sich zu reißen. Aber noch musste dieser Augenblick warten.

Erst wenn das so wichtige Kommando B seine Ausbildung erfolgreich abgeschlossen hatte, und er, Dr. Rose, das Präparat in Massen bereithielt, war es so weit. Ja, dachte er, dieses durchsichtige, unscheinbar aussehende Arzneimittel, wird alles bisher da Gewesene in den Schatten stellen.

Er drehte sich vom Fenster weg und schaute sich um. Die Wohnung war funktionell eingerichtet. Alles hatte seine Aufgabe. Sessel und Couch zum Sitzen, ein Tisch zum Essen und Regale, die seine Bücher aufnahmen. Kein unnötiger Firlefanz, sagte er sich. Wäre eine Frau an meiner Seite, stünden hier viele unnütze Dinge herum. Deckchen, Kerzchen und Bildchen vielleicht. Er brauchte keine Frau. In seinen Augen machten sie die Männer zu Schwächlingen. Ständig sorgten sie sich um etwas und tratschten herum. Er wusste gar nicht, worüber er sich mit ihnen unterhalten sollte. Es gab für ihn kein Privatleben. Und das, womit er sich den ganzen Tag beschäftigte, ging nur ihn etwas an. Im Übrigen hatte er noch keine Frau getroffen, die seinen Vorstellungen entsprach. Und eine, die ihm intellektuell das Wasser reichen konnte, sowieso nicht. Bei den meisten hatte er den Eindruck, dass sie viel lieber aßen, oder besser fraßen als zu ficken. Wenn ihm danach war, tat er es selbst. Das war unkomplizierter und billiger. Man konnte es tun, wo und wann immer man wollte, und war nicht auf die Hingabe der Frau angewiesen.

Jedes Mal, wenn er an Frauen dachte, verzog er verächtlich das Gesicht. Sie waren überflüssig, nervig und brachten nichts als Probleme mit sich.

Während seines Geschichtsstudiums hatte er sich viel mit der 68er-Studentenbewegung befasst. Später dann mit den Protestbewegungen der Friedensaktivisten gegen den NATO-Doppelbeschluss und den Ostermärschen der Gewerkschaften. Er kam zu der Überzeugung, dass diese Aktivitäten zu nichts führten. Die Mitglieder der kommunistischen und sozialistischen Parteien waren in seinen Augen Utopisten. Der Zusammenbruch des Ostblocks bestätigte ihn später in seiner Meinung. Es gab nur ein radikales Mittel, um Veränderungen zu schaffen, nämlich das Übel an der Wurzel zu packen und zu vernichten. Mit Stumpf und Stiel. Plötzlich und gnadenlos. Er hatte kaum zu hoffen gewagt, dass dieser Plan sich durchsetzen ließe. Zu borniert und zu satt waren die Leute geworden. Jeder dachte nur an sein persönliches, kleines beschissenes Glück im trauten Heim. Und keiner wollte öffentlich seinen Unmut zum Ausdruck bringen oder sich auflehnen, schon gar nicht gegen den Staat. Außer vielleicht in der Kneipe, wo alle ihren Mund groß auftaten und nichts als Luftblasen schlugen.

Bis zu dieser Fügung des Schicksals, als er die Gemeinschaft ›Deutschland zuerst‹ kennenlernte. Jedes einzelne Mitglied hatte in seinem eigenen Umfeld Gleichgültigkeit, Kriecherei, Feigheit, populistische Phrasen und Korruption erlebt.

Das Komitee bestand aus einer Staatsanwältin, einem Rechtsanwalt, einem Arzt, zwei Generälen, einem Universitätsprofessor, zwei Verlegern, einem Landes- und einem Bundespolitiker, zwei hohen Polizeioffizieren, einem Reeder, einem Vorstandsmitglied eines TV-Senders sowie dem Chef der Informationsgesellschaft Omicron, einem Elektronikhersteller, dem Chef eines Meinungsforschungsinstitutes, einem Fuhrunternehmer, einem Bankdirektor und dem Chef einer Kunststofffirma. Dass eine Frau Mitglied des Komitees war, akzeptierte Dr. Rose aus mehreren Gründen: Sie war extrem radikal in ihren Ansichten, war ihm gegenüber loyal und hatte rein gar nichts mit seiner Meinung von Frauen gemein. Weder wegen ihres äußeren Erscheinungsbildes noch ihrer Intelligenz.

Die erste Phase, die Rekrutierung geeigneter Zielpersonen und die Bereitstellung der Finanzen, war fast abgeschlossen. Dr. Eckbert Rose, der künftige Präsident, traf sämtliche Entscheidungen.

Für die Suche nach geeigneten Leuten wurden in der Omicron AG drei Abteilungen geschaffen: die Ermittlungs-, Überwachungs- und Cleanergruppe.

Diejenigen Zielpersonen, die vereinzelt von den Komiteemitgliedern direkt an die Omicron AG weitergeleitet wurden, kamen aus allen Bereichen des gesellschaftlichen Lebens. Dabei konzentrierte man sich vorrangig ganz allgemein auf Stellvertreter, die nur darauf warteten, selbst das Zepter in die Hand nehmen zu können, ins Abseits gestellte Fachleute aus Wirtschaft und Politik oder ehemalige Generäle, die aufgrund ihrer Vergangenheit frühzeitig pensioniert wurden und jetzt Paletten in Baumärkten stapelten, sowie geschasste, ehemalige Führungskräfte. Und diejenigen, die von dem Vorhaben überzeugt waren, brachten neue gleich gesinnte Personen mit. Die Liste der Sympathisanten wuchs täglich. Der Fundus an unzufriedenen und leicht zu beeinflussenden Menschen war schier unermesslich. Oberste Maxime war Verschwiegenheit.

Zuerst kamen die Ermittlungsgruppen zum Einsatz. Bei einem ersten, sehr diskreten Treffen wurden die Leute allgemein abgeklopft vorrangig wurden sie nach ihren Sorgen und Nöten befragt und vor allem nach den Gründen für ihre Unzufriedenheit. Beim zweiten Treffen wurden ihnen von den Ermittlern Möglichkeiten aufgezeigt, wie ihre Wünsche und Ziele erfüllt werden konnten. Man weihte sie in groben Zügen in die Pläne des Komitees ein. Wenn einige dennoch Bedenken hatten, reichten in der Regel die Ergebnisse der bereits vorab zum Einsatz gekommenen Überwachungsgruppen aus, diese zu beseitigen. Eine Leiche hatte fast jeder im Keller. In einigen Fällen brachte die Form der Erpressung auch nichts. Wenn die Angesprochenen dann schon zu viel wussten, wurden die Cleaner geschickt.

Zeitgleich mit den Rekrutierungen wurde eine neue Verwaltungsgliederung für Deutschland erarbeitet. Die neue Präsidiale Republik Deutschland würde nur noch aus 12 statt bisher 16 Bundesländern bestehen. Hamburg als Stadtstaat fiel weg und sollte Landeshauptstadt von Niedersachsen werden. Ebenso würde es Bremen und Berlin treffen. Letzteres sollte Bundeshauptstadt bleiben, mehr nicht. Das Saarland würde an Rheinland-Pfalz angegliedert werden, die bisher bestehenden 29 Regierungsbezirke Deutschlands aufgelöst werden. Insgesamt sollten in 439 Kreisen und 2076 Städten neue Führungskräfte eingesetzt werden. Das Netz der Alpha- und Betagruppe wurde mit der Zeit immer dichter. Es waren nur noch sehr wenige neu zu besetzende Stellen frei. Um die Struktur der Gemeinden und Gemeindeverbände wollte man sich später kümmern.

Für die Beseitigung der Bundesregierung war das Kommandounternehmen ›Eiserne Faust‹ in Vorbereitung.

Den Finanzierungsplan von Infantizid stellte der Bankdirektor auf. Einige Unternehmer des Gremiums leiteten einen großen Teil der Erlöse ihrer Firmen auf die Konten des Komitees um. Der Bankdirektor verfügte über die notwendige Erfahrung und über Möglichkeiten, Gelder anzulegen und zu transferieren, ohne dass die Steuerbehörden Wind davon bekamen. Insgesamt verfügte er Ende 2002 über 90 Millionen Euro. Über die strikte Einhaltung des Zeitplans wachte Dr. Eckbert Rose mit strenger Härte. Der stand immer noch an seinem Fenster und ließ sein Vorhaben wiederholt Revue passieren. Am Donnerstag wollte er allen Komiteemitgliedern die zweite Phase, die Durchführung von Infantizid, vorstellen. Die wussten zwar, dass die Schwarze Division aufgebaut wurde, hatten aber keine detaillierten Informationen. Weder darüber, was sich hinter dem Unternehmen ›Eiserne Faust‹ verbarg, noch welche Bedeutung der Plan ›Tsunami‹ für Infantizid besaß. Aber sie waren fast am Ziel. Ihn überkam eine freudige Erregung.

Matti Klatt hatte in der Nacht von Dienstag auf Mittwoch schlecht geschlafen. Da er dienstags nicht zum Sport ging, saß er den ganzen Abend zu Hause und schaute fern. Was das Abendprogramm bot, war nicht nach seinem Geschmack. Er schaute nur die Nachrichtensender und gegen 22 Uhr sah er ein, dass es keinen Zweck hatte, sich krampfhaft wach zu halten. Die Nacht verlief unruhig, immer wieder riss ihn derselbe Traum aus dem Schlaf.

Acht schwarze, riesige Ratten jagten ihn. Sie waren so groß wie Flusspferde. Kurz bevor sie zuschnappen konnten, gelang es ihm im letzten Moment, einen Haken zu schlagen oder in dichteres Unterholz des Waldes zu verschwinden, wo die Ratten nur langsam vorankamen. Er rannte wie von Sinnen und hatte das Gefühl, immer langsamer zu werden. Wie wenn er durch hohen Schnee oder durch Morast laufen würde. Die Ratten kamen immer näher. Als er endlich den Wald hinter sich lassen konnte, sah er einen Fluss. Wenn er den überqueren konnte, hatte er gewonnen. Am gegenüberliegenden Ufer ragte eine steile Felswand empor. Unmöglich für die Ratten, ihn weiter zu verfolgen. Sollte er in den reißenden Fluss springen? Sie kamen bedrohlich näher. Er konnte das Schleifen ihrer armdicken, behaarten Schwänze auf dem Boden immer deutlicher hören. Springen oder nicht? Die Ratten hatten ihn fast eingeholt. Die Ersten hatten ihre Schnauze weit geöffnet und man sah zwei lange Schneidezähne. Sie waren orange, nur an den Rändern schwarz und mindestens einen halben Meter lang. Er sprang. Sogleich trieb ihn die reißende Strömung flussabwärts. Er erinnerte sich an die Tauchgänge während seiner Militärzeit. Auf den Grund hinab, sich in Richtung Strömung drehen und die Hände in den Flussgrund graben. So wusste man, wo man war und konnte sich orientieren. Er tauchte hinab, strampelte wie verrückt mit seinen Beinen und hielt die Luft an. So lange, bis ihn die Panik ergriff. Die Angst, jeden Moment zu ersticken, würgte aus ihm einen dumpfen Schrei. Mit diesem Schrei wachte er jedes Mal auf. Völlig durchgeschwitzt und außer Atem saß Matti Klatt aufrecht in seinem Bett. Erschöpft und mit ausgetrocknetem Mund stand er auf. Der nächste Gang war immer der zur Küche, um etwas zu trinken.

Heute am Mittwoch war es dieselbe unangenehme Zeremonie. Um 6 Uhr in der Frühe stand er endgültig auf. Er machte seine Liegestütze, duschte und zog sich an. Nachdem er seinen Kaffee ausgetrunken hatte, verließ er die Wohnung. Er brauchte frische Luft. Nach einem kurzen Spaziergang stand er am Rand des Goetheparks im Süden Weimars. Er setzte sich an einen künstlich angelegten Teich auf eine Bank, holte sein Aufnahmegerät aus der Tasche und begann, von dem Treffen mit Schitko zu reden. Am späten Nachmittag war er wieder zu Hause und bereitete sich auf seine abendliche Trainingseinheit im Sportstudio vor. Dort übergab er die Kassetten dem jungen Klimm.

»Ich möchte Sie weder töten noch kidnappen und auch nicht verletzen. Haben Sie mich verstanden?« Arndt stand am Bett des Innenministers der Bundesrepublik Deutschland im Weimarer Hotel ›Hilton‹. Mit einer Hand hielt er ihm den Mund zu, die andere zielte mit einer Pistole auf dessen Stirn.

»Nicken Sie zweimal mit dem Kopf. Sollten Sie dennoch rufen oder Theater machen, werde ich ohne weitere Warnung schießen.«

Die Pistole war eine sowjetische Makarov 9 Millimeter. Der Schleuser, der Arndt von Polen nach Deutschland gebracht hatte, hatte sie ihm gegeben. Man könne nie wissen, hatte er zum Abschied gesagt. Zbigniews Bruder hatte das Treffen von Arndt und ihm organisiert.

Er nahm langsam die Hand vom Mund des Innenministers.

»Wie sind Sie hier hereingekommen? Wo sind meine Sicherheitsleute?« Der Innenminister war mehr verärgert als ängstlich.

Arndt zog sich einen Stuhl heran.

»Sehen Sie, Herr Innenminister, das ist eines von einer Million Problemen in diesem Land. Jeder denkt, was soll denn schon passieren, bis jetzt ist doch auch nichts passiert. Sie werden es nicht glauben, es war keiner da. Als ich Ihren Flur betrat, stand niemand vor Ihrer Tür. Ich hatte mich schon auf eine Auseinandersetzung vorbereitet. Absolut überflüssig, nur kann man das ja vorher nicht wissen. So wurde jedenfalls keiner verletzt.«

Der Innenminister rieb sich die Augen und sah auf die Uhr. Es war 2 Uhr morgens. Er hatte sich erst vor einer Stunde hingelegt. Das komplette Personenschutzkommando würde in Zukunft Tanzveranstaltungen absichern, nahm er sich vor. Laufen den ganzen Tag wichtig in ihren Anzügen herum, tun wer weiß wie gestresst und im Ernstfall taugen sie zu nichts. »Verdammte Scheiße«, fluchte er und stand auf.

»Ich brauche einen Drink. Wollen Sie auch einen?«

Arndt lehnte ab. Die Reaktion des Ministers gefiel ihm. Er hatte die Situation erkannt und war sich seiner Rolle bewusst. Beide konnten nicht wissen, dass Arndt unglaubliches Glück hatte, dass er so einfach zu ihm vordringen konnte. Die Tür war nur insgesamt 30 Sekunden unbeaufsichtigt gewesen. Während der eine Personenschützer auf der Toilette saß, irgendetwas am Abendbrot hatte sein Magen nicht vertragen, waren dem anderen die Zigaretten ausgegangen. Er war kurzerhand an den Automaten im Erdgeschoss gerannt, um sich neue zu ziehen. In diesem Moment war Arndt um die Ecke der Etage gekommen und wollte seinen Augen nicht trauen. Kein Mensch da! Vor einer Tür stand ein kleiner Tisch mit zwei Stühlen, völlig verwaist. Nur in diesem Zimmer konnte der Innenminister sein. Gerade als er die Tür des Ministers von innen geschlossen hatte, kam der Personenschützer von der Toilette zurück. Und kurze Zeit später auch der andere.

»Nein, danke. Ich möchte jetzt keinen Alkohol. Herr Innenminister, Sie sind ein kluger Mann. Ich weiß, dass ich eben eine schwere Straftat begangen habe. Und es war nicht die erste. Aber ich hatte keine andere Wahl. Über die Konsequenzen bin ich mir im Klaren. Sie werden mir wohl oder übel zuhören müssen. Die Chancen stehen 50 zu 50, dass ich mich in Ihnen nicht täusche und den richtigen Mann als Ansprechpartner vor mir habe.«

Der Innenminister stand an der Hausbar und schenkte sich einen Moskovskaja, echten russischen Wodka, ein. Er trank das Glas in einem Zug aus. Nach kurzem Zögern goss er gleich noch mal nach.

»Richtig, das ist eine schwere Straftat. Egal, was Sie mit mir veranstalten, Sie werden dafür bestraft werden. Was, denken Sie, würde passieren, wenn jeder mit einer Pistole bewaffnet zu einem Minister vordränge, um ihm von seinen Problemen zu erzählen?«

Arndt legte die Pistole auf den Tisch. Dann sah er den Innenminister ernst an.

»Ich weiß, was Sie meinen. Aber es geht nicht um ein persönliches Problem. Ich bin nicht durchgeknallt oder verrückt. Bitte setzen Sie sich und hören Sie mir um Gottes willen zu.«

Nachdem der Minister das zweite Glas geleert hatte, sagte er: »Ich kann noch ganz gut stehen. Also, Mann, was wollen Sie eigentlich mitten in der Nacht von mir?«

»In ein paar Tagen oder Wochen wird es Deutschland nicht mehr geben. Nicht mehr so, wie Sie es kennen. Und das meine ich nicht nur politisch, sondern auch geografisch. Die größte Insel Deutschlands existiert dann möglicherweise auch nicht mehr.«

Die größte Insel Deutschlands? Rügen. Und wieso würde es Deutschland so nicht mehr geben? Der Innenminister stellte sein Glas zurück und setzte sich.

»Fangen Sie an. Ich höre Ihnen zu.«

DRITTER TEIL

JÄGER UND GEJAGTE

Mittwoch, 20. August 1968, 22.30 Uhr, Prag, Flughafen Ruzyně

»Erteilen sie uns die Landeerlaubnis?«, fragte Anatoli Sergejewitsch Rybakow den Piloten.

»Nein. Wir sollen auf den Militärflughafen Kbely ausweichen«, antwortete der Pilot der Führungsmaschine dem jungen Major, der neben ihm im Cockpit stand.

»Landen Sie trotzdem. Danach parken Sie das Flugzeug direkt vor dem Flughafengebäude. Und informieren Sie die nachfolgenden Maschinen.« Der Major drehte sich um, verließ das Cockpit und ging zurück in den Frachtraum.

Major Rybakow war 30 Jahre alt und Bataillonskommandeur in der 103. Garde-Luftlande-Division. Er war durchtrainiert, hatte kurze, schwarze Haare und dunkle Augen. Er war Absolvent des Rjasaner Kommando-Instituts, einer Einrichtung, die die Militärelite der Luftlandetruppen der Sowjetunion ausbildete. Er gehörte zu den Lehrgangsbesten und scine Ausbilder sagten ihm eine Zukunft als Kommandeur voraus. Als 20-jähriger Leutnant kam er in die 103. und übernahm einen Zug junger Freiwilliger. Kurze Zeit später wurde er Kompaniechef und bereits mit 29 Jahren Bataillonskommandeur.

Er hielt sich im Führungsflugzeug auf, der ersten von insgesamt acht riesigen Transportmaschinen, die sich unangemeldet im Landeanflug auf den Prager Flugplatz Ruzyně befanden.

Im Januar 1968 wurde Alexander Dubček Erster Sekretär des Zentralkomitees der Sozialistischen Partei der ČSSR. Das Hauptziel seiner Arbeit sah er von Anfang an darin, den Sozialismus zu reformieren. Moskau, mit Leonid Breschnew an der Spitze, hatte vergeblich versucht, diese Reformpolitik zu unterbinden. Das militärische Oberkommando der Warschauer Vertragsstaaten erhielt im August 1968 den Befehl, in die ČSSR einzumarschieren und die Bewegung niederzuschlagen. Das Vorauskommando sollte die 103. Garde-Luftlande-Division sein, später sollten russische, polnische, bulgarische und ungarische Bodentruppen nachrücken. Es galt, den Prager Frühling zu zerschlagen. Einer, der mit dazu beitragen sollte, war Major Rybakow.

Er hatte den Befehl erhalten, das Flughafengebäude in Ruzyně einzunehmen und sich anschließend mit seinem Bataillon auf dem kürzesten Weg in die Prager Innenstadt zu begeben. Dort sollte er Alexander Dubčeks Parteizentrale stürmen und besetzen. Und wenn Major Rybakow einen Befehl erhielt, führte er diesen auch aus. Als seine Maschine zum Landeanflug einschwenkte, wies er seinen Piloten an, dem Prager Tower mitzuteilen, dass sie keinen Treibstoff mehr hätten und unbedingt landen müssten. Diese Erlaubnis war ihnen eben verweigert worden. Dann ohne Erlaubnis, dachte der junge Major und gab seinen Männern im Frachtraum das Zeichen zum Fertigmachen. Knapp 60 junge Fallschirmjäger, nur mit kleinen Maschinenpistolen bewaffnet, standen auf und liefen Richtung Heck. Sobald das Flugzeug zum Stehen gekommen war, wollten sie über die Laderampe hinausrennen. Sie trugen das blaue Barett und das typische blau-weiß gestreifte Matrosenhemd unter ihren gefleckten Kampfanzügen. Um kurz vor 22.30 Uhr setzte das erste Flugzeug mit dem großen roten Stern und der taktischen Nummer 39 auf der Start- und Landebahn auf und rollte bis direkt vor das Flughafengebäude. Die Fallschirmjäger überwältigten zuerst die Sicherheitskräfte und besetzten den Tower. Sie teilten dem verdutzten Personal mit, dass ihre Arbeit hier bis auf Weiteres beendet war. Nach und nach folgten die anderen Transportmaschinen. Sie wurden von den nachfolgenden Soldaten sofort entladen. Es handelte sich um Luftlandepanzer vom Typ ASU-57 und ASU-85. Gegen 23 Uhr begab sich ein Teil der 103. Garde-Luftlande-Division über die Autobahn direkt in das Prager Zentrum. Zur selben Zeit flogen andere Luftlandeverbände Städte der ČSSR an und besetzten ebenfalls die Flughäfen. Sie alle waren in einer Schlüsselrolle und sollten ohne viel Blutvergießen schnell und überraschend die totale Kontrolle der Einrichtungen übernehmen.

Um 23.05 Uhr teilte der sowjetische Botschafter in der ČSSR, Tschervonenko, dem Staatspräsidenten Svoboda den Beginn der Invasion mit. Alexander Dubček berief sofort eine Sondersitzung ein. Gegen 1 Uhr ließ er über den tschechoslowakischen Rundfunk die Verurteilung des Einmarsches verbreiten.

Kurz vor 4 Uhr früh fuhren die ersten Luftlandepanzer von Major Rybakow vor das Haus des Zentralkomitees. Sie riegelten das Gebäude ab und besetzten alle Ausgänge. Rybakow und weitere 15 Fallschirmjäger stürmten die Zentrale und drangen bis in das Sitzungszimmer Dubčeks vor. Sie stellten sich hinter den großen Tisch und hielten den Teilnehmern der Sitzung ihre Maschinenpistolen in den Nacken. Einige Soldaten schlossen die Fenster, um die antirussischen Sprechgesänge nicht an ihre Ohren dringen zu lassen, und rissen die Telefonleitungen aus den Wänden. Alexander Dubček und die anderen Führer des Prager Frühlings wurden verhaftet. In derselben Nacht besetzten nachfolgende Fallschirmjäger der 103. Garde-Luftlande-Division die Rundfunk- und Fernsehstationen der Hauptstadt sowie weitere wichtige Kommunikationszentralen.

Major Anatoli Rybakow hatte erstklassige Arbeit geleistet. In seinem Bataillon gab es keine Verletzten oder Toten zu beklagen.

Montag, 24. Dezember 1979, 21.10 Uhr, Militärflugplatz Bagram, 75 Kilometer nördlich von Kabul, Afghanistan, 11 Jahre später

1978 stürzte die marxistisch orientierte Demokratische Volkspartei, von hohen Militärs gestützt, das Daud-Regime in Afghanistan. Aber die Versprechungen, welche diese Partei dem in Not und Elend lebenden Volk gemacht hatte, erfüllten sich ebenfalls nicht. Am 08. Oktober 1979 wurde der Staatschef und Vorsitzende der Partei, Nur Muhammed Taraki, von Mitgliedern seiner eigenen Partei ermordet. Hafizullah Amin ließ sich zum Ministerpräsidenten ernennen. Die Ereignisse in Afghanistan riefen bei der Moskauer Führung die Befürchtung hervor, dass sie ihren Einfluss auf das Land verlieren könnte. Man erhöhte die Zahl der sowjetischen Militärberater und beorderte Truppenkontingente nach Afghanistan.

Oberst Anatoli Rybakow, inzwischen 41 Jahre alt, der 11 Jahre zuvor mit seinem Kommando Alexander Dubček festnahm, befand sich mit seinem Luftlanderegiment auf dem Militärflugplatz Bagram, 75 Kilometer nördlich von Kabul. Zusammen mit Generalleutnant Viktor S. Paputin, dem Chef der Speznas-Sondereinheiten, bereitete er die Eroberung Kabuls vor. Es landeten nun die ersten Transportmaschinen aus Usbekistan und Tadschikistan. Die Luftbrücke war wenige Stunden zuvor eröffnet worden. Alle 10 Minuten trafen Angehörige der 105., 104. und 103. Garde-Luftlande-Divisionen mit ihrer gesamten Ausrüstung ein. Sie hatten den Auftrag, den wichtigen Salang-Tunnel und andere Zufahrtswege zu sichern.

Trotz der auf vollen Touren laufenden Besetzung war es ihnen gelungen, Ministerpräsident Amins Befürchtungen, dass die Sowjets einen Machtwechsel planten, zu zerstreuen. Bis zum 27. Dezember. Die Panzer der Luftlandedivisionen rollten gerade über die Stadtgrenze von Kabul, während sich hochrangige afghanische Politiker auf einer Cocktailparty der sowjetischen Militärs befanden. Gegen 19 Uhr war die Party beendet. Die sowjetischen Gäste durften das Gebäude verlassen, die Afghanen hielt man fest.

Oberst Rybakow und seine Fallschirmjäger stürmten an diesem Abend das Rundfunk- und Fernsehgebäude, verschiedene Ministerien und die Fernmeldezentrale. In seiner Einheit gab es nur ein paar Leichtverletzte.

Im Gegensatz dazu stieß Generalleutnant Paputin mit seinen Speznas bei der Einnahme des Darulaman-Palastes, dem Sitz der Regierung, auf starke Gegenwehr. Erst nach heftigen Kämpfen wurde der Palast eingenommen. Paputin kam dabei ums Leben. Bereits gegen 22 Uhr befand sich Kabul in den Händen der Luftlandedivisionen. Offiziell übernahm Babrak Karmal die Führung. Er wurde nun mit der Bildung einer neuen Regierung beauftragt.

Nach dieser weiteren erfolgreichen Aktion wurde Oberst Rybakow aus Afghanistan abgezogen. Er wurde zum Generalmajor befördert und nach Litauen versetzt. Die 7. Garde-Luftlande-Division, deren Motto ›Der Mut – Die Kühnheit – Die Ehre‹ war, bekam mit ihm einen neuen, kampferprobten Kommandeur. Er war stolz darauf, als einer der jüngsten russischen Generäle einen großen militärischen Verband zu führen. Der Standort befand sich in Kaunas.

Sonntag, 13. Januar 1991, Vilnius, Litauen, sogenannter ›Blutsonntag‹

Zu seinem 50. Geburtstag im Jahr 1988 wurde Anatoli Rybakow zum Generalleutnant befördert.

Die Vollendung des Kampfes der baltischen Völker um nationale Selbstbestimmung seit dem 19. Jahrhundert war als singende Revolution anzusehen. Ausgelöst wurde sie durch den Amtsantritt von Michail S. Gorbatschow als Generalsekretär des Zentralkomitees der KPdSU im März 1985. Kaum hatte Glasnost die Schleusen geöffnet, wurde öffentlich, dass keines der größeren nichtrussischen Völker der Sowjetunion freiwillig sowjetisch geworden war.

Am 18. Mai 1989 verabschiedete der Oberste Sowjet in Vilnius, der Hauptstadt Litauens, eine Souveränitätserklärung, in der Litauens Anschluss an die UdSSR erstmals als gewaltsam und widerrechtlich bezeichnet wurde. Am 11. Januar 1990 besuchte Gorbatschow Litauen. Nach drei Tagen im Lande verstand er, dass es nicht zu halten war. Am 11. März 1990 um 17 Uhr verabschiedete nunmehr der Oberste Rat von Litauen unter dem Vorsitz von

Vytautas Landsbergis mit 124 Ja-Stimmen bei sechs Enthaltungen den ›Akt der Wiederherstellung des unabhängigen litauischen Staates‹. Moskau reagierte zunächst mit Ermahnungen, Drohungen und Ultimaten und dann mit einer Blockade auf den Paukenschlag in Vilnius. Zu den von den Litauern verlangten Verhandlungen kam es im Laufe des Jahres 1990 nicht. Ende 1990 gewannen reaktionäre Kräfte in Moskau die Oberhand und in Litauen mehrten sich die Anzeichen dafür, dass eine militärische Auseinandersetzung bevorstand. In den ersten Januartagen 1991 war es dann so weit. Auf eine Preiserhöhung von Grundnahrungsmitteln reagierten prosowjetische Anhänger mit einer Demonstration vor dem Obersten Rat in Vilnius. Das Parlament fror die Preise ein und die Regierungschefin trat zurück. Das nutzte Gorbatschow und forderte Litauen auf, die Verfassung der UdSSR und die Verfassung der Litauischen SSR unverzüglich wieder in Kraft zu setzen.

Er schickte die KGB-Eingreiftruppe ›Alpha‹, Sondereinheiten des Innenministeriums und Generalleutnant Rybakows Fallschirmjäger nach Vilnius. Allerdings stellten sich den Truppen Tausende unbewaffnete Litauer entgegen. Insgesamt gab es an dem sogenannten ›Blutsonntag‹, dem 13. Januar 1991, 14 Tote und Hunderte Verletzte. Als Folge der Massendemonstrationen von Demokraten in Leningrad und Moskau wurden die militärischen Kräfte zurückgerufen. Am 06. September 1991 erkannte der Staatsrat der UdSSR die Republik Litauen schließlich an.

Generalleutnant Rybakow wollte und konnte das nicht akzeptieren. Zum ersten Mal in seinem Leben musste er eine militärische Niederlage hinnehmen. Der Vertrag über den Rückzug der sowjetischen Truppen aus Litauen sah vor, in den nächsten zwei Jahren mit der Verlegung der 7. Garde-Luftlande-Division nach Noworossijsk zu beginnen. Nach und nach sollten alle Einheiten dieser riesigen Divison verlegt werden. Der Umzug sollte nach fünf Jahren, also 1996, beendet sein. Allerdings sah das Abkommen auch vor, dass das militärische Absprunggelände bis Mitte des Jahres 2004 weiterhin genutzt wurde. Denn erst dann sollte das Gelände in Noworossijsk komplett fertig gestellt sein.

Donnerstag, 30. Oktober 2003, 8.05 Uhr

Generalleutnant Rybakow saß in einem Restaurant des Moskauer Flughafens Scheremetjewo II und wartete auf seine Maschine nach Berlin. Heute, am Donnerstag, dem 30. Oktober 2003, trug er Zivil und war auf dem Weg zur Sitzung des Komitees der zukünftigen Präsidialen Republik Deutschlands, dessen militärischer Berater er Endc 1997 geworden war. Mitte desselben Jahres hatte er bei einem Empfang des deutschen Botschafters in Moskau den Spediteur Hans Krieger kennengelernt. Krieger hielt einen Vortrag über moderne Logistik im Computerzeitalter. Rybakow nahm daran teil, um sich nützliche Hinweise für den Umzug seiner Division von Kaunas nach Noworossijsk zu holen. Beim Abendessen saßen beide zufällig an einem Tisch und kamen ins Gespräch. Die politischen Ansichten des Deutschen weckten Rybakows Aufmerksamkeit. Sie trafen sich nach dem Botschaftsempfang noch einmal, später regelmäßig, abwechselnd in Deutschland und in Russland. Bei der letzten Zusammenkunft 1997 machte Rybakow keinen Hehl aus seiner Abneigung gegenüber

Gorbatschow und der Politik der neuen Machthaber im Kreml. Insbesondere aufgrund der Rückgabe der baltischen Staaten. Gern hätte er diesen Schritt rückgängig gemacht. Er verachtete die jetzigen Führer in Moskau. Krieger informierte sein Komitee über den russischen Fallschirmjägergeneral und dessen radikale Ansichten. Sie luden ihn zu einer ihrer diskreten Zusammenkünfte nach Deutschland ein und unterrichteten ihn über ihre Vorhaben. Rybakow war sofort begeistert. Aufgrund seiner kampferprobten, strategischen Angriffsführung wurde er damit beauftragt, den militärischen Teil des Plans zur ›Eisernen Faust‹ zu entwerfen, um ›Infantizid‹ zum Erfolg zu führen.

Die blecherne Stimme aus dem Lautsprecher rief die Passagiere zum Linienflug nach Berlin auf. Generalleutnant Rybakow hatte die fertigen Entwürfe in seiner Aktentasche. Er bestieg die Lufthansamaschine A 320 und hob pünktlich um 8.20 Uhr Moskauer Zeit ab.

»Das ist doch Wahnsinn! Das gibt es doch gar nicht«, rief Kratzenstein noch völlig ungläubig in den Raum. Damit sprach er aus, was alle dachten. Sie blickten sich verständnislos an und schüttelten ihre Köpfe. Hauptkommissar Bräunigs Mitarbeiter hatten gebannt zugehört, was Matti Klatt bei der Omicron AG in Erfahrung gebracht hatte. Die besprochene Kassette hatte Klimm am gestrigen Abend von ihm bekommen.

Es war noch früh am Morgen und wie immer saßen sie vor Dienstantritt zum Rapport zusammen. Bräunig erhob sich und lief mit verschränkten Armen auf dem Rücken durch das Sitzungszimmer.

»Für das, was wir gehört haben, gibt es bis jetzt nicht den geringsten objektiven Beweis. Man braucht kein Prophet zu sein, um zu erkennen, dass hier ein Staatsstreich vorbereitet wird. Und ich werde das Gefühl nicht los, dass es bald so weit sein wird. Oder wie seht ihr die Sache?«

Klimm versuchte gerade sich der Tragweite der eben gesprochenen Worte bewusst zu werden und fragte:

»Müssten wir nicht den Verfassungsschutz oder den BND einschalten? Das hat doch nichts mehr mit Polizeiarbeit zu tun?«

So, wie er es herausbrachte, klang es komisch. Wie auf Kommando brüllten alle vor Lachen los. Fischer und Leichenkolbe kamen sogar die Tränen. Erst nach einiger Zeit konnten sie sich wieder beruhigen. Klimm schaute verdutzt in ihre Gesichter. Er hatte es ernst gemeint. Fischer konnte nicht aufhören, er kicherte weiter und klopfte sich auf den Schenkel.

»Ja, wir setzen uns Schlapphüte auf und ziehen lange Mäntel an.«

Bräunig beobachtete das Spektakel. Er fand, dass dieser kurze Heiterkeitsausbruch trotz der Ernsthaftigkeit der Lage etwas Befreiendes hatte. Ein Ventil hatte sich geöffnet und etwas Anspannung wurde abgelassen. Besser so, als wenn sich alle anschreien würden. Auch das hatte er in der Vergangenheit oft genug erlebt. Nach ein paar Minuten unterbrach er das Gelächter mit einem lauten Klatschen in die Hände. Sie wandten sich dem Hauptkommissar zu.

»Gut jetzt. Konzentrieren wir uns wieder. Bevor wir die Sache nach oben weitergeben, brauchen wir unbedingt mehr Informationen. Bis jetzt haben wir nur wenig Konkretes und bruchstückhafte Erkenntnisse. Nichts als Indizien. Wir können weder beweisen, dass der Mord an den Fahrern des Geldtransporters in Zusammenhang mit ›Infantizid‹ steht, noch wissen wir etwas Handfestes über eine Verschwörung oder einen Staatsstreich. Wie ich vorhin schon sagte, wir benötigen dringend objektive Beweise. Stellt sich die Frage, wie viel Zeit wir noch haben. Wir müssen, so schnell wie möglich, folgende Fragen klären. Schreibt mit:

1. Wer ist Mitglied des Komitees?
2. Welche und wie viele Personen wurden geworben?
3. Wo befindet sich die Schwarze Division?
4. Was verbirgt sich hinter den Begriffen ›Eiserne Faust‹ und ›Tsunami‹?
5. Wann ist der Tag X und was soll an diesem Tag wo passieren?

Darauf brauchen wir Antworten. Hoffen wir, dass uns Matti Klatt welche zukommen lässt. Er wird uns heute Abend eine neue Kassette übergeben. Kommen wir jetzt zu den Aufgaben. Klimm, Hubaczek, Kratzenstein, was ist mit der Liste der Wehrpflichtigen?«

»Wir haben sie nach damaligen Wohnorten sortiert und mit unserem Bundesland angefangen. In allen Polizeiinspektionen Thüringens liegen Anfragen nach den Adressen, der Art der Beschäftigung und den Familienverhältnissen vor. Die Ermittlungsersuche an die restlichen Bundesländer gehen heute raus. Ob jemand polizeilich aufgefallen ist, überprüfen wir selbst von hier aus. Da wir jetzt wissen, dass Leute für die Schwarze Division aus ganz Deutschland rekrutiert wurden, brauchen wir zusätzlich dieselbe Liste aus den alten Bundesländern. Wir haben es zwar dringend gemacht, aber solche Ermittlungen dauern«, sagte Kratzenstein.

Bräunig stimmte ihm zu. Die Kollegen mussten natürlich ihre eigenen Vorgänge auch bearbeiten.

»Ich rede mit dem Staatsanwalt, dass wir eine Liste von den Einberufenen der Bundeswehr von 1975 bis 1983 brauchen. Hubaczek und Leichenkolbe, was ist mit den 11 Toten?«

Hubaczek befreite seine Anzugjacke gerade von ein paar Fusseln. Er erklärte:

»Wir haben von den Bildern Vergrößerungen machen lassen. Jentzsch und Arndt sind ziemlich gut zu erkennen. In dem Rundschreiben an alle infrage kommenden Inspektionen baten wir die Kollegen darum, noch einmal alle relevanten Personen aufzusuchen, um ihnen die Bilder zu zeigen. Wir warten auf Ergebnisse.

Ich frage mich die ganze Zeit, was hinter den beiden Worten ›Eiserne Faust‹ und ›Tsunami‹ stecken könnte. Es sind Decknamen für Kommandounternehmen, wie wir wissen. Meiner Meinung nach hat das erste mit der Schwarzen Division zu tun. Wenn man mit einer Faust irgendwo hinschlägt, richtet man einen Schaden an, je nachdem wie heftig dieser ausgeführt wurde. Es besteht aber die Möglichkeit, dass er in Grenzen bleibt. Geschieht das Ganze mit einer Faust aus Eisen oder Stahl, werden die Folgen verheerend sein. Wie man so schön sagt: Da wächst kein Gras mehr. Mit ein bisschen Fantasie kann man sich vorstellen, was das im übertragenen Sinn bedeutet. Die formen ihre Faust seit 1999. Seit diesem Jahr wird die Schwarze Division aufgebaut, selbstverständlich unter strengster Geheimhaltung.

Unsere einzige Chance ist Matti Klatt. Er wurde ausgewählt und soll in die Höhle des Löwen. Und damit stellen sich die nächsten Fragen. Wenn wir die Informationen bekommen, wie könnten wir sie effektiv für uns nutzen? Haben wir noch genügend Zeit, um entsprechende Maßnahmen einleiten zu können? Was bedeutet ›Tsunami‹? Das Wort kommt aus dem Japanischen und heißt so viel wie ›seismische Woge‹, eine durch submarine Erdbeben oder Vulkanausbrüche erzeugte Riesenwelle, die beim Auflaufen auf die Küste große Höhen erreicht und schwere Verwüstungen anrichten kann. Das habe ich mir hier notiert. Wollen die eine solche Riesenwelle erzeugen? Oder ist es als Metapher gemeint?«

Immer noch Schweigen im Raum. Was Hubaczek gesagt hatte, konnte zutreffen. Hauptkommissar Bräunig überkam ein unruhiges Gefühl, dasselbe wie gestern. Irgendein Name spukte ihm im Kopf rum. Er hing mit Omicron zusammen, so viel wusste er. Was war das nur für ein Name? Er kam einfach nicht darauf. Er schlug, wütend auf sich selbst, die Faust auf den Tisch. Es war jetzt erst mal wichtiger, die Truppe in die Gänge zu bringen. Er hatte damit unbeabsichtigt die Aufmerksamkeit der Kollegen auf sich gelenkt und sagte lauter, als nötig gewesen wäre: »Wir wissen nicht, welche Pläne die Gruppe hat. Dass uns bis jetzt nur Matti Klatt bei der Lösung dieser Rätsel helfen kann, sehe ich auch so. Und mir ist überhaupt nicht wohl bei dem Gedanken. Sowie wir den ersten Beweis für eine unserer Theorien haben, müssen wir unsere Erkenntnisse weitergeben. An wen weiß ich selbst noch nicht. Stellt euch mal vor, wir kommen an einen, der in diese Sache involviert ist, und ahnen nicht, dass wir einen Gegenspieler informieren. Also gut, wir haben keine Zeit zu verlieren. Wir treffen uns alle drei Stunden hier, um kurz unsere Ermittlungsergebnisse auszutauschen. Dann legen wir die nächsten Schritte fest. An die Arbeit.« Bräunigs Telefon klingelte. Bevor er abhob, bedeutete er den anderen mit einer flinken Handbewegung, noch einen Moment sitzen zu bleiben und den Anruf abzuwarten. An der Nummer sah er, dass dieser von außerhalb kam.

»Hauptkommissar Bräunig am Apparat.«

»Schilling hier. Ich möchte Sie sofort sprechen.«

»Worum geht es? Sie sind bei der Mordkommission gelandet. Wenn Sie …« Weiter kam Bräunig nicht, er wurde von dem Anrufer unterbrochen.

»Ich bin der Innenminister der Bundesrepublik Deutschland. Ich halte mich zurzeit in Weimar auf und möchte, dass Sie unverzüglich ins Hotel ›Hilton‹ kommen. Ich muss mit Ihnen sprechen.«

Heilige Jungfrau von Guadeloupe, einen Witzbold konnte er jetzt ebenso wenig gebrauchen wie einen stark juckenden Ausschlag am Hintern. In dem Moment kam Staatsanwalt Dr. Müller in das Büro. Bräunig legte die Hand auf die Sprechmuschel und schaute zur Tür.

»Es ist der Innenminister. Setzen Sie sich in Ihr Auto und fahren Sie ins ›Hilton‹«, bat der Staatsanwalt.

»In Ordnung, Herr Innenminister. Ich bin in 20 Minuten bei Ihnen.« Bräunig legte auf und atmete erst mal tief durch.

»Was will der denn von mir?« Er schaute genau wie die anderen zum Staatsanwalt.

»Vor fünf Minuten wurde sein Anruf zu mir durchgestellt«, antwortete Dr. Müller.

»Der Innenminister sagte, er wolle den Leiter der Mordkommission sprechen, es gehe um einen unnatürlichen Todesfall, der vor ein paar Jahren in Berlin als Unfall in die Akten aufgenommen wurde. In seinem Hotelzimmer sitzt seit heute Nacht ein bewaffneter Mann, es besteht aber keine Gefahr. Der Name des Mannes ist Olaf Arndt.«

In der vergangenen Nacht hatten die Ratten Matti Klatt in Ruhe gelassen. Oder er konnte sich nicht mehr daran erinnern. Er hatte am Abend zuvor absichtlich noch intensiver trainiert und war, zu Hause angekommen, schnell eingeschlafen.

Die Mitteilung auf der Kassette, die er von Klimm erhalten hatte, war kurz. Die Ermittlungen gingen voran und Olaf Arndt war nicht tot. So viel war sicher. Und Bräunig wünschte ihm Glück.

Gegen 10 Uhr am Morgen bekam er einen Anruf von Schitko. Er teilte ihm mit, dass er in einer Stunde abgeholt werden würde.

Wenn ich jetzt Bräunig informiere, könnten sie zuschlagen und zumindest ein paar Leute festnehmen, dachte Matti Klatt. Nur, was bringt uns das? Gar nichts! Im Gegenteil, die Drahtzieher im Hintergrund würden einen Ersatz für mich finden und ihr Vorhaben trotzdem durchführen. Nein, es ist zu gefährlich. Ich schwimme schon längst in dem Strom mit und mein Leben ist eh in Gefahr. Also muss ich das Spiel mitspielen. Mann, wie schnell sich alles ändern kann. Noch vor fünf Tagen war ich der Ansicht, langsam wieder Fuß zu fassen und meinen Kopf frei zu haben. Und plötzlich, auf einen Schlag, ist alles anders. Ich habe das Gefühl, wohl nie zur Ruhe zu kommen. Eine Katastrophe löst die nächste ab. Wahrscheinlich bin ich ein Typ, der Außergewöhnliches anzieht. Bei dieser Geschichte habe ich nicht die geringste Vorstellung, wie sie enden wird.

Eine Weile grübelte Matti Klatt noch über sein Dasein nach, als es Punkt 11 Uhr klingelte. Da er selbst viel Wert auf Pünktlichkeit legte, fiel ihm das sofort auf. Er mahnte sich, keine Unsicherheiten zu zeigen und wachsam zu bleiben. Er hob den Hörer der Wechselsprechanlage ab und sagte, dass er gleich nach unten kommen würde. Er zog Schuhe und Jacke an, richtete seine Sportschuhe aus und schloss die Wohnungstür ab. Das Treppenhaus ließ er, jeweils zwei Stufen gleichzeitig hinabspringend, schnell hinter sich.

Er trat vor die Haustür. Direkt davor stand ein dunkler Van mit geöffneter Seitentür.

Wie einladend, dachte er. Auf eine anständige Begrüßung wird bei denen wahrscheinlich nicht viel Wert gelegt. Matti Klatt stieg in das Fahrzeug und schob die Tür zu. Er befand sich praktisch in einem schwarzen, verschlossenen Raum. Alle Scheiben waren verdunkelt, selbst die, die den Fond von der Fahrerkabine trennte. Man konnte nicht sehen, was sich außerhalb des Wagens abspielte. Eine kleine Leselampe ging an. Der einzige Lichtpegel in diesem Fahrzeug. Fast zeitgleich meldete sich eine Stimme aus einem Lautsprecher.

»Willkommen. Wir haben den Auftrag, Sie hier abzuholen. Wir weisen darauf hin, dass die Fahrt einige Zeit in Anspruch nehmen wird. Aus Sicherheitsgründen bleiben die Türen verriegelt. Ebenso sind sämtliche Fenster nicht zu öffnen. Sie sind fest eingebaut und undurchsichtig. Genießen Sie die Tour. Wir melden uns kurz vor der Ankunft.«

Ja, und ich bin der Weihnachtsmann! Aus Sicherheitsgründen! Scheiben undurchsichtig! Genau wie das alles hier! Schöne Scheiße!

Matti Klatt lehnte sich zurück und schaute auf seine Uhr. Fünf Minuten nach 11. Der Van setzte sich in Bewegung. Er richtete sich wieder auf und setzte sich ganz vorn auf die Kante seines Sitzes, um zu spüren, ob der Wagen geradeaus fuhr oder nach rechts oder links abbog. Gleichzeitig achtete er auf das Motorengeräusch, denn dadurch konnte er hören, wann und wie oft gekuppelt wurde. Mit der vergehenden Zeit und diesen Orientierungshilfen bestimmte er die Richtung, wohin die Fahrt führte.

Zuerst ging es kurz geradeaus, der Wagen stoppte, das Relais des Blinkgebers war zu hören. Mit Sicherheit fahren wir nach rechts, dachte er. Als der Van wieder anfuhr, wurde seine Vermutung bestätigt. In Gedanken sah er die Straße vor sich. Jetzt zwei Minuten und wir müssten theoretisch bei Rot halten. Volltreffer! Also gut, es ging Richtung Autobahn. Er versuchte sich vorzustellen, wie er, Klatt, fahren würde. Er nahm die Hände vor seinen Körper und tat so, als würde er ein Lenkrad halten. Seine Füße bewegten sich im Takt des Fahrers, wenn dieser kuppelte und Gas gab. Nach kurzer Zeit konnte er dessen eigenwillige Fahrweise nachvollziehen und sich darauf einstellen. Wieder eine Ampel und dann geradeaus. Der Fahrer bremste, hielt aber nicht an. Also war die Ampel kurz vor der Autobahnauffahrt auf grün. Somit bog er jetzt nicht Richtung Frankfurt ab, sondern kurze Zeit später, Richtung Dresden. Sie waren auf der Autobahn A 4. Matti Klatt rechnete. Bis Jena waren es circa 15 Minuten, bis zum Hermsdorfer Kreuz ungefähr noch mal 10 Minuten. Von da ging es entweder weiter nach Dresden, oder, wenn sie gleich 90 Grad nach rechts abbogen, via München oder, etwas weiter bei einer längeren Fahrt in einem Kreisel, nach Norden, vermutlich Berlin.

Nach einer halbe Stunde wusste er, dass sie auf der Autobahn A 9 gen Berlin unterwegs waren. Diese Strecke war er schon viele Male gefahren, er kannte praktisch jedes Teilstück. Der Van wurde sehr hochtourig gefahren, ohne viel zu bremsen. Immer wieder schaute Matti Klatt auf die Uhr und errechnete seinen ungefähren Standort. Gegen 1 Uhr mittags nahm er an, dass sie jetzt Leipzig passieren müssten. Das Schkeudizer Kreuz war vor Kurzem fertig gestellt und für den Verkehr freigegeben worden. Sie kamen relativ zügig voran. Gegen halb vier verlangsamte der Fahrer die Geschwindigkeit und Matti Klatt hörte wieder das Relais des Blinkers. Seiner Rechnung nach waren sie kurz vor der Hauptstadt. Der nächste richtunggebende Punkt wäre der Berliner Ring, konzentrierte sich Matti Klatt. Sie verließen die Autobahn. Nach wiederholten rechten und linken Abbiegemanövern war er sicher, dass sie irgendwo östlich von Berlin waren. Seit ein paar Minuten hatten sie die befestigte Straße verlassen und fuhren auf einem ziemlich holprigen Weg.

Genau Viertel nach vier hielten sie an. Er nahm ein Geräusch wahr, das sich anhörte, als wenn ein Garagentor elektrisch geöffnet wurde. Der Van fuhr an und stoppte kurz darauf wieder. Dasselbe Geräusch ließ vermuten, dass die Garage geschlossen wurde. Nachdem zwei Türen, offenbar Fahrer- und Beifahrertür, zugeschlagen wurden, kehrte Stille ein. Matti Klatt spürte zunächst einen Anflug von Ermüdung. Ihm taten die Sekunden der Ruhe gut. Auf diese Weise eine Autofahrt zu begleiten, war wirklich keine Erholung und ob es die Mühe wert war, würde sich noch zeigen. Nach ein paar Augenblicken wurde die Seitentür langsam geöffnet. Matti Klatt wollte seinen Augen nicht trauen.

»Major Walbe! Das glaube ich nicht«, rief er. Mit einem Satz sprang er aus dem Van und begrüßte ihn mit einem kumpelhaften Klopfen auf die Schulter. Sein ehemaliger Chef der Diensteinheit IX stand vor ihm. Das war eine echte Überraschung. Walbe hatte sich nur wenig verändert, die Haare waren etwas grauer. Nach dem ersten Anflug der Freude wurde Matti Klatt schlagartig bewusst, dass auch Walbe mit dieser Sache zu tun hatte und eine Schlüsselrolle spielte. Welche das war, würden die nächsten Stunden zeigen.

»Guten Tag, Herr Klatt. Ich freue mich, Sie zu sehen. Ich hoffe, Sie hatten trotz der getroffenen Sicherheitsmaßnahmen eine angenehme Fahrt?« Er gab ihm die Hand. Seine Augen blitzten wie bei einem kleinen Jungen, der einen Kinderstreich plante.

»Das mit dem Major ist schon einige Zeit her«, fuhr er mit einem ernsteren Gesichtsausdruck fort. Seitdem ist einiges geschehen. Es gibt viel zu bereden. Deshalb habe ich Sie hierher kommen lassen, um ungestört mit Ihnen zu sprechen. Wenn Sie mir folgen wollen.«

Matti Klatt begleitete Walbe mit wachsamen Augen. Sie verließen die Garage durch eine Brandschutztür und stiegen eine schmale Steintreppe hinauf. Die Stufen waren mit Halogenstrahlern bestückt, die das Licht der fehlenden Fensteröffnungen ersetzten. Das Treppengeländer glänzte in Edelstahl. Oben angekommen betraten sie einen großen, hellen Wohnraum. Er war ungefähr 40 Quadratmeter groß und durch einen Rundbogen aus edlem Holz in zwei Bereiche unterteilt. Im vorderen Teil, der einem Arbeitszimmer glich, befanden sich sehr moderne Möbel und Regale. Die Regale waren ausschließlich mit Büchern gefüllt. Elektronische Geräte wie Computer, Fernseher, Video- und DVD-Player waren zweckmäßig in einem abschließbaren Wandschrank untergebracht. Dieser war offen und man konnte ein brandaktuelles Modell eines Fernsehers sehen. Er hatte einen überdimensional großen Flachbildschirm. In dem anderen Teil, welcher wohl für die gemütlichen Stunden und zum Entspannen eingerichtet war, befand sich ein

Kamin an der Wand. Davor stand eine dreiteilige Sitzgruppe aus echtem, grauem Leder. Den Zwischenraum füllte ein ebenso eleganter Perserteppich, auf dem eine kleine Minibar fußte. Eine Seite des Zimmers schmückten ein riesiges Fenster und eine Glastür, die direkt in den Garten führte. Man hatte einen fantastischen Ausblick. Obwohl es draußen schon leicht dämmerte, strahlte die Landschaft. Dies hier war ein paradiesischer, beneidenswerter Fleck. An der gegenüberliegenden Seite des Kamins hing ein großes Bild. So konnte man sich entfernt den Urknall vorstellen. Oder der Maler hatte einfach nacheinander Farbtöpfe gegen die Leinwand geworfen. Matti Klatt war beeindruckt. Nobel geht die Welt zugrunde, dachte er. Hier ist alles so piekfein, dass man sich kaum traut, etwas zu berühren.

»Bitte nehmen Sie Platz. Kann ich Ihnen etwas anbieten?« Walbe stand neben dem Tisch und stellte einen Aschenbecher ab.

»Gern, nach der langen Fahrt wäre ein kühles Wasser nicht schlecht.« Er setzte sich vorsichtig auf die Ledercouch, dennoch beruhigt darüber, in dieser Wohnung rauchen zu dürfen.

Nachdem sie eine Weile Höflichkeiten ausgetauscht hatten, entschuldigte sich Walbe noch einmal für die Unannehmlichkeiten und kam dann zur Sache.

»Die Fahrt zu diesem Treffen war für Sie sicherlich etwas seltsam. Aber wir müssen vorsichtig sein. Deswegen die geschlossenen Türen und die dunklen Fenster. Mein Mitarbeiter Schitko hat Ihnen schon ganz allgemein erzählt, was wir vorhaben und wer wir sind. Zur Durchführung unseres Unternehmens brauchen wir fähige und zuverlässige Leute. Ich persönlich habe Sie ausgesucht und bin froh, dass Sie sich für uns entschieden haben.«

Und wenn ich nein gesagt hätte?, dachte Matti Klatt. Dann säße ich jetzt wahrscheinlich nicht hier. Du hättest mich umbringen lassen. Wenn du wüsstest, was ich weiß! Soll ich dir von der Wanze und dem VW-Transporter erzählen? Lieber nicht. Ich kann euch auch was vormachen.

»Ja, das bin ich auch und jetzt, wo ich Ihnen wieder gegenübersitze, denke ich, war es wohl eine meiner besten Entscheidungen. Sie kennen mich und wissen, dass Sie sich auf mich verlassen können. Ich werde vollen Einsatz zeigen und hoffe, gut bezahlt zu werden. Sagen Sie mir, was ich tun werde oder wofür Sie mich vorgesehen haben?«

Walbe betrachtete seinen ehemaligen Einsatzgruppenführer. Er hatte sich erstaunlich gut gehalten. Die Aufgaben, die er ihm damals übertragen hatte, hatte er aus Überzeugung und stets zu seiner Zufriedenheit erfüllt. Er legte einen Arm auf die Sessellehne und schlug ein Bein über das andere, als er antwortete:

»Es gibt eine ganze Menge zu tun. Von Ihren Führungsqualitäten, an denen ich keine Zweifel hege, hängt sehr viel ab. Seien Sie sich bewusst, dass es kein Zurück mehr gibt. Für niemanden! Haben Sie in der nächsten Zeit wichtige Termine?«

»Nein. Allerdings habe ich eine Trainingsgruppe, die mehrmals in der Woche im Fitnessstudio auf mich wartet.«

»Regeln Sie das mit einer Vertretung. Am besten für die nächsten acht Wochen. Würde Sie sonst noch jemand vermissen?«

»Nein. Mich vermisst niemand mehr. Wieso für acht Wochen?«, fragte Klatt irritiert.

»Weil Sie nicht mehr nach Hause fahren. Morgen Abend steht auf Bahnsteig sieben in Berlin-Ostbahnhof ein Zug nach Kiew. Diesen werden Sie benutzen. Abfahrt wird 21.57 Uhr sein. In Frankfurt/Oder müssen Sie von Bahnsteig 10 zu Bahnsteig 11 und in den D 345 umsteigen. Gegen 23.17 Uhr passieren Sie die polnische Grenze. Es geht ab Warschau 6.26 Uhr weiter. Gegen 11 Uhr überqueren Sie die ukrainische Grenze. Danach folgen Jagodin, Kowel, Sarni und Korosten. Der Zug setzt sich um 21.27 Uhr in Bewegung und Sie treffen um 23.45 Uhr in Kiew ein. Sie werden erwartet und am Bahnhof abgeholt. Hier ist Ihr Ticket.« Walbe legte die Fahrkarte auf den Tisch.

»Kiew? Was soll ich denn in Kiew? Entschuldigen Sie, aber dass es so schnell geht, darauf war ich wirklich nicht vorbereitet. Was ist mit meinen Sachen? Ich habe nur das bei mir, was ich am Leib trage. Wer kümmert sich um meine Wohnung?« Blitzartig rauschten ihm 1000 Fragen durch den Kopf. Besonders eine ließ ihn nicht los: Wie kann ich Bräunig eine Nachricht zukommen lassen? Oh Mann, die verlieren wirklich keine Zeit.

»Sie haben morgen Zeit, von hier aus zu telefonieren, damit Sie sich um Ihre Vertretung im Studio kümmern können. In Ihrer Wohnung schauen wir nach dem Rechten, wenn Sie mir Ihren Schlüssel überlassen. Zivile Kleidung benötigen Sie in dieser Zeit nicht, Sie bekommen alles Notwendige von uns. Zu Ihrer Frage, was Sie in Kiew sollen: Sie werden ein Kommando der Schwarzen Division führen. Dazu ist es notwendig, altes Wissen und einige Fähigkeiten wieder aufzufrischen. So, wie Sie gebaut sind, mache ich mir über das Training keine Sorgen.

Meine Aufgabe bestand darin, jemanden zu suchen, der für diesen Auftrag bestens geeignet ist. Und das sind Sie. Ich habe mich sogar persönlich dafür verbürgt.

Worum es sich im Einzelnen handelt, erfahren Sie in Kiew. Noch etwas: Ich möchte Sie bitten, sich zu Ihrer eigenen Sicherheit nicht außerhalb dieses Hauses aufzuhalten. Das Grundstück wird streng bewacht.«

Mit diesen Worten erhob sich Walbe von seinem Platz, verabschiedete sich und ließ Matti Klatt allein zurück. Der zündete sich eine Zigarette an und nahm erst einmal einen kräftigen Schluck aus der Wasserflasche. Sein Kopf sank nach hinten auf die Sofalehne, während er den Qualm ausblies.

Ich sitze im Käfig. Irre. Ich werde nicht mehr gefragt. Ich empfange Befehle, die ich auszuführen habe. Es wäre sinnlos gewesen, sich zu erkundigen, wo wir uns hier befinden. Von diesem Hausanschluss telefonieren, ha. Natürlich, bei der Überwachung hier liegt es auf der Hand, dass alles registriert wird. Da kann ich mich wirklich nur um meine Vertretung bemühen. Um die Polizisten in Weimar zu informieren, muss ich mir etwas anderes einfallen lassen. Und sie wollen sich um meine Wohnung kümmern, mit meinem Schlüssel! Damit ersparen sie sich den Einbruch, um die Wanzen zu entfernen. Walbe hat sich doch ziemlich verändert. Im Gegensatz zu früher strahlt er jetzt mehr Kälte und Härte aus. Und er ist gefährlich. Es ist Vorsicht geboten.

Matti Klatt stand auf, um sich noch etwas zu trinken zu holen. Neben dem Wohnzimmer befand sich die Küche. Er öffnete den Kühlschrank und nahm eine Flasche Wasser heraus. Dabei fiel sein Blick aus dem Fenster. Keine 50 Meter von ihm und dem Haus entfernt, stand eine Villa. Ein befestigter Schotterweg verband beide Gebäude miteinander. Als er die Flasche geöffnet hatte und zum Trinken ansetzten wollte, sah er im selben Moment eine Limousine in Richtung Villa fahren. Schwarze Mercedes S-Klasse, Kennzeichen K-BZ-54, registrierte sein Unterbewusstsein.

Die Villa, die Anfang des 20. Jahrhunderts erbaut wurde, war wunderschön. Sie hatte keinen Keller, das Erdgeschoss übernahm diese Funktion. Es wurde komplett aus Natursteinen gebaut. Das Eingangsportal konnte man über die breite, leicht geschwungene Steintreppe erreichen, von rechts oder von links. Das Geländer bestand ebenfalls aus Stein und war handgefertigt. In Höhe des Portals waren auf beiden Seiten zwei große, mit Sprossen versehene Fenster, die grüne Läden hatten. Der Putz war gelb. Das Dach nahm die beiden anderen Etagen auf. Kleine Gaupen verrieten, dass sich dahinter auch Wohnräume befanden. Die Dachfläche war mit rotbraunen Biberschwänzen gedeckt worden. An der rechten Seite der Villa befand sich ein Balkon, der von runden Säulen gestützt wurde. Alles in allem eine architektonische Meisterleistung. Wie die meisten dieser herrschaftlichen Häuser wurde es durch ein sogenanntes Gesindehaus komplettiert. Es befand sich circa 50 bis 100 Meter von der eigentlichen Villa entfernt.

Zu Beginn des Jahres 1998 hatte das Komitee beschlossen, seine Zusammenkünfte nicht mehr an öffentlichen Orten durchzuführen. Es suchte einen zentralen Platz, möglichst nahe der Bundeshauptstadt, und fand schließlich diese Villa. Nach umfangreichen Renovierungsarbeiten war sie innerhalb eines Jahres bezugsfertig. Ein Teil der zuerst ausgebildeten Angehörigen der Schwarzen Division übernahm 1999 den Objektschutz. Da äußerlich alles an ihnen schwarz war, schafften sie sich Riesenschnauzer an. Natürlich schwarze, die darauf trainiert waren, nur auf ihren eigenen Führer zu hören. Und sie hatten alle stets eine Waffe dabei, die MP 5 von Heckler & Koch.

Den kompletten rechten Teil des ersten Obergeschosses hatte man zum Konferenzsaal ausgebaut. Wer diesen Raum betrat, musste alle elektronischen Geräte wie Handy, Organizer, mobile Faxgeräte und Ähnliches abgeben. Obwohl überflüssig, wurde dieser Raum jeden Tag nach Wanzen abgesucht. Rings um das Gebäude waren Störsender angebracht, die jeden Lauschangriff zunichte machten.

Innerhalb der nächsten halben Stunde trafen insgesamt 16 weitere Limousinen ein. Matti Klatt, der immer noch am Küchenfenster des Gesindehauses stand, registrierte alle Fahrzeugtypen mit Farbe und Kennzeichen. Aus einigen Autos stiegen mehrere Personen. Er konnte ihre Gesichter nicht erkennen. Sie eilten, mit dem Rücken zu ihm, die geschwungene Treppe hinauf und verschwanden sofort im Haus. Bei einer Person glaubte Matti Klatt, eine Frau erkannt zu haben. Kurze Zeit später wurden die Autos von einem Angehörigen des Objektschutzes unter einem Tarnnetz, etwas abseits der Villa, geparkt.

Um 18 Uhr war das gesamte Komitee im Konferenzsaal versammelt. 21 Leute und der militärische Berater, Generalleutnant der Fallschirmjäger Anatoli Sergejewitsch Rybakow.

Der Chef der Omicron AG, Siegfried Walbe, eröffnete die Sitzung.

»Ich bin sehr erfreut, Sie alle hier zu unserem vorläufig letzten Treffen begrüßen zu können. Wir sind fast am Ziel. Bevor der zukünftige Präsident das Wort ergreift, möchte ich Sie noch über zwei Dinge informieren. Bedauerlicherweise haben wir am vergangenen Sonntag eine unserer Transportmaschinen bei einem Übungsflug verloren. Sie ist in 10 Kilometern Höhe explodiert. Die Ursache ist noch nicht bekannt. Es gab keine Überlebenden. Die litauische Regierung besteht darauf, den Hergang der Katastrophe selbst zu ermitteln, weil sich das Unglück auf ihrem Territorium zugetragen hat und der Überflug dieser Maschine nicht beantragt war. General Rybakow hat durchgesetzt, dass einige seiner Männer Mitglieder dieser Untersuchungskommission werden.

Dann möchte ich noch erwähnen, dass der militärische Führer für unser wichtigstes Unternehmen, den Handstreich in Berlin, im Nebengebäude, keine 50 Meter von hier entfernt, erst mal ganz allgemein in seine Aufgabe eingeweiht wurde. Er fährt morgen Abend nach Kiew. Bitte, Herr Präsident.«

Damit übergab Walbe das Wort an Dr. Rose und setzte sich auf seinen Platz. Der 35-jährige Dr. Eckbert Rose saß an der Stirnseite des langen Tisches. Er stand nicht auf, als er mit seinen Ausführungen begann. Ein Privileg, das nur ihm zustand, entschied er.

»Der Heilige Abend ist seit Beginn der Zeitrechnung für die Menschheit schon immer ein besonderer Tag. Dieser Tag, ein Mittwoch im Jahr 2003, wird für das deutsche Volk noch mehr an Bedeutung gewinnen. Denn dann beginnt für uns eine neue Zeitrechnung. Der 24. Dezember ist unser Tag X. Der erste Teil von ›Infantizid‹ ist abgeschlossen. Mit Ungeduld warten unsere Getreuen auf das Zeichen zur Erneuerung. Bringen wir es zu Ende. Schlagen wir zu. Schlagen wir mit unserer eisernen Faust zu. Herr General, Sie haben das Wort.«

Die Komiteemitglieder waren verblüfft. Eigentlich hatten sie eine seiner rhetorisch brillanten Reden von mindestens einer Stunde erwartet. Aber er hatte recht.

Mit diesen paar Sätzen war alles gesagt. Die Vorbereitung war abgeschlossen, jetzt galt es, zu handeln. Am Heiligen Abend war es so weit. Sie schauten gespannt auf Generalleutnant Rybakow. Dieser erhob sich und begann, akzentfrei auf Deutsch, seinen Plan darzulegen.

»Zuerst möchte ich Ihnen mitteilen, dass die verunglückten Männer aus dem Flugzeug durch meine eigenen Soldaten ersetzt werden.

Das Unternehmen ›Eiserne Faust‹ hat das Ziel, an allen Orten zeitgleich innerhalb von 45 Minuten die Regierungssitze der einzelnen Bundesländer, das Bundeskanzleramt sowie alle in Berlin ansässigen Ministerien und Kommunikationszentralen einschließlich aller Radio- und TV-Stationen zu besetzen.

Fangen wir mit den Bundesländern an. Insgesamt stehen uns dafür 4500 Mann zur Verfügung. Also für jeden einzelnen Regierungssitz 300 Mann. Sie alle wurden in unserem Ausbildungslager unter Verwendung von maßstabsgerechten Modellen jeweils für ihren zukünftigen Einsatzort vorbereitet. Das Kommando Nordrhein-Westfalen zum Beispiel hat den Decknamen D für Düsseldorf, den Sitz der Landesregierung. Weiterhin gibt es ein Kommando DD für Dresden und Sachsen, ein Kommando M für München und Bayern und so weiter. Durch uns zur Verfügung stehender Grundrisse, konnten wir jedes Gebäude als Modell nachbauen und somit Einsatzpläne für dessen Einnahme erstellen. So haben wir diese Männer im Laufe der Zeit optimal vorbereitet.

Organisiert ist, dass sich alle Einsatzkräfte am Vormittag des Tages X in einem Bereitschaftsraum nahe der jeweiligen Landeshauptstadt treffen. Mithilfe der Flotte unseres geschätzten Kollegen Krieger, rollen zu diesen Treffpunkten insgesamt 15 mit dem erforderlichen

Equipment beladene Lkws. Sie werden alles auf der Ladefläche haben, was benötigt wird. Waffen, Ausrüstungsgegenstände, schwarze Uniformen, Sprengstoff, Funktechnik und so weiter. Jeder einzelne dieser 15 Lkws kann 300 Kämpfer komplett ausrüsten. Der Transport der Männer vom Bereitschaftsraum bis zu den Regierungssitzen liegt in der Verantwortung der Führer vor Ort. Punkt 21 Uhr wird mit der Erstürmung der Residenzen begonnen.

Eine besondere Bedeutung kommt dem Kommando B, das für Berlin zuständig ist, zu. Dafür sind 1000 Mann vorgesehen. Aufgrund der großen Entfernungen, die in dieser Stadt nun mal zu bewältigen sind, trifft sich das Kommando nicht in einem Bereitschaftsraum, sondern wird zeitgleich aus der Luft abgesetzt. Insgesamt werden direkt über Berlin 17 Transportmaschinen des Typs AN-12 und eine Maschine des Typs IL-76 fliegen. Wir haben für den 24. Dezember eine Überfluggenehmigung, von der Ostsee kommend, rechts an Berlin vorbei, Richtung Mittelmeer erhalten. Als Grund haben wir angegeben, dass es sich um eine Charterflotte für ein afrikanisches Land handelt. Das ist nichts Ungewöhnliches, da die Russen ihre Maschinen weltweit verchartern. Auch mehrere auf einmal.

Die 16 AN-12-Transportmaschinen werden in Kettenkeilkolonne und in der Höhe gestaffelt fliegen. Die erste Kolonne in 9600 Metern, die zweite in 9800 Metern und die dritte in 10 000 Metern. Abgesetzt werden die Männer alle zur selben Zeit. Damit ist die Streuung nach der Fallschirmöffnung in 300 Metern über Grund sehr gering. Das heißt einfach ausgedrückt, sie landen fast alle auf einer Fläche so groß wie zwei Fußballfelder. Diese Manöver haben wir monatelang trainiert und mit den lenkbaren Flügelschirmen ist das kein Problem. Unsere

›Fußballfelder‹ befinden sich in der Nähe des Bundeskanzleramtes. Innerhalb weniger Minuten werden 1000 Mann vom Himmel auf die Erde fallen. Natürlich vollständig bewaffnet und voll ausgerüstet.

Die große Transportmaschine vom Typ IL-76 hat einen regulär genehmigten Flug nach Berlin-Tempelhof. Dort wird sie aber nicht landen. Sie dreht eine Linkskurve, überfliegt das Brandenburger Tor und in einer Höhe von fünf, ich sage es noch einmal, fünf Metern über Grund wirft sie im Flug einen Luftlandepanzer vom Typ BMD-2 ab. Direkt auf die Straße des 17. Juni, welche die dafür benötigte Länge aufweist. Danach wird sie wieder auf Höhe und Kurs gebracht und fliegt gen Osten zurück. Auf den danebenliegenden Grünflächen werden die Fallschirmjäger landen und in Richtung Bundeskanzleramt beziehungsweise zu den ihnen zugewiesenen Ministerien und TV-Stationen stürmen.

Die ebenfalls abgesprungene Besatzung des Panzers macht diesen nach ihrer Landung einsatzbereit, bewegt sich auf der Entlastungsstraße in Richtung Willy-Brandt-Straße 1 und postiert sich direkt vor dem Bundeskanzleramt. Gleichfalls um 21 Uhr erfolgt der Angriff. Dazu feuert der BMD-2 eine Rakete direkt in die Glaskuppel des Reichstages. Die Funkbaken für den genauen Absetzpunkt der Fallschirmjäger sind bereits am Boden installiert. Um 21.45 Uhr wird die Leitung zu einer Fernsehstation intakt sein, damit der Präsident seine erste Regierungserklärung abgeben kann. Dabei wird er zum Anfang und zum Ende seiner Rede das Wort ›Infantizid‹ benutzen. Das ist das Zeichen für unsere Führungskräfte der Präsidialen Republik Deutschland, sich unverzüglich in ihre Machtbereiche zu begeben. Eine besondere Rolle werden die neuen Kommandeure der Bundeswehr und die Leiter der Polizeibehörden spielen. Diese beiden wichtigsten Instrumente dürfen sich auf keinen Fall gegen uns stellen.

Die nächste Aufgabe der Schwarzen Division wird sein, ausnahmslos alle ehemaligen Führungsmitglieder der Politik, des Militärs und der Geheimdienste zu eliminieren beziehungsweise zu internieren. Entsprechende Pläne dazu wurden ebenfalls erarbeitet und liegen den Führern vor Ort vor. Außerdem wurde zu diesem Zweck das Unternehmen ›Tsunami‹ entwickelt und geplant. Dazu komme ich gleich. Haben Sie bis hierher Fragen?«

Der russische General trank einen Schluck Wasser.

Einige Komiteemitglieder verstanden nicht viel von militärischen Dingen. Sie waren auf ihren Gebieten spezialisiert und wussten nicht, was sie zu diesem Thema fragen oder für Hinweise hätten geben können. Dieser General, der Dubček persönlich inhaftiert und bei dem Umsturz in Afghanistan ein Luftlanderegiment befehligt hatte, verstand etwas von seinem Handwerk. Selbst die militärischen Laien waren von dem Plan überzeugt und alle mit Stolz erfüllt. Besonders Krieger. Die Lkws seiner Spedition brachten die nötige Ausrüstung zu den einzelnen Anlaufstellen. Die Zeitpläne und Orte hatte er mit dem General gemeinsam ausgearbeitet. Wie damals, als es darum ging, die Waffen und Ausrüstungsgegenstände illegal nach Deutschland zu bringen. Insgesamt hatte dieser Teil der Arbeit über vier Jahre in Anspruch genommen. Es war perfekt vorbereitet.

Dr. Rose hatte mit unbewegtem Gesicht zugehört. Er kannte den Plan bereits in all seinen Einzelheiten. Generalleutnant Rybakow war mit keinem Geld der Welt zu bezahlen. Und die Gegenleistung, die er für seine Unterstützung verlangte, war geradezu lächerlich. Jedenfalls in seinen Augen. Mit einem kurzen Heben seiner Hand forderte er ihn auf:

»Nur zu, Herr General. Machen Sie weiter.«

»Ich sprach vorhin von der bereits erteilten Überfluggenehmigung der 17 Transportmaschinen«, fuhr Rybakow fort.

»Die große IL-76, die den Panzer abwirft, braucht keine. Insgesamt werden aber 25 Transportmaschinen von der Ostsee kommen. Allerdings werden acht davon direkt neben der Insel Rügen den Verband verlassen. In der Mitte, in Höhe der Kreisstadt Bergen, werden 400 Fallschirmjäger aus 10 Kilometern abspringen und ihre Fallschirme in 300 Metern Höhe öffnen. Sie haben die Aufgabe, das Landratsamt zu besetzen und sich auf vier Städte zu verteilen: Bergen, Sassnitz, Putbus und Garz. Den ungefähr 74 000 Einwohnern Rügens wird in den kommenden Stunden mitgeteilt, dass sie die Insel unverzüglich zu verlassen haben. Bei der Nord-Süd-Ausdehnung von 51,4 Kilometern und der West-Ost-Ausdehnung von 42,8 Kilometern sollte das für die Fallschirmjäger kein Problem darstellen, so ziemlich alle größeren Orte zu erreichen. Entsprechende Anweisungen haben sie dabei und verteilen sie. Innerhalb von 48 Stunden muss das Eiland menschenleer sein. Mit dem schriftlichen Material erhalten die Bewohner die Information, dass außerhalb der Dreimeilenzone, vor der Küste der Insel Rügen, ein U-Boot mit abschussbereiten Marschflugkörpern in Stellung gegangen ist. Falls unsere Anordnung, die Insel zu verlassen verweigert wird, werden diese abgefeuert.

Am südlichen Teil Rügens nahe der Ortschaft Altefähr, springen noch einmal 100 Fallschirmjäger ebenfalls aus 10 Kilometern Höhe ab. Diese Einheit bereitet die Sprengung der einzigen Verbindung zum Festland, des Rügendamms, vor. Außerdem ist sie dafür verantwortlich, den Zugangsverkehr zur Insel lahm zu legen und alles zu tun, damit ein reibungsloser Ablauf bei der Evakuierung der Bewohner gewährleistet wird. Ist diese abgeschlossen, wird der Damm gesprengt. Damit haben Sie Ihr 976 Quadratkilometer großes Internierungslager. Seine Organisation und sein Aufbau erfolgen im Laufe der Zeit.

Da diese beiden Einheiten etwas früher abspringen als die in Berlin, werden sie sich exakt bis 21 Uhr im Verborgenen aufhalten. Erst dann erfolgt auch hier der Angriff.

Selbstverständlich können wir nicht alle Eventualitäten vorhersehen. Aber auf viele sind wir vorbereitet. Wir haben zwei entscheidende Vorteile: erstens den Überraschungsmoment und zweitens die enorme Schnelligkeit, mit der wir zuschlagen werden. Die Männer wurden darauf trainiert, keine Kompromisse einzugehen.«

Die Komiteemitglieder dachten fast alle das Gleiche: Jetzt wurde es ernst. Todernst. Wenn sich die Maschinen im Anflug auf Deutschland befanden, gab es kein Zurück mehr. Familien würden Heiligabend zusammensitzen, feiern und später vielleicht fernsehen. Und dann, gegen 22 Uhr, würden die Programme unterbrochen werden und auf den wichtigsten Sendern würde der neue Präsident eine Erklärung an das Volk abgeben. Er würde unter anderem sagen, dass eine neue Ära angebrochen sei. Mit der Machtübernahme durch verantwortungsvolle Menschen, die nicht weiter zusehen konnten, wie die Nation immer mehr verkümmerte, hatte das Chaos ein Ende. Und dass die Bürger keine Angst zu haben brauchten. Diejenigen, die das bisherige Chaos zu verantworten hatten, würden allesamt neutralisiert werden. Die Nation sollte jetzt Ruhe bewahren und gemeinsam an die hoffnungsvolle Zukunft denken. Ja, und über die weiteren Ereignisse würde man sie informieren. Gott mit den Menschen und gesegnete Weihnachten.

Krieger, der Spediteur, war der Erste, der das Statement mit Beifall würdigte. Alle anderen folgten seinem Beispiel. Sie riefen: »Hurra«, »Bravo« und »Genial«, lautstark durcheinander, hatten sich von ihren Stühlen erhoben und pfiffen sogar. Nach ein paar Minuten kehrte wieder Ruhe ein und man ging zum nächsten Tagesordnungspunkt über. Der Bankdirektor, der seinerzeit den Finanzierungsplan aufgestellt hatte, stellte die erste Frage: »Wie viel wird uns das kosten? Ich meine nicht die Ausrüstung und die Charterkosten der Flugzeuge, das wurde von uns schon bezahlt. Nein. Ihre Kosten? Welche Gegenleistung erwarten Sie von uns?«

Generalleutnant Rybakow schaute langsam in die Runde, ehe er antwortete.

»In Ihrem Gesellschaftssystem dreht sich naturgemäß alles ums Geld. Nichts anderes ist so wichtig wie Geld. Schlagen Sie Ihre Zeitungen auf oder hören Sie Nachrichten. Alle Probleme wurzeln irgendwo im Geld. Es ist müßig, darüber zu debattieren. Ich bin in einer anderen Gesellschaftsordnung aufgewachsen. Für uns zählen Dinge wie Liebe und Treue zur Heimat, Ehre und Gewissen. Alles Dinge, die man nicht mit Geld kaufen kann. Leider hat ein mächtiger Mann vor fast 20 Jahren der westlichen Dekadenz Tür und Tor geöffnet. Die Menschen wurden schwach und aufsässig. Plötzlich wollte jeder Bauer einen Fernseher haben. Alle wollten mitreden und mitbestimmen. Das Wort Demokratie war in aller Munde. Im Laufe der Zeit schien alles, wofür unsere Väter und Großväter gekämpft hatten, für die Katz zu sein. Perestroika und Glasnost gipfelten in der Abspaltung einiger Sowjetrepubliken. Die plötzlich an die Macht gekommenen Friseure, Gärtner und Lebenskünstler biederten sich dem Westen an und krochen jedem in den Hintern. Die Menschen glauben immer noch, dass es ihnen besser gehen wird. Geht es ihnen nach 12 Jahren besser? Nein. Es dreht sich nämlich inzwischen auch nur noch alles ums Geld. Ohne Geld können keine Drogen und kein Alkohol bezahlt werden. Sicherlich kann sich jeder auf den Markt stellen und schreien, was ihm alles nicht gefällt, ganz demokratisch. Schade nur, dass er letztlich weiterhin unmündig und fremdbestimmt bleibt.

Das werde ich ändern. Ihr Modell der Präsidialen Republik scheint mir eine geeignete Alternative dafür. Nach erfolgreicher Mission in Ihrem Land möchte ich mit denselben Leuten und dem gleichen Knowhow Litauen zur Russisch-Litauischen Republik machen. Ich betone, dass es keine Wiedereingliederung in Russland geben wird. Wir werden ein eigener, souveräner Staat, nach unseren Vorstellungen. Und ich muss mir Ihrer wirtschaftlichen Hilfe und geistigen Unterstützung gewiss sein. Das ist mein Preis.«

Der Bankdirektor zündete sich eine Zigarre an und sagte:

»Dessen können Sie sicher sein. Wir vergessen keinen, der uns unterstützt hat, General. Ich denke, ich spreche im Namen aller hier Anwesenden.«

Die Mitglieder des Komitees nickten zustimmend.

Ein großer, schlanker Mann, Ende 60, mit blondem, schütterem Haar stellte die nächste Frage. Hauptberuflich war er Rechtsanwalt und hatte im Komitee die Funktion des Chefs der Rekrutierungsgruppe Mitteldeutschland-Ost inne. Er war es, der sich am vergangenen Sonntag mit Staatsanwalt Feller in Köln-Rodenkirchen getroffen hatte.

»Um was für ein U-Boot handelt es sich vor der Küste Bornholms? Reagiert unsere Marine auf so etwas nicht?«

»Es ist ein russisches U-Boot«, meinte General Rybakow. »Der Kommandant ist mein Schwager, er denkt genau wie ich. Aus Sicherheitsgründen möchte ich nichts weiter darüber sagen. Nur so viel: Zurzeit werden Manöver in der Nähe von Bornholm, nordöstlich von Rügen, abgehalten. Das ist der deutschen Marine bekannt und das U-Boot befindet sich außerhalb der Dreimeilenzone. Alles in allem nichts Ungewöhnliches. Sicher ist, dass mein Schwager auf meinen, und nur auf meinen Befehl die Marschflugkörper abschießen wird. Abwehrmöglichkeiten gibt es nicht, dazu ist die Flugzeit zu kurz.«

Die nächste Frage kam von einem der beiden Bundeswehrgeneräle, die in Zivil erschienen waren. General Klaffs war Chef einer Armeebrigade.

»Schön, General. Was für Waffen sind das und wo stammen sie her? Die insgesamt 6000 Männer werden die Operation mit Erfolg beenden, davon bin ich überzeugt. Was ich nicht glauben kann, ist, dass diese vergleichsweise geringe Anzahl das Land bis zu seiner Stabilität in Schach halten kann. Dafür sind 6000 Männer einfach zu wenig.«

»Nun, mit Ihren Panzern erhöht sich die Feuerkraft doch enorm«, antwortete Rybakow. »Natürlich haben Sie recht. Das ist der unsicherste Punkt. Wir müssen uns der Loyalität der Streitkräfte gegenüber der neuen Regierung sicher sein. Dann kann die Schwarze Division unterstützt werden. Und bedenken Sie, das Land ist von allen ehemaligen Führern befreit worden, die existieren nicht mehr.

Bei den Waffen handelt es sich um AKS 74, eine Variante der Kalaschnikow für Fallschirmjäger. Diese und die restliche Ausrüstung bekamen wir von einem ehemaligen KGB-Major, der aus der Not eine Tugend gemacht hat. Nach dem Zusammenbruch der Sowjetunion stieg er in das Waffenhandelsgeschäft ein. Verbindungen hatte er genug. Einen widerlicheren Menschen habe ich noch nie gesehen, glauben Sie mir. Für Geld beliefert der in einem Krieg beide Seiten. Belassen wir es dabei.«

Die einzige Frau im Komitee, Staatsanwältin Heller, meldete sich zu Wort.

»Können wir schon abschätzen, wie unsere Nachbarstaaten und Verbündeten reagieren werden? Mit der Errichtung eines Internierungslagers und dem Einsatz von Waffengewalt verstoßen wir gegen alle Regeln und Abkommen der vergangenen 50 Jahre. Wir befinden uns mitten in Europa.«

General Rybakow wollte gerade etwas erwidern, als ihm Dr. Rose bedeutete, dass er selbst darauf antworten wollte.

»Es ist davon auszugehen, dass wir von Nachbarstaaten und anderen Ländern angefeindet werden, sehr massiv sogar. Und das aus dem einfachen Grund, weil die anderen Regierungen um ihre eigene Macht fürchten. Nicht weil wir gegen Abkommen verstoßen haben, sondern aus Angst, dass sich in ihren Ländern Ähnliches zutragen könnte. Ich werde in meiner ersten Regierungserklärung und in der Folge immer wieder betonen, dass Deutschland nicht die Absicht hat, ein Land zu unterdrücken oder zu expandieren. Wir werden keinen Krieg anzetteln. Wir werden unsere Bündnispflichten auch künftig erfüllen. Und wir wollen den Handel mit anderen Ländern weiterführen. Es geht ausschließlich um die innere Angelegenheit eines eigenständigen, souveränen Staates. Nämlich um unser Land. Um nichts mehr oder weniger. Schließen wir unsere letzten Vorbereitungen ab. Eine Frage noch: Sind die Entwürfe der Erstausgaben unseres Nachrichtenmagazins und der Tageszeitung fertig gestellt?«

Einer der beiden Verleger antwortete: »Beides wird am 25. Dezember erscheinen. Ihre Rede sowie das Regierungsprogramm sind auf unseren Laptops gespeichert. Eine Nacht vorher werden unsere Druckmaschinen in Gang gesetzt.«

Ein paar Stunden zuvor fuhr Hauptkommissar Bräunig allein in seinem Dienstwagen in Richtung Hotel ›Hilton‹. Die Überraschungen nahmen kein Ende. Nach mühsamen Ermittlungen hatten sie heraus bekommen, dass Olaf Arndt nicht tot war und jetzt stellte sich heraus, dass er keine zwei Kilometer Luftlinie von ihnen entfernt den Innenminister in seinem Hotel besucht hatte! Mitten in der Nacht, mit vorgehaltener Waffe! Arndt hatte vor dem Minister zugegeben, dass sein Unfall in Berlin nur inszeniert worden war, um seine Identität zu löschen.

Damit haben wir eine Zeugenaussage, die unsere Ermittlungen bestätigen kann, dachte Bräunig. Ob das bedauernswerte Opfer durch den Unfall getötet wurde oder ob es schon tot war, als der Lkw darüberrollte, konnte mit Sicherheit erst geklärt werden, wenn die Handlanger gefasst waren. Arndt hatte gesagt, es sei Mord gewesen, deswegen war er als Leiter der Mordkommission informiert worden. Warum aber ging Arndt nicht zu einer beliebigen Polizeidienststelle und machte dort eine Aussage? Weshalb ging er ein solches Risiko ein und zog so eine Nummer ab wie heute Nacht? Für Hauptkommissar Bräunig gab es darauf nur eine Antwort: Die Aussage war dermaßen wichtig, dass Arndt keinem anderen traute. Vermutlich ging es dabei um weit mehr als um diesen fingierten Unfall.

Die kurze Einfahrt vor dem ›Hilton‹ war hoffnungslos verstopft. Wenn der Bundesinnenminister und alle seine Landeskollegen in ein und demselben Hotel übernachteten, war das Verkehrschaos Normalität. Bräunig lenkte seinen Opel in die angrenzende Querstraße und befestigte einfach sein Blaulicht auf dem Dach, als er im Halteverbot parkte. Er hatte es eilig, das Sondersignal empfand er als Legitimation, um dort zu parken. Auf dem Weg zur Rezeption wurde er zweimal angehalten und kontrolliert. Dort angekommen, wollte er sich gerade nach dem Stockwerk erkundigen, in welchem der Innenminister residierte, als ihn ein Mann ansprach und ihm einen Ausweis vor die Nase hielt.

»Sicherungsgruppe Berlin. Sind Sie Hauptkommissar Bräunig?«

Bräunig holte seine Marke heraus und zeigte sie dem Sicherheitsmann auf die gleiche Weise.

»Richtig. Ob Sie es glauben oder nicht, Innenminister Schilling erwartet mich in einer dringenden Angelegenheit.« Bräunig steckte seinen Plakette wieder ein.

»Ja, ich weiß. Bitte folgen Sie mir. Der Minister empfängt Sie in seinem Zimmer.«

Beide gingen zum Lift und fuhren in die dritte Etage. Kurze Zeit später betrat Bräunig das Zimmer des Ministers. Er war allein und sah aus, als hätte er die ganze Nacht kein Auge zugemacht.

»Nehmen Sie Platz. Ich möchte gleich zur Sache kommen. Alles, was ich Ihnen jetzt mitteilen werde, unterliegt einer strengen Geheimhaltung.

Heute Nacht ist ein Mann in mein Zimmer eingedrungen und hat mich mit einer Pistole bedroht. Dieser Mann wollte weder Geld noch politisch etwas durchsetzen, mich erpressen oder Sonstiges dieser Art. Er wollte lediglich, dass ich ihn reden lasse. In der Tat, sehr ungewöhnlich. Zuerst sagte er mir, dass er sich der Tragweite seines Handelns bewusst sei. Weiter versicherte er mir, dass es nicht um ein persönliches Problem ginge. Aus diesen beiden Gründen habe ich dem Mann zugehört. Er sprach ungefähr vier Stunden, ununterbrochen! Was zutage kam, kann ich selbst noch nicht fassen. Leider gibt es für seine Aussagen keine handfesten Beweise und diese zu finden wird nicht einfach werden. Erschwerend kommt hinzu, dass mir kaum Zeit zur Verfügung steht. Aus Sicherheitsgründen kann ich Ihnen nicht im Detail sagen, worum es geht.

Sie werden sich fragen, warum ich mit Ihnen sprechen wollte. Ganz einfach. Erstens möchte ich, dass der Mann in Haft genommen wird. Sorgen Sie dafür, dass er eine Einzelzelle bekommt und mit niemandem Kontakt aufnimmt. Zweitens möchte ich, dass Sie ihn zu einem Vorfall befragen, der sich vor ein paar Jahren in Berlin zugetragen hat. Ein unnatürlicher Todesfall, offiziell angeblich ein Unfall, bei dem ein Lastkraftwagenfahrer getötet wurde. Der Mann, der im Nebenzimmer sitzt, bekam die Identität des Verunfallten. Der glich ...«

Hauptkommissar Bräunig unterbrach den Innenminister. Er fand es an der Zeit, ihm reinen Wein einzuschenken.

»Der glich ihm in Aussehen, Alter, Größe und Statur. Entschuldigen Sie, Herr Minister, ich weiß, wer der

Mann nebenan ist. Uns ist bekannt, dass der Unfall vorgetäuscht wurde, und wir wissen auch von der Organisation, die dahintersteckt. Wir haben einen Verdacht, weshalb Olaf Arndt eine neue Identität benötigte. Er war Teil eines Komplotts gegen unseren Staat. Es geht um einen perfiden Plan mit dem Namen ›Infantizid‹.«

Innenminister Schilling war wie vom Donner gerührt. Fast vorwurfsvoll, dass er erst jetzt davon erfuhr, fragte er: »Sie haben Kenntnis davon? Seit wann? Und was genau?«

Bräunig beschloss, ihm die bisherigen Ermittlungsergebnisse mitzuteilen. Die Chancen standen 50 zu 50, dass der Minister zur richtigen Seite gehörte.

»Seit dem letzten Wochenende, wir sind durch Zufall darauf gestoßen. Freitagabend wurde hier in unserer Stadt ein Raubüberfall verübt, in dessen Folge der Täter flüchten konnte.«

Er informierte den Innenminister über alle Details, die bis jetzt in Erfahrung gebracht wurden.

Der hatte aufmerksam zugehört. Einiges von dem, was Bräunig eben erzählt hatte, deckte sich mit den Aussagen von Arndt. Er zündete sich eine neue Zigarette an, bevor er antwortete.

»Wer weiß von dieser Sache und was haben Sie als Nächstes vor?«

»Als wir die Hintergründe erfuhren, habe ich meinen Mitarbeitern striktes Redeverbot erteilt. Offiziell ermitteln wir alles über den Raubmörder Jentzsch, der in einen schweren Verkehrsunfall verwickelt war. Für meine Leute lege ich beide Hände ins Feuer. Allerdings mussten wir feststellen, dass wir das Interesse von irgendjemandem geweckt haben. Zwei meiner Mitarbeiter wurden abgehört. Die Art und Weise dieser Aktion ließ nur einen Schluss zu: Jemand aus unserer Polizeiinspektion hat bestimmte Informationen weitergegeben. Aus diesem Grund habe ich, ohne dass ein anderer davon weiß, eine Miniüberwachungskamera in meinem Büro installiert. Alle Akten kommen jeden Abend auf meinen Schreibtisch. Bis jetzt konnte ich noch nichts Auffälliges bemerken. Wegen der Brisanz des Falles habe ich außer Staatsanwalt Dr. Müller keinem anderen von den Ermittlungen berichtet. Wir können nicht sagen, wer noch von der Omicron AG angesprochen oder angeworben wurde. Wir haben nämlich festgestellt, dass insgesamt 11 verschiedene Personen auf eine spezielle Art und Weise getötet wurden, genau wie die beiden Sicherheitsleute bei dem Raubüberfall auf den Geldtransporter. Es ist zu vermuten, dass sich diese Personen geweigert haben, bei ›Infantizid‹ mitzumachen. Wie gesagt, Herr Minister, es handelt sich um Vermutungen. Auch in diese Richtung ermitteln wir derzeit. Ehrlich gesagt weiß ich nicht, was wir noch machen sollen. Zu wem soll ich denn gehen? Ohne Beweise? Jeder würde mich für verrückt erklären.«

Tüchtiger Mann, dachte Innenminister Schilling. Er war systematisch und klug vorgegangen. Er hatte recht, zu wem sollte er gehen? Wem konnte man vertrauen? Bis auf ein paar engen, jahrelangen Freunden traue ich in meinem eigenen Umfeld auch niemandem. Schon gar nicht diesen machtgeilen Arschkriechern in Berlin. Er war umgeben von geschniegelten Emporkömmlingen und Leuten ohne Rückgrat.

Ich kann nicht auf weitere Beweise warten, denn das, was mir dieser Hauptkommissar und Arndt erzählt haben, ist alarmierend genug. Von einem Menschen kann ich mit hundertprozentiger Sicherheit sagen, dass er nicht an dem Staatsstreich beteiligt ist: dem Bundeskanzler. Der wird sich ja nicht selbst stürzen wollen. Er drückte seine Zigarette aus.

»Sie werden diesen Arndt mitnehmen und verhören. Zwei meiner Sicherheitsbeamten werden Sie beide bis in Ihr Büro begleiten. Wenn Sie ihn in Verwahrung nehmen, dann nur in eine Einzelzelle. Er darf mit keinem Menschen außer Ihnen reden. Setzen Sie am besten einen Ihrer Mitarbeiter vor seine Zelle. Ab sofort werden Sie nur noch mir persönlich Bericht erstatten. Mein Sicherheitschef wird Ihnen eine geheime Nummer geben, unter der ich ständig erreichbar sein werde. Verlieren Sie keine Zeit und ermitteln Sie weiter. Ich werde von Ihnen über jede Neuigkeit unverzüglich unterrichtet. Sie erhalten von mir die Vollmacht, jeden Verdächtigen, der mit dieser Sache in Zusammenhang gebracht wird, auf der Stelle in Gewahrsam zu nehmen. Bleiben Sie aber unbedingt bei allem, was Sie tun, diskret.«

Sie erhoben sich. Vor der Tür zum angrenzenden Zimmer schauten sie sich in die Augen.

»Glauben Sie das, was Arndt Ihnen erzählt hat?«

»Ja«, sagte Schilling. »Vor allem deshalb, weil Sie mir vieles bestätigt haben. Vernehmen Sie ihn zu allen Einzelheiten, wir brauchen vor allen Dingen Namen. Ich bin sicher, dass Sie mit seinen Aussagen Beweise finden werden. Viel Glück.«

Der Innenminister öffnete die Tür. Arndt stand davor und kam auf den Hauptkommissar zu.

»Guten Tag, Herr Bräunig«, sagte er.

»Sie kennen mich?«

»Nicht persönlich, nur Ihre Akte inklusive Bildern von Ihnen. Sie sind für den Posten des zukünftigen Polizeichefs von Thüringen vorgesehen.«

400 Kilometer weiter in nordöstlicher Richtung saß Matti Klatt in dem ehemaligen Gesindehaus und ließ sich noch einmal alle 16 Fahrzeuge mit Typ, Farbe und Kennzeichen durch den Kopf gehen. Insgesamt hatte er 21 Leute gezählt. Mit Walbe waren es 22. Laut Schitko bestand das Komitee aber aus 21 Mitgliedern. Matti Klatt war sich trotzdem sicher, dass es sich um das Gremium gehandelt hatte. Und er hatte die Nummern ihrer Pkws! Das war ein wichtiger Fortschritt. Zum Teufel mit der zusätzlichen Person. Diese Zahlen- und Buchstabenkombination und meine anderen Informationen muss Hauptkommissar Bräunig in Weimar bekommen. Nur wie? Nach einer Viertelstunde hatte er eine Idee.

Freitag, 31. Oktober 2003, Weimar, eine Woche nach dem Raubüberfall

»Matti Klatt ist verschwunden.« Polizeimeister Klimm platzte mit dieser Nachricht, als Letzter in die gerade begonnene morgendliche Sitzung kommend, in Bräunigs Büro.

»Er kam gestern Abend nicht zu unserem verabredeten Treffen in das Studio. Ich habe eine ganze Weile gewartet und wie ich mitbekommen habe, ist schnell ein anderer Trainer eingesetzt worden, um seine Stunde zu vertreten. Die Leute fragten sich untereinander, wo er wäre, weil es untypisch für ihn ist, ohne Grund fernzubleiben. Unter einem Vorwand konnte ich vom dortigen Telefon aus bei ihm zu Hause anrufen, aber nichts. So gegen halb 10 bin ich schließlich zu seiner Wohnung gefahren, um nachzuschauen, ob Licht brennt. Auch nichts. Ich habe an der Haustür Sturm geklingelt. Kein Lebenszeichen.« Klimm setzte sich jetzt erst auf seinen Platz am Konferenztisch.

»Er wollte am Donnerstag zu dem zweiten Treffen mit der Omicron AG«, erinnerte Kratzenstein. »Vielleicht fand es nicht in unserer Nähe statt und er hatte noch keine Möglichkeit, uns anzurufen?«

»Oder die haben Wind von der Sache bekommen und …«, entgegnete Hubaczek. Den Satz sprach er nicht zu Ende, jeder wusste, was er damit meinte. Sie mussten ihn suchen und zwar so unauffällig wie möglich.

Bräunig schaltete sich ein.

»Das Auffinden von Matti Klatt hat oberste Priorität. Alles andere muss warten. Auch die ersten Aussagen von Arndt, über die ich euch gerade informieren wollte. Hubaczek und Leichenkolbe, ihr macht euch auf den Weg zu seiner Wohnung. Da wir keine Schlüssel haben und auch keinen Schlüsseldienst mitnehmen können, öffnet ihr die Tür selbst. Wie, das wisst und könnt ihr ja besser als ich, geräuschlos und ohne Spuren zu hinterlassen. Vergesst nicht, dass Matti Klatt uns gesagt hat, dass eine Wanze in seinem Türschloss steckt. Wir haben keine Ahnung, ob das noch so ist.

Fischer und Kratzenstein, ihr kümmert euch sofort um sein Telefon. Findet heraus, ob er jemanden angerufen hat. Oder ob er angerufen wurde. Wenn ja, von wem, um wie viel Uhr und so weiter.

Klimm, Sie rufen bei allen Krankenhäusern hier und in der näheren Umgebung an. Fragen Sie unauffällig auch in anderen Polizeistationen nach, ob es besondere Vorkommnisse gab. Männlich, um die 40, graue Haare, schlank. Ich will ständig informiert werden. Los beeilt euch.«

Bräunigs Mitarbeiter verließen das Büro in Windeseile. Er blieb an seinem Schreibtisch sitzen und starrte auf die Tür, die sich eben wieder geschlossen hatte.

Was ist passiert? Warum meldest du dich nicht, Matti Klatt?, fragte er sich. Dabei fiel sein Blick auf einen handgeschriebenen Zettel, der vor ihm lag. Kurz bevor er tags zuvor nach Hause gegangen war, hatte er sich die wichtigsten Punkte für die morgendliche Besprechung schnell notiert, um nichts zu vergessen. Er überflog ihn:

- BdI, Info!
- Listen, Kratzenstein?
- Bilder v. Toten, Hubaczek?
- Vernehmung A., wer?
- M. Klatt, Ergebnisse Treffen Omicron?

Was ist mit dem blöden Zettel? Warum macht der mich so unruhig? *BdI, Info* bedeutet, dass ich alle über das Gespräch mit dem Bundesminister des Inneren informieren wollte. *Listen, Kratzenstein?* Heißt, ich wollte Kratzenstein nach den Listen der Wehrpflichtigen von Spezialeinheiten befragen. *Bilder von den 11 Toten, Hubaczek?*, er sollte erste Resultate vortragen. *Vernehmung A., wer?*, wer vernimmt Arndt in der Untersuchungshaft? Und schließlich, *M. Klatt, Ergebnisse Treffen Omicron?*, wir wollten uns die Kassette, die Klimm von Klatt bekommen sollte, anhören und die nächsten Schritte planen. Habe ich etwas Wichtiges vergessen? Er legte das Stück Papier wieder auf seinen Schreibtisch und lehnte sich in seinem Stuhl zurück. Er wippte eine Weile nachdenklich vor und zurück, dabei hielt er die Augen geschlossen und den Kopf, mit seinen Händen im Nacken, entlastend nach oben. Seine Gedanken kreisten wie ein Karussell, ohne dass ihm wirklich etwas einfiel, was er übersehen oder vergessen haben könnte. So vergingen einige Minuten, bis er die Augen wieder öffnete und dabei zur Decke blickte. Er sah den winzigen schwarzen Punkt unterhalb der Gardinenleiste. Er kniff die Augen zweimal zusammen, um es genauer zu erkennen, und plötzlich wurde es ihm schlagartig klar. Seine Gedanken überschlugen sich. Er sprang mit einem Satz von seinem Stuhl auf. Natürlich! Der Zettel! Die Kamera! Wütend darüber, dass ihm das entfallen war, und doch wiederum froh, dass er möglicherweise etwas Wichtiges finden könnte, stürmte er aus seinem Zimmer. Bräunig hastete eine Etage tiefer in das Zimmer, in welchem Aufzeichnungsgeräte und einige Monitore standen. Der Techniker, der diese überwachte, saß an seinem Tisch und biss gerade in sein Frühstücksbrot, als Bräunig die Tür aufriss und hereinstürzte.

»Die Überwachung meines Büros. Wo ist das Band der letzten Nacht?«, rief er völlig außer Atem. Der Techniker erhob sich gemächlich und schlurfte zu einem Regal.

»Schönen guten Morgen erst mal, Herr Hauptkommissar. Wir haben es sofort. Hier ist es.«

Er hielt es Bräunig mit ausgestrecktem Arm entgegen und las die Beschriftung ab: »Büro Bräunig, Nacht vom 30. Oktober bis 31. Oktober 2003. Möchten Sie es sehen?«, fragte der Techniker und biss noch einmal in sein Brot.

»Mann, machen Sie hin und legen Sie das Band ein. Subito! Ihr Brot können Sie später auch noch essen.«

Der kleine Zettel hatte ihm verraten, dass ihn jemand anderer gelesen haben musste. Bräunig hatte die Angewohnheit, alles Handschriftliche, das er verfasste, immer mit der beschriebenen Seite nach unten zu legen. Als er vor seinem Schreibtisch saß, konnte er aber seine Zeilen lesen. Das war es, was ihm aufgefallen war. Wenn also jemand unbefugt in seinem Zimmer war, musste es die Kamera aufgezeichnet haben.

»Ich wäre dann so weit«, nuschelte der Techniker mit vollem Mund und drückte die Wiedergabetaste.

Bräunig starrte auf den Monitor und wartete gespannt darauf, was er zu sehen bekommen würde. Das Bild zeigte erst ein paar Streifen und dann erschien sein Büro, unten waren die Uhrzeit und das Datum eingeblendet. Der Start der Aufzeichnung war auf exakt 22 Uhr programmiert. Über fünf Minuten schauten sie auf den Bildschirm, ohne dass etwas passierte. Bräunig wurde ungeduldig.

»Können Sie das langsam vorspulen?«

»Klar, kein Problem.« Inzwischen schlürfte der Techniker etwas, das annähernd so roch wie eine Brühe. Wahrscheinlich hat er seine Katze gekocht, dachte Bräunig. Unwillkürlich lief ihm ein Schauer über den Rücken.

Als auf dem Bildschirm die Zeit 22.32 Uhr digital angezeigt wurde, stoppte der Techniker den Schnellvorlauf, spulte ein Stück zurück und ließ das Band in Echtzeit laufen. Man konnte erkennen, wie sich die Bürotür öffnete und eine Gestalt das Zimmer betrat. In dem Raum war es fast völlig dunkel. Die Tür wurde wieder geschlossen und die Gestalt sah sich um. Kurz darauf ging sie zu Bräunigs Schreibtisch und versuchte die Schubladen zu öffnen. Ohne Erfolg, alle waren verschlossen.

Bräunig musste innerlich grinsen, Pech gehabt, du Ratte.

Die Gestalt begann, auf der rechten Seite des Schreibtisches alles genau zu untersuchen. Dann ging sie um den Stuhl herum und tat dasselbe auf der linken Seite. Dabei fiel ein kleiner Lichtstrahl auf ihre Kleidung. Es war ein Mann, er trug einen Anzug. Er war nicht sehr groß und schlank. Bräunig überlegte wieder. Wenn er bei dem Wetter keinen Mantel trug, kam er nicht von außerhalb. Es war zu vermuten, dass er sein Büro im gleichen Gebäude hatte. Nach einer halben Minute nahm er den handgeschriebenen Zettel in die Hand. Da er offensichtlich nichts richtig erkennen konnte, begab er sich zum Fenster. Kurze Zeit später ließ er den Zettel sinken und schien zu überlegen. Man konnte immer noch nicht sehen, wer dort stand. Er schlich zurück zum Schreibtisch und legte das Papier wieder hin.

Das ist dein Fehler, dachte Bräunig, der gerade sah, wie der Mann sein Handy aus der Hosentasche holte.

Deutlich konnte man die Tastentöne hören. Nachdem die Verbindung hergestellt war, begann er, zu sprechen.

»Ich habe einen neuen Auftrag für dich. Begib dich sich sofort in unser Ausbildungslager. Ja, richtig dahin. Ich weiß, wie weit das ist. Fahr sofort los. Der Mann heißt Klatt. Wie er aussieht, wirst du im Lager erfahren. Er müsste in den nächsten Tagen dort auftauchen. Informiere den General, dass dieser Klatt ein Verräter ist. Du musst schnell machen. Es eilt. Dieses Subjekt muss liquidiert werden.«

Das Gespräch war beendet. Der Mann blickte sich noch einmal flüchtig im Zimmer um und stahl sich hinaus.

Bräunig und der Techniker schauten sich an.

»Wenn ich das korrekt verstanden habe, war das eben eine Anstiftung zum Mord. Richtig?«, fragte der Techniker und wickelte seelenruhig eine Tafel Schokolade aus.

»Exakt. Wer war dieser Mann in meinem Büro? Ich habe ihn nicht erkannt. Kennen Sie ihn?«

»Den haben Sie tatsächlich nicht erkannt? Das ist ein arroganter Stinker, wie er im Buche steht. Es ist Staatsanwalt Feller«, sagte der Techniker und biss in seine

Schokolade wie in ein belegtes Brot. Bräunig schüttelte nur den Kopf und wiederholte ungläubig den Namen: »Staatsanwalt Feller?«

Der ist mir bis jetzt nur ein paar Mal flüchtig über den Weg gerannt, dachte er. Mit dem habe ich noch nie ein Wort gewechselt.

Er bedankte sich bei dem Techniker, über dessen Essgewohnheiten er nun nicht mehr nachdenken wollte. Jetzt musste er umgehend Meldung erstatten und begab sich zurück in sein Büro.

Die zwei Männer gingen professionell vor. Genau wie beim letzten Mal, als sie die Wanzen installierten. Das Türschloss war kein Problem, in nur einer halben Minute waren sie in der Wohnung von Matti Klatt. Sie gehörten der Abteilung Überwachung der Omicron AG an. Ihre eigentliche Aufgabe bestand darin, belastendes und kompromittierendes Material zu sammeln, um Leute zu erpressen, die sie für ihre Zwecke benötigten. Einer der beiden holte eine Sofortbildkamera aus seiner Tasche und begann, die jetzige Situation der Einrichtung zu fotografieren. So konnten sie beim Verlassen überprüfen, ob alles wieder so war, wie beim Betreten der Zimmer. Bei ihrem letzten Besuch hatten sie die Kamera vergessen und die offene Schlafzimmertür und die ein wenig verstellten Schuhe im Flur übersehen.

Sie entfernten insgesamt 10 Minisender und stellten gerade den ursprünglichen Zustand erneut her, als es klingelte. Sie zuckten zusammen.

»Scheiße, was machen wir jetzt?«, fragte der eine.

»Wir verhalten uns ruhig. Ist vielleicht nur die Postfrau. Wenn die merkt, dass keiner da ist, verschwindet sie wieder.«

Vorsichtshalber gingen beide in Deckung und zogen ihre Pistolen aus den Halftern.

»Scheint keiner da zu sein«, sagte Hubaczek und klingelte noch einmal. Sie waren unmittelbar nach der kurzen Besprechung bei Hauptkommissar Bräunig zu Matti Klatts Zuhause gefahren.

Sie drückten wahllos auf andere Klingelknöpfe, bis sich endlich ein Summer meldete und sie die Haustür öffnen konnten. Sie ließen die Tür hinter sich offen und warteten einen Moment, bis sie sicher waren, dass sich niemand im Treppenhaus befand oder sich noch neugierige Blicke durch Türspalte auftaten. Dann liefen sie wie auf Samtpfoten bis vor Matti Klatts Wohnungstür. Leichenkolbe hatte bereits sein Spezialwerkzeug zum Öffnen von Sicherheitsschlössern in der Hand.

»Geh mal ein Stück zur Seite, ich brauche Platz«, flüsterte er, kniete sich vor die Tür und begann, zwei dünne, lange Metallstreifen in das Schloss hineinzustecken. Gleich beim ersten Mal klackte es.

»Sesam, öffne dich! Bitte nach Ihnen, mein Herr«, schmunzelte Leichenkolbe, stolz auf sich selbst.

»Nein, nein. Ehre, wem Ehre gebührt. Geh du zuerst. Aber halte die Augen offen«, entgegnete Hubaczek.

Als Leichenkolbe vorsichtig die Tür nach innen geschoben und einen Schritt in den Flur gesetzt hatte, rief er nach Matti Klatt. Er hatte den Namen noch nicht vollständig ausgerufen, da knallte es ohrenbetäubend laut. Ein Schuss war gefallen, hatte Leichenkolbe getroffen und ihn umgeworfen. Er flog gegen den Türrahmen und sackte zusammen. Hubaczek war so erschrocken, dass er beinahe seine Pistole fallen ließ, als er sie aus seinem Holster riss. Er drehte sich blitzschnell schützend gegen die Wand im Treppenhaus und schrie in die Wohnung:

»Polizei! Hören Sie auf zu schießen und legen sie Ihre Waffe weg.« Es kam keine Antwort und es war kein Laut zu hören. Er sah zu Leichenkolbe, beugte sich hinab und zog ihn mit zu sich hinter die Wand.

»He, Mann, kannst du mich hören?«

Leichenkolbe schlug die Augen auf, er atmete in kurzen Zügen, sein Gesicht war schmerzverzerrt und entsprechend mühevoll kam ihm die Antwort über die Lippen.

»Ich kann dich hören. Ich habe das Gefühl, dass ich keine Luft mehr bekomme.«

Hubaczek öffnete Leichenkolbes Jacke und sah auf der linken Körperhälfte einen immer größer werdenden roten Fleck. Dann schaute er zur Wohnungstür. Diese war blutverschmiert. Auf halber Höhe entdeckte er das Einschussloch.

»Wahrscheinlich ist die Kugel durch dich hindurchgegangen und hat deine Lunge verletzt. Der Flügel ist zusammengeklappt. Ich hoffe, dass es so ist. Bleib ganz ruhig liegen. Beweg dich nicht. Ich bin gleich zurück.«

Ich muss in diese Scheißwohnung, dachte Hubaczek. Er nahm seine Waffe in beide Hände und schaute für den Bruchteil einer Sekunde in den Flur. Er war leer. Er rief noch einmal: »Hier ist die Polizei, werfen Sie Ihre Waffe weg und kommen Sie …« Jemand stieg die Treppe herauf und als dieser Hubaczek an der Tür stehen sah, rief er ihm zu: »Da sind eben zwei Typen aus dem Fenster geklettert. Ich bin gerade unten vorbeigegangen. Sie hangelten sich an dem Rankgitter herab. Sind Sie von der Polizei?«

»Ja, bin ich. Haben Sie ein Handy?«

»Natürlich hab ich eins, gehört doch heutzutage dazu. Was ist denn hier los?« Als er Hubaczeks Höhe erreicht hatte, sah er Leichenkolbe am Boden liegen. Er erschrak und setzte einen Schritt zurück.

»Da sehen Sie es. Also, stehen Sie nicht herum. Zücken Sie ihr Handy und rufen Sie die Polizei, 110. Sie sollen einen Streifenwagen herschicken und einen Krankenwagen mitbringen. Vergessen Sie nicht, die Adresse hier anzugeben. Schnell, Mann.«

Hubaczek betrat wieder den Flur der Wohnung. Eine Zimmertür stand offen. Aus dieser Richtung war der Schuss vermutlich abgefeuert worden. Immer noch die Pistole mit beiden Händen schussbereit vor der Brust haltend, lief er bis dorthin und sah das offene Fenster im Wohnzimmer.

»Verdammte Schweine«, fluchte er.

Plötzlich merkte er, dass jemand hinter ihm war. Blitzschnell fuhr er herum, die Waffe wieder schussbereit in Kopfhöhe. Es war der Mann aus dem Treppenhaus.

Dieser hielt vor Schreck die Hände nach oben und stammelte: »Ich wollte Ihnen nur sagen, dass die Polizei unterwegs ist. Ich habe auch erwähnt, dass sie einen Krankenwagen mitbringen sollen.«

Hubaczek nahm seine Waffe herunter, entsicherte sie und steckte sie in das Holster zurück. Er legte dem Mann beruhigend die Hand auf die Schulter und sagte: »Danke für Ihre Hilfe. Sie können nicht zufällig die zwei Männer beschreiben, die Sie fliehen sahen?«

»Leider nicht. Aber sie sind zu einem Auto gerannt. Nützt Ihnen das Autokennzeichen etwas?«

Hauptkommissar Bräunig wählte die Nummer von Innenminister Schilling. Als er nach dem zweiten Klingeln abhob, berichtete der Hauptkommissar ihm von dem Videoband der Überwachungskamera.

»Ein Staatsanwalt. Ich nehme an, wir werden noch einige Überraschungen erleben. Lassen Sie ihn sofort festnehmen. Ich rede persönlich mit dem Leiter des SEK-Thüringen. Er wird Sie anrufen und hat alle Ihre Anweisungen zu befolgen. Sperren Sie den Staatsanwalt in Einzelhaft. Wissen Sie, wer die Person ist, die Klatt umbringen soll?«, fragte der Minister.

»Nein, noch nicht. Über Fellers Handy wollen wir ermitteln, wen er angerufen hat. Dann haben wir einen Anschluss und können ihn, wenn wir Glück haben, identifizieren. Das größere Problem ist, dass wir nicht wissen, wo Matti Klatt sich aufhält. Er ist seit gestern verschwunden.«

»Setzen Sie alles daran, ihn zu finden. Halten Sie mich weiter auf dem Laufenden.« Der Minister legte auf.

Ein Warnton zeigte Bräunig an, dass der Akku seines Handys fast leer war. Er machte es aus, steckte es in die Ladestation auf seinem Schreibtisch und überlegte.

Begib dich sich sofort in unser Ausbildungslager, hatte Feller dem unbekannten Anrufer gesagt. Bedeutete das, Matti Klatt war bereits in diesem Lager? Oder war er auf dem Weg dorthin? Wo befand es sich?

Ich weiß, wie weit das ist. Fahr sofort los. Der Mann heißt Klatt. Er müsste in den nächsten Tagen dort auftauchen, hatte Feller geantwortet.

Es ist also weiter weg, schlussfolgerte Bräunig weiter. Nur wo, verdammt noch mal?

Informiere den General, dieses Subjekt muss liquidiert werden.

Das war Anstiftung zum Mord! Wie kann ich dich warnen, Matti Klatt? Warum meldest du dich nicht? Wir müssen den Killer so schnell wie möglich identifizieren, um die Fahndung nach ihm einleiten zu können.

Gerade als Hauptkommissar Bräunig Fellers Mobilfunknummer suchen wollte, damit seine Leute den Anschluss seines nächtlichen Anrufes ermitteln konnten, flog seine Bürotür regelrecht auf. Staatsanwalt Dr. Müller stürmte herein.

»Eben bekam ich aus Frankfurt die Nachricht, dass man Dr. Graner ermordet aufgefunden hat. Schuss in den Kopf. Eine Frau, die er offensichtlich aufgesucht hatte, wurde ebenfalls erschossen. Der Tatort wurde manipuliert, es sollte wohl wie ein Beziehungsdrama aussehen. Aber die Polizisten fanden so viele Ungereimtheiten, dass ihnen schnell Zweifel kamen. Ihre Befragungen in der Nachbarschaft ergaben, dass Dr. Graner und diese Frau sehr harmonisch miteinander umgingen. Sie trafen sich ab und zu, gemeinsame Kinder oder andere Verpflichtungen hatten sie nicht.

Mein Amtskollege aus Frankfurt bat mich um Mithilfe, weil der Tote hier wohnhaft ist.« Dr. Müller setzte sich auf einen Stuhl vor Bräunigs Schreibtisch.

»Dr. Graner. Das war der Arzt, der Klatt in der Nacht des Raubüberfalls auf Bitten des Sterbenden angerufen hatte«, sagte Bräunig. »Er wollte am Montag zu einem Symposium nach Heidelberg. Ob sein Tod mit unserem Fall zusammenhängt?«

»Kann man jetzt noch nicht sagen«, entgegnete der Staatsanwalt.»Aber aus diesem Grund werde ich in meinem Bericht erwähnen, dass er zumindest eine kleine Rolle gespielt hat. Übrigens haben die Frankfurter Videoaufnahmen vom Täter. Sie wissen inzwischen, wie er aussieht und was er anhatte, da in der Tiefgarage des Hauses, in dem das Verbrechen geschah, eine Überwachungskamera installiert ist. Man sah auf dem Videoband Dr. Graner in die Garage fahren und kurze Zeit später einen Mann, der durch das sich gerade schließende Tor hineinkroch. Sie bemühen sich, den Mann zu identifizieren und informieren uns dann. Was gibt es bei dir Neues?«

Während er zum Telefonhörer griff, sagte Bräunig: »Einen kleinen Moment. Ich muss erst noch schnell einen Anruf erledigen.« Er wählte die Nummer von Klimm. Nach dem fünften Klingeln legte er auf. Er probierte es im Zimmer von Kratzenstein. Das gleiche Ergebnis, es nahm keiner ab.

»Wo sind die nur alle? Dann musst du mir helfen. Das hier ist die Telefonnummer von deinem Kollegen Feller. Ich muss ganz schnell wissen, mit wem er gestern Abend gegen 22.35 Uhr von seinem Handy aus telefoniert hat. Entschuldige, dass ich dich damit behellige, aber es ist wirklich dringend.« Er berichtete die Einzelheiten über die Ermittlungsergebnisse der vergangenen Tage und endete mit der Videoaufzeichnung des nächtlichen Besuchers in seinem Büro. Dr. Müller zog die Stirn kraus und kniff die Augen zusammen.

»Feller! Wer hätte das gedacht? Und ich habe ihn vorige Woche noch nach den Sondereinheiten der DDR befragt. Gott sei Dank habe ich nichts Konkretes gesagt und das Gespräch relativ schnell wieder beendet. Ich konnte Feller noch nie leiden. Klaus, wir müssen schnell machen. Diese Irren können jeden Tag zuschlagen. Wir brauchen mehr Informationen. Ich kümmere mich sofort um diese Telefonnummer. Ach, und noch etwas. Dein Vorgesetzter, Polizeirat Kluge, bat um Auskünfte zu dem Überfall. Ich traf ihn eben auf dem Flur, er war auf dem Weg hierher. Ich habe ihn hingehalten und gesagt, dass wir kurz vor dem Abschluss stehen. Ich wäre mit dir und deiner Mannschaft zufrieden. Besser, wir halten ihn da raus.«

Bräunig blickte den Staatsanwalt dankbar an.

»An den habe ich gar nicht mehr gedacht. Ja, es ist richtig so. Danke noch mal.« Der Staatsanwalt verließ das Büro. Wieder klingelte das Telefon.

»Bräunig hier.«

»Schmidt, Leiter SEK. Sie haben einen Einsatz für uns?« Der Anrufer bemühte sich, ruhig und klar zu sprechen, denn vor ein paar Minuten hatte er einen Anruf vom Innenminister persönlich erhalten. Allein diese Tatsache, verbunden mit dem Hinweis, allen Anordnungen dieses Hauptkommissars Bräunig ohne Fragen Folge zu leisten, ließ Brisanz vermuten. Was sich auch immer dahinter verbarg, er, Schmidt, war zum Schweigen verdonnert worden.

»Ja, die Sache ist dringend. Kommen Sie, so schnell Sie können, mit zwei Leuten hierher. Wir werden eine Festnahme durchführen. Älterer Mann, Ende 50, normale Gestalt. Er wird nicht bewaffnet sein. Es muss schnell und diskret vonstatten gehen. Die Person befindet sich hier im Haus. Wann können Sie hier sein?«

»In spätestens einer halben Stunde stehen wir in Ihrem Büro. Ich komme selbst, mit zwei meiner Nahkämpfer. Es wird keine Probleme geben. Bis dann.« Der SEK-Leiter legte auf.

Kaum hatte Bräunig den Hörer aufgelegt, klingelte es schon wieder. Wie in der Telefonauskunft hier, dachte er, als er abnahm. Es war Hubaczek.

»Schlechte Nachrichten, Chef. Gerade als wir Klatts Wohnung betreten wollten, wurden wir beschossen. Leichenkolbe erlitt einen Lungenschuss, ist aber außer Lebensgefahr. Er liegt im Krankenhaus. Die Täter flüchteten, ohne dass wir sie identifizieren konnten. Allerdings haben wir das Kennzeichen des Fluchtwagens. Die Fahndung läuft bereits. Was jetzt?«

In Bräunigs Kopf hämmerte es. Er hatte den Ausführungen Hubaczeks mit Entsetzen zugehört. Einer seiner Leute war angeschossen worden!

»Informiere die anderen und komm zurück«, antwortete er kraftlos. »In einer halben Stunde treffen wir uns alle in meinem Büro. Ich habe auch Neuigkeiten, leider keine guten.«

Bräunigs Stimmung sank auf den Tiefpunkt. Er verharrte noch ein paar Minuten, den Kopf in den Händen vergraben, am Schreibtisch. Aspirin wird dieses Hämmern im Kopf vielleicht dämpfen, dachte er. Er kramte in der Schublade seines Schreibtisches herum und war froh, als er noch eine fand. Während er die Tablette in einem Glas Wasser auflöste, warf er einen Blick auf das Mobiltelefon in der Ladeschale. Er registrierte, dass die Akkus immer noch nicht voll waren. Anstelle dieser Tablette, die er nur widerwillig hinunterkippte, hätte er jetzt lieber einen ordentlichen Schluck Whisky genommen.

Staatsanwalt Feller saß in seinem Büro, zwei Etagen über dem von Hauptkommissar Bräunig.

Wenn ich dem Komitee einen Verräter, der so hoch angebunden ist, serviere, werden sie mich nicht vergessen und mir nach dem Umsturz einen Ministerposten anbieten, dachte er. Das sind sie mir schuldig. Ich allein habe Klatt enttarnt. Der Mann, der das wichtigste und mitentscheidendste Kommando in Berlin leiten sollte, arbeitete in Wirklichkeit für die andere Seite.

Selbst die Omicron AG, die berühmt für ihre wasserdichten Überprüfungen war, hat nichts bemerkt. Gut für mich, dass dieser Trottel von Bräunig seine Aufzeichnungen offen liegen ließ. Der Hesse ist auf dem Weg zu Klatt, auf den kann ich mich verlassen. Ich werde noch niemandem etwas von dieser Jagd erzählen, wozu auch? Dieses Wissen um Klatts Doppelspiel werde ich für mich ganz persönlich nutzen. Das Risiko, dass er entkommt oder sein Spielchen weiter treiben kann, ist gleich null. Niemand weiß etwas von dem Hessen und keiner ahnt, dass er hinter Klatt her ist. Wozu also die Pferde scheu machen? Lieber präsentiere ich dem Komitee die Fakten inklusive der Leiche. Sie werden meine Entschlusskraft würdigen und zu schätzen wissen, wie schnell und unkompliziert ich Probleme bewältige. In zwei Tagen wird es erledigt sein. Der Hesse hat Zugang zum Lager und wird dem General von dem Verräter Matti Klatt berichten. Der Rest ist ein Kinderspiel. Justizminister Feller. Klingt gut, dachte er.

Nur siebeneinhalb Gramm schwer, im Durchschnitt 2,4 Zentimeter im Durchmesser und zusammen mit Nerven, Muskeln und Blutgefäßen einen sinnreichen Mechanismus ergebend, faszinierte Dr. Bernd Zimmermann das menschliche Auge schon seit frühester Kindheit. Als kleiner Junge, wenn andere Kinder Wiesen mit Tieren und einer am Himmel stehenden Sonne malten, erschuf er immer wieder Augen. In allen möglichen Farben und Größen. Anfangs nur in ihrer einfachen Form, ein Paar ohne Gesicht und Brauen. Etwas später malte er den Glaskörper dreidimensional, in allen Einzelheiten. Er bedrängte seine Eltern ständig, ihm Bücher zu kaufen, die sich mit menschlichen Augen befassten. Kaum dass er lesen konnte, schenkten sie ihm die ersten medizinischen Bücher zu dem Thema. Er verschlang alles, was mit

Bindehaut, Hornhaut, Iris, Pupille, Linse, Zonularfasern, Ziliarkörper, Lid, Lederhaut und Aderhaut zusammenhing. Im Alter von 14 Jahren sezierte er sein erstes Auge. Allerdings gehörte es ursprünglich einem Schwein. Er besorgte es sich, als er in den Ferien in einem Schlachtbetrieb arbeitete. Von dem verdienten Geld kaufte er sich ein kleines, einfaches Mikroskop und stellte erste Untersuchungen an. Er wollte die Unterschiede von Schafsaugen, Rinderaugen und Schweineaugen herausfinden. Einmal fand er auf der Straße einen überfahrenen Igel. Er drückte dessen Augen mit den bloßen Fingern heraus und untersuchte sie zu Hause unter seinem Mikroskop. Bernd Zimmermann schloss sein Abitur mit Auszeichnung ab und studierte Medizin. Danach begann er eine Facharztausbildung, natürlich Augenheilkunde. Er wurde Ophthalmologe, Augenarzt, und promovierte zum Doktor der Medizin.

Dr. Bernd Zimmermann war brillant und er war ein Säufer. Er konnte sich nicht mehr daran erinnern, wann es angefangen hatte. Alkohol war eigentlich schon immer sein Begleiter gewesen. Unmittelbar vor schwierigen Operationen trank er regelmäßig eine ganze Flasche Wodka. Er versuchte sich einzureden, dass er davon eine ruhige Hand bekam. Natürlich war das Einbildung. Wiederholt hatten sich Kollegen und Schwestern über seine Alkoholfahne beklagt. Aufgrund seiner außergewöhnlichen Fähigkeiten beließ man es bei diversen Abmahnungen. Diese verhinderte allerdings auch seinen Aufstieg innerhalb der Klinik, in der er arbeitete. Anstatt das Problem abzustellen oder sich selbst Gedanken über eine Änderung seines Verhaltens zu machen, wurde Dr. Bernd Zimmermann immer frustrierter. Also trank er weiter und erhöhte die Menge sogar. Bis zu dem Tag, als er bei einer Operation, wieder mit einer Flasche Schnaps intus, einen schwerwiegenden Fehler beging. Am Ende des über mehrere Stunden andauernden Eingriffs stand fest, dass das operierte Auge nicht mehr zu retten war. So etwas passierte. Tragisch zwar, aber selbst die besten Ärzte waren auch nur Menschen und leisteten sich Ausrutscher. Wenn nicht zwei, drei Promille Alkoholanteil im Blut festgestellt worden wären, wie bei Dr. Bernd Zimmermann. Es handelte sich bei dem Patienten um einen kleinen Jungen, der nun auf einem Auge völlig blind war. Die Eltern verklagten die Klinik und Zimmermann verlor seine Approbation. Nach unzähligen Bewerbungen und jahrelanger Suche fand er endlich eine Anstellung in einem Pharmaunternehmen. Natürlich wussten alle von seiner Vergangenheit, was ihn zum Außenseiter stempelte. Dr. Bernd Zimmermann, der geniale Augenarzt, war jetzt Laborant. Dieser Umstand ließ ihn immer verbitterter werden.

Bis eines Tages dieser Mann auftauchte und ihn um ein Gespräch bat. Das Problem seines Alkoholismus interessierte offenbar nicht im Geringsten. Er wusste, dass er, Dr. Zimmermann, einer der besten Ophthalmologen Deutschlands und aufs Abstellgleis geschoben worden war. Zimmermann konnte Geld gut gebrauchen, denn sein Gehalt ließ keine großen Sprünge zu. Er lebte zwar bescheiden, doch um sich sein Genussmittel, auf welches er nicht mehr verzichten wollte, finanzieren zu können, musste er schon öfter in seinen Sparstrumpf greifen. Somit kam ihm dieses Angebot sehr gelegen. Für ein Honorar von insgesamt 50 000 Euro sollte er unter strengster Geheimhaltung ein Präparat entwickeln und herstellen. Die Voraussetzungen dafür waren denkbar günstig.

Es sollte flüssig, geruch- und geschmacklos sein, sich nicht nachweisen lassen und innerhalb von zwei Tagen absolute Blindheit erzeugen. Was dieser geheimnisvolle Mann damit vorhatte, interessierte Dr. Zimmermann nicht. Hier ging es einzig und allein ums Geschäft. Das gewünschte Präparat war nun fertig und stand termingerecht zur Abholung bereit. Der seltsame Mann hatte übrigens auch einen Doktortitel. Es war Dr. phil. Eckbert Rose.

»So eine Scheiße.« Hauptkommissar Bräunig hatte mit den anderen Anwesenden Hubaczeks Bericht verfolgt.

»Wie geht es Leichenkolbe?«

»Der Notarzt sagte, dass sie ihn gleich operieren wollen. Es bestehe aber keine Lebensgefahr. Die Ringfahndung nach dem Fahrzeug mit den Flüchtigen läuft. Zugelassen ist es auf die Firma Omicron AG.«

Bräunig nickte und stieß dabei Luft aus, was sich anhörte, als wenn ein Ballon durchs Zimmer fliegen würde.

»Hier hat sich auch einiges getan. Dr. Graner, der Arzt aus der hiesigen Klinik, ist in Frankfurt ermordet aufgefunden worden. Erschossen. Die Kollegen haben eine Videoaufzeichnung von einem Verdächtigen. Ob das mit unserem Fall zusammenhängt, wird sich noch herausstellen. Dr. Müller steht mit seinem Amtskollegen in Frankfurt/Main in Kontakt. Wie ihr alle wisst, lag der Verdacht nahe, dass jemand aus diesem Haus Informationen nach außen weitergibt. Das hat sich heute Nacht bestätigt. Eine Kamera, die hier oben angebracht war, hat den Verräter enttarnt. Vor einer Stunde habe ich mir die Aufzeichnung angesehen, es ist Staatsanwalt Feller. Ein SEK-Kommando ist bereits auf dem Weg hierher, um ihn festzunehmen. Wir haben vom Bundesinnenminister freie Hand, was Festnahmen von Verdächtigen angeht, die in Zusammenhang mit ›Infantizid‹ gebracht werden können. Und da sind wir schon beim nächsten Thema. Ich hatte doch gestern diese Unterhaltung mit Minister Schilling im Hotel ›Hilton‹. Arndt hat ihn über einen geplanten Staatsstreich informiert. Er selbst war Angehöriger der sogenannten Schwarzen Division. Letzten Sonntag hat er bei einem Übungsflug eine Transportmaschine nahe Litauens Grenze zu Polen, in die Luft gejagt. Er sprang vorher mit dem Fallschirm ab und schlug sich bis nach Deutschland durch. Für Einzelheiten haben wir jetzt keine Zeit. Nur so viel: Der Tag X, welcher mit Sicherheit feststeht, ist niemandem bekannt. Arndt sitzt hier in Untersuchungshaft und wartet auf seine Vernehmung. Hubaczek, mach du das gleich im Anschluss. Wir brauchen Namen und konkrete Hinweise. Wo befindet sich das Ausbildungslager, was für Leute sind das, wozu werden sie genau ausgebildet und so weiter.

Den Rest brauche ich hier. Konntet ihr herausfinden, ob jemand Matti Klatt gestern angerufen hat? Was sagen die anderen Polizeidienststellen oder Krankenhäuser?«

Kratzenstein schlug seinen Block auf und sagte: »Er bekam einen einzigen Anruf zu Hause. Die Telefonnummer gehört zur Omicron AG. Klimm konnte nichts Besonderes feststellen, weder in anderen Dienststellen noch in Krankenhäusern. Keine Vorkommnisse von Personen, die auf die Beschreibung von Klatt passen.«

Bräunig schlug wütend mit der Faust auf den Tisch. Sein Gesicht war rot und man sah, dass er der Erschöpfung, oder vielleicht war es auch Verzweiflung, nahe war.

»Immer wieder Omicron. Verfluchte Scheißfirma! Ich hoffe, dass wir die beiden Flüchtigen bald kriegen. Aber was haben wir gegen die Omicron AG in der Hand? Gar nichts! Und wie ich die Brüder kenne, werden die nicht einmal annähernd auch nur die Lippen bewegen. Übrigens ist mir noch etwas eingefallen. Der Name Walbe ging mir ständig durch den Kopf. Irgendwo hatte ich den schon mal gehört. Vorhin kam ich drauf. Er war früher Matti Klatts Chef bei der Diensteinheit IX, ihr erinnert euch? Dass er angesprochen wurde, kann also kein Zufall sein. Langsam fügt sich alles zusammen. Wann macht ihr mit den ...« Bräunig wurde durch das Läuten seines Telefons unterbrochen. Er stellte den Lautsprecher auf Raumton, sodass die anderen mithören konnten. Es meldete sich der Diensthabende.

»Ich wollte Ihnen mitteilen, dass das flüchtige Fahrzeug gestellt wurde. Sie durchbrachen eine Polizeisperre. Danach wurden sie von drei Streifenwagen verfolgt. Nach einer wilden Jagd verloren die Täter die Kontrolle über ihren Wagen und verunglückten. Beide sind schwer verletzt und werden gerade ins Krankenhaus eingeliefert. Der Pkw wurde sichergestellt und wird jeden Moment hierher zur Dienststelle gebracht.«

»Danke«, sagte Bräunig und legte auf. »Na toll. Eine Hiobsbotschaft nach der anderen. Wie soll man da vorankommen? Die nützen uns erst mal gar nichts. Zumindest die nächste Zeit nicht.«

»Wann haben wir eigentlich mal Glück?«, fragte Fischer.

Bräunig kratzte sich wieder an seiner Oberlippe.

»Ich weiß es auch nicht. Sorg dafür, dass die beiden nach ihrer Operation in ein Haftkrankenhaus verlegt und streng bewacht werden. Sie dürfen mit niemandem Kontakt aufnehmen. Wie kommt ihr mit den Listen voran? Was Neues von den 11 Toten?«

Kratzenstein überlegte kurz, was Bräunig meinte. Ach ja, die Wehrpflichtigen, die von 1975 bis 1983 einberufen worden waren.

»Nicht sehr weit. Wir hatten noch keine Zeit. Ständig kommt hier etwas anderes dazwischen. Mehr Leute können wir ja wohl kaum anfordern.«

Hubaczek mischte sich ein.

»Wir haben die Bilder von Jentzsch und Arndt verschickt, aber noch keine Antwort erhalten. Kratzenstein hat recht, wir können uns nicht aufteilen.«

»Ich weiß, aber uns sitzt die Zeit im Nacken. Wer weiß, wann ...« Wieder wurde Bräunig unterbrochen, weil die Tür aufflog. Er wollte gerade zu einem Brüllen ansetzen, als er Staatsanwalt Dr. Müller in der Tür sah. Er zählte im Stillen ganz langsam bis 10.

»Ihr werdet es nicht glauben. Mein Amtskollege aus Frankfurt rief mich eben an. Der Mann aus der Tiefgarage konnte identifiziert werden. Es darf davon ausgegangen werden, dass er der Mörder von Dr. Graner ist. Es handelt sich um Alfred Krzycztowiak, genannt der Hesse. Vorbestraft wegen Körperverletzung, Förderung der Prostitution, Hehlerei, Diebstahl und Totschlag. Insgesamt bekam er dafür sechs Jahre Haft. Er ist 36 Jahre alt, mittelgroß, sportlich und hat dünne, blonde Haare. Da er in seiner Wohnung nicht angetroffen wurde, lösten die Frankfurter sofort eine Fahndung aus. Das Beste kommt jetzt: Dreimal dürft ihr raten, wen Feller heute Nacht von seinem Handy aus angerufen hat.« Dr. Müller setzte sich zu den anderen an den Tisch.

»Keine Ahnung. Diesen Hessen etwa?« Bräunig rückte auf seinem Stuhl ein Stück nach vorn.

»Genau, den Festnetzanschluss seiner Wohnung in Usingen. Und was sagt uns das? Feller hat einen Mann, der für ihn die Drecksarbeit erledigt. Ich bin mir ziemlich sicher, dass er den Hessen auf Dr. Graner angesetzt hat. Schließlich hatte der am vergangenen Freitag Dienst, als Jentzsch, alias Arndt, in das Klinikum eingeliefert wurde. Ich wette, dass er rausbekommen sollte, ob Jentzsch dem Arzt irgendetwas von ›Infantizid‹ erzählt hat. Die Schlüsselfigur ist also Feller. Worauf warten wir noch, greifen wir uns den Hessen! Er ist auf dem Weg in dieses Ausbildungslager. Wo befindet es sich?«

Hubaczek zuckte mit den Schultern.

»Wir wissen es nicht. Das kann uns aber Arndt sagen, den wollte ich gleich vernehmen.« In dem Moment klopfte es an der Tür. Drei große Männer betraten Bräunigs Büro.

»Schmidt, Leiter SEK. Das sind meine Mitarbeiter. Wir möchten zu Hauptkommissar Bräunig.«

»Kann ich Ihnen weiterhelfen?«, fragte Staatsanwalt Fellers Sekretärin und schaute teils erstaunt, teils eingeschüchtert auf die stämmigen Männer, die sich vor ihrem Schreibtisch aufgebaut hatten.

»Ich bin Hauptkommissar Bräunig. Ist er in seinem Zimmer?«

»Ja, aber…« Weiter kam sie nicht. Ehe sie reagieren konnte, hatten sich die zwei Nahkämpfer des SEK bereits vor Fellers Bürotür positioniert. Ein Fingerzeig von Schmidt signalisierte: Los gehts! Die Tür flog auf. Wortlos gingen sie auf ihn zu, hoben ihn aus seinem Schreibtischsessel und stellten ihn mit dem Gesicht zur Wand. Die Männer durchsuchten ihn nach Waffen und legten ihm Handschellen auf dem Rücken an. Das Ganze ging so schnell, dass er keine Anstalten zur Gegenwehr machte und auch nicht protestierte.

Bräunig übte sich in Selbstbeherrschung. Er war drauf und dran, seine innere Anspannung an ihm auszulassen. Er drehte Feller um, erfasste sein Gesicht am Kinn und starrte ihn an.

»Staatsanwalt Feller, ich nehme Sie vorläufig fest, wegen Anstiftung zum Mord. Einen Haftbefehl holen wir uns später. Ich bin sicher, dass noch einiges mehr dazukommen wird.«

Jetzt erst schien der zur Besinnung zu kommen und schrie:

»Bräunig, was ist denn mit Ihnen los? Sind Sie wahnsinnig? Wie können Sie es wagen …« Bräunig unterbrach ihn.

»Es ist vorbei, Feller. Sparen Sie sich Ihre Mühe. Wir haben Beweise für alles. Wir haben eine Videoaufzeichnung von heute Nacht, als Sie von meinem Büro aus den Hessen angerufen haben. Sie erteilten ihm den Auftrag, Matti Klatt zu töten. Und wir wissen von dem Mord an Dr. Graner in Frankfurt durch denselben Mann. Wir sind dem Hessen auf den Fersen. Wenn wir ihn gefasst haben, bleibt ihm gar nichts anderes übrig, als zu gestehen. Sie werden es erleben.«

Feller verzog sein Gesicht. Wie, Anstiftung zum Mord? Woher kennen die den Hessen? Wie konnten die so schnell …? Video in Bräunigs Büro? Er fing langsam an, zu begreifen, was geschehen war. Er schaute Bräunig verächtlich an und flüsterte:

»Was wisst ihr Büttel denn schon? Ihr seid nichts weiter als Maden, die auf dem großen Misthaufen herumkriechen, der sich Deutschland nennt. Ihr werdet mich noch kennenlernen.«

Hauptkommissar Bräunig konnte nicht anders, er musste es jetzt sagen. Diesen Triumph wollte er auskosten.

»Ach, Sie meinen ›Infantizid‹? Oder die Unternehmen ›Eiserne Faust‹ und ›Tsunami‹? Vergessen Sie es, Feller.«

Das waren die Schlagworte, die ihn geradezu schockierten! Feller wirkte plötzlich nur noch halb so groß, er war aschfahl im Gesicht geworden. Wie konnte Bräunig das wissen? Wie viel war diesen Untermenschen bekannt? Darauf gab es nur eine Antwort: Matti Klatt war schon in alles eingeweiht und hatte ihnen die Pläne verraten. Und er, Feller, hatte keinem davon erzählt, dass Klatt ein doppeltes Spiel trieb. Es gab noch eine Chance. Wenn der Hesse es schaffte, diesen Verräter zu liquidieren, war das Komitee gewarnt und ein anderer würde das Unternehmen leiten. Sie konnten Maßnahmen einleiten. Der Hesse war clever und roch auf drei Meilen Entfernung, wenn er verfolgt wurde. Und dann kam die Zeit der Rache. Feller schloss seine Augen. ›Infantizid‹ ist nicht mehr zu stoppen, dachte er verzweifelt. Er fühlte erneut kräftige Zwingen um seine Oberarme. Schmidts Männer packten ihn und führten ihn ab.

Dr. med. Bernd Zimmermann lenkte seinen Mazda-323 von der Autobahnabfahrt Schkeuditzer Kreuz in Richtung des neuen Leipziger Flughafens. Er hatte zwei Stunden vorher einen Anruf von Dr. Eckbert Rose persönlich bekommen und wurde gebeten, das Präparat dorthin zu bringen, da dieser noch am Nachmittag weiter nach Köln fliegen wollte. Beide vereinbarten, sich im Flughafenrestaurant zu treffen.

Wie immer ließ das Gesicht von Dr. Eckbert Rose keine Gefühlsregung erkennen, als sie sich begrüßten.

»Sie haben Ihren Zeitplan eingehalten, Herr Dr. Zimmermann. Exakt 18 Monate. So etwas schätze ich. Es wird eine Zeit kommen, in der ich mich an Sie erinnern werde, das verspreche ich Ihnen.«

Der Angesprochene fühlte sich geschmeichelt.

»Und dieser begrenzte Zeitraum zwang mich zum Umdenken. Halten wir uns nicht mit Geplänkel auf. Zuerst möchte ich Ihnen die theoretischen Zusammenhänge schildern.

Das Sehzentrum des Menschen befindet sich im Hinterhauptlappen des Gehirns. Ursprünglich wollte ich ein Mittel herstellen, welches über die hintere Hirnarterie genau dahin transportiert wird, um dieses Zentrum auszuschließen oder anders ausgedrückt: abzuschalten. Der zeitliche und materielle Aufwand wäre zu groß gewesen, denn es sollte vermieden werden, dass das Mittel in andere Zentren gerät und dort Schäden anrichtet. Wie zum Beispiel ins Sprach- und Persönlichkeitszentrum oder ins Hör- und Gleichgewichtszentrum. Ich musste einen Weg finden, dieses Mittel weder oral noch anal und auch nicht intramuskulär oder intravenös in den menschlichen Körper zu bekommen. Viele Möglichkeiten blieben da nicht mehr. Zumal es keine Reizungen hervorrufen durfte sowie geruchs- und geschmacklos sein sollte.

Also zäumte ich das Pferd von hinten auf. Zuerst begann ich, darüber nachzudenken, was kausal für einen schleichenden oder plötzlichen Sehverlust des Auges verantwortlich ist. Es gibt da allerhand Ursachen, aber eine schien mir für unseren Zweck geeignet. Ein Verschluss der zentralen Netzhautarterie führt zu starken Gesichtsfeldausfällen. Der obere und untere Teil des Gesichtsfeldes der Augen werden wie durch einen schwarzen Vorhang verdeckt. Ist der Arterienstamm durch eine Thrombose verschlossen, erblindet das Auge plötzlich. Also noch einmal einfacher ausgedrückt, die Ursache für den Verschluss ist in den meisten Fällen eine vorangegangene Arteriosklerose, eine Verengung des Gefäßes. Können Sie mir noch folgen?« Dr. Bernd Zimmermann war ganz in seinem Element.

»Nur wenn es nicht noch wissenschaftlicher wird. Erzählen Sie weiter«, sagte Dr. Rose und sah in das gelbliche Gesicht seines Gegenübers.

»Die Minderdurchblutung eines Organs ist entweder funktionell oder organisch bedingt. Beschränken wir uns auf die organische. Infolge einer Aderverkalkung ist eine Arterie verengt, sodass sie ihr Versorgungsgebiet nicht mehr ausreichend mit Blut beliefern kann. Eine Thrombose entsteht aufgrund einer Arteriosklerose meist an Krümmungen oder Gabelungen einer Arterie. Wie gesagt, eine Minderdurchblutung durch eine arteriosklerotische Verengung hat eine Funktionsstörung oder Schädigung der Zellen des Versorgungsgebietes zur Folge. Sie sterben ab. Sie sind nicht mehr reparabel, wenn dem Patienten nicht sofort fördernde Durchblutungsmittel verabreicht werden. Mit dieser Erkenntnis begann für mich der Lösungsansatz. Wie kann man mit einem Medium eine solche Reaktion verursachen, ohne dass der Betreffende es bemerkt? Hier ist es! Mit diesem Mittel werden eine bindegewebsartige Wandverhärtung mit einem Elastizitätsverlust der Netzhautarterie und eine künstliche Thrombose verursacht, was zu den eben beschriebenen Symptomen führt. Es ist geruch- und geschmacklos und verursacht keinerlei Reizungen. Einfach ausgedrückt, die Person spürt rein gar nichts, wenn es in den Körper gelangt.« Dr. Bernd Zimmermann lehnte sich zurück.

»Wenn ich das richtig verstanden habe, erzeugt dieses Präparat eine Verstopfung der Blutbahn zum Auge, was zur Folge hat, dass die Zellen absterben und die Person erblindet?«, fragte Dr. Rose.

»Ganz genau. Um es in die Region der Augen zu bekommen, muss es auch über diesen Eingang in den Körper gelangen. Ich habe es an zwei Affen ausprobiert. Nach zwei Tagen waren beide blind. Die Tiere bekamen im Rahmen einer Versuchsreihe zu einem neuen Medikament seit Langem unterschiedliche Dosen eines neuen Schmerzmittels verpasst. Die Versuche standen kurz vor einem erfolgreichen Abschluss. Und urplötzlich erblindeten sie! Diese Deppen von Forschern schauten sich alle verwundert an und hatten keine Erklärung. Sie nahmen an, dass es sich um eine Nebenwirkung ihres Schmerzmittels handelte. Die Versuchsreihe wurde gestoppt. Köstlich, nicht wahr?« Dr. Bernd Zimmermann lachte schadenfroh vor sich hin.

»Und die Blindheit kann nicht wieder geheilt werden?«, fragte Dr. Rose weiter.

»Nur wenn man rechtzeitig die Symptome erkennt und ein Medikament gegeben wird. Geschieht zwei Tage lang nichts, wird es ewig Nacht sein. Einmal im Körper und Sonne ade. Vorbeugend der gesamten Menschheit ein blutverdünnendes Mittel zu verabreichen, ist schlichtweg unmöglich. Im Übrigen glaube ich, dass das Präparat später im Körper auch keine Schmerzen verursacht.«

»Wie hoch muss die Dosis sein und wie kann man es unauffällig verabreichen?«, wollte Dr. Rose wissen.

»Ganz einfach. Nehmen wir zum Beispiel eine Schwimmhalle. Wenn Sie den Inhalt dieser kleinen Flasche, also 250 Milliliter, in den Warmwasserbehälter der zentralen Duschanlage schütten und dieser dafür ausgelegt ist, dass sich damit 200 Menschen duschen können, gäbe es mit Sicherheit nach zwei Tagen 200 Blinde mehr auf dieser Welt. Oder eine Wäscherei, in der zum Beispiel Handtücher gereinigt werden. Je nach Anzahl der Stücke gibt man dem Wasser eine bestimmte Menge dieses Mittels bei. Die Handtücher werden damit getränkt. Will sich jemand später sein nasses Gesicht mit diesen präparierten Tüchern abtrocknen, gelangt es ebenfalls in die Augen. Die erforderliche Konzentration müsste man durch Tests ermitteln. Die Herstellung dieses Präparats ist relativ unkompliziert und die Kosten halten sich in Grenzen. Apropos Kosten. Wann bekomme ich mein Honorar?«, schloss Dr. Zimmermann seinen Bericht.

Er fand, dass es Zeit für einen Drink war. Was meinte dieser Mann damit, dass eine Zeit kommen wird, in der er sich an mich erinnern wird? Ohne Zweifel will er das Mittel gegen Menschen einsetzen. Aber warum und gegen wen? Was interessiert es mich? Scheiß auf den Eid des Hippokrates. Ich darf sowieso kein Arzt mehr sein. Ich habe ein Produkt geliefert und werde dafür bezahlt. Ende. Das Hemd ist mir näher als die Hose. Was gehen mich Ethik und Moral noch an? Auf der ganzen Welt werden Leute dafür bezahlt, sich immer mehr teuflische Sachen auszudenken. Sogar im Auftrag ihrer eigenen Regierungen. Ich will nach Thailand fliegen. Und ich will endlich wieder etwas anderes als diesen billigen Fusel trinken. Er übergab das kleine Fläschchen an Dr. Rose.

»Hier ist Ihr Geld«, antwortete Dr. Rose. »Exakt 50 000 Euro, wie abgemacht. Ich muss Sie wohl nicht darauf hinweisen, dass das alles unter uns bleibt?«

»Müssen Sie nicht. Es ist mir egal, was Sie damit veranstalten. Ich stehe Ihnen auch weiterhin zur Verfügung, wenn Sie es wünschen«, sagte Dr. Zimmermann und erhob sich. Den Umschlag mit dem Geld steckte er in sein Jackett und verabschiedete sich in Richtung Bar.

Und ob ich es wünsche, dass du mir zur Verfügung stehst, dachte Dr. Rose. Sehr bald sogar schon. Dieses Mittel ist perfekt. Nichts fürchten die Menschen mehr als das Unbekannte, nicht Greifbare, wohl wissend, dass es jederzeit überall sein kann. Man kann es nicht riechen oder schmecken, eine Art flüssiges Phantom. Wie sollen wir zukünftig mit der Masse unsere Widersacher umgehen? Alle wegsperren oder töten? Wir leben in einem neuen Jahrtausend. Ich nehme ihnen das Wertvollste, was sie haben, ihr Augenlicht. Es wird sich unter unseren Gegnern herumsprechen. Der psychologische Effekt ist viel wirkungsvoller als jede andere Strafandrohung. Die ersten Inhaftierten auf der Insel werden uns gute Testergebnisse in Bezug auf Mengen und Dosierungen liefern. Ich werde das Land im Griff haben und ich werde Herr über Licht und Schatten sein, dachte Dr. Eckbert Rose, als er zum Flugsteig ging. Einen Namen für das Mittel hatte er auch schon: ARS – Buchstaben aus dem Wort AMAUROSE – völlige Blindheit.

Matti Klatt hatte die vergangene Nacht im Gesindehaus geschlafen und war erst gegen Mittag aufgestanden. Nachdem er geduscht und gegessen hatte, organisierte er telefonisch seine Vertretungsstunden im Fitnessstudio. Die Trainerin war nicht begeistert, als sie hörte, sie müsse für die nächsten acht Wochen für ihn einspringen. Mit etwas Überredungskunst willigte sie aber schließlich doch noch ein. Natürlich haben sie das Gespräch abgehört, dachte Matti Klatt. Also werde ich die Kennzeichen der gestrigen Besucher in der Villa auf einem anderen Weg an die Polizisten weitergeben. Ich wette, dass es sich um die Mitglieder des Komitees gehandelt hat. Es waren nur eine Hand voll Leute. Dem äußeren Anschein nach, biedere Leute. Gut gekleidet, mit schicken Autos. Und in ihrem Umfeld ahnte natürlich niemand, was sich wirklich hinter der Fassade verbarg.

Seit einiger Zeit verspürte Matti Klatt immer häufiger eine Art innere Unruhe. Nein, es war Angst. Er hatte die Empfindung, vom Hals abwärts wie gelähmt zu sein. Bei vollem Bewusstsein und klarem Kopf, unfähig, sich zu bewegen. Für einen Moment war es ein sicheres Gefühl, still dazusitzen, nicht zu handeln und lieber abzuwarten, um zu sehen, was passierte. Man konnte ja doch nichts machen.

Aber ich bin nicht wirklich gelähmt, ich kann mich bewegen und muss etwas tun.

Matti Klatt stand auf und ging ans Fenster. Er blickte auf die gegenüberliegende Villa. Man durfte sich nur nicht seinem Schicksal ergeben. Der Mann, der aufstand und sich bewegte, hatte die Zukunft auf seiner Seite. Als hinter ihm die Tür geöffnet wurde, drehte er sich, aus seinen Gedanken gerissen, um.

Ein ihm unbekannter Mann sagte: »Wir wären dann so weit. Alles, was Sie brauchen, ist hier in dieser Reisetasche. Ihr Zug fährt in zwei Stunden ab. Wir bringen Sie jetzt zum Bahnhof.«

Im Vernehmungszimmer der Untersuchungshaftanstalt Weimar wartete Hubaczek auf Arndt. Er hatte ein Diktiergerät auf dem Tisch postiert und seinen Laptop aufgestellt. Die wichtigsten zu stellenden Fragen hatte er bereits formuliert. Es galt, keine Zeit zu verlieren. Als die Tür aufging, sah er, dass die beiden SEK-Beamten, die kurz zuvor Staatsanwalt Feller festgenommen hatten, auch Arndt eskortierten. Er trug Hand- und Fußfesseln.

»In Ordnung. Sie können ihm die Dinger abnehmen und dann einen Kaffee trinken gehen. Wenn wir hier fertig sind, rufe ich Sie«, sagte Hubaczek. Die beiden groß gewachsenen Männer nickten nur und gingen.

»Mein Name ist Oberkommissar Hubaczek, ich bin von der Mordkommission. Da wir noch kein Ermittlungsverfahren gegen Sie eingeleitet haben, werde ich Sie jetzt nur befragen und nicht vernehmen. Lassen wir die üblichen Spielchen, ich bin über das Meiste im Bilde. Wir haben wenig Zeit. Einverstanden?«

»Ganz meine Meinung. Sie haben wirklich keine Zeit, da kann ich Ihnen nur zustimmen. Soweit es mir möglich ist, helfe ich Ihnen. Stellen Sie Ihre Fragen.« Arndt setzte sich aufrecht an den Tisch und legte beide Arme obenauf. Hubaczek stellte das Aufnahmegerät an und begann.

Frage: »Nennen Sie Ihren Namen, Ihr Geburtsdatum und Ihren Wohnort.«
Antwort: »Mein Name ist Olaf Arndt, geboren am 1. August 1960 in Berlin. Zurzeit ohne Wohnsitz. Ich halte mich seit Langem im Ausland auf.«
Frage: »Schildern Sie die näheren Umstände Ihres Anstellungsverhältnisses bei der Firma Omicron AG.«
Antwort: »Im Jahr 1999 wurde ich während einer Fernfahrt nach Madrid mit einer Autobahnraststätte von meinem ehemaligen Gruppenführer aus unserer gemeinsamen Militärzeit, Obermaat Schitko, angesprochen. Er bot mir eine lukrative Arbeit in seinem Unternehmen an. Nach einem zweiten Treffen sagte ich zu. Ich kündigte und begann meine neue Arbeit. Zu Beginn kam ich in die Filiale nach Berlin, etwas später in die Hauptzentrale nach Erfurt.«
Frage: »Um was für eine Arbeit handelte es sich und wie hoch war Ihr Einkommen?«

Antwort: »Schitko sagte mir, dass die Omicron AG Informationen aller Art verkauft. Dazu wurden zuverlässige Leute gesucht. Es war seine Aufgabe, sie zu finden. Die Informationsbeschaffung betraf im Prinzip die ganze Bandbreite des gesellschaftlichen, politischen und wissenschaftlichen Lebens. Wer eine Frage hatte, bekam eine Antwort und musste dafür zahlen. Ganz einfach. In der Berliner Filiale durchlief ich alle Abteilungen, um mir einen Überblick zu verschaffen. Nach einiger Zeit musste ich nach Erfurt und wurde in eine besondere Abteilung versetzt. Ab dem Zeitpunkt verdiente ich ungefähr 3000 Euro netto monatlich.«
Frage: »Was für eine besondere Abteilung?«
Antwort: »Die Besonderheit begann schon mit meinem neuen Ausweis. Damit war ich berechtigt, den gesperrten Bereich der Firma zu betreten. Außerdem hieß ich jetzt André Bode. Den Grund dafür erläuterte mir der Chef der Firma, Siegfried Walbe, indem er mir den Plan ›Infantizid‹ vorstellte. Meine Identität wurde vollständig gelöscht. Man sagte mir, ich sei bei einem Verkehrsunfall ums Leben gekommen. Diese besondere Abteilung hatte drei Gruppen: die Ermittlungs- und Überwachungsgruppe sowie die Cleaner. Die Ermittlungsgruppe hatte die Aufgabe, geeignete Leute aufzuspüren, die mit ziemlicher Sicherheit von ›Infantizid‹ zu überzeugen waren. Sie konzentrierte sich vorrangig auf die Stellvertreter der Chefs von Behörden, Firmen, Parteien, Vereinen und so weiter. Von besonderem Interesse waren Menschen, die aus irgendwelchen Gründen geschasst worden waren. Personen, die zwar fachlich kompetent waren, aber meist wegen privater Probleme oder Schwächen aufs Abstellgleis gestellt wurden. Alkoholiker, Schwule, Spieler, Fremdgeher, Diebe, die Listen waren lang. Wir nutzten ihre Verbitterung oder Verärge-

rung natürlich aus. Sie werden es nicht glauben, aber in 98 Prozent aller Fälle hatten wir die Leute auf unserer Seite. Es war unfassbar.«

Frage: »Wie konnten Sie sicher sein, dass niemand etwas verrät? Und was war mit den restlichen zwei Prozent?«

Antwort: »Warum sollten sie etwas verraten? Sie sind doch alle scharf auf diese Posten. Was hatten sie zu verlieren? Gar nichts, im Gegenteil. Bei den Leuten, mit denen ich sprach, hatte ich den Eindruck, sie konnten es gar nicht erwarten, sich für die Schmach und Ungerechtigkeit, die ihnen ihrer Meinung nach widerfahren ist, zu rächen. Natürlich wurden sie auf die Folgen eines möglichen Verrats hingewiesen. Wenn die Omicron AG zu der Einschätzung kam, dass Einzelne, also die restlichen zwei Prozent, schon zu viel wussten und dennoch nicht bereit waren, mitzumachen, kam die Überwachungsgruppe zum Einsatz. Sie suchten so lange, bis sie etwas fanden, um die Leute zu erpressen. Das half. Meistens jedenfalls.«

Frage: »Und wenn nicht?«

Antwort: »Dann wurden die Cleaner geschickt. Es waren wohl insgesamt vier Leute in dieser Gruppe. Über die wusste niemand etwas. Das war natürlich geheim – eine höhere Sicherheitsstufe gab es nach dieser nicht. Meine Aufgabe bestand darin, geeignete Leute für ›Infantizid‹ zu suchen. Diese gab ich dann weiter. Ich selbst habe mich nur im ersten Stadium der Rekrutierung mit ihnen unterhalten.«

Frage: »Wissen Sie, wer und wie viele Personen durch die Cleaner getötet wurden?«

Antwort: »Nein. Ich war nur für den Erstkontakt verantwortlich. Und mehr durfte ich auch nicht wissen. Alle

Informationen, auch die der anderen Gruppen, gingen direkt an Walbe.«

Frage: »Können Sie uns sagen, wie viele Leute angesprochen wurden und wer diese namentlich sind?«

Antwort: »Ich schätze, in der Zeit, als ich in dieser Gruppe tätig war, wurden circa 500 angesprochen. Ich selbst hatte ungefähr 50 Gespräche. Aufzeichnungen darüber existieren nur in der Firma. Ein paar Namen würde ich noch zusammenbekommen. Ich kann sie Ihnen aufschreiben. Die Namen der Ermittlungsgruppe sind mir bekannt, ebenso ein paar von der Überwachungsgruppe. Die Cleaner kenne ich nicht.«

Frage: »Ihre Identität bekam ein anderer Mann, mit richtigem Namen Ralph Jentzsch. Kennen Sie ihn?«

Antwort: »Nein, ist mir unbekannt.«

Frage: »Wie wurde ›Infantizid‹ finanziert?«

Antwort: »Ich war bei der Omicron AG angestellt und bekam auch mein Gehalt von ihr. Sie war ja im Prinzip nur ein Zulieferer. Nach einiger Zeit änderte sich mein Aufgabenfeld. Ich war nun zuständig für die Rekrutierung von Mitarbeitern, die in die Schwarze Division integriert werden sollten. Die Herangehensweise war etwas anders. Diese Leute wurden anfangs vorsichtig befragt und wenn sie einverstanden waren, war alles in Ordnung. Jene die noch zögerten, wurden gekauft. Wie Söldner. Das Geld stammte unter anderem auch aus Überfällen. Das hatte ich gehört, Einzelheiten dazu weiß ich nicht. Auch ist mir nichts über diejenigen, die trotz des Geldes nicht mitgemacht haben, bekannt. So einen Fall wird es kaum gegeben haben, ich war ja entsprechend geschult und hatte einen Blick dafür.«

Frage: »Wer waren oder sind die Angehörigen der Schwarzen Division?«

Antwort: »Ausnahmslos ehemalige Freiwillige von Spezialeinheiten der Bundeswehr und der ehemaligen Nationalen Volksarmee. Das war die Bedingung, die General Rybakow stellte. Die Leute waren gut ausgebildet. Man musste die erlernten Fähigkeiten nur noch mal aufpolieren und sie in ihre neue Aufgabe einweisen. Ich schätze, dass insgesamt bis jetzt über 5000 Mann entsprechend vorbereitet auf ihren Einsatz warten.«
Frage: »Wer ist General Rybakow und wo werden diese Leute ausgebildet?«
Antwort: »Er ist ein russischer Fallschirmjägergeneral, der das Unternehmen ›Eiserne Faust‹ ausgearbeitet hat und leiten wird. Das Lager befindet sich in Litauen, in der Nähe von Kaunas, auf dem ehemaligen Übungsgelände der 7. Garde-Luftlande-Division.«
Frage: »Zu welchem Zweck wurde die Schwarze Division gegründet und was wissen Sie über die Unternehmen ›Eiserne Faust‹ und ›Tsunami‹?«
Antwort: »Sie wurde nur aus einem einzigen Grund geschaffen: um diese Unternehmen durchzuführen. Die Schwarze Division soll den Umsturz militärisch durchsetzen. Zeitgleich sollen alle Landesregierungen sowie die Bundesregierung eliminiert werden. Danach sichert die Schwarze Division sämtliche Schaltzentralen der Macht und sorgt dafür, dass kein Chaos unter der Bevölkerung entsteht. Zu diesen Erkenntnissen kam ich erst spät, lange nachdem ich in Kaunas auf meine Aufgabe vorbereitet worden war. Denn nach einiger Zeit wurde mir mitgeteilt, dass auch ich ein Kommando führen sollte. Wie ich feststellte, waren in Kaunas zu bestimmten Zeitpunkten immer nur diejenigen Angehörigen der Schwarzen Division versammelt, die ausschließlich auf den Einsatz in ihrem Bundesland vorbereitet wurden. Ein Beispiel. Nach der

anfänglichen allgemeinen militärischen Grundausbildung erfolgte die Einteilung und Spezialisierung der Aufgaben. Ich sollte das Kommando Thüringen, Deckname EF, leiten. Insgesamt standen mir dazu 350 Mann zur Verfügung. Nun sind es 60 weniger. Zuerst wurden wir mit allen Personen des öffentlichen Lebens vertraut gemacht, die es auszuschalten galt. Wir mussten uns alle Namen, Positionen und natürlich das Aussehen einprägen. An einem Modell und mithilfe von Zeichnungen und Fotos machten wir uns mit den Örtlichkeiten der Thüringer Staatskanzlei vertraut. Mit diesem Wissen entwickelten wir einen Angriffsplan. Der sah unter anderem vor, dass wir am Tag X aus der Luft zuschlagen sollten. Aus mir nicht bekannten Gründen wurde dieser Plan geändert. Stattdessen sammelt sich das Kommando nun an einem Ausgangspunkt in der Nähe der Landeshauptstadt. Ich gehe davon aus, dass mit den anderen Bundesländern genauso verfahren wird. Auch wenn ich eine Maschine in die Luft gejagt habe, die Verluste werden ausgeglichen und ein anderer wird meinen Platz einnehmen. Über ›Tsunami‹ weiß ich nichts Detailliertes. Nicht mal andeutungsweise. Es kann mit der Insel Rügen zu tun haben. Ich tippe darauf, dass es ein Internierungslager werden soll. Irgendwas mit Abspaltung oder Trennung oder so. Das habe ich bei einem gigantischen Besäufnis im Lager nur aufgeschnappt. Rybakows Leibwächter haben sich darüber unterhalten. Meine Russischkenntnisse reichten nicht aus. Mehr konnte ich dem Innenminister auch nicht sagen.«

Frage: »Kennen Sie die Kommandoführer der anderen Bundesländer?«

Antwort: »Nein, niemanden.«

Frage: »Wann ist der Tag X?«

Antwort: »Keine Ahnung.«

Frage: »Kennen Sie alle Namen der Angehörigen Ihres Kommandos?«

Antwort: »Natürlich. Jeden einzelnen mit Adresse. Aber glauben Sie ja nicht, dass Sie bei denen eine Polizeistreife vorbeischicken und einfach so Festnahmen durchführen können. Da müssen Sie sich schon etwas anderes einfallen lassen. Immerhin leben die über das ganze Land verteilt. Und spätestens nach der dritten Verhaftung wissen alle anderen Bescheid. Und möglicherweise nicht nur die aus meinem Kommando. Sie müssen ausnahmslos alle, also auch die in den anderen Bundesländern, namentlich bekannt machen. Dabei kann ich Ihnen nicht helfen.«

Frage: »Namentlich bekannt machen, also von den Personen die wahre Identität ermitteln? Wer könnte das?«

Antwort: »Ich schätze, nur General Rybakow. Keine Ahnung.«

Frage: »Kennen Sie eine Person namens Matti Klatt?«

Antwort: »Nein.«

Frage: »Können Sie sich vorstellen, was damit gemeint ist, wenn jemand im Zusammenhang mit ›Infantizid‹ den Satz verwendet: Wir schicken sie in die Höhle des Löwen?«

Antwort: »Alles, was mit diesem Wahnsinn zu tun hat, wird in den seltensten Fällen klar benannt. Jede Aktion hat Decknamen, Leute agieren unter Pseudonymen und schriftliche Unterlagen werden Sie nicht finden. Seit acht Jahren wird dieser Umsturz vorbereitet und keiner hat etwas bemerkt. Im Grunde habe ich eine optimistische Einstellung zum Leben. Aber in dem Fall müsste ein Wunder geschehen, um das aufzuhalten. Ich glaube, es ist zu spät. Meines Wissens ist es noch nie vorgekommen, dass in einer bestehenden Demokratie ein Putsch oder Umsturz erfolgte. Dieses Land steht kurz vor dem Abgrund und die Folgen sind nicht auszudenken. Es wird massenhaft Tote geben, nichts wird mehr so sein wie früher. Mal ganz abgesehen von den internationalen Auswirkungen. Was ist, wenn das Beispiel Schule macht? Die Welt wird im Chaos versinken. Diese Gedanken gingen mir durch den Kopf, als ich mich entschloss, zum Verräter zu werden. Wir müssen etwas unternehmen! Um Ihre Frage zu beantworten. Ich nehme an, Sie wissen, was ›Infantizid‹ im eigentlichen Sinn bedeutet. Mit der Höhle des Löwen ist das Bundeskanzleramt gemeint. Das Kommando, welches diese Machtzentrale zerstören soll, ist das Wichtigste.«

Frage: »Was wissen Sie über das sogenannte Komitee in Bezug auf Mitglieder, Anzahl und mögliche Standortzentrale?«

Antwort: »Gar nichts. Nur, dass an der Spitze ein noch ziemlich junger Mann stehen soll.«

An dieser Stelle beendete Hubaczek die Befragung. Auch seine Unruhe wuchs von Minute zu Minute. Wie sollte man dieses sich anbahnende Unheil aufhalten können? Er musste schleunigst die anderen informieren. Nachdem die zwei SEK-Beamten Arndt wieder in seine Zelle abgeführt hatten, wählte er Bräunigs Nummer. Als nach dem siebten Klingeln keiner abhob, wählte er die Handynummer. Es war ausgeschaltet, die Mailbox sprang sofort an. Himmel und Hölle, dachte er, packte seine Unterlagen zusammen und begab sich zurück in sein Büro.

Pünktlich um 21.57 Uhr fuhr der Regionalexpress RE 38033 von Gleis 2 des Berliner Ostbahnhofes ab. Matti Klatt hatte eine Platzkarte und befand sich allein in seinem Abteil. Die Fahrt ging nach Kiew. Ohne hineinzusehen, hatte er die große Tasche auf der oberen Gepäckablage verstaut. Er zündete sich eine Zigarette an und fragte sich, was diese Reise mit sich bringen würde. Er war auf dem Weg in das Ausbildungslager der Schwarzen Division. In die Ukraine!

Eine Durchsage des Bahnpersonals kündigte an, dass der Zug gleich in Frankfurt/Oder einfahren würde. Vor Matti Klatts Abteil stand eine junge Frau, die mit ihrem Handy telefonierte. Auf so eine Gelegenheit hatte er gewartet. Nur mit einem fremden Mobiltelefon konnte er unauffällig Hauptkommissar Bräunig eine Nachricht zukommen lassen. Eine andere Kontaktaufnahme war ihm nicht eingefallen. Als die das Gespräch beendet hatte, trat Matti Klatt an sie heran.

»Entschuldigen Sie, dass ich Sie einfach so anspreche. Ich habe mein Handy vergessen und muss noch ein wichtiges Gespräch innerhalb Deutschlands führen. Wären Sie so freundlich, mir Ihr Handy zu borgen? Selbstverständlich bezahle ich Ihnen das Gespräch.«

Die Angesprochene musterte Matti Klatt und lächelte.

»Sie brauchen mir nichts zu bezahlen. Wie ich sehe, rauchen Sie. Wenn Sie fertig sind, geben Sie mir einfach eine Zigarette und wir sind quitt.«

Matti Klatt nahm das Telefon und ging in sein Abteil zurück. Unter anderen Umständen hätte er versucht, einen Flirt anzufangen. Diesmal stand ihm nicht der Sinn danach. Die Nummer von Bräunigs Mobiltelefon hatte er im Kopf. Eine sonore weibliche Stimme forderte ihn auf, eine Nachricht zu hinterlassen, da der gewünschte Gesprächspartner momentan nicht erreichbar sei. Matti Klatt erzählte von seiner Fahrt in dem Auto mit den verdunkelten Scheiben, seiner Nacht in dem Gesindehaus und den unbekannten Besuchern, die allesamt gestern

Nachmittag auf dem Grundstück der Villa eingetroffen waren. Insgesamt nannte er 16 Fahrzeugtypen mit Farbe und Kennzeichen. Walbe, sein ehemaliger Chef bei der Diensteinheit IX, habe ihn empfangen und ihm mitgeteilt, dass er zu einer geheimen Mission nach Kiew geschickt werde. Worum es dabei genau gehe, wisse er nicht. Zum Schluss sagte Matti Klatt, dass er gleich in Frankfurt/ Oder umsteigen müsse und sich wieder melden würde. Als er aufgelegt hatte, gab er der Frau das Mobiltelefon mit der versprochenen Zigarette zurück. Der Zug fuhr in den Bahnhof ein. Matti Klatt nahm seine Tasche und begab sich zur Waggontür.

Etwa zur gleichen Zeit traf Oberkommissar Hubaczek auf dem Flur der Polizeiinspektion seinen Chef, Hauptkommissar Bräunig.

»Du solltest dein Handy eingeschaltet lassen«, sagte Hubaczek, »zum Glück bist du noch da. Wir müssen uns sofort zusammensetzen und die Befragung von Arndt auswerten.«

»Der blöde Akku war leer, es hängt noch an der Ladestation. Ich komme gerade aus der Klinik von Leichenkolbe. Das Schlimmste hat er überstanden. Trommle die anderen zusammen, wir treffen uns in fünf Minuten in meinem Büro.«

Das grüne Lämpchen der Ladeschale auf seinem Schreibtisch zeigte ihm an, dass der Akku wieder voll war. Er schaltete das Handy ein. Blass und mit dunklen Ringen unter den Augen trafen seine Mitarbeiter ein. Sie nahmen am Konferenztisch Platz. Bräunig informierte alle als Erstes über Leichenkolbes Zustand.

»Na, wenigstens mal etwas Positives«, sagte Fischer. Auch die anderen murmelten etwas wie »Gott sei Dank«

und »Noch mal Glück gehabt« vor sich hin. Eine allgemeine Erleichterung machte sich zumindest in dieser Hinsicht breit.

»Finde ich auch. Er ist wirklich glimpflich davongekommen. Bleibende Schäden soll er nach Auskunft der Ärzte nicht zurückbehalten. Was gibt es bei euch Neues?«

Klimm meldete sich zu Wort.

»Die Fahndung nach dem Hessen läuft bundesweit. Leider wissen wir nicht, womit er unterwegs ist. Vorsichtshalber haben wir das auf ihn zuletzt zugelassene Fahrzeug, einen BMW, als Möglichkeit angegeben. Vielleicht haben wir Glück, bis jetzt ist er nirgends aufgetaucht. Die zwei Typen von heute Nachmittag, die bei Matti Klatt in der Wohnung waren, sind noch nicht vernehmungsfähig. Apropos Klatt. Hat der sich inzwischen gemeldet?«

»Nein, noch nicht. Also, Hubaczek, was hat dieser Arndt erzählt?«, entgegnete Bräunig. Der holte das Aufnahmegerät aus seiner Tasche und stellte es auf den Tisch.

»Ich denke, wir können ungefähr eine Fluchtrichtung von dem Hessen annehmen. Wir wissen, dass er Matti Klatt hinterhergeschickt wurde, um ihn zu liquidieren. Weiterhin wissen wir, dass Matti Klatt ein Kommando der Schwarzen Division führen soll. Das sagte er jedenfalls auf seiner letzten Kassette. Und eben teilte mir Arndt mit, dass sich ihr Ausbildungslager in Litauen, in Kaunas, befindet. Wenn wir also die Fakten zusammenzählen, ist der Hesse genau auf dem Weg dorthin.«

»In Ordnung. Kratzenstein, kümmere dich sofort darum. Alle beteiligten Dienststellen sollen ihr Augenmerk in diese Richtung lenken. Wo ist Matti Klatt? Auch in diese Richtung unterwegs? Wie in Gottes Namen können wir ihn vor dem Hessen warnen?« Bräunig rieb sich die Augen und sah seine Mitarbeiter an.

»Im Moment gar nicht«, sagte Hubaczek. »Wir können nur hoffen, dass er sich meldet. Hört euch erst mal das Band an.« Er betätigte den Wiedergabeknopf seines Aufnahmegerätes. Mit sichtbarem Entsetzen hörten sie den Ausführungen Arndts zu. Nach Beendigung der Aufzeichnung blieb es noch eine Weile still.

»Und was jetzt?«, fragte Fischer. »Was sollen wir tun?«

»Ich werde den Innenminister informieren. Wir können herzlich wenig tun. Es muss ...« Weiter kam er nicht, denn sein Mobiltelefon klingelte. Bräunig nahm ab und sah, dass sich die Mailbox automatisch meldete. Er verdrehte die Augen und stockte im gleichen Moment, als er die Nachricht hörte. Nach ungefähr drei Minuten legte er auf und sah in die Runde.

»Das war Matti Klatt, er rief von einem geborgten Handy aus an. Ich werde die Nachricht gleich noch einmal abhören, wir müssen uns einige Notizen machen. Er ist auf dem Weg nach Kiew, in die Ukraine. Mit ziemlicher Sicherheit haben wir die Kennzeichen der Fahrzeuge der ominösen Komiteemitglieder. Wo er die Nacht verbracht hat, konnte er nicht sagen, wahrscheinlich in der Nähe von Berlin. Ich denke, das Lager ist in Litauen?«

»Wieder so eine versteckte Aktion. Sie lotsen ihn nicht auf direktem Weg dorthin. Wie sollen wir ihn vor dem Hessen warnen, wenn sein Handy geliehen war? Er ahnt doch nichts von dem Mann, der ihn umbringen soll, und er weiß nicht, dass sich das Lager in Litauen befindet.« Hubaczek war ratlos.

»Es gibt nur eine Variante. Wir müssen Arndt zum Schutz von Matti Klatt nach Kaunas schicken. Nur er kennt die örtlichen Gegebenheiten und weiß, was zu tun ist. Der Vorteil für uns ist, dass keiner mit ihm rechnet. Alle denken, er ist bei dem Flugzeugabsturz ums Leben gekommen. Er muss den Hessen abfangen und Matti Klatt unterstützen. Ich werde den Minister informieren und mir grünes Licht dafür holen. Oder hat einer eine andere Idee?«

»Vorausgesetzt, dass Arndt mitmacht. Aber warum eigentlich nicht, schließlich ist er doch zu uns gekommen und hat den Plan verraten. Also reden wir mit ihm«, sagte Hubaczek zu Bräunig.

Olaf Arndt war überrascht, den Kommissar so schnell wiederzusehen. Beide saßen erneut im Vernehmungszimmer der Untersuchungshaftanstalt. Hubaczek kam gleich zur Sache.

»Herr Arndt, wir haben neue Informationen. Uns ist es gelungen, einen unserer Männer in die Omicron AG zu schleusen. Er befindet sich auf dem Weg in das Ausbildungslager der Schwarzen Division. Vor einer Viertelstunde erhielten wir eine Nachricht von ihm. Allerdings gab er als Ziel Kiew in der Ukraine an.«

Arndt sah den Kommissar ungläubig an.

»Sie haben einen Mann bei der Omicron AG, der für Sie arbeitet und zur Schwarzen Division fährt? Und das ist unbemerkt geblieben?«

»Leider nicht ganz. Wir konnten heute einen Verschwörer festnehmen, der aber kurz vor seiner Festnahme einen Cleaner auf seine Spur gehetzt hat«, antwortete Hubaczek.

»Ihr Mann ist so gut wie tot, wenn er es nicht schon ist.«

»Überlegen Sie doch mal, es ist doch möglich, dass nur der Cleaner von unserem Mann weiß und kein anderer.

Sonst hätte Klatt sich doch nicht gemeldet. Er befand sich seit gestern in unmittelbarer Nähe des Komitees. Ein Anruf dorthin hätte genügt«, entgegnete Hubaczek.

»Da könnten Sie recht haben. Hoffen wir das Beste. Nach Kiew ist er unterwegs, sagten Sie? Das ist nur ein Umweg, ein Ablenkungsmanöver. Wenn er in das Ausbildungslager soll, wird er nach Kaunas müssen. Sagen Sie ihm das.«

»Und hier liegt das Problem. Er rief von einem fremden Handy aus an. Wir können ihn nicht erreichen. Er ist auf sich allein gestellt und weiß auch nichts von dem Cleaner.«

Hubaczek überlegte, ob er Arndt noch etwas sagen sollte. Er entschied sich, offen zu sein. »Unser Mann, Matti Klatt, hat mit ziemlicher Sicherheit das Komitee tagen sehen. Wir haben 16 Fahrzeugkennzeichen. Wir müssen ihn schützen.«

»Sie haben die Kennzeichen von den Fahrzeugen des Komitees?« Arndt riss ungläubig seine Augen auf. Das war ein echter Fortschritt. Nach einer Weile hatte er sich wieder gefasst.

»Das sind ja gute Nachrichten. Nur haben Sie ein echtes Problem. Wenn der Cleaner heute früh losgeschickt wurde, wird er in nicht allzu langer Zeit in Kaunas eintreffen. Vorausgesetzt, er ist die ganze Zeit gefahren. Und dann wartet ein Empfangskomitee auf Ihren Matti Klatt. Was soll ich dabei tun?«

Hubaczek sah Arndt in die Augen, bevor er sprach: »Sie müssen vor Matti Klatt in Kaunas eintreffen, ihn warnen und den Cleaner unschädlich machen. Eine Beschreibung und ein Bild von beiden bekommen Sie. Niemand weiß, dass Sie das Flugzeugunglück überlebt haben. Das ist der Vorteil, der Ihnen vielleicht helfen kann.«

»Wenn ich an unser Gespräch von vorhin denke und zwei und zwei zusammenzähle, ist dieser Matti Klatt derjenige, der für den Angriff auf das Bundeskanzleramt vorgesehen ist?«, fragte Arndt.

»Ja, nach unseren bisherigen Erkenntnissen und dem, was Sie uns gesagt haben, gehen wir inzwischen davon aus.«

»Ich sage es Ihnen so, wie es ist. Die Aussicht auf Erfolg tendiert gegen null. Mit unheimlich viel Glück könnte ich den Cleaner abfangen. Wenn er bereits im Lager ist, kommt jede Hilfe zu spät. Dann kann ich nur versuchen, Matti Klatt daran zu hindern, hineinzugelangen. Wobei ich noch nicht mal weiß, wie und wann er dort hinkommt. Falls wir diese Probleme gelöst haben, müssen wir uns etwas ausdenken, um die Kaserne zu sabotieren. Also gut. Ich brauche leichte Waffen, Funkgeräte, Landkarten von der Gegend um die Grenze, ein Satellitentelefon und einen schnellen Hubschrauber.«

Hubaczek hatte sich alles notiert.

»Erklären Sie mir Ihren Plan?«, fragte er.

»Zuerst rufe ich einen polnischen Freund an, der in der Nähe der Grenze zu Litauen wohnt. Zbigniew. Der kann einige Vorbereitungen treffen. Und zu genau diesem Mann muss mich der Hubschrauber bringen. Die Karten brauche ich für den Grenzübertritt. Wir haben keine Zeit zu verlieren. Regeln Sie alles und holen Sie mich hier raus.«

Wo bekomme ich leichte Waffen und einen Hubschrauber her, überlegte Hubaczek, während seine innere Unruhe ihn automatisch in den Laufschritt versetzte. Er befand sich schon wieder auf dem Weg in Bräunigs Büro.

»Kein Problem«, sagte der Hauptkommissar zu Hubaczek, als dieser ihm von Arndts Forderungen berichtete. »Wir sollen die Aktion so durchführen, wie wir es für richtig halten. Wir werden einen Hubschrauber des Bundesgrenzschutzes bekommen. Der wird alles Notwendige an Bord haben. Und noch etwas. Wir beide sollen morgen früh in die Bundesparteizentrale der SPD kommen. Wir werden den Innenminister und den Bundeskanzler treffen. Die Tatsache, dass wir die Kennzeichen der Komiteemitglieder haben, hat den Minister sichtlich erfreut. Wir wollen gemeinsam die nächsten Schritte planen. Wie findest du das?«

»Endlich geht ein lang gehegter Wunsch von mir in Erfüllung«, flachste Hubaczek. »Ich spreche mit dem Kanzler meine nächsten Arbeitsschritte durch. Und wenn mir seine Vorschläge nicht gefallen, dann sage ich ihm das. Nein, im Ernst. Eine kleine Chance haben wir doch noch. Es ist Licht am Ende des Tunnels. Verlieren wir keine Zeit. Es ist jetzt Mitternacht, wann wollen wir losfahren?« Hubaczek war seine Erleichterung anzusehen.

»Wir fahren Punkt 1 Uhr los. Die anderen koordinieren die Fahndung nach dem Hessen und bauen einen ordentlichen Vorgang auf. Protokolle, Zeugenvernehmungen und Ermittlungsakten zusammentragen und so weiter. Wir bleiben in ständigem Kontakt untereinander«, sagte Bräunig.

Beide verließen gleichzeitig das Gebäude. Der Wind hatte sich endlich wieder gelegt, aber es war bitterkalt.

Matti Klatt hatte vor zwei Minuten den ersten Halt auf polnischem Gebiet hinter sich gebracht: Rzepin.

Es war 23.58 Uhr, als sich der Zug wieder in Bewegung setzte.

Samstag, 1. November 2003, 9.05 Uhr, Bundesparteizentrale

Für den SPD-Parteivorstand gab es an diesem Samstag im Willy-Brandt-Haus in Berlin-Kreuzberg viel zu besprechen. Man traf sich schon früh, um 7 Uhr. Bundeskanzler Schreiber, gleichzeitig Vorsitzender seiner Partei, hatte die ganze vergangene Woche damit zu tun gehabt, die Wahlniederlage vom 26. Oktober in Brandenburgs Kommunen zu verarbeiten. Seine jüngst ins Leben gerufene Agenda 2010 stieß auf heftige Kritik. Zu allem Überfluss sollte an diesem 1. November eine große Demonstration gegen den Sozialabbau mit über 100 000 Beteiligten stattfinden. Organisatoren dieser Kundgebung waren wieder einmal die Gewerkschaften.

Und dann galt es, den am 17. November in Bochum beginnenden Bundesparteitag vorzubereiten. In der Ruhrkongresshalle wurden 500 Delegierte, 4600 Besucher und 1400 Journalisten erwartet. Im Vorfeld dieses Parteitages stand Bundeskanzler Schreiber schwer unter Beschuss durch die linke Strömung seiner eigenen Partei. Die Regierung müsse sehr viel klarer machen, dass die Agenda 2010 kein Ziel an sich, sondern nur ein Instrument sei, um soziale Ziele erreichen zu können. Das war nur eine der Aussagen. Diese kleinen, fernsehgeilen Wichtigtuer, sagte er sich im Stillen.

Froh, während der ersten Sitzungspause ein paar Minuten allein sein zu können, stieß er einen nicht stubenreinen Fluch aus, als es an seiner Bürotür klopfte. In diesem Höllenjob kannst du keine Minute du selbst sein, dachte er. Nach seinem »herein« betrat Innenminister Schilling das Büro. Er setzte sich zum Kanzler an den niedrigen Klubtisch und sagte zu ihm: »Wolfgang, ich weiß, dass dein Terminkalender aussieht wie ein Schnittmusterbogen, man blickt irgendwann ohne fremde Hilfe selbst nicht mehr durch. Deswegen ist es hier und jetzt die einzige Möglichkeit, dich über ein Ereignis zu unterrichten. Und zwar mindestens zwei Stunden lang. Allein, nur wir beide.«

»Hast du den Verstand verloren? Weißt du, was wir heute noch alles regeln müssen?« Bundeskanzler Schreibers Laune wurde durch die Aussage seines Innenministers nicht besser.

»Ich weiß, aber wenn wir nicht sofort Maßnahmen ergreifen, brauchst du bald gar keinen Termin mehr wahrnehmen, geschweige denn etwas regeln. Uns gibt es dann nämlich nicht mehr.« Schilling verzog keine Miene.

»Du siehst nicht so aus, als wenn du einen Witz machen wolltest. Gegen wen müssen wir Maßnahmen einleiten, gegen die Opposition?«, fragte Schreiber.

»Leider nein, es ist viel schlimmer.« Schilling holte seine eigenen Notizen aus seiner Tasche und berichtete dem Bundeskanzler von ›Infantizid‹. Er informierte ihn über die Aussagen von Arndt aus dem Weimarer Hotel, über das Gespräch mit Hauptkommissar Bräunig sowie über ihr letztes Telefonat von vergangener Nacht. Bundeskanzler Schreiber hörte mit unbewegtem Gesicht zu. Aber wenn man genau hinsah, konnte man an seiner geschwollenen Halsschlagader sehen, was in ihm vorgehen musste.

»Die Polizisten aus Weimar, Staatsanwalt Dr. Müller, du und ich sind die Einzigen, die von der Sache wissen. Und natürlich die Beteiligten an dem Plan«, schloss Schilling seinen Bericht.

»Großer Gott! Wir wissen nicht, wann der Tag X ist? Was schlägst du vor?«

»Erkläre den Leuten da draußen, dass du die nächsten Stunden unabkömmlich bist. Die zwei Polizisten aus Weimar müssten theoretisch unten am Eingang stehen. Auf Anweisung holt mein Sicherheitschef beide hier hoch. Sie haben das komplette Gespräch der Befragung von diesem Arndt dabei. Gestern wurden schon erste Maßnahmen eingeleitet. Welche genau, erkläre ich dir nachher.«

Schilling zündete sich eine Zigarette an und wartete auf die Reaktion des Bundeskanzlers.

»So wird es gemacht, hol sie her. Ich rede mit ihnen. Vor allen Dingen darf nicht irgendein Presseheini Wind von der Sache bekommen. Nein, niemand, auch kein anderes Regierungsmitglied, darf davon etwas wissen. Beeilen wir uns.«

Matti Klatt hatte vor zwei Stunden Warschau passiert. In diesem Moment befand er sich in Puławy Miasto, zwei Stunden vor der ukrainischen Grenze.

Der Hubschrauber des Bundesgrenzschutzes war ein Eurocopter SA-330, besser bekannt unter dem Namen ›Puma‹. In ihm fanden normalerweise bis zu 20 Mann plus die beiden Besatzungsmitglieder Platz. Heute flog nur ein Mann mit, Olaf Arndt. Der Hubschrauber hatte Zusatztanks mit an Bord, denn seine Reichweite betrug normalerweise nur 570 Kilometer. Die Strecke, die zurückgelegt werden musste, maß jedoch 1094 Kilometer. Das Dorf im Nordosten Polens hieß Dzierwiany. Gegen 4.30 Uhr morgens war der Hubschrauber Puma in Weimar gelandet und hatte Olaf Arndt aufgenommen. Seitdem jagten die Piloten ihre Maschine mit durchschnittlich 260 Kilometern pro Stunde in Richtung des polnischen Gehöfts.

Die Flugzeit wurde mit ungefähr vier Stunden und 20 Minuten berechnet. Der polnische Flugsicherheitsdienst erwartete den Hubschrauber bereits, eine Überfluggenehmigung lag vor. Arndt sah auf die Uhr, jeden Moment mussten sie landen. Er hatte Zbigniew noch in der Nacht angerufen und sein Kommen angekündigt. Der Riese hatte lauthals gelacht. »Du kommst mit einem Hubschrauber des Grenzschutzes? Du bist ein Verrückter.«

Hauptkommissar Bräunig und Oberkommissar Hubaczek waren, wie verabredet, pünktlich in der Nacht nach Berlin losgefahren. Aufgrund des geringen Verkehrsaufkommens trafen sie bereits nach etwas über zwei Stunden vor dem Willy-Brandt-Haus in Berlin-Kreuzberg ein und nutzten die Gelegenheit, noch ein wenig im Auto zu schlafen. Als gegen halb sieben Bewegung hinter der Glasfassade des Gebäudes zu erkennen war, gingen sie hinein und tranken Kaffee. Seitdem warteten sie hier.

Bräunig erkannte den Mann, der gerade auf sie zukam, sofort wieder. Es war der Sicherheitschef des Innenministers. Beide waren sich im Weimarer ›Hilton‹ diese Woche schon einmal begegnet.

»So schnell sieht man sich wieder«, sagte er, nachdem er beide begrüßt hatte. »Meine Leute beobachten gerade, wie ich mit Ihnen spreche. Wenn Sie also in fünf Minuten den Fahrstuhl benutzen, wird Sie niemand aufhalten. Der Minister wollte, dass wir nicht lange zusammen gesehen werden. Sie fahren bis in den dritten Stock. Der Kollege dort zeigt Ihnen dann das Büro des Kanzlers. Schönen Tag noch.« Damit verabschiedete sich der Sicherheitsbeamte wieder. Bräunig und Hubaczek tranken in Ruhe ihre mittlerweile vierte Tasse Kaffee aus und begaben sich zum Fahrstuhl.

Bundeskanzler Schreiber sah dann doch keine Veranlassung, bei seinen Vorstandsmitgliedern einen Grund anzugeben, warum er die nächsten Stunden nicht anwesend sein würde. Er verzichtete lieber auf die vielen Fragen, die unweigerlich auf ihn zukommen würden. Kaum dass er den Konferenzsaal verlassen hatte, begannen grüppchenweise die Tuscheleien. Er wusste das, aber es war ihm egal. Das übliche Getratsche, genau wie im Bundeskanzleramt. Man gewöhnte sich daran.

Bundeskanzler Schreiber, Innenminister Schilling, Hauptkommissar Bräunig und Oberkommissar Hubaczek saßen zusammen und hörten sich die Aufnahme der Befragung von Arndt bereits zum zweiten Mal an.

Seltsam, dachte Hubaczek, im Prinzip ist der Kanzler auch nur ein ganz normaler Mensch, außer dem Aspekt, dass er sehr viel mehr Verantwortung trägt. Zur Begrüßung haben wir uns die Hand gegeben, als wären wir uns nicht das erste Mal begegnet. Er hält sich nicht lange auf und ist gleich zur Sache gekommen. So, wie man es von einem Kanzler erwartet. Er wurde durch den Innenminister aus seinen Gedanken gerissen.

»Herr Bräunig, was haben Sie letzte Nacht veranlasst?«

»Arndt hat sich bereit erklärt, den Hessen abzufangen und, wenn möglich, Matti Klatt zu warnen. Sollte ihm das gelingen, werden sie mit den Vorbereitungen beginnen, Teile des Lagers, nun, sagen wir, unschädlich zu machen. Meine Mitarbeiter ermitteln zurzeit die Halter der Fahrzeuge, die Klatt uns nannte. Damit haben wir Namen und Adressen der Mitglieder des mysteriösen Komitees. Wenn wir der Schlange den Kopf abschlagen, stehen unsere Chancen nicht schlecht, den Plan zu vereiteln. Weiterhin erstellen wir gerade eine vollständige Liste von Angehörigen der Schwarzen Division des Kommandos Thüringen, die Arndt genannt hat. Alles in allem, so an die 350 Namen, inklusive der Toten bei dem Absturz. Meiner Meinung nach können wir die Festnahmen und andere Aktionen auf keinen Fall von Deutschen vornehmen lassen. Wir wissen nicht, wer alles in den Plan eingeweiht wurde. Vermutlich werden wir nie alle Namen erfahren.«

Der Bundeskanzler stimmte ihm zu. »Schon möglich. Die namentliche Erfassung aller involvierten Verschwörer wird die zweite Aufgabe sein. Jetzt brauchen wir Verbündete, die uns helfen. Uns sitzt die Zeit im Nacken. Wir wissen nicht, welches Datum der Tag X hat.«

Hubaczek räusperte sich und sagte etwas verhalten: »Ich denke, ein bisschen Zeit bleibt uns. Immerhin soll Matti Klatt auf ein extrem gefährliches Unternehmen vorbereitet werden. So etwas schafft man nicht in zwei Tagen. Dazu ist eine gründliche Vorbereitung nötig. Arndt hat mir gesagt, dass er für die Vorarbeit seines Kommandos ungefähr acht Wochen gebraucht hat. Die Schwarze Division gehört zum militärischen Teil des Plans. Wir wissen nicht, ob dieses sogenannte Komitee noch etwas anderes in petto hat.«

»Was meinen Sie damit?«, wollte Innenminister Schilling wissen.

»Ich weiß nicht. Vielleicht ein Druckmittel, so etwas wie eine Erpressung. Es muss ja keine Atombombe sein, aber Giftgas zum Beispiel, wie der Gasangriff in Japan, von dieser obskuren Sekte damals, in der U-Bahn.«

»Ja, das ist natürlich denkbar. Solche Leute schrecken vor nichts zurück und denen ist alles zuzutrauen. Und sie haben nichts zu verlieren, denn sie werden sich der Konsequenzen bei einem Scheitern ihres Putschversuchs bewusst sein. Wir bewegen uns auf ganz dünnem Eis. Wenn sie mitbekommen, dass wir Gegenmaßnahmen planen, ist es möglich, dass sie sofort auf den Knopf drücken. Was auch immer dann passiert. Also, woher können wir Hilfe erwarten?«, endete Schilling. Der Bundeskanzler schaute jeden in der Runde einmal an. Man erwartete natürlich von ihm in diesem Moment einen Lösungsvorschlag.

»Wir sollten schon rein aus logistischen Gründen bei europäischen Partnern um Hilfe bitten. Wir werden außerdem die US-Regierung informieren, schließlich sind hier 70 000 Soldaten stationiert, aber aus Zeitgründen wären die Organisation und Vorbereitung von Gegenmaßnahmen wenig hilfreich.«

»Ich brauche ein paar Unterlagen. In 20 Minuten wissen wir mehr«, sagte Innenminister Schilling. Er wählte die Nummer seines Staatssekretärs und trug ihm auf, sämtliche verfügbaren Dokumentationen von Spezialeinheiten der Polizei aller europäischen Länder auf dem schnellsten Weg ins Willy-Brandt-Haus zu bringen.

Der Hesse war nach dem nächtlichen Anruf von Feller nicht direkt nach Litauen aufgebrochen. Immer wenn er Deutschland für einen Auftrag verließ, kaufte er sich einen Gebrauchtwagen, den er stets bar bezahlte. Es war zu riskant, mit seinem eigenen BMW geschweige denn mit einem gestohlenen Auto die Grenzen zu passieren. Mit seinen gefälschten Papieren schaffte er es am Freitagvormittag bei der Zulassungsstelle des Ordnungsamtes gerade noch so, ein Kurzzeitkennzeichen, mit Gültigkeit für eine Woche, zu bekommen. Andernfalls hätte er bis Montag warten müssen. Gute Vorbereitung war eben alles. Der Wochenendverkehr erwischte ihn am Berliner

Ring. Insgesamt vier Stunden verbrachte er im Stau. Das Fahren in dem kleinen, roten Toyota-Corolla hatte ihn angestrengt. Gegen 6 Uhr kam er in Frankfurt/Oder an und sagte sich, dass morgen auch noch ein Tag sei. Kurzerhand checkte er im Best Western Hotel ›Frankfurter Hof‹ in der Logenstraße ein und verbrachte die Nacht zum Samstag dort.

Etwa zur gleichen Zeit, als die Polizisten mit dem Bundeskanzler und dem Innenminister in Berlin zusammensaßen und der Hesse in seinem Frankfurter Hotel gerade frühstückte, landete der Puma des Bundesgrenzschutzes im Nordosten Polens, in der Nähe eines einsamen Gehöftes, unweit des Dorfes Dzierwiany. Der Non-Stop-Flug war ohne Zwischenfälle verlaufen. Während des Entladens hatten die Piloten die Triebwerke laufen lassen. Nach nur einer Minute Standzeit hoben sie wieder ab und flogen in Richtung Deutschland zurück. Sie hatten ihren Auftrag erledigt.

Olaf Arndt setzte den Rucksack auf, nahm seine Maschinenpistole und ging Richtung Bauernhof. Rechts sah er die Ausläufer des Waldes, aus dem er vor fünf Tagen gekommen war. Er hatte nicht die scharfen Grenzen wie anderer Landstriche. Er wuchs wild, scheinbar zügellos. Ließ hier und da eine Zunge mit verfilztem Buschwerk auf eine freie Fläche laufen und in Gruppen Baum für Baum verlieren. Die Freifläche davor war bis zum Hof hin wild bewachsen. Ringsum war das Gelände hügelig. Der erste Nachtfrost hatte den Boden steinhart werden lassen.

Jetzt bin ich innerhalb weniger Tage zum zweiten Mal an einem Ort, wo sogar ein wüstenerfahrenes Kamel depressiv werden würde, dachte Arndt.

Als er das Anwesen betrat, sah er nichts außer ein paar Krähen, die zwischen den grasbewachsenen Fugen der Natursteine herumpickten. Sie ließen sich durch sein Erscheinen nicht stören.

»Du musst ein wichtiger Mann sein, wenn du einen Hubschrauber für dich ganz allein hast«, hörte Arndt eine Stimme hinter sich. Es war Zbigniew. Ohne einen Laut zu verursachen, war der Riese hinter ihm aufgetaucht.

»Nicht ich bin wichtig, sondern vielmehr die Sache, um die es geht, mein Freund«, antwortete Arndt. Sie begrüßten sich herzlich mit einer Umarmung. »Danke, dass du gekommen bist. Allein würde ich es nicht schaffen.«

»Worum geht es denn überhaupt? Du hast nur gesagt, dass ich mich hier einfinden soll und dass es bedeutsam ist.«

»Wir müssen illegal nach Kaunas in Litauen. Dort werden wir einen gefährlichen Mann, der ebenfalls auf dem Weg dorthin ist, abfangen und unschädlich machen. Und zum Schluss müssen wir noch Vorbereitungen für die Zerstörung eines Ausbildungslagers treffen«, grinste Arndt den Riesen an, als wäre es ein Kinderspiel. Er zeigte ihm ein Fahndungsfoto vom Hessen, das ihm Hubaczek mitgegeben hatte.

»Das liebe ich so an dir, immer direkt und ohne Umwege. Warum klauen wir nicht gleich den Mond? Wie stellst du dir das vor, mal eben illegal nach Litauen zu fahren, einen Mann unschädlich zu machen und ein Lager zu zerstören? Wann soll das geschehen?« Dieser Deutsche war in der Tat komplett verrückt.

»So, wie ich es gesagt habe.« Arndts Miene ließ die Ernsthaftigkeit dieser Angelegenheit wieder zum Vorschein kommen. »Von dieser Aktion darf niemand etwas erfahren, schon gar nicht die Litauer. Wir brauchen ein paar gute Leute und Glück. Waffen und das restliche Material habe ich hier in meinem Rucksack. Wir haben keine Zeit, Zbigniew. Wie viele Männer kannst du besorgen?«

»Darf ich vorstellen? Dariusz, meinen Bruder, kennst du ja schon und Paweł, ein Freund.« Arndt blickte zur Seite und sah, wie die beiden aus dem Gebäude heraus auf sie zukamen.

»Ja, wir kennen uns. Dariusz hat mich dem Schleuser übergeben, der mich unbemerkt über die Grenze brachte.« Arndt begrüßte die beiden mit einem freundlichen »Hallo«.

Er schätzte sie auf Anfang 30. Sie waren kräftig gebaut und hatten Tarnkleidung an. Um Pawełs Hals baumelte ein Fernglas. Natürlich hatten sie ihn und die Landung mit dem Puma beobachtet.

Zbigniew nickte Arndt zu und sagte: »Wir werden also vier Mann sein. Mehr kann ich nicht auftreiben. Paweł, geh schon mal vor und mach das Auto startklar. Wir fahren jetzt zu mir nach Hause und besprechen erst den Grenzübertritt nach Litauen. Dann machen wir uns sofort auf den Weg. Du kannst uns alles andere unterwegs erklären.«

»Vier Mann«, sagte Arndt erleichtert. »Du weißt gar nicht, wie du mir damit hilfst. Du bist ein echter Freund. Wenn wir da heil rauskommen, bin ich dir was schuldig.«

Exakt 30 Minuten nach seinem Anruf hielt Innenminister Schilling die geforderten Unterlagen in seinen Händen. Er saß auf einem Konferenzstuhl und blickte, immer noch Gedanken sortierend, die anderen an. Die Anspannung aller Anwesenden lag förmlich in der Luft. Der Innenminister räusperte sich noch einmal und nahm einen Schluck Wasser zu sich. Er tippte mehrmals mit dem Zeigefinger, ob vor Wut oder um auf die Ernsthaftigkeit der Angelegenheit aufmerksam zu machen, auf die vor ihm liegende Mappe.

»Ich gehe von folgender Überlegung aus«, begann er. »Unser erstes Ziel ist es, alle uns bekannten Beteiligten dieser Verschwörung im Vorfeld festzunehmen. Wir bekommen circa 300 Namen und Adressen des sogenannten Kommandos EF. Weiterhin haben wir mit ziemlicher Sicherheit die Adressen des Komitees. Das ist zwar schon eine ganze Menge, aber nicht genug. Wir brauchen mehr Namen und Adressen. Wir müssen uns fragen, wer noch davon Kenntnis haben kann? Mit Sicherheit dieser russische General. Ich wette, dass einige der Komiteemitglieder über Einzelheiten Bescheid wissen. Es kommt auf die richtige Reihenfolge unserer Handlungen an. Zuerst brauchen wir Leute, deren tägliches Brot es ist, Terroristen beziehungsweise Schwerverbrecher festzunehmen. Ein Teil von ihnen führt die ersten Verhaftungen durch, während sich der andere Teil in Bereitschaft befindet. Dann gibt es die ersten Befragungen. Gleichzeitig müssen alle Grenzen geschlossen werden. Erfahren wir durch die Vernehmungen neue Namen, erfolgen auf schnellstem Weg die nächsten Festnahmen. Natürlich wird es schwierig werden, alle zu bekommen, viele werden möglicherweise gewarnt. Deshalb ist Eile geboten. Unser Vorteil ist der Überraschungsmoment. Aus Sicht der Gegenseite schlagen wir aus heiterem Himmel zu.«

Bundeskanzler Schreiber schüttelte den Kopf.

»Es sind zu viele. Sollten wir nicht die Bundeswehr mit einbeziehen? Die Verfassung lässt einen Einsatz unter diesen Umständen innerhalb des Landes zu.«

»Was sollen die machen? Mit Panzern durch die Städte fahren? Nein, die müssen die Grenzen sichern. Zumindest so lange, bis wir, sagen wir mal, den Ausnahmezustand wieder aufgehoben haben«, erklärte Innenminister Schilling und sah zu Hauptkommissar Bräunig. »Sie wollten etwas fragen?«

»Ja. Wer soll die Verhöre durchführen? Und wie viele Leute werden wir brauchen?«

»Wir werden gemeinsam die zu klärenden Fragen ausarbeiten, aber es obliegt dem Verantwortungsbereich des jeweiligen Landeskriminalamtes. Am Tag der Festnahmen wird dieser Fragenkatalog dann an die LKAs übermittelt. Die Untersuchungen erfolgen durch die Beamten vor Ort. Wir müssen allenfalls davon ausgehen, dass darunter einige sind, die mit diesem, entschuldigen Sie, Pack unter einer Decke stecken. Denken wir nur an Staatsanwalt Feller. Das ist leider nicht zu ändern, aber uns bleibt erst mal nichts anderes übrig. Wir müssen Prioritäten setzen. Was ist das Wichtigste? Als Erstes benötigen wir die Namen der Führer dieser Kommandos, denn sie erteilen die Befehle. Ausnahme hierbei sind die bereits bekannten rund 300 Leute. Sie werden sofort dingfest gemacht. Als Zweites sind die Truppen der Schwarzen Division an der Reihe, die könnten im Besitz von Waffen sein. Diese Leute sind die größte Gefahr und müssen zerschlagen, vielmehr, ausgemerzt werden. Und zwar an zwei Stellen gleichzeitig, in dem Ausbildungslager in Kaunas und in Deutschland. Erst danach kümmern wir uns um den Rest der Schar. Unter den Ausrüstungsgegenständen von Arndt befindet sich ein Satellitentelefon, mit direktem Anschluss zu mir. Sobald wir einen Plan für Kaunas ausgearbeitet haben, können und werden wir ihn über diesen Weg informieren und er kann mit den Vorbereitungen beginnen. In dieser Mappe hier befindet sich aufschlussreiches Material von allen Polizeispezialkräften der europäischen Länder. Bis auf ganz wenige Ausnahmen verfügt jedes Land über solche Einheiten. Selbst Finnland hat die OSASTO KARHU, genannt die ›Bäreneinheit‹. Sie besteht aus 50 Mann. Norwegens Sondertruppe heißt DELTA. Liechtenstein hat die Interventionseinheit IVE und Luxemburg die UNITES SPECIALES. Halten wir uns zunächst an die personell am stärksten besetzten Gruppen und an diejenigen mit der meisten Erfahrung. Schließlich können wir nicht die kompletten Mannschaften zu uns holen, die anderen Länder haben alle selbst genug Probleme zu bewältigen. Wenn jemand einen besseren Vorschlag hat, nur zu. Mehrere Überlegungen führen uns zu verschiedenen Lösungen.«

Schilling füllte sein Glas mit Wasser auf und trank es daraufhin gleich wieder in einem Zug leer. Er zündete sich eine Zigarette an und genoss erst mal zwei tiefe Züge. Bundeskanzler Schreiber saß nicht mehr am Konferenztisch. Er hatte das Fenster geöffnet und stand seitdem mit dem Rücken an die Fensterbank gelehnt, die Hände vor der Brust verschränkt. Sein Gesicht wirkte müde und die Falten tiefer.

»Nein. Ich bin ganz deiner Meinung. Wenn wir uns auf die Länder geeinigt haben, rufe ich auf der sicheren Leitung die Staatschefs an, erläutere unser Problem und bitte um Hilfe.«

Bräunig und Hubaczek nickten zustimmend. Ihrerseits gab es nichts hinzuzufügen. Damit setzte Schilling seinen Vortrag fort.

»Gut. Wir treffen uns mit den Leitern dieser Spezialisten hier in Deutschland. Den Ort und die Zeit bestimmen wir noch. Ich habe hier die wichtigsten, gehen wir sie am besten einmal gemeinsam durch.

1. Großbritannien, Special Air Service, kurz SAS genannt.
   Er ist zwar ein Teil der britischen Streitkräfte, aber das 22. Regiment ist spezialisiert auf Terrorismusbekämpfung.
2. Frankreich, Groupment d'Intervention de la Gendarmerie Nationale, kurz GIGN.
   Schnelle Gendarmerie-Sondereinsatzgruppe.
   Sie wird in Terroristen- und Kriminellenkreisen wegen ihres konsequenten Auftretens gefürchtet.
3. Italien, Nucleo Operativo Centrale di Sicurezza, kurz NOCS.
   Operative Einheit für zentrale Staatssicherheit, erfahren im Kampf gegen Terror, Mafia und Schwerstkriminelle.
4. Griechenland, Eidiki Katalstaiki Antitromokratiki Monada, kurz EKAM.
   Sondereinheit zur Eindämmung des Terrors.
5. Polen, Grupa Reagowania Operacyjno-Mobilnego, kurz GROM.
   Mobile Gruppe für operative Aktionen. Die waren schon international tätig, 1994 in Haiti, 1999 im Kosovo.
6. Tschechien, Útvar Rychlého Nasazení, kurz URNA.
   Einheit der schnellen Reaktion, besonders zu erwähnen sind Festnahmen albanischer, russischer und bulgarischer Mafiabosse.
7. Spanien, Grupo Especial de Operaciones, kurz GEO.
   Sondereinsatzgruppe, die Liste der Erfolge im Kampf gegen die ETA ist endlos.

Das sind meiner Meinung nach genau die Kräfte, die wir hier in Deutschland benötigen.

Mit Litauen könnten wir großes Glück haben. Erst einmal ist die Mannstärke seiner Einheit im Verhältnis zur Größe des Landes erstaunlich. Die Truppe, ARAS, übersetzt Adler, besteht aus 250 Mann, die sich in mehrere Kompanien und Zügen zu je 30 Mann aufgliedern. Sie sind über ganz Litauen verteilt, in Klaipėda, Kaunas und in Vilnius. Wenn wir der litauischen Regierung erklären, dass in der Nähe ihrer Stadt Kaunas unter russischer Führung paramilitärische Söldner ausgebildet werden, werden wir mit Sicherheit Unterstützung bekommen, davon bin ich überzeugt. Lassen Sie uns mit der Ausarbeitung des Plans beginnen. Wir richten uns im Innenministerium ein. Übernachten werden Sie in unserem Gästehaus.«

In diesem Moment wurden Matti Klatts Papiere von ukrainischen Grenzpolizisten kontrolliert. Sein Gepäck wurde, wie schon von den polnischen Grenzern, außer acht gelassen. Eine halbe Stunde später, um 10.24 Uhr, fuhr der Zug in den Bahnhof der polnischen Stadt Dorohusk, dem Grenzbahnhof zur Ukraine, ein.

Der Wald wurde immer dichter. Olaf Arndt und seine drei Begleiter hatten den Geländewagen unmittelbar hinter dem polnischen Dorf Majdan, nahe der Grenze zu Litauen, abgestellt. Ein Weiterkommen war ohnehin nur noch zu Fuß möglich. Gleich nach Verlassen der Ortsgrenze begannen schon die Ausläufer des Waldes.

In Zbigniews Wohnung hatten sich alle entschlossen, diesen Weg zu gehen. Es war die schnellste und zudem eine einigermaßen risikolose Verbindung nach Kaunas. Sie waren mit dem Geländewagen von Dzierwiany östlich in Richtung Autobahn 19 gefahren und gelangten dann über Kleszczówek nach Majdan.

In der litauischen Ortschaft Salaperangis wollten sie mit einem ›geborgten‹ Auto, Originalton Zbigniew, weiter auf die E 67 über Kalvarija und Marijampolė nach Kaunas fahren. Von dort sollte Arndt die Führung bis zum Ausbildungslager antreten. Die Chancen standen günstig, dass der Hesse auch den schnellsten Weg nahm, und zwar über die öffentlichen Straßen. Es führte nur eine Hauptstraße in Richtung Lager. Allerdings musste man circa fünf Kilometer vor dem Ziel abbiegen und einen unbefestigten Weg fahren. In der Nähe dieser Zufahrtsstraße wollten sie einen Hinterhalt legen.

Bis dahin war es jedoch noch ein weiter Weg. Paweł führte die Gruppe an, die anderen folgten in Abständen von jeweils zwei Metern. Er kannte sich in diesen Wäldern gut aus, er war so etwas wie ein nebenberuflicher Jäger und Fallensteller, allerdings ohne behördliche Genehmigung. Man konnte ihn auch schlicht als Wilderer bezeichnen. Manchmal brachte er die eine oder andere Beute mit. Durch die Unberührtheit, die Grenzwälder naturgemäß an sich haben, gab es hier jede Menge davon, welche sich gut verkaufen ließ. Das durfte natürlich keiner wissen.

Je näher sie der Grenze kamen, umso mehr vermieden sie es, den kürzesten, geraden Weg zu gehen. Das Abbrechen der Äste und das damit verbundene Knacken könnten sie verraten. Ein ums andere Mal mussten sie Umwege benutzen. Nach drei Stunden Fußmarsch gab Paweł ein Zeichen, indem er eine Faust in Kopfhöhe ballte. Alle blieben sofort stehen. Sie waren am Waldrand angekommen. Eine freie Fläche von ungefähr 300 Metern trennte sie von dem Wald auf litauischer Seite. Fast ziemlich genau in der Mitte verlief ein provisorischer Zaun. Anders konnte man ihn nicht bezeichnen, er bestand aus altem, verrostetem Maschendraht. Paweł suchte mit seinem Fernglas sorgfältig die gegenüberliegende Seite nach möglichen Grenzposten ab. Es war nichts zu sehen. Sie legten sich auf den Boden und schlichen langsam vorwärts. Nach nur 10 Metern gab Paweł erneut das Zeichen, anzuhalten und sich still zu verhalten.

»Verdammt. Was halten wir schon wieder an? Es ist doch nichts zu sehen?«, fragte Dariusz ungeduldig.

Zbigniew kroch zu seinem Bruder und flüsterte: »Paweł redet zwar nicht viel, aber er kennt sich aus und hat Instinkte wie ein Tier. Du bist ein Trampel aus der Großstadt, das wird sich nie ändern. Wenn er meint, wir sollen stoppen, dann stoppen wir. Und jetzt halt die Klappe. Ich gehe zu ihm und frage, was los ist.« Damit kroch er zu Paweł und blickte ihn fragend an.

»Ich weiß nicht genau, etwas Ungewöhnliches geht hier vor sich. Als ob wir beobachtet würden. Ich kann bis jetzt nur nichts Auffälliges entdecken. Wir bewegen uns keinen Millimeter, bis ich das Zeichen gebe.«

Während er flüsterte, ließ er das Fernglas an seinen Augen und schaute sich konzentriert um. Sämtliche Sträucher und Bäume suchte er vom Erdboden bis zu den Baumkronen ab. Dann hielt er an einer Stelle inne. Zbigniew verfolgte mit seinen Augen die Richtung, die Paweł anvisierte. Dann sah er einen großen schwarzen Raben auf einem zweiglosen Ast. Er verhielt sich ebenfalls ganz still und schaute unablässig in ein und dieselbe Richtung. Paweł folgte dem Blick des Vogels. Nur durch sein geschultes Auge konnte er den Kadaver erblicken. Ein Reh oder ein junger Hirsch lag dort aufgebrochen unter einem Gebüsch. Sein Blick ging zurück zum Baum. Ein paar Bäume weiter hinter ihm saß in einer Reihe ein weiteres Dutzend dieser schwarzen Vögel. Ungewöhnlich, dass keiner einen Laut von sich gab. Warum? Und wieso flog er nicht zu dem frischen Aas? Erneut schwenkte er das Fernglas zu dem toten Tier. Wo bist du?, dachte er. Und dann erregte eine Bewegung seine

Aufmerksamkeit. Ganz schwach nur, aber Paweł war ein geübter Jäger und konnte den Verursacher ausmachen. Es gab ihn also doch! Den Bären, von dem die Leute immer berichteten. Er lag zusammengerollt ein Stück neben dem Kadaver und hielt offensichtlich seinen Verdauungsschlaf. Das getötete Tier war bestimmt verletzt gewesen. Es war nicht zu fassen, es gab hier in dieser Gegend wirklich noch oder wieder Bären. Paweł konnte das gleichmäßige Auf und Ab seines mächtigen Körpers sehen. Die Stille war es, die mich stutzig werden ließ, dachte er. Und wenn Raben still sind, erregt etwas Wichtiges ihre Aufmerksamkeit.

Paweł stupste Zbigniew ganz leicht mit dem Ellenbogen an und deutete auf den Bären. Als er ihn ebenfalls sah, genügte ein Blickkontakt zwischen ihnen und eine Kopfbewegung von Paweł forderte zum Rückzug auf. Sie krochen zurück zu den anderen und berichteten von ihrer Beobachtung.

»Ein Bär? Wie kommt denn ein Bär hierher?«, fragte Dariusz ungläubig.

»Wahrscheinlich von weiter nördlich, aus der russischen Enklave. Keine Ahnung. Uns bleibt nichts anderes übrig, als ihn zu töten. Dazu müssen wir dicht an ihn heran«, entgegnete Paweł.

»Ich mache das. Ich nehme meine MP 5 SD. Die hat ein Zielfernrohr und einen Schalldämpfer«, schlug Arndt vor.

»Einverstanden. Versuche, so nah wie möglich heranzukommen. Wir beobachten die Gegend. Viel Glück, mein Freund«, antwortete Zbigniew.

Arndt zog sich, auf dem Bauch liegend, Stück für Stück mit seinen Armen vorwärts. Dabei hielt er die Maschinenpistole mit beiden Händen vor sich. In Höhe des

Maschendrahtzaunes fand er eine geeignete Stelle, um den Bären ins Visier zu nehmen. Er korrigierte die Entfernung an seinem Zielfernrohr und legte an. Mit einem plötzlichen Geschrei erhoben sich, wie auf Kommando, alle Raben. Sie krakeelten ohrenbetäubend laut und flogen davon. Der Bär erwachte im selben Moment. Das Gekrächze hatte ihn offensichtlich erschreckt, doch die Warnung der Raben kam für ihn zu spät. Ein einziger Schuss zwischen die Augen streckte ihn sofort nieder. Noch ehe sein schöner, starker Körper auf dem Boden aufschlug, war er bereits tot. Es war kurz vor 13 Uhr.

Um 10 Uhr hatte der Hesse das Hotel in Frankfurt/Oder verlassen. Kurze Zeit später musste er schon wieder eine Zwangspause einlegen. Ein Stau am Grenzübergang zu Polen hielt ihn geschlagene zwei Stunden auf. Die deutschen Wochenendeinkäufer wollten auf die polnischen Märkte. Jeden Samstag verstopften Hunderte von Pkws die Grenzkontrollpunkte. Der Hesse seufzte erleichtert, als er kurz nach 12 Uhr endlich auf polnischem Gebiet ankam. Bis zur litauischen Grenze waren es ungefähr 750 Kilometer. Nach seiner Schätzung würde er dazu circa acht Stunden brauchen. Einmal quer durch Polen. Und dann weitere 90 Kilometer bis Kaunas. Wenn alles gut ging, konnte er um 19 Uhr im Lager sein. Von Kaunas bis dorthin kannte er den Weg. Vor zwei Jahren hatte ihn Feller schon einmal dorthin geschickt, allerdings war er damals geflogen und ein Auto hatte ihn am Flugplatz abgeholt. Das war natürlich eine wesentlich angenehmere und bequemere Reise gewesen. Seinerzeit hatte er persönlich dem russischen General einen versiegelten Umschlag überbracht, über dessen Inhalt er selbst natürlich nichts wusste. Weiß der Teufel, was da drinstand. Aber ob deshalb dieser Aufwand nötig gewesen war? Offensichtlich ja. Letztlich war es dem Hessen egal, er fragte nie nach dem Sinn oder Unsinn eines Auftrags. Entscheidend war die Entlohnung. Feller konnte sich immer auf ihn verlassen und so würde es auch diesmal sein.

Am liebsten würde ich den Verräter gern allein kaltmachen, dachte er. Aber ich soll unbedingt den General informieren. Den Rest erledigen seine Leibwächter. Denen möchte ich nicht in die Hände fallen. Bevor sie Klatt töten, werden sie ihn verhören, um an alle Informationen zu kommen. Feller hat mir mal erzählt, dass sie diesbezüglich einschlägige Erfahrungen in Afghanistan gesammelt hatten. Im Umgang mit den Mudschaheddin-Kämpfern konnten sie damals ihre Kenntnisse von Verhörmethoden erweitern. Sie dienten bereits dort unter General Rybakow. Ohne diese Brüder ging er nirgendwo hin. Außer wenn er ins Ausland musste. Was hatte Feller damals noch gesagt? »Kommen Sie niemals unaufgefordert näher als zwei Meter an Rybakow heran. Seine Garden greifen sofort und humorlos jeden an. Sie sind ihm absolut ergeben und würden sich sogar für ihn umbringen lassen. Dabei handelt es sich bei den Leibwächtern keineswegs um Dummköpfe.« Also Vorsicht, sagte sich der Hesse und achtete darauf, dass er im angegebenen Geschwindigkeitslimit fuhr. Es war gerade kurz nach 13 Uhr.

Dr. Bernd Zimmermann lag ausgestreckt auf dem Rücken inmitten seines Wohnzimmers. Er trug noch die Sachen vom Vortag. Als er langsam zu sich kam, hatte er das Gefühl, dass eine Million Wecker gleichzeitig schrillten. In seinem Kopf dröhnte es und seine Zunge fühlte sich pelzig an. Als wenn ihm über Nacht ein Fell darauf gewachsen wäre. Er schlug die Augen auf und nahm langsam wahr, dass sein Telefon unaufhörlich klingelte. Ihm schien es, als würde es ihn unentwegt anschreien. Es tat ihm in den Ohren weh, und sein Kopf schien zu zerspringen. Er richtete sich schwerfällig auf und kroch auf allen Vieren zu dem Störenfried. Für einen Moment hatte er den Wunsch, einfach die Leitung aus der Wand zu reißen. Es hörte nicht auf. Was für ein hartnäckiger Anrufer, dachte Dr. Zimmermann, als er sich langsam besann und nach dem Hörer griff. Der Laut, den er zur Begrüßung von sich gab, war undefinierbar.

»Mann, seit einer Stunde versuche ich, Sie zu erreichen. Was ist mit Ihnen los?«, fragte der Anrufer verärgert.

»Ich habe geschlafen. Wer ist da und ruft mich mitten in der Nacht an?« Dr. Zimmermann fühlte einen Brechreiz in sich aufsteigen.

»Dr. Rose. Es ist Samstag und gleich 14 Uhr. Also kann von Nacht keine Rede sein«, schnaubte er wütend. Garantiert hatte er die ganze Nacht durchgesoffen. Schwächling!

»Dr. Rose, ja. Äh, was wollen Sie? Ich habe, ich wollte ...« Es gelang ihm nicht, einen klaren Gedanken zu fassen. Er sah auf die zwei leeren Flaschen auf dem Boden. Du lieber Gott, dachte er, von dem bisschen soll mir so übel sein?

»Hören Sie mir genau zu, Dr. Zimmermann. In 20 Minuten rufe ich Sie wieder zurück. Sehen Sie zu, dass Sie bis dahin in der Lage sind, dem Gespräch zu folgen.« Ohne eine Antwort abzuwarten, legte Dr. Rose auf.

Dr. Zimmermann starrte ungläubig auf den Hörer und legte ebenfalls auf. Er setzte sich mit dem Rücken zur Wand auf den Boden und schloss die Augen. Wie war das gestern?, fragte er sich. Er versuchte, sich die letzten

Stunden des vergangenen Tages in Erinnerung zu rufen. Ich bin einkaufen gewesen und danach in meiner Kneipe. Dort habe ich Bier mit Nachtisch getrunken. Wie viele mögen das gewesen sein? 20 Bier mit Korn? Ich weiß es nicht mehr. Irgendwann bin ich nach Hause gekommen und habe die zwei Flaschen geleert. Inklusive des halben Kastens Bier. Scheiße, mir platzt gleich der Kopf.

Er erhob sich mühselig und taumelte ins Bad.

»Wer bist du?«, fragte er sein Spiegelbild. Seine Augen waren blutunterlaufen, von dunklen Ringen eingerahmt und seine dünnen Haare hingen ihm in das blasse, magere Gesicht. Er ließ kaltes Wasser über seinen Kopf laufen und spülte den Mund aus. Sofort kam der Brechreiz wieder. »Ich muss erst mal einen Schluck nehmen«, sagte er sich auf dem Weg zurück ins Wohnzimmer. Nachdem er eine Flasche Bier in einem Zug geleert hatte, drehte er den Verschluss der Flasche Klaren auf. Das nenne ich das wahre Leben, prost, du Wahnsinniger! Dabei hielt er die Flasche theatralisch in Richtung Telefon und ließ einen großen Schluck in seinen Hals laufen. Er hatte das Gefühl, dass es ihm sofort besser ging. 10 Minuten lang versuchte er, sich nicht zu bewegen. Als er darüber nachdachte, was wohl den großen, dunklen und nassen Fleck auf dem Teppich verursacht haben könnte, klingelte das Telefon erneut. Nach dem zweiten Läuten nahm er ab. Es ist bestimmt Pisse. Während er immer noch auf die Stelle starrte, meldete er sich: »Zimmermann hier.«

Wie angekündigt, meldete sich Dr. Rose. Seine Stimmlage hatte sich noch nicht beruhigt: »Ich hoffe, dass Sie jetzt aufnahmefähiger sind.«

Dr. Zimmermann hielt mit den Fingern der einen Hand die Sprechmuschel des Telefons zu, als er schnell noch einen weiteren kräftigen Schluck aus der Flasche nahm. Der andere brauchte ja nicht zu hören, was er tat.

»Ja, ich habe mich ein wenig erfrischt. Was wollen Sie? Muss ja ziemlich dringlich sein!« Wieder nahm er einen Schluck.

»Ich möchte, dass Sie mir eine größere Menge unseres Materials herstellen. Sagen wir 50 Liter. Wie lange werden Sie dazu brauchen?«

Mitten im Zug hielt Dr. Zimmermann inne und setzte die Flasche ab.

»50 Liter? Ich habe Ihnen doch die Dosis genannt, die man benötigt, um 200 Leute zu schädigen. Bei 50 Litern hätten Sie die Möglichkeit, 40 000 Leute erblinden zu lassen! Was haben Sie vor?«

Dr. Roses Stimme wurde gefährlich leise, als er antwortete.

»Das hat Sie nicht zu interessieren, Mann, verstanden? Ihr Honorar beträgt 250 000, keine Fragen mehr und es gilt weiterhin Schweigepflicht. Also, wie lange?«

250 000! Damit könnte ich mich zur Ruhe setzen, ich wäre aus dem Schneider. Er setzte abermals die Flasche an, ein tiefer Zug folgte.

»Bis ich alle notwendigen Bestandteile in diesen Mengen habe, wird ein Monat ins Land gehen. Ich denke, in der ersten Dezemberwoche könnte ich fertig sein.«

»Ich nehme Sie beim Wort. Am 5. Dezember übergeben Sie mir persönlich das Material inklusive der Herstellungsanleitung, woraufhin Sie bezahlt werden.«

Dr. Rose legte auf.

Mit dem Rücken zur Wand gelehnt, hielt Dr. Zimmermann in der einen Hand die Flasche und in der anderen den Telefonhörer. Dieser Psychopath will das Mittel in Massen einsetzen. Wozu und gegen wen? Geschwächt legte er den Hörer auf die Gabel und rutschte allmählich an der Wand herunter. Seine Beine konnten ihn nicht mehr tragen. Er hielt die Flasche mit ausgestrecktem Arm vor sich. Dr. Zimmermann registrierte, dass nur noch ein Schluck drin war. Er prostete in die Luft, ließ sich die Summe noch einmal durch den Kopf gehen und leerte die Flasche. Als er auf dem Boden aufsetzte, verschluckte er sich und bekam ein wenig von dem Schnaps in die Luftröhre. Durch den unmittelbar einsetzenden Krampf bekam er keine Luft mehr. Ein immer stärker werdendes Husten und Röcheln begann. Die Flasche fiel ihm aus der Hand und kullerte über den nassen Fleck auf dem Teppich. Er fiel seitlich um und schlug mit dem Kopf auf dem Boden auf. Panik ergriff ihn. Sein Körper wand sich unter dem Luftmangel, das Gesicht lief langsam blau an und seine Augen quollen aus den Höhlen hervor. Sein Herz raste und schrie förmlich nach Sauerstoff. Den Kampf verlor er nach sechs Minuten. Um 14.28 Uhr erstickte Dr. Bernd Zimmermann in seiner Wohnung.

Die Ermittlungen in Weimar gingen schleppend voran und brachten bis jetzt nicht viel Neues. Die anderen Dienststellen teilten den Kriminalbeamten mit, dass keiner der Zeugen Arndt oder Jentzsch auf den Fotos erkannt hatte. In keinem der 11 ungeklärten Fälle. Fischer schickte als letzten Versuch die Personenbeschreibung des Hessen inklusive Foto mit der Bitte um nochmalige Befragung an die Dienststellen zurück. Sicherheitshalber gab er auch alle Daten von dessen BMW mit. Es sollte ja auch Zufälle geben.

Die zwei verunfallten Killer aus Matti Klatts Wohnung wurden für vernehmungsfähig erklärt. Sie schwiegen aber beharrlich. Es halfen keine Vorhaltungen, kein

Brüllen oder Schreien und auch nicht das Spiel ›guter Bulle, böser Bulle‹. Fischer und Klimm kamen keinen Schritt voran. Diese beiden Angehörigen der Omicron AG waren mit allen Wassern gewaschen. Nach zwei Stunden vergeblichen Bemühens begaben sich Fischer und Klimm wieder zurück zu ihrer Polizeiinspektion. Im Laufe des Samstagnachmittags war auch der letzte Fahrzeughalter der 16 Kennzeichen ermittelt, die Matti Klatt telefonisch durchgegeben hatte. Es waren ohne Ausnahme auf Privatpersonen zugelassene Fahrzeuge und sie verteilten sich über das ganze Land. Fischer und Klimm stellten eine Liste zusammen, die sie ihren Kollegen in Berlin übermitteln wollten. Ebenso die vollständigen Daten des Thüringer Kommandos der Schwarzen Division, die ihnen Arndt während seines Fluges mit dem Hubschrauber mitgeteilt hatte. Mit erstaunlicher Exaktheit hatte er jede einzelne Personalie samt Adresse durchgegeben. Genauso präzise die 59 Namen derjenigen, die bei der Flugzeugexplosion ums Leben gekommen waren. Allerdings befanden sich von Arndts ursprünglich 300 Mann starkem Kommando noch circa 120 Mann in Kaunas, da sie ihre Vorbereitungen erst in 14 Tagen abgeschlossen haben würden. Diese beiden Listen waren Bestandteil des Zugriffsplans, den Bräunig und Hubaczek in Berlin ausgearbeitet hatten.

Bundeskanzler Schreiber brauchte insgesamt über vier Stunden, um alle Regierungschefs persönlich am Telefon zu informieren. Trotz des Wochenendes waren alle erreichbar gewesen. Sie sagten ihm ihre Hilfe zu und wollten alles Notwendige veranlassen. Da die Zeit drängte, einigte man sich darauf, dass die Leiter der polizeilichen Spezialkräfte oder ihre Stellvertreter am Sonntag in München eintreffen sollten. Als Ort wurde das Hotel ›Kempinski‹ direkt am neuen Münchener Flughafen vereinbart. München konnte von allen infrage kommenden europäischen Ländern täglich direkt angeflogen werden.

Es war 17 Uhr. Matti Klatt befand sich kurz hinter der ukrainischen Stadt Kowel.

Zur gleichen Zeit hielten sich Olaf Arndt, Zbigniew, Paweł und Dariusz kurz vor Kaunas auf. Nach dem Zwischenfall mit dem Bären gab es keine weiteren Unterbrechungen. Sie waren die letzten sechs Kilometer bis zu der litauischen Ortschaft Salaperangis zügig durch den Wald vorangekommen. Zbigniew brauchte in dem Ort nicht lange, bis er ein passendes Fahrzeug gefunden hatte. Ihm fiel ein UAZ-Geländewagen an einem Feldrand stehend ins Auge. Die Türen waren nicht verriegelt und das Kurzschließen stellte kein Problem dar. Weit und breit war keine Menschenseele zu sehen. Sie verstauten ihre Waffen in Arndts Rucksack und fuhren über Kalvarija auf die Europastraße 67 Richtung Kaunas.

Kaunas war die zweitgrößte und zweitwichtigste Stadt Litauens, sich ständig bemühend, an die Spitze zu kommen. Sie war seit jeher das geistige Zentrum des litauischen Volkes und eine Bastion der nationalen Eigenständigkeit. In Kaunas trafen sich zwei wichtige Verkehrsachsen: die von Norden nach Süden durch Estland, Lettland und Litauen führende Via Baltica und die Achse von Klaipėda nach Osten. Dies schaffte sehr gute Voraussetzungen für die Errichtung einer Freihandelszone und für Investitionen.

Als die ersten Ausläufer der Stadt am Horizont zu erkennen waren, wies Olaf Arndt Zbigniew an, auf einen Parkplatz zu fahren. Da es draußen bereits dunkel war, holten sie ihre Taschenlampen hervor und schauten auf die Karte.

»In ungefähr zwei Kilometern lassen wir Kaunas rechts liegen. Wir überqueren den Fluss Njemen und müssen uns in Richtung Klaipėda einordnen. Nach weiteren fünf Kilometern verlassen wir die Autobahn und fahren Richtung Norden, auf dieser Straße hier. Es geht immer geradeaus und im Laufe der Zeit wird die Straße immer schlechter. Ein paar 100 Meter vor dem Lager kann man eigentlich nur noch von einem festgefahrenen Weg sprechen. Der ist allerdings um die 10 Meter breit. Auf beiden Seiten befindet sich Wald. Ich denke, dort sollten wir einen Hinterhalt aufbauen. Vorausgesetzt, der Hesse kommt über diesen Weg.«

»Ja, er wird ihn nehmen. Zumal er ja nicht weiß, dass wir auf ihn warten. Also, warum sollte er Zeit verschwenden und um Kaunas herumfahren?«, fragte Dariusz.

»Richtig. Sofern er nicht weiß, dass wir auf ihn warten. Und wenn er nicht schon da ist. Wir können nicht alle Eventualitäten in Betracht ziehen, sonst kommen wir nicht weiter. Wir müssen es versuchen, uns bleibt gar nichts anderes übrig.«

»Wie erkennen wir ihn? Wie können wir sicher sein, dass er es ist?«, wollte Zbigniew wissen.

»Sein Auto wird mit ziemlicher Sicherheit deutsche Kennzeichen haben. Paweł, du versteckst dich ungefähr 500 Meter von uns entfernt neben der Straße und gibst uns jedes ankommende Fahrzeug durch. Zbigniew bleibt auf meiner Höhe versteckt und du, Dariusz, gehst noch einmal 50 Meter weiter. Falls er mir und Zbigniew durch die Lappen geht, wirst du ihn erledigen. Was sein Stoppen angeht, ganz einfach. Ich habe meine schwarze Uniform dabei. Er wird keinen Verdacht schöpfen und denken, ich sei ein Vorposten. Nachdem ich sicher bin, dass er es ist, töte ich ihn. Ich werde ihn aus dem Fahrzeug ziehen und im Unterholz verstecken. Zbigniew wird das Auto wenden, Dariusz stößt wieder zu uns, wir fahren zurück und nehmen Paweł auf. An dieser Kreuzung hier warten wir ab, was unser nächster Auftrag sein wird. Dazu werde ich mit Deutschland telefonieren. Das ist noch mal das Foto des Hessen. Er darf auf keinen Fall überleben.« Arndt reichte das Bild herum.

Als Zbigniew es Arndt zurückgab, fragte er: »Und was ist mit diesem Klatt? Wie willst du mit dem Kontakt aufnehmen?«

»Das weiß ich auch noch nicht. Vielleicht bekommen wir per Telefon neue Informationen.« Für Arndt stand sein weiteres Vorgehen allerdings schon fest. Er musste in dieses Lager zurückkehren. Aber das sagte er den anderen nicht. Noch nicht.
Seine Uhr zeigte: 17.20.

Die Laune des Hessen verbesserte sich merklich, als er sah, dass Kaunas nur noch 20 Kilometer entfernt war. Diese eintönige Fahrt auf der Autobahn war ermüdend. Nur einmal hatte er sie zum Tanken unterbrochen. Ansonsten ging es fast die ganze Zeit nur stur geradeaus. Den größten Teil der Fahrzeuge machten Lkws aller Herren Länder aus. Zum Zeitvertreib und gegen die Langeweile versuchte er anhand der Kennzeichen festzustellen, wo die Lkws herstammten. Zuerst das Land und dann die Stadt. So ziemlich alle europäischen Staaten transportierten irgendetwas in Richtung Osten.

Der Verkehr nahm immer mehr zu, je näher er Kaunas kam. Der Hesse ordnete sich auf der rechten Spur ein, um die Abfahrt Richtung Klaipeda, nordöstlich von

Kaunas, nicht zu verpassen. Den Njemen hatte er eben über der Autobahnbrücke passiert. In gut einer halben Stunde bin ich da, dachte er. Es war 18.05 Uhr.

Einen Hinterhalt konnte man in jedem Gelände zu jeder Tages- und Jahreszeit und unter allen Witterungsbedingungen herstellen. In der Regel wurde dieser an für den Feind unübersichtlichen Straßen oder Waldwegen angelegt. Dem Gegner durfte keine Ausweichmöglichkeit für eine Bewegung bleiben. Der Hinterhalt wurde an einer günstigen Stelle im Gelände gedeckt bezogen und durfte keinerlei Spuren aufweisen. Dafür waren drei Trupps notwendig: der Überfalltrupp, der Sicherungstrupp und der Beobachtungstrupp.

So weit die Theorie, dachte Olaf Arndt auf dem Weg zum Ausbildungslager. Ihren UAZ-Geländewagen hatten sie, kurz, nachdem sie die Hauptstraße verlassen hatten, gut im dichten Gebüsch getarnt. Den Rest waren sie neben dem Waldweg zu Fuß gegangen. An einer leichten Biegung gab er das Zeichen zum Halt.

»Hier muss jedes Fahrzeug zwangsläufig die Geschwindigkeit drosseln. Das wird mein Posten sein. Ihr bleibt alle auf derselben Straßenseite versteckt, damit wir untereinander nicht in das Schussfeld des jeweils anderen geraten. Paweł, du gehst zurück und gibst uns per Funk jedes Fahrzeug durch. Viele sollten es am Wochenende nicht sein. Zbigniew bleibt auf meiner Höhe im Unterholz verborgen liegen. Nähert sich unser Wagen, nimmst du ihn ins Visier. Sollte der Hesse dennoch weiterfahren, erfolgt dein Einsatz, Dariusz. Er darf auf keinen Fall in dieses Lager gelangen. Das ist das Wichtigste. Sollten wir ihn hier abfangen können, lassen wir ihn im Buschwerk verschwinden, steigen in sein

Auto und fahren zu unserem Geländewagen zurück. Unterwegs sammeln wir Paweł ein. Falls etwas schief gehen sollte, ist jeder auf sich allein gestellt und muss zusehen, wie er zurückkommt. Machen wir uns fertig und hoffen, dass er auftaucht!«

Damit begaben sich alle auf ihre zugewiesenen Positionen. Paweł wählte einen Platz, von dem aus er entgegenkommende Fahrzeuge schon von Weitem erkennen konnte. Nach seiner Schätzung betrug der Abstand zu Arndt circa 400 Meter. Mittlerweile war es stockdunkel. Große, schwarze Wolken hatten den Mond verdeckt, kein Stern zeigte sich am Himmel. Ringsum herrschte totale Stille und die Temperatur war bis fast zur Null-Grad-Grenze gesunken. Es war 18.45 Uhr.

Hauptkommissar Bräunig starrte gebannt auf den Drucker, der Blatt für Blatt die Listen hervorbrachte, die ihm seine Mitarbeiter zuvor per E-Mail geschickt hatten. Die erste Datei umfasste die Namen und Adressen der Mitglieder des Kommandos EF. Von ursprünglich 300 Mann waren 59 bei dem Flugzeugabsturz ums Leben gekommen. 120 Leute waren noch in Kaunas, der Rest befand sich in Deutschland und wartete auf den Einsatzbefehl, also insgesamt 121. Fast alle hatten ihren Wohnsitz in Sachsen und Thüringen.

Die zweite Datei beinhaltete genau 16 Kennzeichen von Pkw-Limousinen, Typ und Farbe derselben sowie deren Halter. Bräunig zog sich einen Stuhl heran, setzte sich und begann, die Namen durchzugehen.

1. K-BZ-54, Mercedes-S-Klasse, schwarz, Hermann Wagner, Rechtsanwalt, whn. Köln, Am Krumfingers Hof 1.
2. K-LA-236, Jaguar, grün, Joachim Selbmann, Profes-

sor, whn. Köln, Usedomweg 27.

3. EF-HD-47, BMW, schwarz, Siegfried Walbe, Vorstandsvorsitzender, Erfurt, Burg-Gleichen-Weg 3.
4. S-CL-600, Mercedes-SL, schwarz, Conrad Lieder, Chef einer Elektronikfirma, whn. Stuttgart, Ludmannstr. 34.
5. KN-B-985, Audi-A-8, silber, Otto Graf von Mencke, Chef eines Meinungsforschungsinstituts, whn. Konstanz, Inselgasse 22.
6. DO-MK-333, Audi-A-8, blau, Ewald Krieger, Spediteur, whn. Dortmund, Brüggenfeld 87.
7. D-DD-22, VW-Phaeton, schwarz, Simon Jentzsch, Staatssekretär im Bundesverteidigungsministerium, whn. Düsseldorf, Maikammer 57.
8. M-DU-4501, 7-er- BMW, grau, Hubertus Jäggle, Bayerischer Kultusminister, whn. München, Bogenhauser Kirchplatz 11.
9. HRO-DF-852, Volvo, dunkelblau, Roland Jahnke, Teilhaber einer Reederei, whn. Rostock, Johann-Sebastian-Bach-Str. 7.
10. HH-P-6985, Opel, anthrazit, Helge Schling, Verleger, whn. Hamburg, Schulten Immenbarg 113.
11. HO-BW-59, 5-er-BMW, schwarz, Wolfgang Klaffs, Brigadegeneral der Bundeswehr, whn. Hof, Hermann-Hesse-Str. 14.
12. DD-SH-81, Renault, dunkelgrün, Helmut Krause, Polizeirat im Präsidium Dresden, Katzsteinstr. 10.
13. L-KH-5876, VW-Passat, silber, Gunter Ebermann, Polizeioberrat im Präsidium Leipzig, whn. Leipzig, Ludwigstr. 89.
14. HB-CS-655, Mercedes-E-Klasse, silber, Thomas Berger, Chef einer Kunststofffirma, whn. Bremen, Am See 175.

15. NMS-PC-29, Chrysler-200M, dunkelbraun, Dr. Niels Scandolo, niedergelassener Arzt, whn. Neumünster, Tulpenweg 10.
16. A-RK-68, Mitsubishi-Pajero, silberschwarz, Jens Bissen, Verleger, whn. Augsburg, Blücherstr. 2.

Eine illustre Runde, dachte Bräunig, als er die Seiten sinken ließ. Er beschloss, die Festnahme des Komitees der tschechischen URNA zu übertragen. Schließlich hatten die sehr viel Erfahrung bei der Ergreifung von Mafiabossen. Die 121 sich in Bereitschaft befindlichen Angehörigen der Schwarzen Division sollten von der französischen GIGN dingfest gemacht werden. Der vollständige Zugriffsplan nahm langsam Gestalt in Bräunigs Kopf an.

Nach 10 Minuten nahm Paweł ein Geräusch wahr. Noch war kein Lichtkegel von Scheinwerfern zu sehen. Aber ohne Zweifel war das eindeutig ein Motorengeräusch. Unmittelbar nach dieser Feststellung tanzten in einiger Entfernung bereits zwei Lichter auf und ab. Paweł sah durch sein Nachtsichtgerät. Es war mit einem Restlichtverstärker ausgestattet. Ein kleiner Pkw kam ihm mit langsamer Geschwindigkeit entgegen. Das musste er sein. Er gab seine Beobachtung an Arndt weiter. Als das Fahrzeug ungefähr auf dessen Höhe war, erkannte er die deutschen Kennzeichen. Es waren Kurzzeitkennzeichen. In dem Auto saß nur eine Person. Als er das Fahrzeug kommen sah, entsicherte er seine MP. Er trug die schwarze Uniform und hatte eine Sturmhaube über sein Gesicht gezogen. Mit der eingeschalteten Taschenlampe malte er ein paar Kreise in die Luft. Er wollte sich rechtzeitig bemerkbar machen und blieb mitten auf dem Weg stehen. Die Lichtkegel erfassten ihn und Arndt bemerkte erleichtert, dass die Geschwindigkeit des Fahrzeugs gedrosselt wurde. Es war ein roter Toyota Corolla. Zbigniew nahm den Fahrer ins Visier.

Als der Wagen stand, ging Arndt an die Fahrerseite und tippte mit dem Lauf seiner MP an die Scheibe.

»Seit wann stehen hier denn Posten?«, wollte der Fahrer wissen, als er die Scheibe herunterließ.

»Stellen Sie den Motor ab. Wer sind Sie und wo wollen Sie hin?«, fragte Arndt auf Deutsch.

»Ah, ein Landsmann. Ich muss zu General Rybakow. Mein Name tut nichts zur Sache, Kumpel.« Der Hesse war im Begriff, den Toyota wieder zu starten.

»Hände so an das Lenkrad, dass ich sie sehen kann«, befahl Arndt. Er nahm Position ein, bereit, zu schießen, und sein Gegenüber einzuschüchtern. »Welcher Rybakow? Und wie ist Ihr Name?«, bellte Arndt ihn weiter an.

Der Hesse erschrak. Was war hier los? Wieso stand ein Posten an diesem Zufahrtsweg? Andererseits verstand er ihn. Hier kam am Samstagabend ein ziviles Fahrzeug den Weg in ein geheimes Ausbildungslager entlang, dessen Fahrer seinen Namen nicht nannte und General Rybakow zu treffen wünschte. Wie würde ich reagieren, fragte sich der Hesse. Bestimmt genauso. Er tut nur seine Pflicht.

»Mein Name ist Alfred Krzycztowiak. Ich bin im Auftrag von Staatsanwalt Feller auf dem Weg in das Lager der Schwarzen Division und habe eine dringende Nachricht für General Rybakow. Dass sie dringend ist, beweist allein die Tatsache, dass ich sie ihm persönlich übermitteln soll. Also ohne Telefon oder Telefax. Und dass dort die Schwarze Division trainiert, wissen bestimmt nicht sehr viele Leute. Reicht das als Legitimation?«, fragte der Hesse und schaute in Arndts Augen.

Und ob das reicht, du Drecksack, dachte Arndt. In dem Moment meldete sich Paweł über das Funkgerät. Arndt drückte den Knopf in seinem Ohr etwas tiefer, um ihn besser verstehen zu können.

»Wieder Motorengeräusche. Allerdings sehr viel stärker. Klingt wie ein Lkw. In ein paar Minuten müsste er auf meiner Höhe sein«, flüsterte Paweł.

»Verstanden. Halt mich auf dem Laufenden«, antwortete Arndt. Scheiße, bleib ruhig und lass dir nichts anmerken. Er wandte sich wieder dem Hessen zu.

»General Rybakow musste das Lager heute früh dringend verlassen. Er hat Sie angekündigt. Deswegen stehe ich hier und soll die Nachricht von Ihnen entgegennehmen. Wie lautet sie?«

Mach das Maul auf, Mann, in ein paar Minuten kommt ein Lkw, dachte Arndt.

»Ich denke, es ist ein URAL, mit einem Tarnanstrich versehen. Er fährt sehr langsam und ist gleich auf meiner Höhe«, hörte Arndt Pawełs Stimme in seinem Ohrknopf.

Der Hesse kniff die Augen zusammen. »Feller hat mit Rybakow telefoniert, schickt mich trotzdem hierher und informiert mich nicht? Nein, davon ist mir nichts bekannt. Über so eine Änderung hätte mir Feller etwas gesagt. Ich muss General Rybakow diese Mitteilung selbst überbringen. Ich warte auf ihn.«

Der Hesse schnallte sich ab und wollte die Tür öffnen. In dem Moment sah er im Rückspiegel ein paar kleine Lichtpünktchen.

»Da hinten scheint ein Auto zu kommen. Vielleicht ist er ja drin und bis es hier ist, werden Sie von mir nichts erfahren.«

Jetzt verlor Arndt die Geduld. Er ging noch näher an ihn ran und hielt dem Hessen drohend die MP vor die

Nase. »Hör zu Hesse, lass deine Pfoten am Lenkrad. Ich habe keine Zeit mehr. Du wolltest Rybakow von Matti Klatt erzählen. Habe ich recht? Sag mir, wann und wie Klatt hier ankommt?«

Beim Hören seines Spitznamens war der Mann blass geworden. Wie konnte der Schwarze hier seinen Auftrag kennen? Vor allem, woher wusste er von Matti Klatt? Er steckt mit ihm unter einer Decke!, schoss es dem Hessen blitzschnell durch den Kopf. Angst stieg in ihm auf, sein Herz raste. Ihm wurde schlagartig klar, dass sein Leben auf dem Spiel stand. Ihn überkam Panik und er überlegte, wie er sich am schnellsten aus dieser Lage befreien konnte.

Es waren nur Sekunden, die sie sich ansahen. Arndt bemerkte die Veränderung im Gesicht des Mannes. Er konnte förmlich sehen, wie er die Zusammenhänge langsam begriff. Gerade als der Hesse mitsamt seinem Körpergewicht die Fahrertür gewaltsam aufstoßen wollte, um Arndt durch die Wucht umzuwerfen, war dieser schneller und drückte ab. Es war nichts als ein kurzes Plopp zu hören. In Höhe der Herzgegend des Hessen bildete sich ein dunkelroter Fleck. Er war sofort tot. Blitzschnell öffnete Arndt die Fahrertür und zog ihn aus dem Fahrzeug heraus. Hinter ihm waren Schritte zu hören. Zbigniew kam aus seiner Deckung hervor.

»Schnell. Wende den Toyota. Ich schleife ihn ins Unterholz«, sagte Arndt.

»Paweł und Dariusz, ihr bleibt, wo ihr seid. Haltet euch weiter versteckt. Hört ihr? Nicht eingreifen! Und keinen Funkkontakt mehr«, sprach er in sein Mikrofon. Ein zweimaliges Knacken in seinem Knopf im Ohr verriet ihm, dass sie verstanden hatten. Zbigniew wendete den Wagen und öffnete für Arndt die Beifahrertür. Der Lkw war nur noch ein kurzes Stück von Klatt und Zbigniew entfernt.

Arndt legte den Hessen unter ein dichtes Gebüsch und schob ihm sein Satellitentelefon unter den Körper. Danach rannte er auf die Straße zurück, sprang zu Zbigniew in das Fahrzeug und ließ sich atemlos auf den Beifahrersitz fallen. Zbigniew legte den Gang ein und fuhr los. Nach 10 Metern verhinderte der URAL jedoch ihre Weiterfahrt. Von der Ladefläche des Lkws sprangen schwarz gekleidete Gestalten herab und brachten ihre Maschinenpistolen in Anschlag. Die Beifahrertür ging auf und ein weiterer schwarz gekleideter Mann kletterte hinaus. Arndt erschrak, als er ihn erkannte. Das konnte nicht sein! Das war nicht möglich! Er flüsterte Zbigniew zu:

»Bleib ganz ruhig. Um Gottes willen nicht schießen. Wir können nur hoffen, dass Paweł und Dariusz einen kühlen Kopf behalten. Ich werde reden.«

»He, ihr da. Motor aus und aussteigen. Was wollt ihr hier?«, rief der Mann, der offensichtlich das Kommando hatte, und ging auf den Toyota zu.

Arndt stieg aus und zog seine Sturmhaube vom Kopf.

»Ich werde verrückt. Arndt, du hier? Ich dachte du bist bei dem Absturz letzten Sonntag mit allen anderen ums Leben gekommen?«

»Grüß dich, Frohs. Dasselbe könnte ich dich fragen. Wie bist du aus der Maschine gekommen?« Arndt erkannte seinen ehemaligen Stellvertreter. Er war mit ihm in der AN-12, die er vor ein paar Tagen in der Nähe der polnischen Grenze in die Luft gejagt hatte.

»Ich hatte Glück, weil ich geschützt gesessen habe, nehme ich an. Genau kann das niemand mehr sagen. Das Nächste, woran ich mich nach der Explosion erinnern konnte, war, dass ich in einem Baum hing. Sie hat alle getötet und das Flugzeug in 1000 Stücke gerissen. Wie durch ein Wunder muss ich ziemlich weit weggeschleudert worden sein und habe überlebt. In 300 Metern Höhe hat das Sicherheitssystem meinen Reservefallschirm aktiviert und mir das Leben gerettet. Außer einigen Kratzern und Verstauchungen bin ich halbwegs unversehrt geblieben. Und jetzt erlebe ich schon wieder ein Wunder, indem ich dich hier stehen sehe. Wie hast du den Absturz überlebt? Was machst du hier?«, fragte Frohs seinen ehemaligen Chef. Die anderen Männer hatten einen Halbkreis um den Toyota gebildet.

»Mir ging es ähnlich wie dir. Nur, dass ich nicht bewusstlos wurde. Nach dem Herausschleudern aus der AN-12 habe ich in sicherer Entfernung meinen Hauptfallschirm aktiviert und bin normal gelandet. Es dauerte einige Zeit, bis ich wusste, wo ich mich befand. Dann habe ich mich auf die Socken gemacht, um hierher zu kommen. Dieser Mann dort hat mir geholfen.«

Du bist ein lausiger Lügner, dachte Frohs. Mit einer Handbewegung gab er seinen Männern ein Zeichen. Sofort hoben alle ihre Maschinenpistolen in Augenhöhe und entsicherten diese.

»Schöne Geschichte, nur leider kann ich dir davon kein Wort glauben. Wenn du in das Lager wolltest, wieso bist du dann in der falschen Richtung unterwegs? Außerdem wusste ich gar nicht, dass du ein Hellseher bist. Denn kurz vor der Explosion bist du als Einziger aus dem Flugzeug gestürzt und wurdest nicht herausgeschleudert, daran kann ich mich noch genau erinnern. Und warum? Weil nur du darüber im Bilde warst und wusstest, dass die Maschine gleich explodieren würde. Du hast sie nämlich zum Absturz gebracht, Arndt. Ich kann mir beim besten Willen nicht erklären, warum du Schwein das gemacht hast und vor allem, warum du wieder zurückgekommen bist. Bis eben dachte ich, das hätte ich mir nur eingebildet, das mit deinem Absprung. Aber ich werde dafür sorgen, dass du vor General Rybakow gestellt wirst und sie die Wahrheit aus dir herausprügeln. Entwaffnen und festnehmen«, wies Frohs seine Männer an.

Arndt wusste, dass es keinen Zweck hatte, Widerstand zu leisten. Die Zeit war einfach zu knapp gewesen, um sich eine ordentliche Geschichte einfallen zu lassen. Darauf war er absolut nicht gefasst. Er hatte nicht im Geringsten damit gerechnet, dass ein Mann aus der AN-12 überlebt hatte und ihm direkt vor das Auto fahren würde. Er und Zbigniew wurden gefesselt und wie Vieh auf die Ladefläche des URAL geworfen.

Gut getarnt im Unterholz, verfolgten Paweł und Dariusz mit wachsendem Entsetzen die Geschehnisse. Paweł hatte die ganze Zeit über den Mann im Visier gehabt, der das Wort führte. Er hätte ihn ohne Weiteres erschießen können. Nur, was hätte das gebracht? Die anderen hätten sofort das Feuer eröffnet und Arndt nebst Zbigniew erschossen. Nein, ich muss mir etwas anderes einfallen lassen, dachte er und sah, wie der Lkw und der Toyota in Richtung Lager davonfuhren.

Matti Klatt wusste, dass er insgesamt circa 27 Stunden mit dem Zug fahren würde. In seinem gesamten bisherigen Leben war er nicht so lange unterwegs gewesen. Es wurde langsam Zeit, dass er ankam. Ihm fehlte sein Training, er fühlte sich stocksteif durch das lange Sitzen und dieser typische abgestandene Geruch in den Abteilen war einfach widerlich. Auch wenn er die Durchsage des Zugpersonals vor ein paar Minuten nicht richtig verstehen konnte – der Schaffner hatte ukrainisch gesprochen –, ging er davon aus, dass sie jeden Moment in Kiew einfahren würden. Seine Uhr zeigte: 23.40. Der Zug verringerte seine Geschwindigkeit merklich.

Ich muss meine Uhr noch auf die hiesige Zeit umstellen. Mal sehen, was mich hier alles erwartet.

Er nahm seine Reisetasche aus der Gepäckablage und verließ das Abteil. Zwischen zwei Waggons, in Höhe der Toilette und den Ein- und Ausgangstüren, sah er die junge Frau wieder, die ihm ihr Handy geliehen hatte. Sie bemerkte ihn ebenfalls und ihre Blicke trafen sich. Sie lächelte freundlich mit einem leichten Kopfnicken. Er erwiderte ihr Lächeln und dachte, dass er die elend lange Zugfahrt unterhaltsamer hätte verbringen können. Sie hatte schließlich deutsch gesprochen. Offensichtlich wollte sie auch in Kiew aussteigen. Was eine attraktive Deutsche wohl in Kiew zu tun hatte, fragte sich Matti Klatt. Unter anderen Umständen hätte ich die Gelegenheit genutzt und mich danach erkundigt. Eine Unterhaltung mit ihr wäre bestimmt angenehm gewesen. Als er sie nach ihrem Handy fragte, hatte er sie gar nicht richtig wahrgenommen. Das Gerät war wichtig gewesen, sonst nichts.

Matti Klatt wurde aus seinen Gedanken gerissen, denn der Zug stoppte abrupt. Alle wartenden Reisegäste mussten einen schnellen Schritt in Fahrtrichtung machen, um nicht hinzufallen. Dabei sah er, dass die junge Frau nur Handgepäck bei sich hatte. Sie stiegen aus dem Zug und wie durch Zufall lief sie auf dem Bahnsteig neben ihm. Matti Klatt schaute noch einmal nach rechts zu ihr hinüber, blickte dann wieder nach vorn und hätte um ein Haar beinahe einen Mann umgerissen, der sich wie aus dem Boden gestampft, urplötzlich vor ihm aufbaute. Er war groß gebaut, kräftig und ziemlich breitschultrig. Im Moment war ein Vorbeikommen unmöglich.

»Ist er das, Monique?«, fragte der Mann die junge Frau.

»Ja, er ist es. Matti Klatt aus Deutschland«, antwortete sie. Matti Klatt war wie vor den Kopf gestoßen. Das ist unfassbar. Man steht immer wieder vor neuen Überraschungen. Seit meiner Abfahrt habe ich unter Kontrolle gestanden. Und ich habe mit ihrem Handy telefoniert! Dem Himmel sei Dank, dass ich die gewählte Nummer aus alter Gewohnheit gleich nach dem Anruf wieder gelöscht habe.

»Und wer sind Sie, wenn ich fragen darf?«

»Ich bin Roman, einfach nur Roman, und das ist Monique. Wir wollten sichergehen, dass Sie unbehelligt hier ankommen«, sagte der Mann.

Monique hielt ihm ihre Hand hin. »Tut mir leid, Matti. Es war zu deinem Schutz. Willkommen in der Ukraine.« Sie lächelte wieder. Das hatte etwas Faszinierendes und man musste das Lächeln automatisch erwidern.

»Ja, freut mich auch.« Er hatte das Gefühl, dass diese Monique nur mitspielte und dies nicht freiwillig tat. Sie fühlte sich bei diesem Roman nicht wohl.

»Was machen wir jetzt?«

»Mit wem haben Sie von Frankfurt aus telefoniert?«, fragte Roman.

»Da mir gesagt wurde, dass ich ein paar Wochen unterwegs sein würde, habe ich zu Hause meinen Anrufbeantworter noch mal abgehört. Es war aber nichts Wichtiges.« Was wissen die eigentlich nicht?

»Wir sind noch nicht am Ziel, mein Freund. Die Reise geht weiter. Wir fahren jetzt zum Flugplatz Zhylyany, etwas weiter raus aus der Stadt. Und dann fliegen wir noch ein Stück.« Damit drehte sich Roman um und ging Richtung Ausgang. Monique und Matti Klatt folgten ihm.

Die Piper PA-42-1000 Cheyenne 400 war ein Reiseflugzeug mit einziehbarem Fahrwerk und acht Passagiersitzen. Ihre Reisegeschwindigkeit betrug 495 Kilometer pro Stunde und sie konnte auf maximal 12 500 Meter steigen. Die derzeitige Flughöhe konnte Matti Klatt noch nicht mal schätzen, draußen war es stockdunkel.

Nachdem sie den Bahnhof verlassen hatten, stiegen sie in einen alten, ziemlich klapprigen LADA-2104. Nach circa einer halben Stunde Fahrt waren sie auf dem Flugplatz Kiew-Zhylyany angekommen und fuhren direkt an eine etwas abgelegene Rollbahn. Die zwei Garrett-TPE331-14A-Propellertriebwerke liefen bereits, als sie die Maschine bestiegen.

Nun waren sie schon über zwei Stunden unterwegs. Während des Fluges hatte kaum einer gesprochen. Kurz nach dem Start war Monique eingeschlafen und Roman stand die ganze Zeit hinter den Piloten und ging mit ihnen die Route durch. Die Piper änderte häufig ihre Flughöhe. Matti Klatt spürte es an dem sich ständig ändernden Druck auf seinen Ohren. Roman kam zurück, weckte Monique und deutete auf Matti Klatts Reisetasche.

»Wissen Sie, was sich in der Tasche befindet?«, fragte er.

»Nein. Ich habe nicht reingesehen. Man wollte mir die nötigsten Sachen mitgeben. Sicherlich Klamotten und ein paar Toilettenartikel.«

»So ähnlich. Öffnen Sie sie. Ziehen Sie die Sprungkombination an und schnallen Sie sich den Fallschirm um. Der Höhenmesser ist auf die Höhe über Grund des Absprunggeländes eingestellt. Sie haben noch 10 Minuten.«

»Mit euch wird es wirklich nie langweilig. Ich soll mitten in der Nacht das Flugzeug verlassen und womöglich irgendwo in der Walachei abspringen? Zu welchem Zweck, warum hier und jetzt gleich? Ich hoffe, es ist nicht die Taiga.« Matti Klatt bekam keine Antwort. Er merkte, dass Fragen zwecklos waren. Also zog er die Kombination an, setzte den Helm auf und streifte sich die Handschuhe über. Den Höhenmesser befestigte er an seinem rechten Arm. Sie befanden sich im Steigflug, ihre derzeitige Höhe betrug 1200 Meter. Der Fallschirm samt Rettungsgerät hatte die Abmaße eines modernen Rucksacks. Als er die Beingurte befestigte, bemerkte er dessen Gewicht kaum.

»Sie werden in 2000 Metern Höhe abspringen. Wir haben das als Nachtsprungübung bei der Luftaufsicht angemeldet. Man erwartet Sie am Boden. Beachten Sie die Magnesiumfackeln und die Windrichtung. Das Wetter ist trocken, allerdings sehr kalt. Sie sind doch schon nachts gesprungen?«, wollte Roman weiter wissen.

»Ja, ist aber schon eine Weile her. Ungefähr 25 Mal, davon 10 direkt in die Ostsee. Insgesamt habe ich etwas über 800 Sprünge absolviert. Erwartet mich da unten Väterchen Frost?«

Matti Klatt überprüfte nebenbei alle Befestigungen, dann schaute er zu Monique. Sie saß an einem Fensterplatz und blickte hinaus in das Dunkel. Sie hielt sich diskret im Hintergrund. Schade, dass du auf der falschen Seite stehst, dachte er. Du musst wissen, für wen du hier arbeitest. Gern hätte er noch einmal in ihre schwarzen Augen geschaut und Abschied genommen. Was ging ihr wohl gerade durch den Kopf?

Romans kühle Stimme ertönte, fast ermahnend, als hätte er Mattis Gedanken lesen können.

»Ihr zukünftiger Geld- und Arbeitgeber. Wir haben nur den Auftrag, Sie hier abzuliefern. Alles andere geht uns nichts an. Viel Glück.« Er hatte seinen Auftrag erfüllt. Roman zog die Tür der Piper auf. Sofort zog ein eiskalter Wind in die Maschine. An der Bordwand gähnte ein schwarzes Loch.

Matti Klatt zog seine Schutzbrille über die Augen, kontrollierte noch einmal den Öffnungsmechanismus seines Fallschirms und sprang aus dem Flugzeug. Unmittelbar danach überschlug er sich mehrmals, bis er seinen freien Fall stabilisiert hatte. Nun behielt er den schwach erleuchteten Höhenmesser im Auge. 1000 Meter. Seine Fallgeschwindigkeit wurde immer größer und der kalte Wind schnitt ihm ins Gesicht. In 400 Metern Höhe öffnete er seinen Schirm. Kurze Zeit später hing er unter der rechteckig geformten Fallschirmkappe. Er drehte eine 360-Grad-Kurve und sah die hell leuchtenden Fackeln am Boden. Nach weiteren drei Minuten Flug landete er ein paar Meter neben einem Mann, der gerade dabei war, seine Magnesiumfackel zu löschen.

»Willkommen in Litauen«, sagte er.

Es war 3.30 Uhr Ortszeit, Sonntagmorgen, der 2. November 2003.

In Berlin bestiegen Hauptkommissar Bräunig, Oberkommissar Hubaczek und Innenminister Schilling eine Sondermaschine der Bundeswehr in Richtung München. In ihrem Gepäck befand sich der Angriffplan zur Zerschlagung des Unternehmens ›Eiserne Faust‹. Keinen Kilometer von Matti Klatts Landepunkt entfernt, saßen Olaf Arndt und sein Freund Zbigniew in Einzelzellen der Schwarzen Division. Und sechs Stunden vorher hatte Paweł Arndts Satellitentelefon unter der Leiche des Hessen entdeckt.

Sonntag, 2. November 2003, 14 Uhr, Flughafen München

Colonel Philipe Laurent war ein Mann der schnellen Entschlüsse. Er hasste es, lange um den heißen Brei herumzureden. Er bezeichnete sich selbst als Macher. Und sein Beruf brachte es mit sich, dass er innerhalb kürzester Zeit möglichst richtige Entscheidungen treffen musste, denn meistens hing das Leben vieler Menschen davon ab. Er war Chef der Groupment d'Intervention de la Gendarmerie Nationale, kurz GIGN, der französischen Anti-Terroreinheit. Seine Verblüffung war nur von kurzer Dauer, als ihm seine Frau am gestrigen Samstag mitteilte, der französische Staatspräsident Lavalle sei am Telefon. Colonel Laurent war Jean Lavalle persönlich bekannt, in vielen Einsätzen waren Mitglieder seiner Einheit bei unzähligen Empfängen für dessen persönliche Sicherheit verantwortlich gewesen. Allerdings hatte er ihn noch nie selbst angerufen und um ein Gespräch unter vier Augen gebeten.

Also, wenn der Präsident der Fünften Republik um eine Unterhaltung bittet, lässt man ihn nicht warten, dachte er. Sie trafen sich im Élysée-Palast, dem Regierungssitz Frankreichs. Jean Lavalle berichtete dem Colonel von der Bitte seines Freundes, des deutschen Bundeskanzlers Schreiber. Einzelheiten habe er nicht genannt, so Lavalle, nur dass die innere Sicherheit der Bundesrepublik Deutschland auf das Äußerste gefährdet sei. Und dazu benötige man die Unterstützung der französischen Anti-Terroreinheit.

»Fliegen Sie als Privatperson nach München, Colonel. Zu niemandem ein Wort und bieten Sie den Deutschen unsere maximale Unterstützung an. Sie werden dort weitere sieben Ihrer Kollegen aus anderen europäischen Ländern treffen. Wenn Sie zurück sind, erwarte ich persönlich Ihren Bericht«, sagte der französische Staatspräsident.

Colonel Laurent stellte keine weiteren Fragen und fuhr wieder nach Hause. Unterwegs informierte er seinen Stellvertreter, Oberstleutnant Reno, dass er, Laurent, wahrscheinlich für zwei Tage nicht erreichbar sein würde. Reno antwortete mit einem knappen »in Ordnung« und legte auf.

Heute Morgen hatte sich Colonel Laurent von seiner Frau mit den Worten: »Ich bin nicht länger als zwei Tage unterwegs«, verabschiedet. Er fuhr mit dem Taxi in Richtung Flughafen Orly. Seine Maschine sollte in zwei Stunden Richtung München starten.

Kurz vor 14 Uhr betrat der letzte noch fehlende Chef der Polizeisondereinheiten den Konferenzsaal des Münchener Hotels ›Kempinski‹. Es war Oberst Sławomir Petelicki, der Mann, der im Jahr 1991 das erste Team der polnischen GROM aufgestellt hatte. Er hatte schon zu Sowjetzeiten die Idee für eine polnische Spezialeinheit gehabt, war aber bei den Russen auf wenig Gegenliebe gestoßen. Sie fürchteten, dass diese einen Guerilla-Krieg gegen sie führen könnte. Nach dem politischen Wandel in Polen änderte sich das. Die Einheit wurde nach dem Vorbild der amerikanischen Delta Force und des britischen SAS aufgebaut. Dort fand auch die Anfangsausbildung statt. Oberst Petelicki war hocherfreut, seinen alten Freund vom britischen SAS, Major Douglas, zu treffen. Sie begrüßten sich herzlich.

Die acht Leiter waren alle etwas verwundert darüber, dass sie an einem Samstagnachmittag zu ihren Regierungschefs gerufen und nicht, wie sonst üblich, von ihren direkten Vorgesetzten, den Innen- oder Verteidigungsministern, über eine besondere Lage ins Bild gesetzt worden waren. Alle Teilnehmer saßen an einem großen, ovalen Tisch, an dessen Stirnseite Schilling Platz genommen hatte. Rechts und links neben ihm, Bräunig und Hubaczek. Letzterer hatte schnell eine kleine Skizze mit der Sitzordnung entworfen, um jeden der Anwesenden mit Namen ansprechen zu können. Exakt um 14 Uhr begann Schilling auf Englisch mit der Einleitung.

»Meine Herren, Sie können sich nicht vorstellen, wie froh ich bin, Sie alle hier zu sehen und begrüßen zu dürfen. Meines Wissens ist ein Treffen der Leiter der Antiterroreinheiten unterschiedlicher Länder zum Zweck der ernstlichen Unterstützung für ein anderes Land bisher noch nicht da gewesen. Genauso wenig wie die Situation, mit der sich die Bundesrepublik Deutschland derzeit konfrontiert sieht. Eine bestehende Demokratie soll mit militärischen Mitteln gewaltsam gestürzt werden, um eine Präsidiale Republik zu errichten. Dafür stehen über 5000 hervorragend ausgebildete und zu allem entschlossene Männer zur Verfügung. Es handelt sich um ehemalige Angehörige von Spezialeinheiten der Bundeswehr und NVA der ehemaligen DDR. Wie es dazu kommen konnte, dass so etwas über Jahre hinweg unbemerkt geblieben ist, können wir erst später klären. Da der Tag X des Umsturzes bereits feststeht, wir das Datum aber nicht kennen, müssen wir schnell handeln. Die Erkenntnisse, die wir zusammentragen konnten, und den daraus entwickelten Zugriffsplan wird Ihnen als Nächstes Herr Hauptkommissar Bräunig vortragen. Weil uns gänzlich unbekannt ist, bis in welche Positionen die Verschwörung hineinreicht, haben wir uns dazu entschlossen, keine deutschen Einheiten, wie die GSG-9, mit einzubeziehen. Aus dem gleichen Grund wird die Bundeswehr nur für die Grenzsicherung eingesetzt. Noch einmal, wir sind auf Ihre Hilfe angewiesen, andere Möglichkeiten gibt es nicht. Danke.«

Schilling nickte Bräunig zu und setzte sich. Der deutsche Innenminister hatte eben vor einer Hand voll europäischer Polizeioffiziere sprichwörtlich die Hosen runtergelassen. Die Brisanz dieser Information war ungeheuerlich. In Gedanken verglich er die momentane Situation der inneren Sicherheit mit einem einbeinigen Blinden, der sich hüpfend durch ein Minenfeld bewegte. Eigentlich unmöglich, da heil herauszukommen.

Das sah Colonnello Vincenzo Lusci, der Chef der italienischen NOCS, auch so. Er war schon 15 Jahre lang der Leiter der Einheit, welche seit Anfang der 80er infolge einer Umstrukturierung eigentlich Divisione Operazioni Speciali hieß. Sein erster großer Einsatz war am 29. Juli 1989 die Befreiung des kurz vorher entführten Industriellen Dante Belardinelli gewesen, die nach einer längeren und heftigen Schießerei mit den vier Kidnappern schließlich gelungen war. Die NOCS rücken durchschnittlich 15 mal im Monat zu einem Einsatz aus. Allerdings wurden sie noch nie zu einer Aktion mit diesem Hintergrund und vor allem in dieser Größenordnung gerufen. Über 5000 Mann, bewaffnete Spezialisten! Wenn dieser Umsturz in Deutschland gelingen sollte, würde er Schule machen. Nicht auszudenken, was für ein Chaos mitten in Europa entstehen würde.

Bräunig holte tief Luft, als er von seinem Sitz aufstand. Er sah müde und ungepflegt aus. Die Polizeichefs konnten das nur allzu gut verstehen und wussten, was er die letzte Zeit durchgemacht hatte. Ihnen war es Dutzende Male ebenso gegangen. Auch er begann, noch etwas holpriger als der Innenminister, auf Englisch mit seinen Ausführungen.

»Meine Herren, ich möchte Ihnen unseren derzeitigen Wissensstand und den Plan zur Zerschlagung der Verschwörung darlegen. Aus Zeitgründen lasse ich die Ermittlungstätigkeit und alle in der vergangenen Woche durchgeführten Maßnahmen weg. Sie sind für uns nicht relevant.«

Nach 25 Minuten beendete er den Vortrag.

»Ich danke für Ihre Aufmerksamkeit«, schloss er, trank einen Schluck Wasser und schaute in die Gesichter der Polizeichefs. Einige hatten sich ein paar Notizen gemacht. Es herrschte betroffenes Schweigen. Sie alle waren es gewohnt, schwierige, fast unmögliche Aufgaben zu lösen. Das, was sie eben gehört hatten, stieß an die Grenze des Vorstellbaren.

Major Krasauskas, Leiter der Litauischen ARAS, brach das Schweigen.

»Seit über vier Jahren werden in meinem Land deutsche Söldner unter Anleitung eines Russen ausgebildet? Das ist nicht zu fassen!«

»Wie uns Ihr Staatsoberhaupt mitgeteilt hat, hängt das folgendermaßen zusammen: Als Anfang der 90er-Jahre Litauen die Unabhängigkeit erlangte, ging es unter anderem um die Frage, wie mit den dort stationierten russischen Einheiten zu verfahren sei. Es wurde ein Vertrag aufgesetzt, der festlegte, die 7. Garde-Luftlande-Division der Fallschirmjäger Stück für Stück zu verlegen. Das wurde bis 1996 vollzogen. Allerdings machte Ihr damaliger Staatschef Landsbergis den Russen die Zusage, das Absprunggelände bis Mitte des Jahres 2004 nutzen zu dürfen. Inklusive des Status ›Militärisches Sperrgebiet‹. Wie eine Stück russische Immunität, etwa vergleichbar mit einer Botschaft. Oder Guantánamo auf Kuba. Keiner Ihrer Leute durfte ohne Genehmigung das Gelände betreten.«

»Wir werden den Vertrag nicht erfüllen, denke ich.« Major Krasauskas' Körperhaltung und sein Gesichtsausdruck ließen keine Zweifel aufkommen, diesem Satz auch Taten folgen zu lassen.

»Richtig, Major. Sie werden mit Ihren ›Adlern‹ das Lager stürmen.«

Capitán Lopez war der einzige Stellvertreter in dieser Runde. Sein Chef, der Leiter der spanischen GEO, befand sich in Bagdad, im Irak, und gehörte mit besonderen Berateraufgaben zum spanischen Kontingent der sogenannten ›Allianz gegen den Terror‹.

»Señor Bräunig, so, wie ich die Sache sehe, ist das kein rein deutsches Problem, das Sie hier dargelegt haben. Es handelt sich klar um ein europäisches Problem. Das kann jedem unserer Länder morgen genauso passieren. Ich gehe davon aus, dass bei uns in Spanien oder auch in anderen Ländern Europas gleich denkende Leute wie bei Ihnen in Deutschland, den Ratten ähnlich in ihren Löchern sitzend, nur darauf warten, dass es irgendwo anfängt, zu brennen. Niemand weiß, wer die Nächsten sein werden.«

»Das kann durchaus möglich sein. Nach dem hoffentlich erfolgreichen Abschluss dieser Aktionen werden wir Ihren Ländern unser Material in Bezug auf Ermittlungen und gewonnene Erkenntnisse natürlich zur Verfügung stellen. Die Experten können daraus Präventivmaßnahmen für die Zukunft entwickeln«, antwortete stattdessen Innenminister Schilling.

»Dann möchte ich fortfahren«, sagte Bräunig. »Es gibt auch Licht am Ende des Tunnels. Unser Bundeskanzler und der Innenminister sind sich darüber einig, dass es sich bei der entstandenen Situation um einen Verteidigungsfall gemäß unserer Verfassung handelt. Alle Befehls- und Kommandogewalt der Streitkräfte geht auf den Bundeskanzler über. Für diesen Fall existiert ein System an staatlichen Maßnahmen, unter anderem für die Schließung und Überwachung der Grenzen durch die Bundeswehr, die Sicherung von internationalen Flug- und Seehäfen oder abendliche Ausgangssperren für die Bevölkerung. Am Dienstagmorgen Punkt um 4 Uhr wird der Bundeskanzler die Regierungsmitglieder im Bundeskanzleramt über die Situation aufklären und der Bundespräsident gemäß unseres Grundgesetzes den Verteidigungsfall ausrufen. Das ist in, jetzt ist es kurz vor 16 Uhr, knapp 38 Stunden. Oberste Priorität hat die Zerschlagung der Führungsebene der Verschwörung. Damit meine ich das sogenannte Komitee und die Führer der einzelnen Kommandos, welche die Landesregierungen stürmen sollen. Nach den ersten Festnahmen werden unverzüglich die Vernehmungen beginnen, um an weitere Namen und Adressen zu kommen. Wie ich Ihnen vorhin sagte, hat ein ehemaliges Mitglied der Schwarzen Division seine Hilfe angeboten und uns wertvolle Hinweise gegeben. Dieser Mann war der Führer des Kommandos EF. Er sprengte ein Absetzflugzeug bei einer Übung, konnte aber selbst entkommen. Nach seiner Aussage befinden sich noch 120 Mann in Kaunas, die restlichen 121 warten auf ihren Einsatzbefehl in Sachsen und Thüringen. Diesen werden sie am Montag als besondere Anzeige in der Tageszeitung finden. Am Dienstagmorgen um 5 Uhr werden sie in ihrem Bereitschaftsraum nahe Erfurt stehen. Dort erfolgt der Zugriff durch die französische GIGN unter Leitung von Colonel Laurent. Danach werden die Festgenommenen sofort in das Landeskriminalamt gebracht, wo sie von Ermittlern vernommen werden. Nach Abschluss dieser Mission wird ein Teil Ihrer Mannschaft die Firmenzentrale der Omicron AG in Erfurt so lange besetzen, bis Ermittler eintreffen. Der andere Teil wird parallel dazu den Regierungssitz in Erfurt schützen. Alle Ortsangaben und Wege stehen in diesen Unterlagen. Spezielle Fragenkataloge sind ausgearbeitet und werden vor Ort bereitliegen. Alle Ergebnisse werden in die zentrale Auswertungs- und Koordinierungsstelle nach Berlin übermittelt. Von dort werden die weiteren Zugriffe angeordnet. Bitte, Colonel Laurent.« Bräunig übergab ihm die Mappe.

»Sind Sie sicher, dass auch alle 120 Mann da sein werden? Ich werde mit 40 Leuten kommen, nicht sehr viel, um diese Kämpfer festzunehmen.«

»Sie werden da sein, denn sie können den großen Tag gar nicht erwarten. Sie haben zwei Vorteile, Colonel. Keiner von denen rechnet mit einer Festnahme und sie werden unbewaffnet sein. Sollte es dennoch zu größeren Widerständen kommen, machen Sie von der Schusswaffe Gebrauch. Einer meiner Mitarbeiter, Kratzenstein, wird an Ihrer Seite stehen, um den Abtransport zu organisieren. Da wir von den anderen Kommandos weder die Namen der Führer noch deren Mitglieder kennen, wird die Aktion der französischen GIGN die Einzige sein, bei der auf einen Schlag so viele Leute festgenommen werden. Außer der litauischen ARAS und der tschechischen URNA benötigen wir jeweils eine bestimmte Anzahl Ihrer Männer, meine Herren. Diese werden bis auf Berlin auf die restlichen Bundesländer aufgeteilt. Und zwar wie folgendermaßen:

Schleswig-Holstein/Hamburg	britischer SAS, je 15 Mann.
Niedersachsen/Bremen	britischer SAS, je 15 Mann.
Nordrhein-Westfalen/Hessen	spanische GEO, 1 mal 20, 1 mal 10 Mann.
Rheinland-Pfalz/Saarland	griechische EKAM, 1 mal 15, 1 mal 10 Mann.
Bayern/Baden-Württemberg	italienische NOCS, je 15 Mann.
Sachsen/Sachsen-Anhalt	polnische GROM, je 15 Mann.
Mecklenburg-Vorpommern /Brandenburg	polnische GROM, 1 mal 10, 1 mal 15 Mann.

Diese Gruppen schützen und sichern die jeweiligen Landessitze der Regierungen. Die Ministerpräsidenten der Länder werden informiert sein. Sobald Kommandoführer namentlich erfasst sind, rückt ein Teil Ihrer Leute aus, um sie festzunehmen, denn diese sind die Gefährlichsten. Alle anderen Festnahmen übernehmen die örtlichen Spezialeinsatzkommandos der deutschen Polizei auf Anweisung der zentralen Koordinierungsstelle in Berlin. Für die Zeit des Ausnahmezustandes unterstehen die SEKs aus Sicherheitsgründen ausschließlich dem Innenminister. Einzelheiten dazu finden Sie auch in diesen Unterlagen.

Kommen wir zu den Drahtziehern von ›Infantizid‹, dem Komitee. Durch einen unserer Männer, Matti Klatt, wurde bekannt, dass das Komitee aus 21 Mitgliedern besteht. Sie trafen sich in der vergangenen Woche an einem geheimen Ort. Klatt, der auch in der Nähe war, konnte uns insgesamt 16 Kennzeichen von Fahrzeugen nennen, von denen wir annehmen, dass sie den Komiteemitgliedern zugeordnet werden können. Seit heute Nacht sind Mobile Einsatzkommandos unterwegs und observieren diese Personen. Ihre Einheit, Major Hriska, die URNA, wird Dienstag früh um 5 Uhr mit je drei Mann in der Nähe der jeweiligen Aufenthaltsorte dieser Mitglieder bereitstehen und sie verhaften. Die werden dann sofort hierher nach Berlin zur Vernehmung gebracht. Wir erhalten derzeit halbstündlich Mitteilungen, wo sie sich gerade befinden. Nehmen Sie Kontakt mit den Mobilen Einsatzkommandos, den MEKs, auf und schicken Sie Ihre Leute dorthin. Alle für Sie relevanten Daten können Sie ebenfalls den Unterlagen entnehmen.«

»21 Komiteemitglieder, aber nur 16 Fahrzeuge?«, fragte Major Hriska.

»Ja, Klatt sagte uns, dass aus einigen Fahrzeugen zwei Personen gestiegen sind. Leider fehlen uns von diesen fünf unbekannten Personen Namen und Adressen.«

Obwohl die Klimaanlage angestellt war, schwitzte Bräunig am ganzen Körper. Zum wiederholten Male goss er sein Glas mit Sprudelwasser voll und leerte es in einem Zug.

Oberst Konstantinidis, der Chef der griechischen EKAM, meldete sich zu Wort. Es war das erste Mal, dass er von dem in Griechenland so beliebten Staatspräsidenten, Alexandros Papadopoulos, persönlich um eine Unterredung gebeten worden war. Der Oberst hatte einen auffallend mächtigen, schwarzen Oberlippenbart.

»Mister Bräunig, warum sind für die Regierungssitze unterschiedlich viele Männer unserer Einheiten vorgesehen?«

»Das hängt in erster Linie damit zusammen, dass die Örtlichkeiten unterschiedliche Ausmaße haben. Je nach Anzahl und Größe der Ministerien, die dort untergebracht sind. Zum anderen sind wir uns darüber im Klaren, dass wir nicht alle Polizisten Ihrer Einheiten in Anspruch nehmen können. Speziell Sie, Oberst Konstantinidis, haben mit dem Schutz der inneren Sicherheit alle Hände voll zu tun.«

»Wie wir wissen, beginnen die Olympischen Spiele in Ihrem Land in ein paar Monaten«, schaltete sich Hubaczek erstmals in das Gespräch ein. Der bärtige Oberst lächelte.

»Das ist wohl wahr. Wir gehen davon aus, dass es einige Irre geben wird, die sich an solchen Tagen freinehmen. Was denken Sie, wie lange Sie unsere Hilfe in Anspruch nehmen müssen?«, fragte er.

»Gute Frage. Zumindest so lange, bis wir die führenden Köpfe verhaftet haben und wir gewiss sind, dass die innere Sicherheit unseres Landes nicht mehr gefährdet ist. Auf jeden Fall nicht länger als nötig. Sagen wir, vielleicht eine oder zwei Wochen. Natürlich werden wir nicht gleich alle Beteiligten ergreifen können, das braucht seine Zeit. Trotzdem gibt es aber gute Ansatzmöglichkeiten. Wir haben Listen von sämtlichen einberufenen Männern, die in Spezialeinheiten gedient haben. Wir knöpfen sie uns nacheinander vor. Das Gleiche praktizieren wir mit den Komiteemitgliedern. Früher oder später wird einer anfangen, zu sprechen. Dessen bin ich mir sicher. Eventuell finden wir Dateien, Schriftstücke oder anderes Material, das uns weiterbringt. Wir werden sehen«, antwortete Hubaczek.

Die anderen nickten zustimmend. Die Frage nach der Dauer des Einsatzes war berechtigt und wichtig.

Hauptkommissar Bräunig schloss an Hubaczeks Ausführungen an.

»Eine ganz bedeutsame Aufgabe wird es sein, die Waffen zu finden, mit denen über 5000 Mann ausgestattet werden sollten. Wir sind der Meinung, dass diese sich bereits in Deutschland befinden. Immerhin ein gewaltiges, nicht zu unterschätzendes Arsenal.

Bleiben noch die Punkte bezüglich des Lagers in Kaunas und der Überfall auf Berlin. Unser Mann, Matti Klatt, ist auf dem Weg in das Ausbildungslager nach Kaunas. Wenn alles gut gegangen ist, müsste er dort schon eingetroffen sein. Leider haben wir zu spät bemerkt, dass ihm durch einen inzwischen festgenommenen Verschwörer ein Killer hinterhergeschickt wurde, der ihn töten soll. Uns blieb keine andere Wahl, als Arndt wieder aus der Haft zu entlassen, um diesen Mann zu stoppen. Unsere einzige Verbindung zu Arndt ist ein Satellitentelefon. Bis jetzt haben wir noch keinerlei neue Informationen. Er wird von uns den Auftrag bekommen, auf Sie zu warten und sich Ihnen anzuschließen, Major Krasauskas. Er kennt die Örtlichkeiten, weiß, wo sich General Rybakow aufhält und wird eine große Hilfe für Sie sein. In Ihren Unterlagen finden Sie grobe Skizzen des Lagers, die wir nach Arndts Angaben erstellt haben. Außerdem ein Foto von ihm und Matti Klatt. Mit Sicherheit wissen wir von 120 Mann des Thüringer Kommandos, die sich noch in Kaunas aufhalten. Ob die Einheit B für den Angriff in Berlin auch schon eingetroffen ist, bleibt unklar. Die soll nämlich Klatt führen. Auch wissen wir nicht, wie viele russische Fallschirmjäger sich gerade zur Ausbildung da aufhalten und wie sie sich bei einem Überfall auf das Lager verhalten. Das Einzige, was wir Ihnen sagen können, ist der Angriffszeitpunkt, nämlich genau 5 Uhr MEZ am Dienstagmorgen. Wie Sie das Lager einnehmen, obliegt Ihrer Verantwortung.«

In dem Moment klingelte das Mobiltelefon von Innenminister Schilling. Er verließ den Raum, um die Besprechung nicht zu stören.

Major Krasauskas nahm seine Unterlagen.

»Ich beziehe meine komplette Einheit mit ein, also 250 Mann. Aufgrund der vielen Unbekannten werde ich zusätzliche Verstärkung durch unsere Armee anfordern, die sich in unmittelbarer Nähe des Lagers aufhalten wird. Eines verspreche ich Ihnen, von dort wird keine russische Maschine mehr den Boden verlassen.«

»In Ordnung. Die Verkündung des Verteidigungsfalles sieht vor, dass sich die GSG-9 sofort auf den Weg nach Berlin macht, um die Regierungsgebäude zu schützen. Die werden hermetisch abgeriegelt. Das wäre im Allgemeinen erst einmal alles. Sollten sich neue relevante Hinweise …?« Weiter kam Bräunig nicht, denn der Innenminister betrat wieder den Konferenzsaal.

»Der Anruf eben kam aus Polen. Es war aber nicht Arndt.«

»Wer dann?«, fragte Bräunig und schaute, wie alle anderen, Otto Schilling an.

»Das war ja das Überraschende! Der polnische Staatspräsident Bogdan Kowalski. Er teilte mir mit, dass er wichtige Informationen für uns hat. Ein Deutscher namens Arndt wurde mit einem ihn begleitenden Polen festgenommen, gefesselt und anschließend auf einen Lkw der Schwarzen Division geworfen, der dann in Richtung Ausbildungslager fuhr. Allerdings wurde vorher ein

Deutscher ausgeschaltet. Zwei weitere Polen beobachten das Lager und warten auf Instruktionen.«

»Was? Wenn Arndt verhaftet wurde, wie konnte diese Nachricht bis zum Staatspräsidenten Kowalski gelangen? Wer, zum Teufel, sind diese Polen, dass sie über einen solchen Draht verfügen?«, fragte Hubaczek völlig ratlos.

Der Tod des Hessen war der bessere Teil der Nachrichten, Arndts Entdeckung und Verhaftung der schlechtere. Was hatten drei polnische Staatsbürger mit dieser Sache zu tun und was war schief gelaufen?

VIERTER TEIL

DAS LAGER

Sonntag, 2. November 2003, Ausbildungslager der Schwarzen Division in der Nähe von Kaunas

Das Gelände der 7. Garde-Luftlande-Division in der Nähe von Kaunas war in drei Abschnitte unterteilt: der Unterkunfts- und Versorgungstrakt, die Start- und Landebahnen, von denen eine aus Beton und die andere aus Gras war, sowie die Bodentrainingsanlage.

Der Unterkunfts- und Versorgungstrakt bestand aus mehreren einfachen, dreigeschossigen Gebäuden. Insgesamt bildeten acht dieser Trakte, von oben betrachtet, zwei Quadrate in einem gesamten Rechteck. Sie sahen von außen alle gleich aus und hatten eine Länge von je circa 150 Metern. Die Fassaden waren braun-grün gestrichen und auf den Flachdächern konnten Hubschrauber landen. Bei speziellen Einsätzen brauchten sich die Fallschirmjäger nur von ihren Unterkünften durch das Treppenhaus auf die Dächer zu begeben, mussten einsteigen und konnten sofort abfliegen. Das brachte im Falle einer Alarmierung eine enorme Zeitersparnis ein. Alle diese Gebäude umzäumten rechtwinklige, aus schwarzem Schotter bestehende Exerzierplätze.

Prunkstück war zweifellos das gigantische Bodentrainingsgelände. Es grenzte an die Kasernen. Gemäß der alten Weisheit der Luftfahrt: ›Bist du am Boden gut, bist du in der Luft nur noch befriedigend‹ konnten hier alle erdenklichen Übungen wirklichkeitsnah trainiert werden. Im nördlichen Streifen befanden sich die Abstellplätze für die Gefechtsfahrzeuge und verschiedene Rampen für Fahrübungen der Luftlandepanzer. Über eine Länge von 200 Metern verteilten sich ein Pendelgerüst mit Fallschirmattrappen und daran befestigten Gurtzeugen. Hier konnten die Fallschirmjäger verschiedene Situationen üben, wie das Steuern in der Luft oder das Lösen des Schirms nach der Landung.

Am östlichen und westlichen Streifen standen unzählige Sprungpodeste, an denen Landungen geübt wurden. Auf dem südlichen Streifen waren Überschlagschaukeln, Rhönräder, Trapezschaukeln und Triplexe aufgestellt, Geräte, die es ermöglichten, sich vorwärts und rückwärts über alle drei Achsen zu bewegen. Im Zentrum dieser vier Streifen hatte man Flugzeug- und Hubschrauberattrappen aller zurzeit im Einsatz befindlichen Typen aufgestellt. Großraummaschinen zum Verladen von schwerem Gerät und Panzern sowie Attrappen, die zum Erlernen der Sitzordnung und für Abwurf- und Absprungübungen dienten. Zwei, über 60 Meter hohe Sprungtürme ermöglichten ein realitätsnahes Simulieren des Verhaltens von Springern in der Luft. Dieser Platz ließ auf einen hohen Qualitätsstandard der ausgebildeten Fallschirmjäger schließen.

Am Ende der beiden Landebahnen waren zwei Transportmaschinen der Typen AN-8 und AN-12 geparkt.

Matti Klatt hatte die vergangenen Stunden in einem einfachen Zimmer der Kaserne geschlafen. Der Mann, der ihn in der letzten Nacht als Erstes auf dem Boden begrüßte, entpuppte sich als Deutscher. Er hieß Andreas Glasow und kam, seiner Aussprache nach zu urteilen, irgendwo aus Norddeutschland.

»Ich habe den Auftrag, Sie hier abzuholen und in Ihre Unterkunft zu bringen. Um 8 Uhr morgen früh hole ich Sie von dort wieder ab.«

Genau wie die anderen fünf, die ihre Magnesiumfackeln nach Klatts Landung gelöscht hatten, trug er eine schwarze Uniform.

Matti Klatt und Glasow waren am Sonntagmorgen um 8.10 Uhr auf dem Weg zu einem anderen Gebäude, als sie eine kleine Freifläche passieren mussten. Plötzlich ließ ein ohrenbetäubender Lärm beide zusammenfahren. Sie schauten sich um und sahen, dass eine riesige IL-76-Transportmaschine in gerade mal 10 Metern Höhe auf sie zuflog. Das geht schief, schoss es Klatt durch den Kopf, sie stürzt ab. Instinktiv warf er sich blitzschnell auf den Boden. Mit ihren auf Höchstleistung gestellten Triebwerken flog dieser Gigant über sie hinweg. Die Luftverwirbelung am Heck der Maschine wirkte wie eine Orkanböe. Als er, immer noch auf dem Erdboden liegend, dem Flugzeug hinterhersah, bemerkte er die geöffnete Heckklappe. Das Fahrwerk war ausgefahren, ebenso die Landeklappen. Die IL-76 flog mit ihrer gerade noch zulässigen Mindestgeschwindigkeit. Als er sich außer Gefahr glaubte, stand Matti Klatt wieder auf und blickte zu Glasow herüber. Der hatte sich an einer Fahnenstange festgehalten und zuckte ungerührt die Schultern. Offenbar war dieses Manöver nichts Neues für ihn. Die Maschine verringerte ihre Flughöhe noch etwas. Klatt konnte an der Heckklappe deutlich zwei Personen ausmachen. Im nächsten Moment schoss ein kleiner Hilfsfallschirm aus dem Heck. Dieser schlaufte ein paar Zugleinen aus und zog ein großes Podest aus dem Flugzeug. Darauf stand ein Luftlandepanzer! Kein Zweifel, die Russen warfen aus fünf Metern Höhe einen Panzer ab! Das Podest krachte auf die Erde. Matti Klatt glaubte, seinen Augen nicht zu trauen. So etwas hatte er zwar schon in Filmen gesehen, aber noch nie unmittelbar vor sich. Mit weit geöffneten Augen und wie erstarrt, verfolgte er das Geschehen. Er konnte deutlich erkennen, wie das Dämpfungssystem des Podests den Aufprall minderte. Der Panzer musste in der Folge nur noch von seinen Verzurrungen befreit werden und stand seiner Besatzung sofort zur Verfügung.

Die IL-76 zog ihre Fahrwerke wieder ein und startete, ohne den Boden zu berühren, durch. Die ganze Aktion hatte noch nicht einmal 30 Sekunden gedauert.

»Wahnsinn«, entfuhr es Matti Klatt vor Erstaunen. Das war eine Meisterleistung von Mensch und Technik. Das Flugzeug gewann schnell an Höhe und drehte nach rechts ab.

»Ich würde es eher als genial bezeichnen, obwohl die Grenze zwischen beiden Begriffen ziemlich schwammig ist«, hörte Matti Klatt eine Stimme hinter sich sagen. Er drehte sich um und sah einen weißhaarigen, älteren Mann mit dunklen Augen vor sich. Er trug ein blaues Barett und hatte unter seinem gefleckten Kampfanzug ein blauweiß gestreiftes Hemd an. Rechts und links neben ihm standen, ebenfalls in gleicher Uniform, zwei etwa 40-jährige, bullige Männer. Einer hatte kurz geschorenes, weißblondes Haar, der andere eine Glatze.

»General Rybakow. Und Sie sind Matti Klatt?«, fragte er auf Deutsch.

Seine Ausstrahlung ist beeindruckend, dachte Klatt, ehe er antwortete.

»Ja, das stimmt. Guten Tag, Herr General.«

»Was, meinen Sie, stimmt? Dass Wahnsinn und Genie Hand in Hand gehen oder dass Sie Matti Klatt sind?«, fragte Rybakow ruhig weiter.

»Beides. Solch ein Manöver habe ich noch nie live gesehen. Wirklich beeindruckend. Der Panzer ist sofort und ohne Einschränkung einsatzbereit?«

»Selbstverständlich. Wir sind gerade bei den Vorbereitungen für Testabwürfe, bei denen die Besatzung bereits an Bord ist. Das spart viel Zeit«, entgegnete Rybakow mit einem Anflug von Stolz. »Wir sind, wie in so vielen militärischen Dingen, Vorreiter.«

»Zweifellos, Herr General. Mich beeindrucken wenige Dinge auf dieser Welt, aber das hier umso mehr«, sagte Matti Klatt mit Blick auf Glasow. Der stand immer noch etwas abseits und schaute auf Rybakow. Seine Bewunderung für diesen Mann war offensichtlich.

»Wie ich hörte, bekamen wir gestern unverhofften Besuch von einem alten Bekannten. Den wollte ich gerade begrüßen. Begleiten Sie mich doch. Danach können wir uns in Ruhe unterhalten«, entgegnete der General und gab seinen beiden Leibwächtern das Zeichen zum Aufbruch.

Matti Klatt und Glasow schlossen sich ihnen an.

Die Arrestzellen waren im ehemaligen Stabsgebäude untergebracht. Als die vollständige 7. Garde-Luftlande-Division noch in Kaunas stationiert war, verbrachten darin fast ausschließlich volltrunkene Angehörige die Zeit, die nötig war, bis sie wieder einigermaßen klar denken konnten. Es gab in all den Jahren keinen einzigen Tag, an dem die Zellen unbenutzt waren.

Das Fenster war mit einer großen Metallplatte verkleidet. In der Mitte befand sich eine Öffnung, um an den Fensterriegel zu kommen. Das Bett war an der Wand befestigt. Eine Toilette oder ein Waschbecken gab es nicht. Diverse Spuren an den Wänden und auf dem Boden ließen verzweifelte, jedoch untaugliche Versuche ehemaliger Insassen erkennen, Körperflüssigkeiten, gleich welcher Art, bei sich zu behalten. Es stank erbärmlich.

Arndt hatte die Nacht auf dem Fußboden verbracht. Ab und zu verfiel er vor Erschöpfung in kurze Schlafphasen, dann schreckte er wieder hoch. Er war seit ein paar Stunden wach und dachte darüber nach, was er tun konnte. Ihm fiel nichts ein.

Der Hesse war ausgeschaltet worden, aber Matti Klatt hatte er nicht getroffen. Instruktionen aus Deutschland konnte er auch nicht mehr empfangen. Hoffentlich hatte Paweł das Satellitentelefon gefunden. Dann konnte er dem Innenminister von den Geschehnissen berichten. Mit ziemlicher Sicherheit wurde gerade ein Plan für die Stürmung des Lagers vorbereitet. Nur, wann fand der statt? Wie viel Zeit blieb ihm? Mit Sprüchen ließ sich General Rybakow nicht hinhalten. Der wollte konkrete Antworten. Es stand zu viel auf dem Spiel. Er wusste, dass er, Arndt, es war, der eines seiner Flugzeuge gesprengt hatte. Dabei waren Soldaten ums Leben gekommen. Und darauf folgte die Todesstrafe. Wenn das Urteil schon gefällt war, wozu noch lügen oder leugnen? Wozu die Schmerzen der Folter über sich ergehen lassen, um am Ende doch zu reden?

Als sich Arndt dieser Tatsache bewusst wurde, bekam er einen Weinkrampf. In der Vergangenheit hatte er sich schon in vielen schwierigen, fast aussichtslosen Situationen befunden, deren Ende ungewiss war. Es hätte einige Male seinen sicheren Tod bedeuten können. Aber zu einem großen Prozentsatz hatte es an ihm gelegen, an seinen Fähigkeiten und seiner Risikobereitschaft, solche Situationen zu meistern. Jetzt nicht mehr. Er saß in diesem Loch und wartete auf seinen Tod. Als er sich vor ein paar Wochen dazu entschloss, den Plan zu verraten, war ihm bewusst gewesen, dass eine lange Freiheitsstrafe auf ihn wartete. Aber unter dem Aspekt, dass er leben würde. Dann hatten sich die Dinge geändert und er musste und wollte dem wahnwitzigen Treiben in Kaunas ein Ende bereiten.

Bin ich so etwas wie ein Held oder Patriot?, fragte er sich. Bestimmt nicht. Wenn ich ehrlich zu mir selbst bin, wollte ich mit meiner Bereitschaft, noch einmal nach Kaunas zurückzukehren, meine eigene Situation verbessern. Wenn ich das hier geschafft hätte, wäre mit etwas Glück vielleicht sogar eine Begnadigung drin gewesen. Hätte! Wäre! Könnte! Wenn und Aber! Nein, das ist die bittere Erkenntnis: Es ist Schluss! Aus! Vorbei! Es gibt keine Hoffnung und es werden auch keine Wunder mehr geschehen. Man bekommt eben doch früher oder später für alles, was man im Leben macht, die Rechnung serviert.

Als die Tür zu seiner Zelle aufgeschlossen wurde und der erste Leibwächter Rybakows eintrat, stand sein Entschluss fest. Wenn er in den Tod gehen musste, dann auf keinen Fall allein. Mindestens einer würde ihn begleiten. Er wusste auch schon, wer das sein sollte, aber das war fast unmöglich.

Der Leibwächter mit der Glatze betrat als Erster die Zelle. Er hatte inzwischen sein Barett in seine Hosentasche gesteckt und die Ärmel hochgekrempelt. Auf seinem linken kräftigen Unterarm war eine mächtige Tätowierung zu sehen. Zwei stilisierte Flugzeuge, deren Rümpfe sich nach oben öffneten, in der Mitte ein geöffneter Fallschirm, das Zeichen der russischen Fallschirmjäger. Er deutete Arndt mit einem Fingerzeig an, sich in die Zellenecke zu begeben. Der Zweite war der mit den weißblonden Haaren. Auch er war entsprechend ›vorbereitet‹ und hatte dieselbe Tätowierung. Er stellte sich ebenfalls vor Arndt. Oh Mann, dachte der, schlimmer hätte es wirklich nicht kommen können. Ausgerechnet ›Meister Proper‹ und der ›Weiße Riese‹! So wurden die beiden Leibwächter heimlich von allen genannt. Sie waren die Kompromisslosesten von allen.

Arndt stand mit dem Rücken zur Zellenwand, die beiden Leibwächter jeweils einen Meter von ihm entfernt, als Rybakow die Zelle betrat. Vor der geöffneten Tür blieben Matti Klatt und Glasow stehen.

»Ich höre«, sagte Rybakow mit unbewegter Mine.

Wie ich es mir vorgestellt habe, dachte Arndt, er hält sich nicht mit Geplänkel auf und kommt sofort zur Sache. Wer ist der Typ in Zivil?

Das Foto von Matti Klatt kam ihm in den Sinn. Er blinzelte an Rybakow vorbei Richtung Tür. Seine Augen mussten sich erst an das Gegenlicht gewöhnen. Noch einmal glich er die Person gedanklich mit dem Foto ab.

Doch, er muss es sein. Er kennt mich nicht, woher sollte er auch. Und da ich mit Sicherheit keine Gelegenheit bekommen werde, mit ihm allein zu sprechen, muss ich jetzt die Katze aus dem Sack lassen. Natürlich ohne zu verraten, dass ich in Deutschland war und Gegenmaßnahmen in Planung sind. Ich werde …

Weiter konnte Arndt seine Gedanken nicht fortsetzen, denn ein kurzer, kräftiger Schlag auf den Solarplexus nahm ihm sofort die Luft und er ging zu Boden. Die beiden Leibwächter schnappten ihn sich, stellten ihn wieder auf die Beine und drückten seinen Kopf in die Ecke.

»Noch einmal fordere ich dich nicht auf, zu sprechen.« Rybakow sah Arndt in die Augen.

»Vor ein paar Wochen habe ich mich gefragt, was danach kommt«, begann Arndt, der immer noch nach Luft rang. »Was kommt, nachdem dieser Umsturz erfolgreich war? Das nächste Land? Unterstützen wir die nächste Hand voll Verrückter, die sich als Heilsbringer verstehen? Woher nehmen sich diese Leute das Recht, zu wissen, was richtig oder falsch für eine ganze Nation ist? Pathologischen Größenwahn nenne ich das. Welche Rolle werden Sie dabei spielen, General? Die Sehnsucht nach der guten alten Zeit der Unterdrückungen, Erschießungen, Deportationen und der Gulags? Wer sind Sie? Halten Sie sich für Gott? Ich hasse Sie abgrundtief, genau wie diejenigen, die das angezettelt haben. Glauben Sie wirklich, damit Erfolg zu haben? Ich habe Sie für intelligenter gehalten, auch Sie können das Rad der Geschichte nicht zurückdrehen. Leuten wie Ihnen traue ich zu, ohne Skrupel Atomwaffen einzusetzen. Aus Ihrer Sicht würde nur der Zweck die Mittel heiligen. Ohne mich, General. Also entschloss ich mich, Sie zu bekämpfen. Ich installierte Sprengstoff in der Transportmaschine und jagte sie per Fernzündung in die Luft. Es sollte wie ein Unfall aussehen, bei dem alle Insassen ums Leben gekommen sind. Ich wollte zurückkommen und das Lager sabotieren. Niemand hätte mich verdächtigt. Ich besorgte mir das entsprechende Equipment und machte mich auf den Weg. Den Rest kennen Sie.« Arndt wusste, dass er eben sein Todesurteil unterschrieben hatte. So hatte mit Rybakow sicherlich noch niemand gesprochen.

»Wo hattet ihr die Waffen her?«, fragte Rybakow. »Glaubst du Kakerlake wirklich, uns aufhalten zu können? Du bist nichts als eine Nummer. Ein anderer hat deine Stelle eingenommen. Du bist mit einem Auto vom

Lager weggefahren. Es hatte deutsche Kennzeichen. Mit wem hast du gesprochen?«

»Allein konnte ich es nicht schaffen, ich brauchte Unterstützung. Das Auto wurde in Polen besorgt. Mit deutschen Kennzeichen ist die Gefahr, in eine litauische Verkehrskontrolle zu geraten, sehr gering. Ich habe meiner Unterstützung den Zufahrtsweg hierher gezeigt, deswegen fuhr ich vom Lager weg. Außer mit Zbigniew habe ich mit keinem gesprochen.«

Arndt wusste, dass er soeben Zbigniews weiteres Schicksal bestimmt hatte. Dieser Gedanke schmerzte, aber es half nichts.

»Mit dem aus der Nachbarzelle. Wir werden ihn fragen, ob es sich so zugetragen hat. Und dass du mit niemandem weiter gesprochen hast, glaube ich dir nicht. Jetzt ist keine Zeit mehr, aber das Thema ist noch nicht beendet. Wir unterhalten uns später noch einmal. Ach, noch etwas, geh nicht weg.«

Das war offensichtlich das Zeichen für den Leibwächter mit der Glatze. Dieser winkelte sein linkes Bein an, schob die Fußaußenkante nach vorn und trat zielsicher seitlich zwischen den Ober- und Unterschenkel von Arndt. Sein Kniegelenk brach, es hörte sich an, als wenn ein trockener Ast knacken würde. Der Unterschenkel stand unnatürlich seitlich ab. Er schrie auf und fiel zu Boden. Rybakow verließ mit seinen Leibwächtern die Zelle.

Matti Klatt hatte den Ausführungen Arndts erstaunt zugehört. Dieser Mann wollte allein gegen Rybakow kämpfen? Ob er wirklich keinem anderen etwas gesagt hatte? Ohne Zweifel würde er gefoltert werden. Das Geräusch des gebrochenen Beins hatte Matti Klatt immer noch im Ohr. Er versuchte so ruhig und gefasst wie möglich zu sprechen.

»Wer war dieser Mann?«

General Rybakow ging die Treppen hinunter und ohne Matti Klatt anzusehen, antwortete er: »Ein Verräter. Wir nennen so etwas Pack, Dreckfresser, nicht würdig, zu leben. Wie die Tschetschenen und Juden.«

Als der Lkw und der Toyota außer Sichtweite waren, verständigten sich Paweł und Dariusz über Funk und vereinbarten, sich in Höhe des toten Hessen zu treffen.

»Was machen wir jetzt?«, wollte Dariusz flüsternd wissen.

»Wir müssen die beiden da rausholen, egal, wie. Ich hoffe, dass die ihre Funkgeräte und das Satellitentelefon nicht mitgenommen haben. Da er wusste, dass der Lkw im Anmarsch war, nehme ich an, dass er es hier irgendwo weggeworfen hat. Oder es ist bei dem Toten versteckt. Suchen wir danach und nehmen mit den Deutschen Kontakt auf.«

Sie schalteten ihre Nachtsichtgeräte ein und schlichen in Richtung Unterholz. Immer einen Fuß vor den anderen setzend, betrug ihr Abstand zueinander circa zwei Meter. Dariusz sah ihn zuerst. Die Leiche lag auf dem Rücken, halb verdeckt von ein paar Ästen und Zweigen. Eine Hand schaute hervor. Er gab Paweł ein Zeichen und fing an, die Taschen des Toten zu untersuchen. Als er nichts fand, drehten sie ihn gemeinsam um und sahen das Telefon. Dariusz drückte die Wahlwiederholungstaste, aber es erschien keine Nummer. Das Telefonbuch war auch leer.

»Wen wollen wir jetzt anrufen?«, fragte er.

»Mist. Aber das war zu erwarten«, antwortete Paweł. »Wir können lediglich mit dem deutschen Innenminister persönlich sprechen. Dazu brauchen wir seine Nummer und die kann uns nur einer besorgen.«

»Wir müssen unsere Leute um Hilfe bitten und einer muss mit unserem Staatspräsidenten reden, eine andere Möglichkeit sehe ich nicht. Wir erklären die Situation und hoffen das Beste. Auf jeden Fall holen wir Zbigniew und Arndt da raus.« Dariusz blickte Paweł erwartungsvoll an.

»Einverstanden. So machen wir es. Heute Nacht schauen wir uns das Lager genauer an.« Paweł wählte eine Nummer in Warschau.

»Innenministerium, was kann ich für Sie tun?«, fragte eine männliche Stimme.

»Leutnant Paweł Jabłoński, meine Kennung ist YZF04X. Geben Sie mir den Chef der Grenzsicherung, Oberst Moslow. Es ist äußerst dringend.«

Samstagabend gegen 20 Uhr legte Oberst Adam Moslow sein gerade zu Ende gelesenes Buch zur Seite, als das Telefon klingelte. Der Diensthabende des Innenministeriums meldete ein eiliges Gespräch und stellte die Verbindung her. Wenn ich mal früher schlafen gehen will, dachte er und meldete sich: »Oberst Moslow.«

»Leutnant Jabłoński. Herr Oberst, es handelt sich um einen Notfall. Wir befinden uns gerade in Litauen, nahe der Stadt Kaunas, in einem Waldstück. Folgende Situation …«, fing Paweł seinen Bericht an. Oberst Moslow hörte ihm aufmerksam zu.

In den vergangenen Jahren musste sich Polen mit einem immer größer werdenden Problem befassen. An der Grenze zu Deutschland nahm die Zahl der illegalen Grenzübertritte mehr und mehr zu. Organisierte Schleuserbanden brachten Menschen, hauptsächlich aus

Osteuropa, gegen Zahlung immenser Summen in US-Dollar über die sogenannte grüne Grenze in den Westen. Als ersichtlich wurde, dass die polnische Grenzpolizei und der deutsche Bundesgrenzschutz überfordert waren, beauftragte das polnische Innenministerium Oberst Moslow, eine verdeckt arbeitende Einheit aufzustellen. Die Angehörigen dieser Truppe lebten und arbeiteten in der Regel als Waldarbeiter, Jäger, Förster oder als Bauern in der Nähe der Grenze und konnten aufgrund ihrer Ortskenntnis wertvolle Hinweise bezüglich zu erwartender Grenzübertritte geben. Sie waren alle mit hochmodernen Kommunikationsmitteln und Nachtsichttechnik ausgerüstet. Außerdem waren sie bewaffnet. Die Mitglieder der Gruppen arbeiteten immer einzeln, waren jedoch als Team zu je drei Mann organisiert. Eine der erfolgreichsten Gruppen wurde von einem gewissen Hauptmann Zbigniew Kolański geführt. Er leitete seine beiden Mitarbeiter, Leutnant Paweł Jabłoński und seinen Bruder, Leutnant Dariusz Kolański, an. Als im Jahr 2002 bekannt wurde, dass im Zuge der EU-Erweiterung im Jahr 2004, Polen als Mitgliedsstaat aufgenommen werden sollte, wurde Zbigniews Team an die litauische Grenze verlegt. Dieser Einsatz war bis Mai 2004 geplant, da dann Litauen ebenfalls Mitglied der EU werden würde. Der Schmuggel illegaler Waren, vor allem von Autos und Zigaretten, Waffen und Drogen, nahm überhand und stellte die Grenzpolizisten vor neue Aufgaben. Wie diese Probleme gelöst werden sollten, wenn es keine Grenzkontrollen mehr geben würde, war allerdings noch unklar.

Seit einiger Zeit war den polnischen Behörden aufgefallen, dass auf der litauischen Seite der Grenze der Flugverkehr von militärischen Transportmaschinen zugenommen hatte. Während Dariusz im Oktober 2003 in Warschau zu tun hatte, wurden Zbigniew und Paweł angewiesen, diesen Umstand im Auge zu behalten. Man konnte nie wissen.

Und dann tauchte vor ein paar Tagen dieser deutsche Fallschirmspringer mit seiner ungewöhnlichen Geschichte auf. Als Oberst Moslow den entsprechenden Bericht von Zbigniew gelesen hatte, war er anschließend sofort zu seinem Vorgesetzten, dem polnischen Innenminister, gegangen.

»So etwas ist nichts für die herkömmlichen Sendekanäle. Wie man mir aus Berlin mitteilte, bereitet der deutsche Innenminister gerade seine turnusmäßige Innenministerkonferenz der Länder Deutschlands in Weimar vor. Eine Woche später werde ich ihn treffen und ihn darüber informieren. Behandeln Sie diese Angelegenheit streng vertraulich, Oberst«, ordnete der Innenminister an. Dann hielt er inne und überlegte. Da der polnische Staatspräsident exekutive Befugnisse hatte – er war oberster Befehlshaber der Streitkräfte, verfügte über Mitwirkungsrechte in der Außenpolitik und besaß erheblichen Einfluss auf die Personalbesetzung in Armee und Außenpolitik – wollte er Bogdan Kowalski über den Vorfall informieren. Das sagte er Oberst Moslow noch zum Abschied.

Allerdings ergab sich in dieser Woche keine Möglichkeit. So erfuhr Präsident Kowalski erst knapp eine Woche später durch den Hilferuf des Bundeskanzlers Schreiber von den Umsturzplänen in Deutschland.

Jetzt hörte Moslow, dass der Deutsche mit einem Hubschrauber des Bundesgrenzschutzes zurückgekommen war, mit dem Auftrag, einen Killer abzufangen. Dabei sind er und einer seiner Männer gefangen genommen worden. Polnische Grenzpolizisten hatten einen Deutschen auf litauisches Gebiet begleitet! Auch wenn ihre wahre Identität niemand kannte, war das äußerst riskant und hätte im Falle eines Scheiterns der Aktion unangenehme Folgen haben können. Andererseits wusste die litauische Regierung überhaupt Bescheid, was da in dem Lager bei Kaunas vor sich ging? Und wenn der Bundesgrenzschutz einen Hubschrauber zur Verfügung stellte, musste der deutsche Innenminister Kenntnis über die Vorgänge und einen Plan haben.

»In Ordnung, Leutnant. Bleiben Sie, wo Sie sind. Ich informiere den Minister und melde mich bei Ihnen mit neuen Anweisungen. Wir müssen die beiden da rausholen«, beendete er das Gespräch.

Das war vor 13 Stunden. Paweł und Dariusz waren in der Nacht durch den Wald bis zum Lager vorgedrungen, hatten einen sicheren Beobachtungsposten bezogen und konnten fast das gesamte Gelände einsehen. Sie hatten abwechselnd immer zwei Stunden geschlafen. Am Morgen war eine riesige IL-76 über ihre Köpfe hinweggedonnert. Unmittelbar danach war ein Luftlandepanzer aus der Maschine gefallen. Kurze Zeit später war eine Gruppe von fünf Mann in ein Gebäude am Ende des Lagers gegangen und nach einer Viertelstunde wieder herausgekommen. Ansonsten war nicht viel Bewegung zu erkennen.

Es war fünf Minuten nach halb vier am Sonntagnachmittag, als das Satellitentelefon in der Tasche von Pawełs Kampfanzug klingelte.

Matti Klatt saß General Rybakow in dessen Büro gegenüber. Die beiden Leibwächter standen rechts und links neben der Tür, hinter ihm. Seit 20 Minuten telefonierte der

General mit einem Deutschen. Er schilderte die Festnahme eines Mannes seiner Einheit mit Namen Arndt. Dieser galt bis zur vergangenen Nacht als tot. Beim Absturz einer Transportmaschine ums Leben gekommen, dachte man. Nun hatte sich herausgestellt, dass eben dieser Arndt das Flugzeug gesprengt hatte. Matti Klatt konnte immer nur die Antworten des Generals verstehen. Offensichtlich war der Fragesteller eine wichtige Person.

»Nach ersten Erkenntnissen wollte er unser Lager sabotieren, deswegen ist er zurückgekommen«, sagte Rybakow. Eine kurze Pause entstand, er hörte zu.

»Keine Ahnung. Nach seiner Aussage war nur ein weiterer Mann dabei. In Deutschland sei er nicht gewesen, sondern habe sich unverzüglich wieder auf den Weg nach Kaunas gemacht. Wie er das Lager bekämpfen wollte, hat er uns noch nicht gesagt. Aber wir werden es erfahren, verlassen Sie sich darauf.« Dabei blickte Rybakow in Richtung seiner Leibwächter. Wieder eine Pause.

»Nein, davon würde ich abraten. Es verläuft alles planmäßig, wir machen weiter wie bisher. Ein anderer hat seine Position eingenommen. Wie abgesprochen, werden die ums Leben gekommenen Männer durch meine eigenen ersetzt. Die letzte Lieferung ist heute Nacht angekommen. Wir beginnen sofort mit der Einweisung. Ja, natürlich. ›Tsunami‹ ist ebenfalls vorbereitet. Bis spätestens übermorgen werden wir alle Antworten von Arndt haben. Ich werde mich bei Ihnen melden und wir entscheiden dann gemeinsam. Danke, ebenfalls, Ihnen auch, Herr Präsident.« Damit legte der General auf und öffnete einen kleinen Ordner.

»Wie ich diesen Unterlagen entnehme, verfügen Sie über genau die Fähigkeiten, die nötig sein werden, um das Bundeskanzleramt in Berlin zu stürmen und die Regierung zu töten. Auch wenn das schon ein paar Jahre her ist, Herr Klatt. Da Walbe Sie persönlich ausgesucht und empfohlen hat, gehe ich davon aus, dass Sie dazu in der Lage sein werden. Nach entsprechender Vorbereitung natürlich. Im Übrigen erhalten Sie ab sofort den Rang eines Obersten und unterstehen ausschließlich mir persönlich. Welche Fragen haben Sie?« General Rybakow zündete sich seine Lieblingszigarette, eine Machorka, an und lehnte sich in seinem Ledersessel zurück. Nach alter russischer Tradition hatte er das Pappmundstück vorher zweimal quer zueinander geknickt.

Bundeskanzleramt stürmen und Regierung töten?, schoss es Matti Klatt sekundenschnell durch den Kopf. Wozu jetzt Fragen stellen, das muss ich in Ruhe verarbeiten. Äußerlich völlig ruhig sagte er: »Keine Fragen, General. Verlieren wir keine Zeit und fangen an.«

Für einen Augenblick konnte man sehen, dass der russische Fallschirmjägergeneral verblüfft über diese Antwort war.

Nach dem zweiten Klingeln drückte Paweł die Empfangstaste seines Satellitentelefons. Es war die Nummer seines Chefs, die er am Display ablesen konnte.

»Ja«, sagte Paweł.

»Hören Sie zu, Leutnant. Der Minister und ich kommen gerade vom Präsidenten. Erstaunlicherweise hat er bereits von den Vorgängen in Litauen und Deutschland gewusst, und zwar vom deutschen Bundeskanzler persönlich. Wie und wann er das erfahren hat, spielt jetzt keine Rolle. Auf jeden Fall werden gerade Gegenmaßnahmen geplant. Unsere GROM ist auch dabei. Für große Erklärungen haben wir keine Zeit. Ich gebe Ihnen jetzt eine Telefonnummer, die Sie sofort anrufen. Sie tun alles, was die Leute Ihnen anweisen. Die wissen über Ihre Rolle und Ihre Situation Bescheid. Unser Präsident hat vor ein paar Minuten persönlich mit dem deutschen Innenminister gesprochen. Viel Glück.«

Paweł notierte sich die Nummer und fing an, zu wählen.

Im Konferenzsaal des Münchener Hotels ›Kempinski‹ spürte jeder der Anwesenden die Anspannung, die von Innenminister Schilling ausging.

»Folgende Situation«, begann Schilling. »Polnische Grenzaufklärer haben in der vergangenen Woche an der polnisch-litauischen Grenze einen Angehörigen der Schwarzen Division abgefangen, Olaf Arndt. Sie informierten ihre Vorgesetzten darüber und brachten ihn wunschgemäß über die grüne Grenze nach Deutschland.«

»Warum haben die Polen uns nicht sofort informiert?«, wollte Hubaczek wissen.

»Die Informationen waren so brisant, dass der polnische Innenminister mich persönlich unterrichten wollte. Da ich in der vergangenen Woche unterwegs war, wollte er das in dieser Woche tun. Wie dem auch sei, durch die Vorfälle in Weimar wurde uns der Plan des Umsturzes ja bekannt. Da diese drei Polen Arndt bereits einmal geholfen hatten, wandte er sich erneut an sie, damit sie ihn unterstützten. Ihre wahre Identität kannte er nicht. Sie machten sich auf den Weg nach Kaunas und wollten den Killer abfangen, der Matti Klatt töten sollte, was ihnen auch gelang. Durch einen unglücklichen Zufall trafen sie während der Aktion auf einen in das Lager zurückkehrenden Lkw. Eine Person hat Arndt wiedererkannt. Er und einer der Polen wurden festgenommen und in das

Lager verschleppt. Was der russische General mit ihnen vorhat, brauche ich wohl niemandem näher zu erklären. Die beiden anderen Polen liegen derzeit in der Nähe des Lagers, beobachten es und warten auf Anweisungen«, beendete Schilling seinen Bericht.

Gerade als Major Krasauskas zum Sprechen ansetzen wollte, klingelte das Telefon von Schilling.

»Schilling.«

»Leutnant Paweł Jabłoński. Ich habe den Befehl, mich mit Ihnen in Verbindung zu setzen und weitere Anweisungen entgegenzunehmen. Wir befinden uns in unmittelbarer Nähe des Lagers«, sagte Paweł in gebrochenem Deutsch.

»Wir sind einigermaßen im Bilde, Leutnant, und planen gerade den Angriff. Zu den Einzelheiten wird Ihnen jetzt Major Krasauskas erklären, was Ihre Aufgabe sein wird. Beschreiben Sie uns zuerst die örtlichen Gegebenheiten«, sagte Schilling und schaltete den Lautsprecher des Telefons auf Raumklang. Alle Anwesenden vernahmen die kehligen Laute der Stimme des Polen.

Olaf Arndt lag mit gebrochenem Kniegelenk in seiner Zelle und wurde vor Schmerzen fast ohnmächtig. Nebenan hatte Zbigniew die Unterhaltung vor ein paar Stunden mit angehört. Im Moment konnte er nichts tun. Aber er war sich sicher, dass Paweł und Dariusz ihre Befreiung vorbereiteten. Er musste Zeit gewinnen, aber wie?

Matti Klatt wurde ein paar 100 Meter weiter in einen streng bewachten Raum geführt. Bei dem, was er darin sah, verschlug es ihm die Sprache.

Paweł und Dariusz hatten ihre Anweisungen bekommen und bereiteten sich auf einen nächtlichen ›Besuch‹ im Lager vor. Sie zogen sich Sturmhauben über das

Gesicht und krochen in Richtung des äußeren Begrenzungszauns.

Die Leiter der Spezialeinheiten flogen am selben Abend in ihre Länder zurück und alarmierten die ihnen unterstellten Gruppen. Noch in dieser Nacht erreichten Informationsprotokolle über die Ergebnisse der Zusammenkunft in München sämtliche Regierungschefs der involvierten Länder. Die Operation ›Smash‹, das Zerschlagen hatte begonnen.

Montag, 3. November 2003, Ausbildungslager der Schwarzen Division

In den Morgenzeitungen der Bundesländer Thüringen und Sachsen erschien an diesem Montag unter der Rubrik Tiermarkt eine kleine Anzeige:

»Verkaufe schwarz-weiße Docke, sechs Wochen alt, geimpft und entwurmt, Angebote unter 0171 / 041103.«

Auf den ersten Blick nichts Ungewöhnliches. Jedoch wurde Dogge mit Absicht falsch geschrieben, nämlich mit ck. Die letzten sechs Ziffern der Telefonnummer waren das Datum der Zusammenkunft für die Angehörigen der Schwarzen Division des Kommandos EF. Ausnahmslos alle wussten am Montagmittag, dass sie sich am Dienstag, dem 4. November 2003, um 5 Uhr morgens am stillgelegten Erfurter Westbahnhof einzufinden hatten. Der erwartete Einsatzbefehl war endlich gekommen. Egal, an welchem Tag sie sich treffen wollten, es war ausgemacht, dass es immer 5 Uhr in der Frühe sein würde. In vielen Firmen schaute man verwundert, dass einzelne Angestellte ausgerechnet Anfang November, bei dem schlechten Wetter, so kurzfristig ihren kompletten Jahresurlaub antraten. Einige andere erschienen am nächsten Tag einfach nicht mehr an ihrem Arbeitsplatz.

Sollte irgendein Interessent von Doggen diese Nummer anrufen, waren seine Bemühungen vergeblich, denn die gab es nicht. Mobilnummern in Deutschland haben neben der vier Vorwahlziffern noch mindestens sieben weitere Zahlen. Hier fehlte eine.

Als Matti Klatt am Morgen erwachte, erschrak er. Zuerst wusste er nicht, wo er war, und dann fragte er sich, warum er entfernt einem Schornsteinfeger ähnelte. Seine Kleidung war komplett schwarz. Allmählich kam seine Erinnerung wieder. Am Abend zuvor hatte er von Glasow seine Ausrüstung empfangen und sich gleich umgezogen. Der Kampfanzug war ein Overall, der eine Unmenge an Taschen und Befestigungsmöglichkeiten aufwies. Er bestand aus wasserabweisendem Material und hatte keinerlei Erkennungszeichen wie Dienstgrad- oder Namensschild. Seine Fallschirmsprungschuhe waren ebenfalls schwarz und hatten eine dicke, weiche Kreppsohle. Er richtete sich von seinem Bett auf und sah auf dem Boden eine Sturmhaube, Lederhandschuhe, einen Tornister, ein Kampfmesser, zwei Pistolen der Marke Makarov 9 Millimeter sowie eine spezielle Kalaschnikow AKS 74 vor sich liegen. Nachdem er vom Taktikraum in seine Unterkunft zurückgekehrt war, wollte er sich nur kurz ausruhen, doch er war so erschöpft, dass er eingeduselt war und bis zum Morgen durchschlief. Jetzt fühlte er sich ausgeruht und fit. Allerdings verspürte er Hunger. Er stand auf, ging zum Fenster und ließ das gestrige Treffen noch einmal Revue passieren.

Als General Rybakow mit seinen Leibwächtern und Matti Klatt gestern am späten Abend den bewachten

Taktikraum betraten, mussten sie sich erst an die spärliche Beleuchtung gewöhnen. Schwache Leuchtstoffröhren spendeten ein kaltes, diffuses Licht. Der Raum war circa 80 Quadratmeter groß und hatte keine Fenster. An den Längsseiten standen Tische, auf denen sich Modelle befanden, die zweifellos Städte darstellten. Für einen kurzen Moment kam ihm ein Architekturbüro in den Sinn. Das Prunkstück stand jedoch in der Mitte des Raumes. Auf einer großen Platte war maßstabsgetreu die Hauptstadt Deutschlands, Berlin, dargestellt. Mit allen Einzelheiten, die der Maßstab gerade noch zuließ. Selbst die Kuppel des Reichstags war aus Glas. Das Brandenburger Tor, der Fernsehturm, Telespargel genannt, waren zu erkennen, wie die Weltzeituhr im Stadtbezirk Mitte. Über dem Modell hingen an Fäden kleine Flugzeugattrappen. Allesamt Transportmaschinen des Typs AN-12. Ein paar Millimeter über einer ziemlich langen, geraden Straße war eine Maschine des Typs IL-76 mit einem fast unsichtbaren Draht auf der Platte befestigt. Dahinter stand ein Minipanzer. Matti Klatt war fasziniert. Ein Stück davon entfernt befand sich eine weitere Platte, allerdings war diese mit einem Tuch abgedeckt. Darüber hingen ebenfalls kleine Flugzeugmodelle. Was sich wohl darunter verbarg?

»Ihr Einsatzgebiet, Berlin, in allen Einzelheiten, ein Teil der ›Eisernen Faust‹. Die anderen Städte da an der Seite sind die Landeshauptstädte Deutschlands.«

Rybakow verwies mithilfe eines Zeigestocks auf die Flächen.

»Die haben ihren Zweck schon erfüllt«, sagte Rybakow überheblich. Matti Klatt trat näher an die Modelle heran. Ohne Zweifel, hier standen München, Düsseldorf, Magdeburg, Dresden und alle anderen Städte im Miniaturformat. Eines hatten alle Städte gemeinsam: Auf jeder der Platten stand immer der gleiche Sattelzug. Knallrot lackierte Mercedes Actros.

»Wozu dieser Aufwand? Und was sind das für Lkws?«, fragte Matti Klatt.

»Wir überlassen nichts dem Zufall. Einfach nur stur einen Stadtplan auswendig zu lernen, ist meiner Meinung nach unprofessionell. Jeder der Angehörigen seines Kommandos kennt ›seine‹ Stadt in- und auswendig, jeden Platz, jedes Gebäude, jede Straße und jede Gasse, die für unseren Auftrag wichtig sind. Diese Trucks stehen genau an den Stellen, wo unsere Kämpfer ihre Ausrüstung entgegennehmen werden. Die Modelle der Städte werden wir übrigens den neuen Regierungschefs schenken. Kommen Sie, ich erkläre Ihnen jetzt den Angriff auf die Zentrale.«

Rybakow stellte sich zwischen das Modell von Berlin und dem, welches abgedeckt war. Das Tuch verrutschte ein Stück und Matti Klatt glaubte, so etwas wie Wasser zu erkennen.

Der General begann seine Erläuterungen ebenso präzise und ausführlich, wie er es vor ein paar Tagen bei dem Treffen des Komitees getan hatte. Er umrundete mehrmals das Modell und zeigte Matti Klatt alle strategisch wichtigen Punkte vor, während und nach dem Angriff. Alles war perfekt geplant. Matti Klatt stellte ein paar Zwischenfragen, die der General ausführlich beantwortete. Während er letztmalig das Modell umrundete, streifte er abermals das Tuch und es rutschte seitlich herunter. Einer seiner Leibwächter reagierte und kam unvermittelt von der Eingangstür heran, um es wieder aufzuheben. Matti Klatt konnte gerade noch die großen Buchstaben erkennen, die auf dem Modell der

Insel Rügen ein Wort bildeten: INTERNIERUNGSZONE.

Paweł bedeutete Dariusz mit einer Handbewegung, den Mann vorbeigehen zu lassen. Als sie am vergangenen Abend den Auftrag aus Deutschland erhalten hatten, das Lager aufzuklären, entschlossen sie sich, zuerst mit den linken vier der insgesamt acht Gebäude anzufangen. Sie waren unbemerkt auf das Gelände gedrungen und befanden sich jetzt im Obergeschoss des Hauses IV. Es war schon hell, als sie in das letzte Bauwerk schlichen. Offensichtlich war hier so etwas wie eine Verwaltung untergebracht. Hin und wieder liefen ein paar Männer mit Akten über die Flure und verschwanden dann hinter Bürotüren. In den ersten drei Trakten befanden sich die Versorgungseinheit mit Küchen und Speisesälen sowie Unterrichtsräume. Als sich die Tür endlich hinter dem Mann geschlossen hatte, liefen sie lautlos in Richtung Tiefgeschoss. Dort wollten sie bis zum Einbruch der Dunkelheit abwarten. Im Keller angekommen, fertigten sie für den litauischen Major Krasauskas eine Skizze des Lagers mit allen Einzelheiten für den bevorstehenden Angriff an.

»Wahrscheinlich sind die Unterkünfte der Soldaten in dem anderen Flügel«, flüsterte Paweł.

»Mit Sicherheit. Wir sollten uns einen Platz suchen, wo wir einen besseren Überblick haben. Ich verlasse das Lager nicht eher, bevor ich nicht weiß, wo Arndt und Zbigniew stecken«, antwortete Dariusz ebenfalls kaum hörbar.

»Es ist am Tag zu gefährlich. Warten wir die Dunkelheit ab und gehen dann rüber auf die andere Seite. Sobald wir herausgefunden haben, wie viele Söldner wo untergebracht sind, suchen und befreien wir die beiden.«

Sie richteten sich in dem kalten, feuchtmodrigen Raum so gut es ging ein und vereinbarten, sich alle zwei Stunden mit dem Wachehalten abzulösen. Dariusz übernahm die erste Wache. Paweł war bereits kurze Zeit später in einen traumlosen Schlaf gefallen. Nach noch nicht einmal vier Minuten fielen auch Dariusz die Augen zu. Beide waren zu erschöpft, als dass sie die Gestalt, die sich ihnen lautlos näherte, eine Maschinenpistole mit aufgesetztem Schalldämpfer im Anschlag haltend, wahrnehmen konnten. Den ersten Schuss, den die Gestalt abfeuerte, konnte außerhalb dieses Raumes niemand hören.

Zur gleichen Zeit vervollständigten Bräunig und Hubaczek in Berlin den Fragenkatalog für die durchzuführenden Vernehmungen und bereiteten dessen Versand an die entsprechenden Landeskriminalämter vor. Sie waren am vergangenen Abend kurz vor Mitternacht wieder in der Hauptstadt gelandet. Nach nur fünf Stunden Schlaf und einem kurzen Frühstück begannen sie mit ihrer Arbeit. Von ihrer Dienststelle aus Weimar erhielten sie ein Fax mit dem Hinweis, dass mehrere Zeugen aus Osnabrück den Hessen auf einem Foto wiedererkannt hatten.

»Der Mord an dem Bankdirektor. Alfred Stein, 61 Jahre, vermutlich mit einem Handkantenschlag getötet«, bemerkte Hubaczek, als er das Fax las. Die Daten hatte er im Kopf.

»Wie man sich nur so was alles merken kann«, murmelte Bräunig vor sich hin. Zumindest standen die Chancen nicht schlecht, diesen Mord vollständig aufzuklären. Er nahm Hubaczek das Fax aus der Hand. Die Liste aller Wehrpflichtigen sei auch angekommen, las er.

»Es wird zwar eine Sisyphusarbeit, aber ich denke, wir können einen Teil der Schwarzen Division namentlich erfassen. Was meinst du?«

»Schon möglich. Allerdings müssen wir zunächst einmal unsere eigenen Reihen von dem Ungeziefer befreien. Zuallererst schlagen wir der Schlange den Kopf ab. In ein paar Stunden fangen wir damit an. Die Polizisten der tschechischen URNA sind bereits seit heute Vormittag auf dem Weg zu den Personen des Komitees«, sinnierte Hubaczek.

Auch alle anderen Spezialeinheiten erhielten von ihren Vorgesetzten an diesem Morgen ihre Einsatzpläne. Kurze Zeit später begannen sie mit dem Verladen der Ausrüstung und bereiteten sich auf den Abmarsch nach Deutschland vor.

Nur das Geräusch des automatischen Zurückschnellens des Schlosses der Maschinenpistole ließ Paweł blitzartig erwachen. Den Schuss selbst hatte auch er nicht wahrgenommen. Dariusz schlief seelenruhig weiter. Ein Stück seitlich über dessen Kopf bröckelte der Putz von der Wand. Die unbekannte Gestalt hatte einen Warnschuss abgegeben. In dem Kellerraum roch es nach verbranntem Schießpulver. Es war beinahe stockdunkel.

»Ihr antwortet nur auf meine Fragen, ansonsten bewegt ihr euch keinen Millimeter oder ich drücke ab. Was seid ihr für Vögel?«, fragte der Unbekannte auf Deutsch.

In Gedanken ging Paweł seine Möglichkeiten durch. Es gab keine. Und der, der Wache halten sollte, schlief immer noch. Er musste alles auf eine Karte setzen.

»Zwei Freunde von uns wurden ganz in der Nähe festgenommen und in dieses Lager gebracht. Wir wollen sie befreien. Wenn es dunkel ist. Heute Nacht. Deswegen haben wir uns hier versteckt«, antwortete Paweł in gebrochenem Deutsch. Unsicher wagte er zu fragen:

»Hast du ihn erschossen?« Vielleicht schlief Dariusz ja gar nicht, sondern war tot.

»Nein, ich habe über seinen Kopf gezielt. Er schläft den Schlaf der Gerechten. Was für Freunde und woher kommt ihr?«, wollte der Unbekannte als Nächstes wissen.

»Wir sind polnische Grenzpolizisten und haben einen Deutschen über die Grenze bis hierher begleitet. Er musste einen Killer abfangen, der einen anderen Deutschen in dem Lager liquidieren sollte. Als das erledigt war, kam zufällig ein Lkw und nahm die beiden mit. Wir waren noch in Deckung, als das passierte. Heute Nacht haben wir uns in den Keller geschlichen, um zu klären, wo die beiden untergebracht sind.« Paweł wagte nicht, sich zu bewegen. Er ahnte instinktiv, dass die Waffe auf ihn gerichtet war.

»Welchen anderen Deutschen und was wisst ihr über dieses Lager?«

»Keine Ahnung, wir wissen nicht, wer das ist, und über das Lager wissen wir auch nichts«, entgegnete Paweł.

Im selben Moment schlug ein paar Zentimeter neben seinem linken Ohr ein Projektil in die Wand. Es blieb stecken. Putz flog an Pawełs Gesicht. Es roch sofort wieder nach frischem Pulverdampf.

»Beleidige nicht meine Intelligenz. Bis jetzt ging es doch ganz gut. Das war die letzte Warnung. Beantworte meine Fragen.« Dariusz indes fing an, leicht zu schnarchen.

»In diesem Lager werden Deutsche auf eine militärische Aktion vorbereitet. Einem Mann ist es gelungen, unerkannt dort hineinzukommen. Irgendwer bekam Wind davon und schickte einen Killer. Und den haben wir abgefangen. Das ist alles.« Paweł war der Verzweiflung nahe. Wenn dieser Penner endlich aufwachen würde! Einer hätte zumindest den Hauch einer Chance, den Mann zu überwinden.

»Wer weiß noch davon?«, bohrte der Unbekannte weiter. Paweł schwieg und schüttelte unmerklich den Kopf. Mehr wollte er auf keinen Fall sagen.

»Ich verstehe«, sagte der Mann und ließ die Waffe sinken. Die Truppen sind im Anmarsch und das hier sind die Späher, dachte er.

»Dieser Deutsche, den ihr beschützt habt, bin ich. Mein Name ist Matti Klatt.«

Die Leiter der deutsch-polnischen Grenzposten hatten alle die Anweisung erhalten, beim Auftauchen der vier in Kolonne fahrenden, dunkelblauen polnischen Reisebusse keine Kontrollen durchzuführen. Sie sollten durchgewinkt werden. Man nahm das zur Kenntnis.

Oberst Sławomir Petelicki hatte sich entschlossen, seine Männer samt Ausrüstung in Reisebussen unauffällig nach Deutschland zu bringen. Alle Scheiben waren dunkel getönt, von außen konnte man nicht in das Innere schauen. Während die Fahrer Zivilkleidung trugen, hatten die Angehörigen der polnischen GROM bereits ihre Uniformen an. Sie waren auf dem Weg in ihre Einsatzgebiete. Drei Busse mit jeweils 15 Mann nach Dresden, Magdeburg, Potsdam und ein Bus mit 10 Mann nach Schwerin.

Der britische SAS, angeführt von Major Douglas, flog mit einer Royal-Air-Force-Maschine vom Typ ›Hercules‹ nacheinander Hamburg, Hannover und Bremen an. Äußerlich als Lieferwagen getarnt, verließen jeweils zwei Fahrzeuge pro Flugplatz die riesige Transportmaschine. Die Kommandos begaben sich unverzüglich in die ihnen zugewiesenen Räume.

Die italienische NOCS begab sich mit zwei Transporthubschraubern in die abgesperrten Bereiche der Flugplätze von München und Stuttgart. Zum Zeitpunkt des Einsatzes wollten sie mit den Helikoptern direkt an den Ort des Geschehens schweben.

Die spanische GEO und die griechische EKAM kamen ebenfalls mit Militärtransportern auf den US-Militärbasen nach Ramstein in Rheinland-Pfalz und Frankfurt/Main an. Nach dem Informationsgespräch mit Bundeskanzler Schreiber hatte der amerikanische Präsident Daniel Lee seine logistische Unterstützung zugesagt. Er stellte den Spaniern und Griechen US-Transport-hubschrauber zur Verfügung.

Die tschechische URNA fuhr in Dreierteams mit gepanzerten Limousinen zu den Wohnorten der bekannten Mitglieder des Komitees.

Der französische GIGN reiste mit einem zivilen Airbus A 320 nach Erfurt. Er wurde am Ende des Rollfeldes geparkt, zufällig nur 500 Meter Luftlinie vom stillgelegten Erfurter Westbahnhof entfernt, dem Treffpunkt des Kommandos EF.

An diesem Montagmittag befanden sich alle Spezialeinheiten bereits in ihren zugewiesenen Räumen oder waren auf dem Weg dorthin.

»Kurz, nachdem ich aufgestanden war, sah ich zufällig von meinem Fenster aus, wie zwei Gestalten in diesem Haus verschwanden. Gebückt laufend, in Kampfanzügen, nicht schwer zu erkennen, dass es Fremde waren. Das wollte ich mir erst mal allein anschauen. Hoffentlich war ich der Einzige, der euch beobachtet hat«, sagte Matti Klatt. In der Zwischenzeit hatte Paweł Dariusz mit einem kräftigen Tritt in das Hinterteil geweckt.

Der erschrak so sehr, dass er unwillkürlich einen Schrei ausstieß.

»Klasse, erst schläfst du ein und dann brüllst du das ganze Lager zusammen. Darf ich vorstellen, Matti Klatt«, knurrte Paweł. Dariusz bekam vor Verwunderung den Mund gar nicht mehr zu. Er richtete sich auf und murmelte eine Entschuldigung.

»Euer Mann liegt mit einem gebrochenen Bein in einer Zelle, gegenüber im Gebäude II, im zweiten Stock. Einzelheiten erspare ich euch lieber. Es ist anzunehmen, dass auch euer Kollege ganz in seiner Nähe eingesperrt ist. Die Schlüssel zu den Zellen befinden sich in einem Zimmer am Ende des Ganges, auf derselben Etage. Ich war gestern mit General Rybakow und seinen Leibwächtern dort. Heute oder morgen wollen sie ihn weiter verhören. Wo das endet, brauche ich euch nicht zu sagen. Wie sieht euer Plan aus?«

Matti Klatt sicherte seine Maschinenpistole und hängte sie über seine Schulter.

»Verdammte Dreckschweine«, stöhnte Paweł. »Wir haben den Auftrag, das Lager aufzuklären und zu bestimmen, wie viele Leute im Lager sind, wo sie schlafen, wo sich die Waffenkammern befinden und so weiter. In Deutschland wurde ein Angriffsplan entwickelt. Die Operation heißt ›Smash‹ und beinhaltet die Zerschlagung dieses Albtraums. Eine litauische Spezialeinheit ist auf dem Weg hierher, um das Lager zu stürmen. Wir treffen sie heute Nacht, 3 Uhr Ortszeit, um alles zu besprechen. Am Dienstag früh um 6 Uhr Ortszeit erfolgt der Angriff. In Deutschland ist es dann 5 Uhr. Wir verlassen dieses Scheißlager nur zu viert, so viel steht fest.«

»Ich habe keine Zeit mehr. Um 10 Uhr treffe ich mich wieder mit General Rybakow. Beeilen wir uns, ehe mein Fehlen auffällt. Bei der Befreiung der Gefangenen kann ich euch nicht helfen, das müsst ihr allein schaffen. Wir können nur hoffen, dass sie heute nicht mehr vernommen werden. Ich gehe heute mit dem General die Einzelheiten des Angriffs auf das Bundeskanzleramt durch. Zeitpläne, Kommunikation und so weiter. Wie ich ihn verstanden habe, werden die restlichen Männer, die daran teilnehmen, bis zum Wochenende vollständig hier eintreffen. Wie viele das sein werden, weiß ich noch nicht. Anfang nächster Woche sollen die praktischen Übungen beginnen. Vielleicht gelingt es mir, an die Namensliste heranzukommen. Bis jetzt sind von meinem Kommando ungefähr 30 Mann hier und eine mir unbekannte Anzahl von Leuten, die einem gewissen Gunther Frohs unterstellt sind. Das hat mir einer mit Namen Glasow erzählt. Dazu kommen noch mal circa 10 Russen, Wach- und Küchenpersonal, plus Rybakow mit seinen beiden Gorillas. Alle sind in den Gebäuden gegenüber untergebracht. Wann der Angriff in Deutschland erfolgen soll, weiß ich nicht. Noch etwas, für den Fall, dass ich die Informationen nicht mehr weitergeben kann: Die Insel Rügen ist als künftiges Internierungslager vorgesehen. Am Tag des Angriffs werden in allen Landeshauptstädten knallrot lackierte Trucks vom Typ Mercedes Actros stehen, auf denen sich die Waffen und Ausrüstung der Division befinden. Eventuell können die Ermittler in Deutschland damit etwas anfangen. Am Dienstag um 6 Uhr werde ich in der Nähe von Rybakows Unterkunft sein. Den müssen wir lebend bekommen. Mehr kann ich im Augenblick nicht tun«, sagte Matti Klatt und wandte sich zur Tür.

»Moment noch. Hier nehmen Sie dieses Satellitentelefon, für alle Fälle. Die Nummer des Chefs der litauischen

Spezialeinheit ist eingespeichert. Wir kennen die Zeit und den Ort des Treffpunktes mit ihm und Sie könnten es dringender gebrauchen. Viel Glück«, wünschte Paweł.

Matti Klatt nahm das Telefon und verschwand genauso lautlos, wie er gekommen war.

Paweł schaute nachdenklich hinter ihm her. Einerseits wollten sie auf keinen Fall das Lager ohne Arndt und Zbigniew verlassen, andererseits mussten sie unter allen Umständen zu dem Treffen mit den litauischen ARAS, um ihre Aufklärungsergebnisse zu übergeben. Das Problem bestand darin, dass das Fehlen der beiden Gefangenen vor dem geplanten Angriff nicht auffallen durfte. Ansonsten würde der General misstrauisch werden und irgendwelche Maßnahmen ergreifen. Damit wäre das so wichtige Überraschungsmoment verspielt. Himmel und Hölle, dachte er, wie sollen wir das bloß anstellen?

»Mein Name ist Kratzenstein, Oberkommissar Bernd Kratzenstein. Freut mich, Sie zu sehen, Colonel Laurent«, sagte Kratzenstein, als er die Air-France-Maschine auf dem Erfurter Flughafen betrat. Sein Kommen war angekündigt worden.

»Freut mich ebenfalls. Das sind meine Männer, insgesamt sind wir 40. Mein Stellvertreter, Oberstleutnant Reno«, begrüßte Laurent Kratzenstein. Reno reichte ihm die Hand.

Die Angehörigen der französischen GIGN hatten alle ihre typischen dunkelblauen Kombinationen an und hoben zum Gruß ihre Hände.

»Ihr Einsatzgebiet kann man von hier aus sehen. Es handelt sich um einen stillgelegten Bahnhof. Die Gebäude stehen leer, auf den Gleisen befinden sich noch ein paar uralte Waggons. Es führt nur eine Straße hin, eine Sackgasse. Gegenüber hat sich ein Fliesengroßhändler niedergelassen. Der Arbeitsbeginn ist 9 Uhr. Wenn wir um 5 Uhr zugreifen, wird keine Menschenseele anwesend sein, denn ansonsten ist das Gebiet unbewohnt. Wir haben von dem Gelände einige Luftaufnahmen kommen lassen. Vor dem Flughafen wartet ein neutrales Fahrzeug. Mit dem können wir uns, ohne aufzufallen, die Gegend vor Ort anschauen. Anschließend fahren wir in die Stadt zur Omicron AG und ich zeige Ihnen das Haus«, beendete Kratzenstein die Erläuterung seines Plans und übergab dem Colonel die Fotos.

Colonel Laurent reichte die Luftaufnahmen an seine Männer weiter.

»Einverstanden. Fahren wir los und schauen uns die Gegend an. Oberstleutnant Reno, vier Truppführer und ich selbst.«

Die anderen Spezialeinheiten hielten sich in ihren Bereitstellungsräumen auf, ohne mit der deutschen Polizei Kontakt aufzunehmen. Das sollte laut Zeitplan erst Dienstag um 4 Uhr erfolgen. Am Montagabend waren die Vorbereitungen abgeschlossen. Über eine sichere Leitung meldeten die Chefs aller Einheiten Innenminister Schilling in der Zentrale in Berlin ihre Einsatzbereitschaft. Sie lagen alle auf der Lauer, bereit, anzugreifen.

Den Rest des Montags verbrachte Matti Klatt mit General Rybakow. Er erhielt weitere detaillierte Einweisungen in den Plan ›Eiserne Faust‹. Unter anderem genaue Wegbeschreibungen mit zeitlichen Vorgaben und die Verteilung der Trupps in die jeweiligen Räumlichkeiten beim Eindringen in das Bundeskanzleramt und Alternativen, wie bei einer möglichen Gegenwehr zu reagieren war. Die Abläufe wurden zigfach durchgespielt. Jeder Trupp musste zu einem bestimmten Zeitpunkt an einem ihm zugewiesenen Ort sein. In den Ministerien, TV-Stationen und so weiter. Alle sollten unbedingt aufeinander eingespielt sein und jeder musste seine Aufgabe blind beherrschen. Das war der Schlüssel zum Erfolg. Das Startsignal sollte die abgefeuerte Rakete des Luftlandepanzers in die Kuppel des Reichstages sein. Die kommenden Wochen sollten dazu benutzt werden, dieses Szenario auf dem Gelände der 7. Garde-Luftlande-Division bis zum Umfallen zu trainieren. Besonderes Augenmerk wurde auf die Zielgenauigkeit bei Fallschirmlandungen, auf treffsicheres Schießen und auf körperliche Kondition gelegt. Matti Klatt erfuhr, dass ihnen dafür etwas über sechs Wochen Zeit blieben. Sechs Wochen härtestes Training für diese eine Aktion. Dann war Weihnachten.

Als er wieder auf seinem Zimmer war, tat ihm der Kopf weh. Die letzten Stunden waren anstrengend gewesen. Er ging ans Fenster und schaute zu dem Gebäude, in dessen Keller die polnischen Grenzpolizisten saßen. Mitgefühl überkam ihn. Die beiden warteten in ihren Löchern auf die Dunkelheit und setzten ihr Leben aufs Spiel. General Rybakow hatte an diesem Tag keine Zeit gefunden, Arndt und Zbigniew erneut zu vernehmen. Das wollte er in aller Ausführlichkeit am Dienstag nachholen. Dieser Umstand sollte ihnen das Leben retten.

Dienstag, 4. November 2003

Der Flur, an dessen Ende sich die Arrestzellen befanden, lag im Dunkel. Es war kein Geräusch zu hören.

Kurz nach Mitternacht standen Paweł und Dariusz vor dem Zimmer, in dem sie die Schlüssel zu den Zellen vermuteten. Die Tür stand einen Spalt breit offen, es war kein Mensch zu sehen. Als sie vor einer halben Stunde aufgebrochen waren, hatten sie vereinbart, bei Arndts und Zbigniews Befreiung keine Schusswaffen einzusetzen. Vielmehr nur im äußersten Notfall, zu ihrer eigenen Verteidigung. Wenn Rybakow die Vernehmung bereits an diesem Tag fortgesetzt hätte, wäre ihnen nichts Überzeugendes zur Befreiung eingefallen. Was sie nicht wissen konnten, war, dass sie diesen Umstand Matti Klatt zu verdanken hatten. Denn der hatte seine Einweisung in den Plan ›Eiserne Faust‹ durch geschickte Fragestellungen um einige Zeit verlängert.

Dariusz zog sein zweischneidiges Kampfmesser aus der Scheide und schob langsam die Tür weiter auf. Zuerst sah er den Schlüsselkasten, der an der angrenzenden Wand befestigt war. Daneben befand sich ein offener Schrank, voll mit Ordnern, direkt vor dem Fenster ein Schreibtisch mit einem Telefon und einem überfüllten Aschenbecher. An der gegenüberliegenden Wand stand ein Feldbett. Die Wache lag in Uniform auf dem Rücken auf dem Bett und schnarchte. Sein Pistolengürtel hing um den unteren Bettpfosten. Was tun, blickte Dariusz Paweł fragend an, und machte eine Kopfbewegung Richtung Schlüsselkasten. Einfach alle Schlüssel aus dem Kasten nehmen und gehen oder den Posten unschädlich machen? Paweł schüttelte den Kopf und nickte zum Bett hin. Das Entnehmen der Schlüssel konnte Geräusche verursachen, er wollte lieber auf Nummer sicher gehen. Er zog seine Pistole und entsicherte sie. Dariusz nahm den Pistolengürtel vom Bettpfosten und hielt dem Schlafenden sein Messer ein paar

Zentimeter vor das rechte Auge. Paweł stupste mit seiner Pistole gegen die Stirn des Schlafenden. Sofort schlug der die Augen auf und erschrak.

»Keinen Ton, sonst bist du tot. Hast du verstanden?«, fragte er leise auf Russisch. Der Angesprochene nickte hastig. Paweł und Dariusz setzten ihn auf und fesselten mit seinem Gürtel seine Arme auf dem Rücken. Dann nahmen sie sein Barett und stopften es ihm so weit in den Mund, dass es ohne fremde Hilfe unmöglich war, es auszuspucken.

»Bewege einfach deinen Kopf, wenn ich zu den Schlüsseln für die beiden Zellen komme«, sagte Paweł und tippte der Reihe nach alle in dem Kasten an. Kurze Zeit später standen sie vor den Kerkern. Zuerst schlossen sie Arndts Arrest auf. Der lag zusammengekrümmt unter der Blechwand am Fenster und stöhnte vor Schmerzen leise vor sich hin.

»Gleich hast du es geschafft, wir holen dich hier raus«, sagte Dariusz und lud Arndt auf seine Schulter. Den Russen setzten sie in die Ecke und verschlossen die Zelle hinter sich. Dabei brach Paweł den Schlüssel ab, als er noch im Schloss steckte.

»Wie kommt ihr beide …«, fragte Arndt leise. Alles hatte er erwartet, nur nicht, dass die Zwei mitten in der Nacht hier auftauchen würden, um ihn zu befreien.

»Sei still«, ermahnte ihn Paweł. »Wir erklären dir das später. Ist Zbigniew nebenan?« Arndt zuckte mit den Schultern und biss vor Schmerz die Zähne zusammen.

Paweł ging zur Nebenzelle und schloss sie auf.

»Oh, mein Gott. Nein, bitte sag, dass es nicht wahr ist«, flüsterte er vor sich hin. Die Zelle war leer.

Mitteilung von:
Verteiler an:
Bundesministerium des Inneren
Der Minister
Dem Präsident
Landeskriminalämter
Den Chefs
Bundesgrenzschutz
Dem Leiter
Höchste Dringlichkeit!

Gemäß Abschnitt X a, Verteidigungsfall, Artikel 115a, Absatz 4, Grundgesetz, gibt der Bundespräsident in Kürze bekannt, dass das Bundesgebiet mit Waffengewalt von innen angegriffen werden soll. Gemäß Artikel 115 b des gleichen Abschnitts des gleichen Gesetzes geht alle Befehls- und Kommandogewalt über die Streitkräfte auf den Bundeskanzler über. In Anbetracht dieser Tatsache hat der Bundskanzler mich mit der Aufrechterhaltung der inneren Sicherheit beauftragt.

Ich weise folgende Sofortmaßnahmen an:

1. Die Grenzschutzgruppe 9 ist sofort zu alarmieren, und hat gemäß ihren Anweisungen für diesen besonderen Fall die Regierungsgebäude in Berlin zu schützen.
2. Alle deutschen Spezialeinsatzkommandos unterstehen bis auf Weiteres meinem Befehl und erhalten nur von mir entsprechende Anweisungen.
3. Stündlich berichten mir die o. g. Chefs über den Fortgang der Festnahmen und Ermittlungen.
4. Den ausländischen Polizeieinheiten vor Ort ist jede Hilfe zu gewähren, und sie sind mit allen relevanten Informationen zu versorgen. Diese Einheiten werden

mit Ihnen in Kürze Kontakt aufnehmen. (Detaillierte Anweisungen siehe Anhang)

5. Es sind unverzüglich Vernehmungsgruppen aufzustellen. Diese führen Befragungen gemäß dem im Anhang befindlichen Katalog durch. Ergebnisse werden mir unverzüglich mitgeteilt.
6. Der Verteidigungsminister alarmiert die Bundeswehr. Die hat dafür Sorge zu tragen, dass sämtliche Grenzübergänge, Seehäfen und Flugplätze bis auf Widerruf geschlossen werden. Alle Polizeikräfte haben die Bundswehr zu unterstützen. Am Vormittag informiert der Bundeskanzler die Bevölkerung über die Lage.
7. Punkt 4 Uhr erwarte ich Ihre Vollzugsmeldung. Die nötigen Rufnummern mit Mailadressen finden Sie ebenfalls im Anhang.

Gez. Schilling -BdI-

Innenminister Schilling gab das eben gelesene Fax an Bräunig zurück.

»In Ordnung. Schicken Sie es Punkt 3 Uhr raus. Sorgen Sie dafür, dass sich die ausländischen Spezialeinheiten mit den jeweiligen Landeskriminalämtern in Verbindung setzen. Es bleibt dabei, um 5 Uhr beginnt die Aktion. Ich fahre jetzt ins Kanzleramt, die Regierungsmitglieder und der Bundespräsident werden gerade zu der Sitzung geholt. Um 4 Uhr unterrichtet der Kanzler die Runde. Halten Sie mich auf dem Laufenden. Wie sieht es mit den Vorbereitungen der Festnahme der Komiteemitglieder aus?«

»Die Teams der URNA stehen allesamt in Kontakt mit den Mobilen Einsatzkommandos. Sie warten nur auf das Zeichen zum Zugriff«, antwortete Bräunig.

Punkt 1 Uhr, meldete der letzte Präzisionsschütze der französischen GIGN seine Einsatzbereitschaft. Er hatte sich einen Platz auf dem Dach des Fliesenhandels gegenüber dem stillgelegten Bahnhof gesucht und konnte die Einfahrt einsehen. Obwohl er ungefähr wusste, wo die anderen Präzisionsschützen und die Zugriffsteams lagen, konnte er bei einem Blick durch sein Zielfernrohr niemanden entdecken. Alle Männer waren über das gesamte Areal verteilt, rechts und links neben der Zufahrtsstraße und neben einem Weg, der nur zu Fuß zu passieren war. Wenn die erwarteten Angehörigen der Schwarzen Division ihr Meeting nicht unter freiem Himmel abhalten wollten, bleibe nur das ehemalige Bahnhofsgebäude, hatte Colonel Laurent seinen Männern gesagt und die Teams um ebendieses Haus postiert.

»Das Treffen soll um 5 Uhr beginnen. Ich gehe davon aus, dass alle darauf aus sind, pünktlich zu sein. Exakt um 5.12 Uhr greifen wir zu. Sämtliche Fenster und Türen werden besetzt, wir schießen zuerst CS-Gas in die Räume. Wenn jemand versuchen sollte zu flüchten, wird er mit einem Schuss, der möglichst nicht lebensgefährlich sein sollte, daran gehindert. Bei einem Angriff auf das eigene Leben entscheidet jeder selbst, wie er den Gegner unschädlich macht. Sollten die Ersten schon Stunden früher eintreffen, lassen wir sie warten. Auf meine Anforderung hin stehen dann kurze Zeit später Mannschaftswagen der Bereitschaftspolizei zum Abtransport zur Verfügung. Wenn alles gelaufen ist, fahren wir zur Omicron AG und besetzen die Firmenzentrale.«

Aus unzähligen anderen ähnlichen Einsätzen kannte jeder seine Aufgabe und wusste, was er zu tun hatte.

Der Bahnhof lag verlassen und ruhig da. Wind wehte kaum, aber wie es schien, sollten gerade heute die ersten Nachtfröste kommen. Es war eiskalt. Auf der 200 Meter entfernten Straße zum Flughafen hörte man nur ab und zu ein Auto vorbeifahren. Der Präzisionsschütze auf dem Dach schaute wieder durch sein Zielfernrohr in Richtung Zufahrt. Dann sah er den Ersten kommen. Die Hände in den Jackentaschen vergraben, schlenderte er Richtung Bahnhofsgebäude. Über Funk informierte er alle anderen über die Ankunft des ersten Söldners.

Paweł stand immer noch unschlüssig in der Tür. Er konnte nicht fassen, dass die Zelle leer war.

»Hast du gehört, wie er aus der Zelle geholt wurde?«, fragte er Arndt leise.

»Nein. Das wäre mir ganz bestimmt aufgefallen. Es war den ganzen Tag keiner hier. Wir haben nicht mal einen Tropfen Wasser zu trinken bekommen«, antwortete Arndt, der immer noch über der Schulter von Dariusz hing und leise stöhnte.

»Scheiße, was machen wir jetzt? Uns rennt die Zeit davon, wir müssen unbedingt zu dem Treffen mit den Litauern«, sagte er.

Als Paweł sich wieder in Richtung Zelle umdrehte, hörte er ein leises Geräusch und plötzlich stand Zbigniew wie Phönix aus der Asche vor ihm.

»Willkommen im Gulag.« Er grinste über das ganze Gesicht.

Paweł torkelte vor Schreck zwei Schritte zurück und hätte beinahe Dariusz mit Arndt über der Schulter umgerissen.

»Bist du irre? Wo kommst du denn auf einmal her?« Paweł hatte Mühe, sich zu fangen, und musste aufpassen, dass er nicht zu laut sprach. Arndt dagegen fing leise zu kichern an. Vor Schmerzen konnte er keinen klaren Gedanken mehr fassen.

»Hihi, ein Irrer. Wir sind im Irrenhaus«, murmelte er vor sich hin.

»Glaubst du, ich hätte mich so ohne Weiteres von denen vernehmen lassen? Dieses Loch hier misst zwei mal drei Meter. Ich hatte den ganzen Tag Zeit, zu üben, mich quer über der Zellentür zu strecken. Arme auf die eine und Beine auf die andere Seite. Als ich die Schlüssel hörte, habe ich mich nach oben bewegt und wollte mir einen von denen greifen, wenn er die Zelle betreten hätte. Dann bekam ich aber mit, dass ihr es seid, und wollte gern eure verdutzten Gesichter sehen. Es war die Anstrengung wert.« Wieder lachte Zbigniew.

»Können wir das ein anderes Mal besprechen? Wir müssen hier raus«, mischte sich Dariusz in das Gespräch ein.

»In Ordnung, hauen wir ab und treffen die ARAS.« Sie verschlossen die Tür und brachen auch hier den Schlüssel ab.

»Was für ARAS? Noch mehr Irre?« Arndt wurde ohnmächtig.

Alle vier verließen unbemerkt das Gelände und machten sich zu dem vereinbarten Treffpunkt auf. Eine Dreiviertelstunde später erhielt Major Krasauskas die für ihn so wichtigen Informationen über das Lager der Schwarzen Division.

Die Unruhe, die Dr. Rose nach dem Anruf von General Rybakow erfasste, wurde immer größer. Je länger er darüber nachdachte, umso mehr Fragen kamen auf. Ein Mann sprengte ein Flugzeug und kehrte mit einem weiteren Mann zurück, um die Kaserne zu sabotieren. Wie hatte er den anderen kontaktiert? Wer war das überhaupt?

Hatte er mit anderen Personen gesprochen? Wenn ja, worüber? Wo hatte er die Waffen her? Dr. Rose lag in seinem Hotelbett und fand keinen Schlaf. Warum hatte Rybakow den Mann nicht sofort weiter verhört? Er richtete sich in seinem Bett auf. Wenn der Staat Wind von der Sache bekommen hatte, war alles aus. Die ganzen Jahre der Vorbereitungen, sein Lebenstraum! Nein, das durfte nicht sein!

Umgekehrt betrachtet haben wir keine Informationen von unseren Leuten, dass etwas entdeckt wurde. Trotzdem, wir müssen sicher sein, dachte er und wählte mit seinem Handy Walbes Nummer. Etwas musste unternommen werden. Es war 2 Uhr in der Frühe. Nach dem siebten Klingeln wurde abgehoben.

»Walbe. Ich hoffe, Sie haben einen guten Grund, um diese Zeit anzurufen.« Er hielt die Augen geschlossen, als er sprach.

»Allerdings, den habe ich. Ich bin es. Wir müssen uns sofort sehen. Verstehen Sie? Sofort!«

Schlagartig schlug Walbe die Augen auf. Der Ton in Dr. Roses Stimme ließ ihn aufhorchen. Etwas musste passiert sein.

»Selbstverständlich. Wo sind Sie? Ich komme sofort.«

»Nein. Ich komme zu Ihnen. In drei Stunden bin ich da.« Dr. Rose legte auf.

»Wer war das?«, fragte der Mann am Tonbandgerät seinen Kollegen. Beide überwachten Walbes Telefon.

»Wenn ich das wüsste. Aber wir werden es herausbekommen. Wir haben seine Stimme auf dem Band und werden den Apparat ermitteln, von dem aus der Anruf getätigt wurde. Das dauert allerdings etwas. Informiere unsere Leute, dass sie noch Besuch bekommen werden.«

Der Mann sollte sich irren. Dr. Rose hatte mehrere Mobiltelefone, die er gekauft und bar bezahlt hatte. Sie waren nicht registriert. Wenn die Karten abtelefoniert waren, entsorgte er die Telefone.

Fast alle Diensthabenden in den Landeskriminalämtern wollten ihren Augen nicht trauen, als sie die Instruktionen des Innenministers lasen. Keiner kam auf die Idee, dass die am Vortag begonnenen Observationen der Mobilen Einsatzkommandos in den verschiedenen Bundesländern mit dieser Situation zu tun haben könnten. Alles sah nach einem routinemäßigen Einsatz aus. Ausnahmslos alle lasen das Fax zur Sicherheit mehrmals durch und riefen vorsorglich unter einer der angegebenen Nummern an. Erst nachdem sie sich von der Richtigkeit überzeugt hatten, begannen sie, die Anweisungen in die Tat umzusetzen. So wurden zuerst die Chefs informiert, danach die Leiter der entsprechenden Dezernate beziehungsweise Abteilungen. Gemäß den Vorschriften und Anweisungen, die für einen solchen Fall vorgesehen waren, setzte sich die gesamte Maschinerie in Bewegung. Unmittelbar nach der Alarmierung flog die erste Gruppe der GSG-9 nach Berlin ab. Die anderen folgten kurze Zeit später. Auch bei der Bundeswehr überzeugte man sich durch Kontrollanrufe im Verteidigungsministerium, dass es sich hier um keine Übung handelte. Um kurz vor 4 Uhr fuhren die ersten Einheiten in Richtung Grenzen, Flug- und Seehäfen. Zeitgleich wurden die Kontakte der ausländischen Spezialeinheiten der Polizei mit den deutschen Landeskriminalämtern hergestellt. Es wurden, den Einsatzplänen entsprechend, die letzten Absprachen getroffen. Um 4.01 Uhr trafen die ersten Vollzugsmeldungen im Innenministerium ein.

Als zur selben Zeit Innenminister Schilling im Bundeskanzleramt den Bundespräsidenten und die Regierungsmitglieder – außer dem Verteidigungsminister, dieser erhielt eine Stunde vorher Kenntnis, um seine Maßnahmen in die Wege zu leiten – über die derzeitige Situation informierte, waren die Reaktionen unterschiedlich: blankes Entsetzen, Erstaunen, Ungläubigkeit bis hin zur nackten Angst. Nachdem der Innenminister seinen Bericht nach ungefähr 20 Minuten beendet hatte, herrschte für einen kurzen Moment Ruhe. Alle schwiegen betroffen. Der Finanzminister, im Umgang mit Hiobsbotschaften vertraut, bekam einen leichten Schwächeanfall. Aber nachdem er zwei-, dreimal tief und langsam durchgeatmet hatte, ging es ihm allmählich wieder besser. Dann brach das Chaos aus, jeder rief und schrie. Einige sprangen von ihren Stühlen auf, andere wollten dringend telefonieren. Da schritt Bundeskanzler Schreiber energisch ein.

»Meine Herren, setzen Sie sich und behalten Sie die Ruhe. Die Operation ›Smash‹ ist bereits angelaufen. Sie erhalten dazu hier und jetzt die nötigen Informationen. Auf keinen Fall wird telefoniert. Dies ist zu unserem eigenen Schutz bis auf Widerruf untersagt. Bis zum Beginn der Aktion um 5 Uhr werden wir diesen Raum nicht verlassen. Ich appelliere an Ihre Vernunft. Bitte beruhigen Sie sich.« Schreiber selbst standen inzwischen die Schweißperlen auf der Stirn, aus Angst, die Situation könnte eskalieren.

Aus, vorbei!, dachte ein Mitglied der Regierung. Der Mann saß, aschfahl im Gesicht, in seinem Sessel und fühlte die kleine Pistole in seiner Hosentasche. In seinem Jackett befand sich ein Handy. Seine Hände wurden feucht und seine Knie begannen, zu zittern.

Der französische Präzisionsschütze meldete gerade die Nummer 103, als auch schon die nächsten beiden Söldner auf dem stillgelegten Erfurter Westbahnhof ankamen.

Es ist wirklich eine nationale Eigenheit, die Pünktlichkeit der Deutschen, dachte er amüsiert. Und für alles haben sie Formulare.

»Noch zwei! Beide ziemlich groß, haben dunkle Jacken an und Baseballmützen auf.« Er war der Einzige, der in dieser Phase der Aktion sein Funkgerät benutzen durfte. Die übrigen Männer der französischen Antiterroreinheit warteten in ihren Verstecken auf das Zeichen zum Zugriff. Noch fehlten 16 Söldner. Aber es war ja auch erst 4.55 Uhr.

Kratzenstein saß neben Colonel Laurent in einem als Baufahrzeug getarnten Lieferwagen. Ihn fror trotz der eingeschalteten Standheizung. Beide hatten sich unabhängig voneinander Strichlisten über die Anzahl der eingetroffenen Söldner gemacht. Die Zahlen stimmten überein.

»Und wenn nicht alle kommen?«, fragte er den Colonel.

»Es bleibt dabei, um 5.12 Uhr stürmen wir das Haus. Bei der Menge von Leuten werden ganz sicher beide Etagen benutzt und müssen von uns eingeschlossen werden. Wir dringen vom Erdgeschoss aus ein.« Er gab seinen Männern das Kommando zum Fertigmachen.

Knapp 1100 Kilometer weiter östlich erhielt Major Krasauskas soeben die Meldung, dass die ARAS zum Eindringen in das Lager bereit waren. Seine Leute wollten die Gebäude stürmen und besetzen, in denen die Mannschaften untergebracht waren. Ein Bestandteil des Angriffsplans war es, General Rybakow festzunehmen. Ein Bataillon der litauischen Armee sicherte die Zufahrtsstraße ab und sollte die Start- und Landebahn blockieren. Im Notfall sollten die bereitstehenden russischen Maschinen startunfähig gemacht werden.

Zbigniew, Paweł und Dariusz lagen an der Seite von Major Krasauskas, in der Nähe des Zauns, der das Lager umgab. Arndt befand sich bereits auf dem Weg in ein Krankenhaus nach Kaunas. Schon während sie aus dem Lager flüchteten, hatte er langsam sein Bewusstsein zurückerlangt. Ein Sanitäter der litauischen Armee nahm sich seiner an und fuhr ihn sofort mit einem Geländewagen in die Klinik. Die drei Polen sollten an dem Sturm auf die Gebäude nicht teilnehmen. Dariusz empfand das als einen guten Vorschlag und war sichtlich erleichtert. Zbigniew und Paweł dagegen mussten es wohl oder übel akzeptieren. Es war nicht ihr Land.

»Hauptsache, Ihre Leute lassen Matti Klatt unbehelligt«, machte sich Zbigniew Sorgen.

»Ich habe allen sein Bild gezeigt. Meine Männer können während einer Aktion blitzschnell Freund und Feind unterscheiden und schießen sehr genau. Wir trainieren das täglich. Einen Moment«, unterbrach er das Gespräch. Für diesen Einsatz hatte er ausnahmsweise sein Handy mitgenommen und auf Vibrationsalarm eingestellt. Er spürte ein Kribbeln an seinem Bein, holte es aus seiner Tasche und hob ab. Zbigniew beobachtete, wie der Major ein paar Mal mit dem Kopf nickte, auf die Uhr schaute und sagte, dass es in sieben Minuten so weit sei.

Major Krasauskas deutete mit dem Handy auf Zbigniew und blinzelte ihn an. »Das war Matti Klatt. In dem Gebäude ist alles ruhig. Vor Rybakows Zimmer sitzen die beiden Gorillas und halten Wache. Also, machen wir uns fertig.«

»Ich habe doch darum gebeten, dass niemand telefoniert. Auch du nicht«, fuhr Bundeskanzler Schreiber gereizt den Finanzminister an. Beide waren seit ihrer Jungsozialistenzeit enge Vertraute. Als Schreiber zum Kanzler gewählt wurde, machte er seinen alten Mitstreiter zum Finanzminister, Erfahrungen für diese Arbeit hatte dieser jahrzehntelang auf Landesebene gesammelt. Der Angesprochene machte keine Anstalten, das Handy wegzulegen. Er stand am Fenster und redete weiter in das Telefon. Bundeskanzler Schreiber trat auf ihn zu und bat abermals, etwas ruhiger: »Bitte leg das Handy weg. In ein paar Minuten werden wir das Land unterrichten. Warte die Zeit ab.«

In dem Moment drückte der Finanzminister die Taste zum Auflegen und drehte sich zu Kanzler Schreiber um. Sein Gesicht war schweißnass, sein dünnes Haar hing ihm ins Gesicht, die Brille mit den dicken Gläsern gab ihm das Aussehen einer Eule. Die kleine Pistole zielte genau auf den Kopf des Kanzlers.

»Halt endlich deinen Mund, du Schauspieler«, brach es schreiend aus dem Finanzminister heraus. »Glaubst du eigentlich den Schwachsinn noch, den du jeden Tag erzählst? Ich schon lange nicht mehr.«

Im Raum war es schlagartig still. Alle Aufmerksamkeit richtete sich auf die beiden am Fenster Stehenden. Ein bizarres Bild: Der kleine, dickliche Finanzminister, der Gewalt von Grund auf verabscheute, hielt dem Regierungschef eine Pistole vor die Nase. Er begann, zu hyperventilieren, atmete kurz und stoßend. Seine Stimme bekam einen eigenartigen hohen, schrillen Ton.

»Ich habe es satt, ständig den Sündenbock für alle zu spielen. Während mich meine sogenannte Volkspartei anwies, das Tafelsilber der Regierung zu verscherbeln, ließen sich andere auf Hochglanzfotos mit fetter Zigarre ablichten. Kurze Zeit später turtelte der Verteidigungsminister mit neuer Freundin im Pool, während unsere Soldaten Kopf und Kragen im Kosovo riskierten. Wisst ihr eigentlich noch, was die drei Anfangsbuchstaben unserer Partei bedeuten? Nein! Die Schichten unseres Landes, die uns gewählt haben, werden als Nächstes geschröpft. Wir machen unserem Koalitionspartner Zugeständnisse, die vor 10 Jahren undenkbar gewesen wären! Wir haben uns von unseren Zielen und Idealen meilenweit entfernt. Nur um der Macht willen? Nein, nicht mit mir. Ich habe mich der neuen Bewegung angeschlossen, weil es der einzige noch mögliche Weg ist, dieses Land zu retten. Es muss mit harter Hand durchgegriffen werden. Korruption, Betrug und Lügen müssen hart bestraft werden. Und damit muss ganz oben angefangen werden. Wir müssen uns auf unsere Tugenden besinnen, Offenheit, Ehrlichkeit und harte Arbeit. Wir sind zu Huren der Nation verkommen. Wir sind käuflich und denken nur an das eigene Wohl.«

Die Stimme des Finanzministers war schwächer geworden. Er konnte keinen klaren Gedanken mehr fassen. Man konnte ihm die Verzweiflung und Erschöpfung ansehen. Aus und vorbei! In diesem Gefühl der Gelähmtheit fielen ihm nur die eben gesagten Worte ein. Es gab so viel zu erklären, aber es war zu spät.

Bundeskanzler Schreiber trat einen Schritt auf ihn zu.

»Und das willst du mit Gewalt erreichen? Wo soll das enden? Wie bei Hitler? Was machst du mit den Andersdenkenden? Ins KZ verfrachten? Deutschland hat viel erreicht in den vergangenen 50 Jahren. Wie hat Churchill sinngemäß gesagt? Die Demokratie ist großer Mist, es gibt aber keine bessere Gesellschaftsordnung.«

Der Finanzminister ließ die Pistole sinken.

»Was wisst ihr denn schon!« Er hob die Waffe abermals, hielt sie an seine Schläfe und drückte ab. Den Bruchteil einer Sekunde später fiel er tot zu Boden.

Die ständige Erfurter Gartenbauausstellung EGA links liegen lassend, fuhr Dr. Rose in das Villenviertel der Stadt. Gerade als er in den Burg-Gleichen-Weg einbiegen wollte, klingelte sein Handy. Er hielt sein Auto am Anfang der Straße an und hörte mit versteinerter Miene, was ihm der Finanzminister erzählte. Während der ganzen Zeit antwortete er ihm mit keinem einzigen Wort. Unbändige, kalte Wut und Hass stiegen in ihm empor. Er schaute auf die Digitaluhr auf seinem Armaturenbrett. Punkt 5 Uhr. Als er den Kopf wieder hob, bemerkte er in Höhe der Villa von Walbe, wie drei vermummte Männer mit Helmen auf dem Kopf dessen Eingangstür mit einer Ramme öffneten.

Das ist nicht das Ende, dachte er, startete seinen Wagen, wendete und fuhr davon. In seiner Tasche befand sich das Präparat ARS.

Was, zum Teufel, dachte Walbe, als sein Portal mit einem lauten Krachen aufflog. Er kam gerade aus dem Bad, war mit einem Morgenmantel bekleidet und stand nur zwei Meter von drei Gestalten entfernt. Er konnte gerade noch sehen, dass die Helme der Gestalten mit einem durchsichtigen Visier ausgestattet waren, als ihm ein gezielter Tritt in den Unterleib den Atem nahm und er zusammensackte.

Matti Klatt schloss die Tür am Ende des Flures, so leise es ging. Nur durch die eingeschaltete Notbeleuchtung konnte man sehen, dass vor einem Zimmer ein Tisch mit zwei Stühlen stand. Einer der beiden Leibwächter Rybakows hatte den Kopf auf den Tisch gelegt und schlief offensichtlich. Der andere machte gerade ein paar Liegestützen auf dem Boden, um sich wach zu halten. Ganz langsam und vorsichtig ging Klatt, immer die Füße auf den Außenkanten seiner Sprungschuhe abrollend, in Richtung der Unterkunft des Generals. Man hörte nur das leise Zählen des Russen, der, seiner Atmung nach zu urteilen, schon eine beachtliche Anzahl Liegestützen hinter sich gebracht haben musste. Matti Klatt zog seine Pistole aus dem Halfter, als er plötzlich eine Stimme hörte. Er blickte sich um, konnte aber niemanden sehen. Nein, die Stimme kam aus Rybakows Zimmer. Er telefonierte! Gerade als Matti Klatt überlegen wollte, was als Nächstes zu tun sei, wurde die Tür aufgerissen und etwas auf Russisch gebrüllt. Beide Leibwächter fuhren wie von der Tarantel gestochen hoch und rannten sofort Richtung Ausgang. Matti Klatt registrierten sie überhaupt nicht. Der eine, den sie ›Meister Proper‹ nannten, stolperte über seine eigenen Füße und hätte Matti Klatt beinahe umgerempelt. Klatt hielt den Atem an und war im nächsten Moment ganz allein. So eine Gelegenheit bekommst du nicht wieder, dachte er, entsicherte seine Pistole und stieß die Tür von Rybakows Unterkunft auf. Unmittelbar nachdem er im Zimmer stand, spürte er einen Pistolenlauf an seiner Schläfe.

»Stoi! Nicht bewegen«, sagte der General kalt.

»Noch eine Minute bis zum Stürmen. Zwei Leute fehlen. Was machen wir?«, fragte Kratzenstein sein Gegenüber, Colonel Laurent.

»Es bleibt dabei, falls die beiden in den nächsten Minuten auftauchen sollten, kümmern sich unsere Sicherungsposten um sie«, antwortete Laurent und gab seinen Männern das Zeichen zum Angriff. Die Zugriffsteams waren bereits zu den Außenwänden des ehemaligen Bahnhofsgebäudes vorgedrungen. Alle hatten Schutzmasken auf. Als Colonel Laurent das ›Go‹ gegeben hatte, schossen sechs Mann gleichzeitig aus ihren ARWEN-Gewehren CS-Gaspatronen durch die unteren und oberen Fensterscheiben. Parallel dazu flogen Blendgranaten hinterher. Einen kurzen Moment danach wurden die Eingangstür und die Fenster in Höhe des Schlosses mittels Rammen, die immer stets zwei Leute in den Händen hielten, aufgebrochen. Keine zwei Sekunden später sprangen die Zugriffsteams durch die zerborstenen Öffnungen in das mittlerweile von weißem Rauch verhüllte Untergeschoss. Sie gaben sofort Warnschüsse zur Raumdecke ab und brüllten auf Deutsch immer wieder die Worte ›Polizei‹ und ›Auf den Boden legen‹, um die Verwirrung noch mehr zu vergrößern.

Während das Team, welches von Osten her eingedrungen war, sich um die Sicherung des Erdgeschosses kümmerte, stürmten die Polizisten, die von der westlichen Seite kamen, das Obergeschoss. Der erste Teil der Aktion passierte so überraschend und dermaßen schnell, dass keiner der in dem Gebäude befindlichen Söldner sich erklären konnte, was hier eigentlich geschah. Das CS-Gas verursachte augenblicklich einen starken Hustenreiz und die Augen begannen, zu brennen und zu tränen. Außerdem hatten die Blendgranaten ihren Zweck erfüllt. Für eine Weile sahen die Betroffenen nichts als weißes Licht. Im Erdgeschoss gab es keinerlei Widerstand. Die Söldner legten sich auf den Boden und die Angehörigen der GIGN fesselten ihnen mit Schnellverbindern die Hände auf dem Rücken. Fünf der Söldner im Obergeschoss erfassten die Lage sofort. Sie standen im Treppenflur und wurden von dem CS-Gas und den Blendgranaten verschont. Fast gleichzeitig rannten sie die Treppe zum Dachgeschoss hinauf. Sie öffneten die Dachluke und zwängten sich ins Freie. Den Ersten traf ein Schuss in den Oberschenkel, den Zweiten in den Bauch, die anderen blieben unverletzt. Eine Lautsprecherstimme forderte sie auf, sich nicht mehr zu bewegen. Nach viereinhalb Minuten war das Gebäude gesichert und die Söldner waren unter der Kontrolle der französischen GIGN. Auf der Zufahrtsstraße standen 20 Mannschaftswagen der Bereitschaftspolizei, um den Abtransport zu übernehmen.

Gemäß des Einsatzplanes waren um 5 Uhr alle Regierungssitze der Bundesländer von den Spezialeinheiten aus Griechenland, Großbritannien, Italien, Spanien und Polen besetzt. Die Gebäude, in denen sich die Büros der jeweiligen Ministerpräsidenten befanden, wurden hermetisch abgeriegelt. Selbst die Personenschützer der Landeschefs wurden nicht eingelassen. Nun warteten die Spezialkräfte auf erste Ermittlungsergebnisse, um die Söldnerkommandos der Schwarzen Division festzunehmen. Sie sollten nicht länger als einen Tag warten.

Der Befehl an die Einheiten der Bundeswehr an den Grenzen Deutschlands lautete, in Zusammenarbeit mit dem Zoll und dem Bundesgrenzschutz jedes Gefährt, ob Lkw oder Pkw, das Deutschland verließ, genauestens zu untersuchen und die Personalien sämtlicher Führer dieser Fahrzeuge aufzunehmen. Ebenso war mit denjenigen zu verfahren, die nach Deutschland einreisen wollten. Der Bundesgrenzschutz übernahm auch die Durchsetzung des Befehls auf den Bahnstrecken. Die Anweisung bestand erst einmal für die nächsten 48 Stunden. Für alle Flughäfen beziehungsweise Flugplätze galt für den gleichen Zeitraum ein generelles Start- und Landeverbot. Die Bundesmarine sicherte alle Seehäfen. Dort herrschte das Ausreiseverbot für die kommenden zwei Tage.

Bis auf zwei Ausnahmen verhaftete die tschechische URNA die Komiteemitglieder in ihren eigenen Wohnungen. Der Schock war groß, als in aller Frühe vermummte Männer mit Helmen und schusssicheren Westen vor ihren Betten standen und sie in die Läufe kleiner Maschinenpistolen blickten. Es gab keinen Widerstand.

Ewald Krieger, der Spediteur aus Dortmund, wurde aus einem Bordell geholt. Die Polizisten der URNA hatten bei dieser Festnahme am wenigsten zu tun. Krieger lag entblößt auf dem Bett und war auf eigenen Wunsch durch die Dame mit Handschellen an den Bettpfosten gefesselt worden.

In Augsburg wurde die Wohnung des Verlegers Jens Bissen gestürmt. Sie fanden ihn auf der Toilette, zitternd wie Espenlaub. Er durfte sein Geschäft fertig machen und sich anziehen. Als die Polizisten, bereits im Auto sitzend, seine Papiere kontrollierten, mussten sie feststellen, dass sie den Falschen erwischt hatten. Flugs eilten sie noch einmal in die Wohnung und holten den ›richtigen‹ Jens Bissen ab. Dieser kauerte unter dem Bett. Später sollte sich herausstellen, dass der Mann in der Toilette sein Geliebter war.

»Was schleichen Sie mitten in der Nacht auf dem Flur herum?«, fragte General Rybakow Matti Klatt. Der hatte immer noch die Pistole am Kopf und schaute auf den kleinen Monitor im Schrank.

Deswegen konntest du mich sehen, irgendwo auf dem Flur ist eine Überwachungskamera, wurde ihm klar. Auch auf dem Gelände des Lagers mussten sich Kameras befinden. Alle fünf Sekunden erschien ein neues Bild auf dem Kontrollbildschirm.

Rybakow stand mit dem Rücken zum Schrank, sonst hätte er sehen können, wie gerade eine Gruppe der ARAS in das Gebäude rannte. Krasauskas war mit seinen Männern in das Lager eingedrungen. Ich muss irgendwie Zeit gewinnen, überlegte Klatt.

»Ich wollte Sie warnen, General. Im gegenüberliegenden Gebäude halten sich zwei Eindringlinge auf, die Arndt und den anderen Polen befreien wollten. Ich sah sie zufällig von meinem Fenster aus und habe sie dingfest gemacht. Beide liegen gefesselt im Keller.« Ob er mir das abkauft? Matti Klatt schwitzte am ganzen Körper. Seine Pistole hielt er immer noch in der Hand.

Nein, das kauft er mir nicht ab, denn die nächste Frage wird lauten: Mit einer Pistole in der Hand wollten Sie mich warnen? Noch ehe Klatt dies zu Ende denken konnte, zischte ihn Rybakow auch schon an: »Frühmorgens, in kompletter Uniform und mit einer geladenen Pistole, wollten Sie mich warnen? Sie hatten wohl noch keine Zeit, sie wegzustecken? Los, fallen lassen.«

Unmittelbar nachdem die Pistole auf den Boden gefallen war, verspürte er hinter seinem linken Ohr einen kurzen, heftigen Schmerz. General Rybakow hatte ihm mit dem Magazinboden seiner Waffe einen Schlag versetzt. Vor Klatts Augen tanzten winzige, gelbe Pünktchen. So sieht es also aus, wenn man Sterne sieht, dachte er im Bruchteil einer Sekunde, bevor er bewusstlos zusammenbrach.

Aufgrund der detaillierten Angaben, die Major Krasauskas von Zbigniew und seinen Leuten bekommen hatte, konzentrierten sich die ARAS auf das Gebäude, in dem die meisten Söldner untergebracht waren. Als Erstes besetzten sie die Waffenkammern und die Eingänge der Etagen. Danach rissen sie die Türen der Unterkünfte auf und befahlen den aus dem Schlaf Gerissenen, auf den Betten liegen zu bleiben. Dabei zielten automatische Maschinenpistolen auf sie. Als sich doch jemand bewegte, wurde sofort ein Warnschuss abgegeben. Das genügte, denn spätestens jetzt begriffen ausnahmslos alle, dass jeglicher Widerstand zwecklos war. Nacheinander wurde jede Zimmerbesatzung auf den Flur geholt, gefesselt und auf den großen Exerzierplatz geführt, wo sie auf ihren Abtransport warteten. So verfuhr man auch in den anderen Gebäuden. Die Überraschung war so groß, dass niemand ernsthaft einen Fluchtversuch geschweige denn Gegenwehr wagte.

Als Major Krasauskas persönlich mit einer Gruppe auf den oberen Flur und kurze Zeit später in das Zimmer von General Rybakow stürmte, mussten sie feststellen, dass es leer war. Sie sahen eine Pistole auf dem Boden liegen. Dann fielen ihre Blicke fast gleichzeitig auf den in einem der Schrankteile stehenden Monitor. Sie beobachteten, wie drei Männer in Richtung Flugfeld liefen. Einer von ihnen hatte etwas über seine Schulter geworfen.

»Da, Rybakow! Wo wollen die hin?«, fragte einer.

»Vermutlich Richtung Startbahn. Was hat der Typ auf seiner Schulter? Sieht aus wie ein Mensch. Ich fürchte, es ist Matti Klatt«, antwortete Major Krasauskas.

Die Einheiten der litauischen Armee besetzten nach dem Angriffssignal sofort die Start- und Landebahn des Ausbildungslagers. Sie postierten sich um die großen Transportmaschinen, sodass ein Start unmöglich war. Vereinzelt konnten sie aus dem Unterkunftstrakt immer mal einen Schuss hören. Da es noch dunkel war, konnte keiner der Soldaten beobachten, wie Rybakow und seine beiden Leibwächter am anderen Ende der Bahn ein Tarnnetz von einem MI-8-Hubschrauber zogen und diesen bestiegen. Matti Klatt wurde in den Frachtraum geworfen. Rybakow kletterte auf den Pilotensitz und begann mit dem Procedere der Startvorbereitungen.

»Was machen wir mit ihm?«, fragte der Leibwächter mit der Glatze.

»Ihr verhört ihn und werft ihn dann im Flug raus. Vorhin bekam ich einen Anruf aus Deutschland. Unser Plan ist bekannt geworden und der da hinten spielt eine Schlüsselrolle. Ich will, dass ihr alles aus ihm herausquetscht. Ich will alles erfahren, was er weiß! Versteht ihr? Alles! Um den Rest kümmern wir uns später. Jetzt müssen wir erst mal von hier verschwinden«, schrie Rybakow und ließ die zwei Isotov-Turbinen an. Sofort begann die ganze Maschine, zu vibrieren. Erst langsam, dann immer schneller werdend, fing der Fünf-Blatt-Rotor an sich zu drehen.

Matti Klatt war schon auf dem Weg aus dem Gebäude wieder zu sich gekommen. Das Hin- und Herwanken konnte er sich nur damit erklären, dass er getragen wurde. Er hatte höllische Kopfschmerzen. Jetzt lag er auf dem Metallboden eines Hubschraubers. Vorsichtig hob er den Kopf und sah, wie Rybakow mit seinen beiden Männern im Cockpit sprach. Klatt lag nur einen Meter von der seitlichen Eingangstür entfernt. Rechts und links an den Seiten des Frachtraums waren einfache, herunterklappbare Metallsitze angebracht. Genau in der Mitte stand ein riesiger, gelb gespritzter Zusatztank für Kraftstoff. Wie bei uns damals, dachte er. Für Fallschirmabsprünge wurde der Tank herausgebaut, um mehr Platz für die

Leute zu gewinnen. Bei gewöhnlichen Flügen blieb er immer an Bord. Er bestand aus dünnem, weichem Blech. Die Vibrationen wurden immer heftiger und das Pfeifen der Turbinen lauter. Jeden Moment würde der Hubschrauber abheben.

Jetzt musste es schnell gehen. Er zog aus der Wadentasche seines Kampfanzugs ein zweischneidiges Messer hervor. Es war das Gleiche, welches man vor über einer Woche bei Jentzsch gefunden hatte. Matti Klatt konnte sehen, wie die Drei immer noch miteinander sprachen und ihn nicht beachteten. Er stach mehrmals mit voller Wucht in die Seite des Tanks und drehte das Messer beim Herausziehen. Sofort schoss Kraftstoff aus dem Behälter heraus. Als er sah, dass aus drei Löchern fingerdicke Fontänen flossen, kroch er in Richtung Tür. Er zog sich mit großer Kraftanstrengung ins Freie und ließ sich aus einem Meter Höhe auf den Boden fallen. Der Hubschrauber fing leicht zu wanken an und hob dann ganz langsam ab. Matti Klatt hielt sein Sturmfeuerzeug in der Hand und warf es mit einer drei Zentimeter großen Flamme in die offene Tür des Helikopters. Das Letzte, was er sah, war ein riesiger, gigantischer Feuerball, der in nur 200 Metern Entfernung zu Boden fiel. Danach verlor er wieder das Bewusstsein.

Epilog

Nachdem die französische GIGN die Söldner des Kommandos EF ohne Zwischenfälle festgenommen hatte, fuhr man in die Zentrale der Omicron AG, sicherte Beweismittel, hauptsächlich Computer. Später wurden die Beschäftigten festgenommen und verhört, bis feststand, inwieweit sie in die Aktivitäten der Umsturzpläne involviert waren. Auf direkten Befehl von Innenminister Schilling verfuhren deutsche SEKs mit den anderen Filialen der Omicron AG in Deutschland ebenso.

Nachdem sich die Regierungsmitglieder von dem Schock über den Selbstmord des Finanzministers erholt hatten, informierte der Bundeskanzler die deutsche Bevölkerung über alle wichtigen Fernsehkanäle und Rundfunkstationen. Da er am Dienstagmorgen um 6 Uhr bereits wusste, dass die entscheidenden Aktionen, die Stürmung des Lagers in Litauen, die Festnahmen der Komiteemitglieder und die Verhaftung des Kommandos EF, erfolgreich verlaufen waren, verkniff er es sich, die Bürger über die wirkliche Brisanz des Plans ›Infantizid‹ zu unterrichten. Sinngemäß berichtete er, dass einige rechtsgerichtete Elemente versucht hatten, die Grundmauern der Demokratie zu erschüttern. Man werde alles daran setzen, die an der Verschwörung Beteiligten zu ermitteln und zu verhaften. Und dass die innere Sicherheit der Bundesrepublik zu keiner Zeit gefährdet war. Die Unannehmlichkeiten im Zuge der Grenzkontrollen sollten bald beendet sein.

Einige Komiteemitglieder schwiegen beharrlich, andere erzählten alles, was sie wussten. So erfuhren die Beamten von Spediteur Krieger, wo sich die roten Trucks befanden. Die Angehörigen der spanischen GEO fuhren in ein stillgelegtes Bergwerk nahe Gelsenkirchen und fanden die Fahrzeuge, vollgepackt mit Ausrüstung und Waffen.

Andere Komiteemitglieder konnten Anhaltspunkte liefern, wer die restlichen Kommandos führen sollte. Diese Leute wiederum nannten Namen von Söldnern. In diesem Punkt allerdings waren die Ergebnisse nicht so umfassend, wie es sich die Ermittler gewünscht hätten. Es sollte noch Monate dauern, bis sie einen Großteil der Schwarzen Division namentlich bekannt gemacht hatten. Am Ende der vorläufigen Aufklärungen sollte ungefähr ein Drittel fehlen. Auch die Einberufungslisten des Verteidigungsministeriums brachten sie nicht viel weiter.

Von Matti Klatt wusste man, dass in der Villa bei Berlin insgesamt 21 Leute in 16 Fahrzeugen erschienen waren, davon eine Frau. Festgenommen hatte man nur 16 männliche Fahrzeughalter. In diesem Punkt schwiegen ausnahmslos alle Komiteemitglieder, keiner nannte einen Namen. Fünf Personen blieben unentdeckt.

Was sich hinter dem Begriff ›Tsunami‹ verbarg, konnte ebenfalls nicht ermittelt werden, da General Rybakow ums Leben gekommen war. Man fand drei verkohlte Leichen in den Trümmern, die zweifelsfrei identifiziert werden konnten. Nachdem sämtliche Unterlagen aus dem Lager in Kaunas gesichert waren, wurde es dem Erdboden gleichgemacht. Die litauische Regierung hatte beschlossen, dass nichts mehr an diese russische Fallschirmjägerdivision erinnern sollte.

Als Dr. Zimmermann nach 14 Tagen ohne Angaben von Gründen immer noch nicht in seinem Labor erschienen war, machte sich ein Mitarbeiter auf den Weg in seine Wohnung. Er fand ihn auf dem Teppich seines Wohnzimmers. Tod durch Ersticken, diagnostizierte der Pathologe später. Keiner brachte ihn mit Dr. Rose in Verbindung. Was sollte man hier ermitteln? Der Mann war ein bekannter Säufer und war durch einen Unfall ums Leben gekommen.

Olaf Arndt lag in einem deutschen Haftkrankenhaus. Der Arzt hatte ihm mitgeteilt, dass er seine Knie nie wieder würde beugen können. Was mit ihm geschehen sollte, konnte noch keiner sagen. Schilling persönlich wollte eine Entscheidung treffen.

Hauptkommissar Bräunig lehnte das Angebot ab, ins Bundesinnenministerium zu wechseln. Er ging wieder in seine Dienststelle zurück und schwor seiner Frau, ihr in Zukunft mehr Zeit zu widmen. Hubaczek und Kratzenstein, wie immer unzertrennlich, verließen die Mordkommission und arbeiteten fortan in der Abteilung Persönlichkeitsforschung und kriminologische Analysen im Bundeskriminalamt. Bräunig holte dafür Polizeimeister Klimm in seine Abteilung.

Zbigniew und seine Kollegen wurden in einen neuen Grenzabschnitt, nahe der Ukraine, versetzt.

Nachdem Major Krasauskas und seine Männer Matti Klatt gefunden hatten, wurde er sofort in ein Krankenhaus nach Kaunas gebracht. Außer einer starken Gehirnerschütterung und einigen Blessuren stellte man bei der Untersuchung jedoch nichts weiter fest. Nach zwei Tagen der Beobachtung konnte er wieder nach Hause fliegen.

Der Hauptfriedhof befand sich im südlichen Teil Weimars. Er war sehr gepflegt und parkähnlich angelegt. Unweit der russisch-orthodoxen Kirche mit ihrer goldenen Kuppel stand Matti Klatt allein an einem Grabstein. Das Wetter war nasskalt, es fiel Schneeregen. Der

Winter hatte endgültig Einzug gehalten. In drei Tagen war Heiligabend.

Er erwies seinem ehemaligen Freund Ralph Jentzsch die letzte Ehre.

Ralph Jentzsch

Geb. 17. Dezember 1961, gest. 25. Oktober 2003

Die Wirklichkeit ist das, was auf uns wirkt, was wir wahrnehmen.

Die Wahrheit ist das, wie es wirklich ist.

Die Wirklichkeit ist nicht immer die Wahrheit.

Dieses Begräbnis und dieser Grabstein waren das Letzte, was er für den Mann tun konnte, der ihm vor vielen Jahren das Leben gerettet hatte. Als Matti Klatt Erde auf die versenkte Urne warf, überkam ihn ein Gefühl der Traurigkeit. Und alles, was er in den letzten Wochen erlebt hatte, schien ihn um Jahre älter gemacht zu haben. Er fühlte sich leer und verbraucht, aber andererseits erleichtert, dass er zusammen mit den vielen anderen diesem Wahnsinn ein Ende bereiten konnte. Er wandte sich ab und ging Richtung Hauptausgang. Tränen liefen in diesem Moment unaufhaltsam über sein Gesicht.

Schwarzer BMW-740, GÖ-ER-70, registrierte sein Unterbewusstsein, als er über den Parkplatz schritt. Es war das einzige Fahrzeug, das dort um diese Zeit abgestellt war.

Etwa 200 Meter weiter standen ein in Zivil gekleideter Bundeswehrgeneral, ein Bankdirektor, ein Vorstandsvorsitzender einer TV-Gesellschaft, eine Staatsanwältin und ein 35-jähriger Mann mit unbewegtem Gesicht unter einem mächtigen Kastanienbaum. Keine 50 Meter entfernt, war eben Matti Klatt an dieser Gruppe vorbeigegangen.

»Diesem Subjekt da haben wir es zu verdanken, dass wir so kurz vor dem Ziel gescheitert sind? Beseitigen wir ihn!«, verlangte die Staatsanwältin verächtlich.

»Da bin ich ganz Ihrer Meinung. Morgen könnte ich das erledigen lassen«, stimmte ihr der General zu.

»Oder ich sorge dafür, dass er auf dieser Erde nie wieder Fuß fassen kann«, bemerkte der Bankdirektor.

»Nein. Aber er wird dafür büßen. Später, wenn wir zurückkommen. Lassen Sie uns nach Belgrad fahren. Unsere Freunde erwarten uns, es gibt viel zu tun«, sagte der Mann mit dem unbewegten Gesicht. In seiner Manteltasche hielt Dr. Rose das Präparat ARS fest in seiner Faust umschlossen.

ENDE

Weitere Krimis finden Sie auf den folgenden Seiten und im Internet: www.gmeiner-verlag.de

Matthias P. Gibert
Nervenflattern

323 Seiten, 11 x 18 cm, Paperback.
ISBN 978-3-89977-728-4. € 9,90.

In Kassel geschehen kurz hintereinander zwei tragische Unfälle – jedenfalls scheint es zunächst so. Ein anonymer Brief an den Oberbürgermeister der Stadt lässt jedoch erhebliche Zweifel an der Zufälligkeit der Ereignisse aufkommen – und urplötzlich steckt Kommissar Paul Lenz mitten in einem brisanten Fall: Die *Documenta,* bedeutendste Ausstellung für zeitgenössische Kunst der Welt, wird durch einen Anschlag mit einem hochgiftigen Nervenkampfstoff bedroht. Und mit ihr die Einwohner der Nordhessischen Metropole und die zahlreichen Ausstellungsbesucher.

Marcus Imbsweiler
Bergfriedhof

419 Seiten, 11 x 18 cm, Paperback.
ISBN 978-3-89977-742-0. € 9,90.

Der Heidelberger Bergfriedhof. Auf dem Grab eines Kriegsopfers liegt eine Leiche. Privatdetektiv Max Koller steht vor einem Rätsel. Sein geheimnisvoller Auftraggeber, der ihn mitten in der Nacht an diesen Ort beordert hat, will ihn plötzlich mit allen Mitteln von weiteren Nachforschungen abhalten. Und auch der Tote ist am nächsten Morgen spurlos verschwunden.
Die Neugier des Ermittlers ist geweckt. Kollers Spur führt in die Heidelberger High Society. Und allmählich wird ihm klar, dass sein Gegenspieler viel mehr zu verbergen hat, als nur eine Leiche.

KRIMI IM GMEINER-VERLAG

Wir machen's spannend

Gina Schulze
Sintflut

275 Seiten, 11 x 18 cm, Paperback.
ISBN 978-3-89977-740-6. € 9,90.

Die ehemalige Polizistin Marlene Adler lebt mit ihrem Mann in Erlangen. Eines Tages bekommt sie einen Brief von ihrer Schwester Paula aus Rumänien: Die Archäologin hat auf einer Forschungsreise durch die Karpaten eine Sammlung alter Figuren entdeckt. Es sind die ältesten Artefakte, die je gefunden wurden, und sie erzählen die wahre Geschichte der Sintflut. Um die kostbaren Stücke vor Dieben und dem korrupten Staatsapparat zu schützen, ist Paula untergetaucht. Sie plant, die Figuren mit Marlenes Hilfe den Vereinten Nationen zu übergeben.
Viele Gefahren und böse Überraschungen warten auf die beiden Frauen, doch die schlimmste von allen lauert zu Hause.

Manfred Köhler
Tiefpunkt

324 Seiten, 11 x 18 cm, Paperback.
ISBN 978-3-89977-732-1. € 9,90.

Den Klauen des Massenmörders Andi Cernowski ist die Weltenbummlerin Nelli Prenz zwar knapp entkommen, aber ein Gefühl der Erlösung will sich nicht einstellen: Ihre Heimatstadt Hof ist ihr fremd geworden. Außerdem ist Nelli finanziell am Ende, weshalb sie das Angebot einer Klatsch-Illustrierten annehmen muss, ihren schlimmsten Albtraum zu vermarkten.
Kurz nachdem der erste Artikel erschienen ist, erhält sie einen anonymen Erpresserbrief. Nelli ist sich sicher, in dessen Wortlaut ihren Peiniger wiederzuerkennen. Sie beschließt zum Gletscher zurückzukehren, um vor Ort herauszufinden, ob Cernowski wirklich noch am Leben ist. In einem unbekannten Kellerraum tief unter der Passwirtschaft findet Nelli die Antwort.

KRIMI IM GMEINER-VERLAG

Wir machen's spannend

Friederike Schmöe
Januskopf

271 Seiten, 11 x 18 cm, Paperback.
ISBN 978-3-89977-737-6. € 9,90.

Im unterfränkischen Königsberg stürzt eine Frau in den Tod. War es ein Unfall, Selbstmord oder gar Mord? Dem neuen Klienten der Bamberger Privatdetektivin Katinka Palfy wird der mysteriöse Todesfall per anonymem Brief in die Schuhe geschoben. Noch rätselhafter ist allerdings der Mann selbst: Ewald Isenstein leidet seit einem Unfall an einer Persönlichkeitsspaltung, sein Innenleben ist unberechenbar. Katinka hält ihn für unschuldig, doch dann geschehen zwei Morde, und Isenstein hat wieder kein Alibi. Als auch ein Anschlag auf Katinka verübt wird, macht Kommissar Harduin Uttenreuther eine erstaunliche Entdeckung: Der Mörder scheint E.T.A. Hoffmanns Die Elixiere des Teufels »nachzuspielen«. Doch wenn das stimmt, wird es einen dritten Mord geben …

Klaus Erfmeyer
Todeserklärung

274 Seiten, 11 x 18 cm, Paperback.
ISBN 978-3-89977-735-2. € 9,90.

Als der Dortmunder Rechtsanwalt Stephan Knobel von seinem neuen Mandanten Gregor Pakulla den Auftrag erhält, dessen verschwundenen Bruder Sebastian zu suchen, wundert er sich zunächst, warum Pakulla hierfür einen Anwalt benötigt. Aber der Fall klingt interessant: Die Geschwister sind die alleinigen Erben eines großen Vermögens. Doch ohne Sebastian kann Gregor seinen Anteil nicht kassieren – wird sein Bruder hingegen tot aufgefunden, erhält er sogar alles.
Schnell wird klar, dass Gregor mehr weiß, als er zugibt. Knobel folgt Sebastians Spuren bis nach Mallorca, wo sich ihm ein bis ins Detail durchdachtes teuflisches Spiel offenbart.

KRIMI IM GMEINER-VERLAG

Wir machen's spannend

Das neue Krimijournal ist da!

2 x jährlich das Neueste
aus der Gmeiner-Krimi-Bibliothek

KRIMI Journal

Nr. 7 www.gmeiner-verlag.de Die Zeitung für Krimifreunde 2/2007

Das Geheimnis des Salzhändlers

Martin Walser

Jochen Senf

Innere Unsicherheit

Deutschland am Rande des Abgrunds

ISBN 978-3-89977-950-9
kostenlos

In jeder Ausgabe:

- Vorstellung der Neuerscheinungen
- Hintergrundinformationen zu den Themen der Krimis
- Interviews mit den Autoren und Porträts
- Allgemeine Krimi-Infos (aktuelle Krimi-Trends, Krimi-Portale im Internet, Veranstaltungen etc.)
- Die Gmeiner-Krimi-Bibliothek (Gesamtverzeichnis der Gmeiner-Krimis)
- Großes Gewinnspiel mit ›spannenden‹ Buchpreisen

Erhältlich in jeder Buchhandlung oder direkt beim:

GMEINER-VERLAG

Im Ehnried 5
88605 Meßkirch
Tel. 07575/2095-0
Fax 07575/2095-29
info@gmeiner-verlag.de
www.gmeiner-verlag.de

Alle Gmeiner-Autoren und ihre Krimis auf einen Blick

Anthologien: Tod am Bodensee • Mords-Sachsen (2007) • Grenzfälle (2005) • Spekulatius • Streifschüsse (2003)
Artmeier, H.: Feuerross (2006) • Katzenhöhle (2005) • Schlangentanz • Drachenfrau (2004)
Baecker, H.-P.: Rachegelüste (2005)
Beck, S.: Duftspur (2006) • Einzelkämpfer (2005)
Bode Hoffmann/Hoffmann.: Infantizid (2007)
Bomm, M.: Schattennetz • Beweislast (2007) • Schusslinie (2006) • Mordloch • Trugschluss (2005) • Irrflug • Himmelsfelsen (2004)
Bosch van den, J.: Wassertod • Wintertod (2005)
Buttler, M.: Dunkelzeit (2006) • Abendfrieden (2005) • Herzraub (2004)
Clausen, A.: Ostseegrab (2007)
Danz, E.: Steilufer (2007) • Osterfeuer (2006)
Detering, M.: Puppenmann • Herzfrauen (2007)
Dünschede, S.: Nordmord (2007) • Deichgrab (2006)
Emme, P.: Tortenkomplott • Killerspiele (2007) • Würstelmassaker • Heurigenpassion (2006) • Schnitzelfarce • Pastetenlust (2005)
Enderle, M.: Nachtwanderer (2006)
Erfmeyer, K.: Todeserklärung (2007) • Karrieresprung (2006)
Franzinger, B.: Jammerhalde (2007) • Bombenstimmung (2006) • Wolfsfalle • Dinotod (2005) • Ohnmacht (2004) • Goldrausch (2004) • Pilzsaison (2003)
Gardener, E.: Lebenshunger (2005)
Gibert, M.: Nervenflattern (2007)
Graf, E.: Elefantengold (2006) • Löwenriss • Nashornfieber (2005)
Gude, E.: Mosquito (2007)
Haug, G.: Gössenjagd (2004) • Hüttenzauber (2003) • Tauberschwarz • Riffhaie • Tiefenrausch (2002) • Höllenfahrt (2001) • Sturmwarnung (2000)
Heim, Uta-Maria: Totschweigen (2007) • Dreckskind (2006)
Heinzlmeier, A.: Bankrott (2006) • Todessturz (2005)
Imbsweiler, M.: Bergfriedhof (2007)
Karnani, F.: Turnaround (2007) • Takeover (2006)
Keiser, G.: Apollofalter (2006)
Keiser G./Polifka W.: Puppenjäger (2006)
Klausner, U.: Die Pforten der Hölle (2007)
Klewe, S.: Wintermärchen (2007) • Kinderspiel (2005) • Schattenriss (2004)
Klingler, E.: Königsdrama (2006)
Klugmann, N.: Die Tochter des Salzhändlers (2007) • Kabinettstück (2006) • Schlüsselgewalt (2004) • Rebenblut (2003)
Kohl, E.: Flatline (2007) • Grabtanz • Zugzwang (2006)
Köhler, M.: Tiefpunkt • Schreckensgletscher (2007)
Koppitz, R. C.: Machtrausch (2005)
Kramer, V.: Todesgeheimnis (2006) • Rachesommer (2005)
Kronenberg, S.: Weinrache (2007) • Kultopfer (2006) • Flammenpferd • Pferdemörder (2005)
Kurella, F.: Das Pergament des Todes (2007)
Lebek, H.: Schattensieger • Karteileichen (2006) • Todesschläger (2005)
Leix, B.: Waldstadt (2007) • Hackschnitze (2006) • Zuckerblut • Bucheckern (2005)
Mainka, M.: Satanszeichen (2005)
Matt, G. / Nimmerrichter, K.: Schmerzgrenze (2004) • Maiblut (2003)
Misko, M.: Winzertochter • Kindsblut (2005)
Puhlfürst, C.: Rachegöttin (2007) • Dunkelhaft (2006) • Eiseskälte • Leichenstarre (2005)
Senf, J.: Nichtwisser (2007)
Seyerle, G.: Schweinekrieg (2007)
Schmitz, I. G.: Mordsdeal (2007) • Sündenfälle (2006)
Schmöe, F.: Januskopf • Schockstarre (2007) • Käfersterben • Fratzenmond (2006) Kirchweihmord • Maskenspiel (2005)
Schröder, A.: Mordsgier (2006) • Mordswut (2005) • Mordsliebe (2004)
Schuker, K.: Brudernacht (2007) • Wasserpilz (2006)
Schulze,G.: Sintflut (2007)
Schwab, E.: Angstfalle (2006) • Großeinsatz (2005)
Schwarz, M.: Zwiespalt (2007) • Maienfros • Dämonenspiel (2005) • Grabeskälte (2004
Steinhauer, F.: Narrenspiel (2007) • Seelenqual • Racheakt (2006)
Thadewaldt A./Bauer C.: Blutblume (2007) • Kreuzkönig (2006)
Valdorf, L.: Großstadtsumpf (2006)
Vertacnik, H-P.: Abfangjäger (2007)
Wark, P.: Epizentrum (2006) • Ballonglühen (2003) • Albtraum (2001)
Wilkenloh, W.: Feuermal (2006) • Hätschelkind (2005)

KRIMI IM GMEINER-VERLAG

Wir machen's spannend